Trio 1

Gesellschaftslehre

Autoren:
Christa Forster, Hofheim
Egbert Klöckner, Wiesbaden
Zdena Steffen, Hanau
Hartmann Wunderer, Wiesbaden
Reinhard Ziegler, Hanau

D1729579

Schroedel®

Mit Beiträgen von:

Balzer, Werner; Bauer, Thomas; Böning, Frank; Bösch, Markus; Broscheit, Frank; Cichon, Martin; Degener, Lars; Dieffenbacher, Bernd; Dorsch, Volker; Grosser, Walther; Hebel, Anja; John, Wilfried D.; Kahlert, Georg; Kuchler, Evelyn; Libera, Renata; Mertins, Harald; Mühlberger, Wolfgang; Mülders, Wolfgang; Ochsenwadel, Brigitte; Ruckenbrod, Johannes; Rüther, Frank; Rupprecht, Hartmut; Schmidt, Marianne; Schmidtke, Kurt-Dietmar; Schöning, Dirk; Schutzbach, Hans-Jürgen; Senft, Astrid; Spangenberg, Justus; Spanger, Jürgen; Storm, Detlef; Sutor, Gerhard; Trautwein, Heidemarie; Wagner, Herbert; Wagner, Ruthard; Wahlandt-Burgert, Ulrike; Weinhold, Volkmar; Witzigmann, Klaus; Wolf, Dagmar; Wolf, Heinz-Ulrich

© 2008 Bildungshaus Schulbuchverlage
Westermann Schroedel Diesterweg Schöningh Winklers GmbH, Braunschweig
www.schroedel.de

Auf verschiedenen Seiten dieses Buches befinden sich Verweise (Links) auf Seiten anderer Internetpräsenzen. **Haftungshinweis:** Trotz sorgfältiger inhaltlicher Kontrolle wird die Haftung für die Inhalte der externen Seiten ausgeschlossen. Für den Inhalt dieser externen Seiten sind ausschließlich deren Betreiber verantwortlich. Sollten sie bei dem angegebenen Inhalt des Anbieters dieser Seite auf kostenpflichtige, illegale oder anstößige Inhalte treffen, so bedauern wir dies ausdrücklich und bitten Sie, uns umgehend per E-Mail unter www.schroedel.de davon in Kenntnis zu setzen, damit beim Nachdruck der Verweis gelöscht wird.

Druck A [5] / Jahr 2013
Alle Drucke der Serie A sind inhaltlich unverändert.

Redaktion: Matthias Meinel
Karten, Grafiken: Freier Redaktionsdienst, Berlin; Heidolph, Kottgeisering
Satz: Yvonne Behnke
Druck und Bindung: westermann druck GmbH, Braunschweig

ISBN 978-3-507-36115-9

3 Unser Lebensraum ändert sich

6 Umweltschutz

7 Frühe Kulturen

8 Eine Reise durch Europa

AUFGABEN >>

1. Betrachtet die beiden Bilder. Stellt fest, was in diesem Klassenzimmer alles passiert.
2. Wie unterscheiden sich die beiden Situationen?
3. Was muss dazwischen passiert sein? Stellt dazu Vermutungen an.

Die neue Klasse: Aller Anfang ist schwer!

Claudia: „Ich bin schon sehr gespannt, was mich in der neuen Klasse erwartet. Ich hoffe jedenfalls, dass wir alle zusammen eine gute Klassengemeinschaft entwickeln."

Michael: „Ich finde es toll, dass ich jetzt in der Gesamtschule bin. Es gefällt mir, dass ich neben Alen sitzen kann. Mit dem war ich schon in der gleichen Klasse in der Grundschule."

Tim: „Toll, dass wir in der Klasse gruppenweise zusammensitzen. Hoffentlich machen die Lehrer mit uns spannenden Unterricht, z. B. Gruppenarbeit und Projekte."

Mirko: „Es hat mir gefallen, dass wir gleich zu Beginn des Schuljahres einen gemeinsamen Ausflug gemacht haben. Jetzt verstehen sich alle in der Klasse viel besser."

Lena: „Melanie, Yvonne und Daniela – die drei kenne ich bereits aus der Grundschule. Sie denken, sie wären die Tollsten. Ständig hängen sie zusammen und tuscheln über andere."

Wir erstellen ein Klassenporträt

Freude, Kribbeln im Bauch, Neugier, Unsicherheit: Dies empfinden viele Fünftklässler an den ersten Schultagen. Darum ist es wichtig, dass sich zunächst alle in der neu gebildeten Klasse näher kennenlernen. Ihr könnt dies zum Beispiel mithilfe eines Klassenporträts erreichen. Wie geht ihr am besten vor?

Jede Schülerin und jeder Schüler eurer Klasse bringt ein Porträtfoto (Passbild) in die Schule mit. Jeder klebt dann sein Foto in die Mitte eines großen Blattes. Um das Foto werden Sprechblasen gezeichnet. In diese Sprechblasen kann jeder hineinschreiben, was er den anderen über sich selbst mitteilen möchte, zum Beispiel seine Adresse, seine Hobbys, Lieblingsbücher und Lieblingsfilme, seine Erwartungen an die neue Schule oder Wünsche an die Klasse.

Zum Schluss werden alle Blätter unter der Überschrift „Unsere Klasse" auf einen großen Streifen Packpapier geklebt und im Klassenzimmer aufgehängt.

10.1

AUFGABEN >>

1. Was wird aus den Äußerungen der Schülerinnen und Schüler deutlich? Welche Erwartungen werden genannt?
2. Claudia spricht von „guter Klassengemeinschaft". Sammelt Vorschläge, wie jeder dazu beitragen kann. Bezieht in eure Überlegungen auch die Seiten 8/9 mit ein.
3. Erstellt ein „Klassenporträt" eurer Klasse (Abb. 10.1).

Mitgestaltung des Klassenraumes

11.1 „Gestaltetes" Klassenzimmer

Vorschlag: Gestalten einer „Pflanzenecke"

Pflanzen im Klassenzimmer sehen nicht nur schön aus. Sie geben mit ihren Blättern auch Sauerstoff ab und verbessern somit die Luft zum Atmen.

Wenn ihr eine Pflanzenecke gestalten wollt, dann müsst ihr folgende Punkte beachten:

1. Welchen Standort brauchen die Pflanzen? (z. B. vertragen die Pflanzen viel oder wenig Sonne?)
2. Sind die Pflanzen robust oder empfindlich? (z. B. sind sie sehr kälteempfindlich?)
3. Welche Pflege benötigen die Pflanzen? (z. B. müssen sie gedüngt werden, brauchen sie viel/ wenig Wasser?)
4. Organisiert einen Pflegedienst für die Pflanzen.

Informiert euch über die Pflegebedingungen in einem Blumengeschäft, in Pflanzenbüchern oder im Internet.

11.2

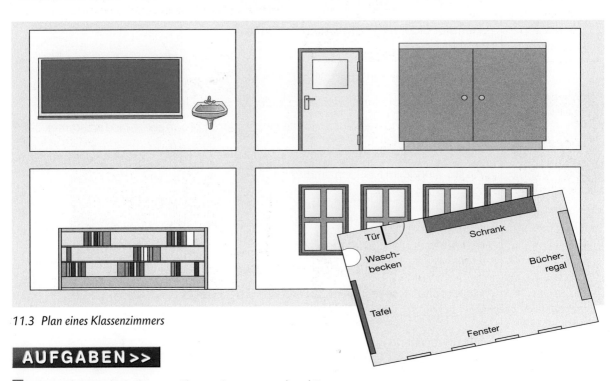

11.3 Plan eines Klassenzimmers

AUFGABEN >>

1. Sammelt Ideen, wie ihr euer Klassenzimmer gestalten könntet.
2. Zeichnet jede der vier Wände eures Klassenzimmers auf große Papierbögen. Fertigt auch eine Grundriss-Skizze an. Tragt in eure Skizzen ein, was man nicht verändern kann (z. B. Fenster, Tafel, Schränke). Zeichnet dann in Gruppenarbeit in diese Skizzen eure Vorschläge ein. Vergleicht eure Vorschläge. Welchen findet ihr am besten?
3. Diskutiert in der Klasse Vor- und Nachteile einer „Pflanzenecke". Entscheidet abschließend, ob ihr eine Pflanzenecke einrichten wollt.

Zusammenleben in der Schule

12.1 Diskussion der Klassenordnung

Wenn Menschen zusammen leben und arbeiten, kann nicht jeder machen, was er will. Deshalb muss verabredet werden, wie man sich in bestimmten Situationen verhalten soll. Solche Normen und Regeln sind auch in der Schule wichtig. Man spricht hier von Klassenordnungen und Schul- oder Hausordnungen.

Eine **Klassenordnung** enthält Regeln für das Verhalten der Schüler einer Klasse untereinander und während des Unterrichts. Klassenordnungen können sich unterscheiden, denn es kommt darauf an, was die Lehrkräfte und Schüler einer bestimmten Klasse jeweils verabredet haben – oft nur mündlich, manchmal auch schriftlich.

Eine Schulordnung (oder Hausordnung) enthält Regeln für eine ganze Schule, zum Beispiel für das Betreten von Fachräumen oder das Verlassen des Schulgeländes.

UNSERE KLASSENORDNUNG

Wenn eine Schülerin oder ein Schüler Geburtstag hat, ...

Am Morgen beginnt der Unterricht damit, dass ...

Wer die Hausaufgaben nicht gemacht hat, der ...

Am Ende des Unterrichts ...

Das Abwischen der Tafel ...

Kommt eine Schülerin oder ein Schüler zu spät zum Unterricht, ...

Betritt während des Unterrichts eine andere Person das Klassenzimmer, ...

Unter den Bänken ...

An die Wände im Klassenzimmer ...

Muss eine Schülerin oder ein Schüler

während des Unterrichts auf die Toilette, ...

In den Pausen soll im Klassenzimmer ...

Wenn eine Schülerin oder ein Schüler einen anderen beschimpft, ...

Gesprochen werden darf während der Stillarbeit ...

Essen und Trinken ...

Für die Ordnung im Klassenzimmer ...

Jacken, Anoraks und andere Kleidungsstücke ...

Die Pflanzen im Klassenzimmer ...

Das Herumrennen im Klassenzimmer ...

Wer im Unterricht etwas sagen will, ...

Die Fenster dürfen ...

12.2

HAUSORDNUNG

Schule A:
Wer das Schulgelände verlässt, befindet sich außerhalb der Aufsichtspflicht der Schule. Im Unglücksfall ist damit kein Versicherungsschutz gegeben.

Schule C:
Die Schülerinnen und Schüler müssen ununterbrochen beaufsichtigt werden. Nur so ist der Versicherungsschutz gewährleistet. Daher darf ein Schüler während der Unterrichtszeit (Pausen und Stillbeschäftigung eingeschlossen) nur mit ausdrücklicher Genehmigung der unterrichtenden oder Aufsicht führenden Lehrkraft den Schulbereich verlassen. Dies gilt nicht für die Mittagspause.

Schule B:
Es ist verboten, während der Unterrichtszeit das Schulgelände zu verlassen. Schüler, die dies trotzdem tun, erhalten einen Vermerk in der Schülerakte. Die Pausen gelten als Unterrichtszeit.

Kaugummi kauen in der Schule?

Essen und Trinken im Schulhaus?

Auflesen von Abfällen nach der großen Pause?

Verhalten der Schüler in den kleinen Pausen?

13.1

AUFGABEN >>

1. Formuliert aus den Satzanfängen in Abb. 12.2 eine Klassenordnung, die für euch gelten soll.
2. Welche der drei Bestimmungen zum Verlassen des Schulgeländes sagt euch am meisten zu? Begründet eure Antwort. Vergleicht die Bestimmungen mit eurer Schulordnung.
3. Überlegt zu den vier Fragen in Abb. 13.1, welche Interessen Lehrer, Schüler und Hausmeister jeweils haben könnten. Vergleicht dann, wie diese Fragen in eurer Schulordnung geregelt sind.

Zusatzthema: Schule im Wandel

14.1 Schulklasse um 1900

Schule und Schulpflicht

Bis vor ungefähr 200 Jahren musste kein Kind zur Schule. Damals hörte das Kindsein schon viel früher auf. Die Kinder mussten auf dem Feld oder im Haus mit anpacken und schwer arbeiten. Nur Kinder sehr reicher Leute durften eine Schule besuchen. Dort wurden sie meist von Mönchen im Lesen und Schreiben unterrichtet.

Damit alle Kinder lesen und schreiben lernen und einen guten Beruf ergreifen können, wurde die allgemeine **Schulpflicht** eingeführt. Allerdings erhielten auch dann nicht alle Kinder eine gründliche Schulbildung.

Viele Schüler – besonders auf dem Lande – besuchten die Schule nur in den Wintermonaten, da sie im Sommer auf dem Feld und bei der Ernte helfen mussten. Andere Kinder mussten vor und nach der Schule auf dem elterlichen Bauernhof mitarbeiten. Außerdem hatten die Eltern Schulgeld zu bezahlen. Auch die Schulbücher mussten sie selbst kaufen, was sich viele Familien nicht leisten konnten. Daher wurden viele Kinder überhaupt nicht zur Schule geschickt. Oft erlaubten die Eltern ihren Kindern nur den Besuch der Volksschule. Anschließend sollten die Kinder

möglichst rasch einen Beruf erlernen und Geld verdienen, um ihren Lebensunterhalt selbst bestreiten zu können.

Es gab auch Familien, die den Lehrer in Naturalien bezahlten, wenn sie nicht genug Geld hatten. Sie lieferten ein Fuder Holz (Fuder = altes Hohlmaß) für den Kanonenofen oder brachten dem Lehrer ein Huhn oder eine Gans.

Schulbusse gab es damals noch nicht. Die Kinder mussten die weiten Wege zur Schule oft sogar barfuß zurücklegen. Das Schulgebäude lag oft mehrere Kilometer entfernt, und der Weg dorthin war anstrengend und gefährlich.

AUFGABEN >>

1. Betrachtet das Foto der Schulklasse um 1900: Welche Unterschiede zu heute fallen euch auf?
2. Vergleicht eure Situation mit der Situation von Kindern / Schülern im 19. Jahrhundert. Was hat sich geändert?
3. Worin liegt die Bedeutung der Einführung der allgemeinen Schulpflicht?

Unterricht vor 100 Jahren

Die Volksschulklassen waren sehr groß, häufig saßen 50-60 Kinder in einer Klasse. Oft wurden auch mehrere Jahrgänge in einem Raum unterrichtet.

Der Lehrer nahm in der Klasse hinter einem Katheder Platz, das ist ein erhöht stehendes Pult, von dem aus er seine Schüler besser beobachten konnte. Die Schüler saßen in hölzernen hintereinander stehenden Schulbänken, in denen es Vertiefungen für die Tintenfässer gab.

Die Tinte verteilte der Lehrer aus einer großen Flasche. Geschrieben wurde mit einem Federkiel, der aus einer Gänsefeder hergestellt war. Die Spitze dieses Federkiels musste immer wieder in die Tintenfässer getaucht werden, da die Tinte an der Spitze schnell verbraucht war. Zu Beginn ihrer Schulzeit schrieben die Schüler früher mit Kreidegriffeln auf einer Schiefertafel, die mit einem kleinen Schwamm und einem Lappen immer wieder abgewischt werden konnte. Eine große Wandtafel hing auch damals schon in den Klassenräumen. Neben der Tafel stand ein Wasserkrug für den Schwamm, denn fließendes Wasser gab es in den Schulhäusern noch nicht. Im Klassenraum stand meist ein einziger Ofen, der den großen Raum oft nicht gleichmäßig beheizte.

Der Stundenplan beschränkte sich auf die Fächer Religion, Schreiben, Lesen und Rechnen. Die wichtigsten Unterrichtsziele waren Gehorsam, Fleiß, Ordnung und Sauberkeit. Die Schüler mussten auf jedes Zeichen des Lehrers gehorchen und dessen Befehle möglichst geräuschlos ausführen. Auch wurden die Kinder dazu erzogen, sich im Takt zu bewegen. So musste das Aufstehen, das Hinsetzen, das Auspacken der Tafel, das Schönschreiben von Buchstaben, das Betreten und Verlassen der Schule immer nach bestimmten Zeichen des Lehrers gleichzeitig und im Takt ablaufen. Auch wurde streng darauf geachtet, dass die Schüler gerade und angelehnt in den Bänken saßen. Beide Hände mussten auf dem Tisch liegen, die Füße mussten parallel nebeneinander auf dem Boden stehen.

Die Lehrer achteten sehr streng auf das Befolgen dieser Regeln. Bei Ungehorsam gab es für die Schüler Ruten- oder Stockschläge.

Beim Aufzeigen mussten die Kinder den Ellenbogen des rechten Arms in die linke Hand stützen und den Zeigefinger der rechten Hand erheben. Wurde ein Schüler vom Lehrer aufgerufen, musste er sofort aufstehen, sich gerade neben seine Bank stellen und die verlangte Antwort geben. Er durfte sich erst auf Geheiß des Lehrers oder der Lehrerin wieder hinsetzen. Es durfte auch grundsätzlich im Unterricht nur dann gesprochen werden, wenn es eine Antwort auf die Frage des Lehrers war. Sonstiges Reden oder Flüstern war nicht erlaubt und wurde bestraft.

15.1 *Schulzeug um 1900*

Erziehungsziel: Verantwortlichkeit, Eigeninitiative und Kreativität

§ 2 Bildungs- und Erziehungsauftrag der Schule

(1) Die Schulen im Lande Hessen ... tragen dazu bei, dass die Schülerinnen und Schüler ihre Persönlichkeit in der Gemeinschaft entfalten können ...

(3) ... Die Schülerinnen und Schüler sollen ... lernen, sowohl den Willen, für sich und andere zu lernen und Leistungen zu erbringen, als auch die Fähigkeit zur Zusammenarbeit und zum sozialen Handeln zu entwickeln, eine gleichberechtigte Beziehung zwischen den Geschlechtern zu entwickeln, Konflikte vernünftig und friedlich zu lösen, aber auch Konflikte zu ertragen, sich Informationen zu verschaffen, sich ihrer kritisch zu bedienen, um sich eine eigenständige Meinung zu bilden und sich mit den Auffassungen anderer unvoreingenommen auseinandersetzen zu können, ihre Wahrnehmungs-, Empfindungs- und Ausdrucksfähigkeiten zu entfalten und Kreativität und Eigeninitiative zu entwickeln.

15.2 *Aus dem Hessischen Schulgesetz*

AUFGABEN >>

1. Vergleicht den Unterricht vor 100 Jahren mit eurem Unterricht: Was hat sich verändert? Wie beurteilt ihr diese Veränderung?
2. Welche Ziele verfolgte der Unterricht vor hundert Jahren? Welche Ziele stehen heute im Vordergrund?
3. Spielt einen Schulalltag vor 100 Jahren nach und sprecht danach über eure Empfindungen.

Verhalten in der Klasse

16.1 Rauferei in
der Klasse

Regeln für richtiges Verhalten in der Klasse

1. Begründe, wenn du von jemandem etwas willst.
2. Es ist freundlicher, wenn man das Wort „bitte" benutzt.
3. Es ist besser, wenn man andere mit ihrem Namen anspricht.
4. Es kommt immer gut an, wenn man sich bedankt.
5. Jeder ist für Lob dankbar und dich kostet es nichts.
6. Nimm andere ernst und höre ihnen wirklich zu.
7. Sage, was du empfindest und was du für eine Meinung hast. Tue aber nicht so, als ob alleine du Recht haben kannst.
8. Begründe deine Meinung sachlich. Mache dabei andere nicht schlecht.
9. Stelle andere nicht als böse oder dumm hin. Gehe davon aus oder hoffe, dass auch andere Konflikte vermeiden und eine Lösung finden wollen.
10. Wenn du einen eigenen Irrtum einsiehst, dann gib ihn ruhig zu.

16.2

AUFGABEN >>

1. Wählt einige Regeln (Tabelle 16.2) aus und begründet, warum sie helfen können, Konflikte in der Klasse zu vermeiden.
2. Entscheidet bei jeder der drei Situationsschilderungen (Texte 16.3-5), welche der angegebenen Möglichkeiten ihr für die beste haltet.
   Begründet eure Auswahl und gebt jeweils an, welche der Regeln aus der Tabelle 16.2 dabei eine Rolle spielen.
3. Überlegt noch weitere Regeln für richtiges Verhalten in der Klasse.

Situation 1

Vanessa will sich an ihren Gruppentisch setzen, allerdings fehlt ein Stuhl. Am benachbarten Gruppentisch ist ein Stuhl noch nicht besetzt.

- Vanessa nimmt sich den Stuhl und sagt: „He, Leute, den brauche ich!"
- Vanessa wendet sich an die am Gruppentisch Sitzenden: „Hallo, Tom, hallo, Denise – kann ich den Stuhl nehmen? Nese fehlt heute, da braucht ihr ihn doch nicht, oder?"
- Vanessa zieht den Stuhl wortlos zu sich herüber.

16.3

Situation 2

Katharina braucht zum Unterstreichen einen roten Stift, sie hat allerdings ihren eigenen Rotstift nicht dabei. Sie sagt zu ihrer Nachbarin:

- „Hast du einen roten Stift für mich?"
- „Nicole, ich habe heute keinen roten Stift dabei, sollte aber schnell etwas rot unterstreichen. Gibst du mir bitte deinen?"
- „He, her mit deinem roten Stift!"

16.4

Situation 3

Habib will hinten im Klassenzimmer zwischen dem Bücherregal und einem Gruppentisch durchgehen. An der engen Stelle blättert Florian gerade in einem Buch. Habib sagt:

- „Aus dem Weg!"
- „Florian, lässt du mich bitte mal durch?"
- „He, Florian, Platz machen!"

16.5

Methode: Wir machen ein Rollenspiel

Bei einem Rollenspiel übernimmt man eine **Rolle** und spielt das Verhalten eines anderen nach. Die Situation ist dabei vorgegeben. Ein Rollenspieler versetzt sich also in die Lage eines anderen und versucht dabei, dessen Interessen und Ansichten im Spiel zu verdeutlichen.

Durch Rollenspiele können im Unterricht bestimmte Verhaltensweisen dargestellt, beobachtet und besprochen werden.

Vorbereitung

Zunächst wird der Fall in der Klasse besprochen. Dabei solltet ihr gemeinsam überlegen, welche Ansichten, Wünsche usw. zu den Rollen gehören, die dann gespielt werden. Dann werden die Rollen verteilt, am besten auf Gruppen in der Klasse. Jede Gruppe überlegt sich für ihre Rolle Argumente, Verhaltensweisen und so weiter. Die Gruppe wählt dann jeweils einen Spieler.

Die Schüler und Schülerinnen, die nicht am Rollenspiel beteiligt sind, erhalten Beobachtungsaufträge.

Durchführung

Die Szene sollte möglichst ohne Unterbrechung gespielt werden. Alle anderen beobachten das Spiel und machen sich Notizen.

Auswertung

Als erstes sagen die Spieler, was ihnen beim Spiel besonders aufgefallen ist. Dann berichten die anderen Schüler und Schülerinnen, was sie beobachtet haben. Über diese Beobachtungen wird in der Klasse gesprochen. Aufgrund der Besprechung kann es sinnvoll sein, das Rollenspiel zu wiederholen, zum Beispiel mit anderen Spielern.

Fallbeispiel Gruppenarbeit

In der Tischgruppe sitzen Daniel, Ahmet, Lukas und Carolin zusammen. Bei der Gruppenarbeit klappt jedoch die Zusammenarbeit noch nicht so recht.

- *Lukas* hält sich immer sehr zurück und sagt fast gar nichts.
- Anders ist es bei *Daniel*: Er teilt sofort ein, wer die Arbeit machen soll, zum Beispiel, wer Stichworte notieren oder über die Ergebnisse berichten soll. Er selbst will allerdings diese Aufgaben nie übernehmen.
- *Ahmet* ist es leid, dass die anderen ständig von seinen Ideen profitieren. Er hat das Gefühl, dass er als Einziger sinnvolle Beiträge bringt, die dann jedoch als Gruppenergebnis dargestellt werden.
- *Carolin* fühlt sich als einziges Mädchen in der Gruppe nicht wohl. Sie hält die drei Jungen für „doof" und sie ärgert sich, dass ihr ständig die Aufgabe übertragen wird, über die Gruppenergebnisse zu berichten.

17.2

17.3 *Während des Rollenspiels*

AUFGABE >>>

In dem dargestellten Fallbeispiel geht es um eine alltägliche Konfliktsituation in einer Klasse.

Führt zu diesem Fall ein Rollenspiel durch, das zeigen soll, wie dieser Konflikt möglichst gut gelöst werden kann.

17.1 *Vorbereitung des Rollenspiels*

Zusatzthema: Mobbing – Wenn Schule zur Hölle wird

18.1 *Mobbing durch Ausschluss vom Spielen?*

Kennt ihr das?

Papierkügelchen fliegen, Schimpfworte fallen, das Handy wird abgezockt – und immer geht es nur auf einen. Derjenige, der fertig gemacht wird, ist ganz allein.

Alexandra geht in Berlin zur Schule. Das Mädchen Katja aus ihrer Klasse hat es schwer. Erst kürzlich haben ein paar Jungs ihren Turnbeutel in den Müll geworfen. Das wollte Alexandra nicht mit ansehen. „Ich habe mir zwei Freundinnen geholt und den Jungs gesagt, dass ich das nicht in Ordnung finde", erzählt sie. „Dann haben wir uns bei Katja entschuldigt." Doch damit ist noch lange nicht Schluss. „Cassie, die Anführerin, hat den Jungs Bonbons und Geld gegeben, damit sie Katja fertigmachen", sagt Alexandra weiter. Auf dem Heimweg von der Schule sind sie ihr hinterhergelaufen, haben sie getreten und ihr ins Gesicht geschlagen.

Irre cool auf Kosten anderer

Was Katja erlebt, wird als Mobbing bezeichnet. „Mobbing ist, wenn einer irre cool dastehen will und sich mit Unterstützung einer Gruppe einen aussucht, den er fertigmacht", sagt Experte Walter Taglieber. Dazu gehört nicht nur rohe Gewalt, wie Katja sie erlebt. Meist fängt es ganz harmlos mit ein paar Sticheleien an.

Ein Beispiel: Ein Mädchen – nennen wir es Marion – wird gehänselt: „Hast du die Bluse aus dem Roten-Kreuz-Container?" Bald kommt dann der Ausruf: „Du stinkst!" Dann fliegen die ersten Papierkügelchen. Zettel gehen herum, auf denen steht, Marion würde sich nie waschen. Und so geht es immer weiter. Dabei hat Marion ganz normale Kleidung an wie alle anderen, und natürlich wäscht sie sich auch. Mobbing-Opfer können also gar nichts dafür, dass sie so behandelt werden.

Jede Woche 500 000 Mobbing-Fälle

Mobbing ist an deutschen Schulen ein viel größeres Problem als allgemein bekannt. Die Tageszeitung „Die Welt" berichtet über eine Untersuchung der Entwicklungspsychologin Mechthild Schäfer von der Münchner Ludwig-Maximilian-Universität, nach der etwa eins von 25 Schulkindern ein- oder mehrmals in der Woche Attacken über sich ergehen lassen muss. Das entspricht bei rund zehn Millionen Schülerinnen und Schülern in Deutschland knapp 500 000 Mobbing-Opfern.

(Aus: http://www.spiegel.de/schul-spiegel/0,1518,400462,00.html)

18.2

AUFGABEN >>

1. „Kennt ihr das?" – Kennt ihr ähnliche Fälle aus dem Kindergarten oder aus der Grundschule? Berichtet darüber in der Klasse.

2. Wie beurteilt ihr Alexandras Verhalten? Wie hättet ihr euch verhalten?

3. Erklärt, was unter „Mobbing" verstanden wird und überlegt in der Klasse, wie sich wohl das „Mobbing" auf Opfer wie Katja oder Marion auswirkt.

4. Wie erklärt ihr euch die hohe Zahl von Mobbing-Fällen an deutschen Schulen?

Die Täter: „Selbstbewusstsein auftanken"

„Derjenige, der mobbt, will sein Selbstbewusstsein auftanken, die Langeweile vertreiben und Spaß haben", sagt Experte Taglieber. Der „Mobber" sucht sich einen Schwächeren aus, den er ärgern kann: Zum Beispiel jemanden, der neu ist und der deshalb noch nicht viele Freunde hat. Damit alles klappt, braucht er aber Unterstützung. Meistens gibt es noch ein paar andere, die mithelfen. Alexandra erzählt, dass es den Jungs an ihrer Schule „total Spaß gemacht" hat, Katjas Turnbeutel in den Müll zu werfen.

Die Zuschauer: „Eigentlich nicht in Ordnung ..."

Dann gibt es aber auch noch Kinder und Jugendliche, die es eigentlich nicht in Ordnung finden, wenn jemand so fertiggemacht wird. Aber sie halten sich raus. „Genau die machen es möglich, dass es immer weitergeht", sagt Experte Taglieber. Denn statt „stopp!" zu rufen, schauen sie einfach zu. So kann Mobbing über Jahre andauern.

Die Opfer: „Irgendwann geht es gar nicht mehr"

Katja wird schon seit der 3. Klasse gehänselt, geärgert, bedroht; ihre Sachen werden kaputt gemacht und ihr Ruf ist hin. Irgendwann ist das Selbstbewusstsein im Keller, alle Freunde sind weg. Marion glaubt, dass sie wirklich stinkt. Sie hat Angst davor, in die Schule zu gehen, bekommt Kopf- oder Bauchschmerzen, kann nicht mehr richtig lernen. Heike Schiganow ist Lerntherapeutin in Berlin. Sie kennt Kinder, die zittern und Schweißausbrüche bekommen, wenn sie in die Schule müssen. Irgendwann geht es gar nicht mehr – und die Schüler schwänzen. Da verpassen sie nicht nur viel Lernstoff; es ist auch illegal (ungesetzlich), wenn sie die Schule verweigern.

Hilfe holen

Damit Mobbing aufhört, muss man sich Hilfe holen: bei Freunden, bei den Eltern, bei den Lehrern, vielleicht sogar bei der Schulleitung. „Da kommt man ganz schwer allein wieder raus", sagt Taglieber. Diejenigen, die nur zuschauen, wie jemand anders gemobbt wird, das aber nicht richtig finden, sollten für den Schwächeren einstehen. Wenn ihr schnell genug helft, können Schülerinnen wie Marion und Katja wieder ohne Angst in die Schule gehen.

Was könnt ihr gegen Mobbing tun?

Wenn ihr seht, dass jemand gemobbt wird:
- Es nicht erst so weit kommen lassen! Freunde holen; sich in einer Gruppe zusammenschließen, die stärker ist als der Angreifer und sagen: Los, hör auf!
- Erwachsene informieren, z.B. Eltern, Lehrer, Schulleiter. Schildert die Situation und bittet um Hilfe.

Wenn ihr selbst gemobbt werdet:
- Tagebuch führen: Schreibt genau auf, wer was wann wo gemacht hat und wer dabei zugesehen hat. Dann habt ihr Zeugen und etwas in der Hand, mit dem ihr nachweisen könnt, was passiert ist.
- Verbündete suchen: Bittet eure Freunde oder Geschwister um Hilfe.
- Erwachsene informieren, z.B. Eltern, Lehrer, Schulleiter. Schildert die Situation und bittet um Hilfe.
- Wenn ihr beklaut oder erpresst werdet: Informiert eure Eltern. Ihr könnt auch zur Polizei gehen.

(http://www.geo.de/GEOlino/kreativ/4468.html)

Wenn ihr nicht mehr weiter wisst, ruft die „Nummer gegen Kummer" an (kostenlos und anonym!).

Deutsche Telekom – Partner der Nummer gegen Kummer

NummergegenKummer
0800 1110 333
Kinder- und Jugendtelefon

19.1

19.2 Erfolgreich gegen Mobbing: Alle werden beim Spielen einbezogen.

AUFGABEN >>

1. Warum mobben Schüler andere Mitschüler? Könnt ihr aus eurer Erfahrung zusätzliche Gründe angeben?
2. Warum halten sich eurer Meinung nach viele Mitschüler raus, wenn andere fertiggemacht werden? Wozu führt das?
3. Wie wirkt sich Mobbing auf die Opfer aus? Kann man eurer Ansicht nach Mobbing als Gewalt bezeichnen?
4. Was haltet ihr von den Vorschlägen gegen das Mobbing?

Streitschlichtung durch Schüler

20.1 *Streitschlichter Kevin und Sophie*

20.2 *Schlichtungsgespräch*

Aus einem Gespräch mit Streitschlichtern:

Sophie und Kevin – ihr beide seid Streitschlichter. Wie wird man das?

Kevin: Der Sozialarbeiter unserer Schule ist zu Beginn des Schuljahres durch die 8. und 9. Klassen gegangen und hat erzählt, um was es bei der Streitschlichtung geht. Und dann hat er gefragt, wer dabei mitmachen will. Da haben wir uns gemeldet.

Wie läuft eine Streitschlichtung ab?

Sophie: Wir haben dann mit dem Sozialarbeiter eine Schulung gemacht, wie man ein Schlichtungsgespräch führt, eine Lösung finden kann und so.

Kevin: Eine Streitschlichtung läuft meist so ab: Aus irgendeinem Grund bekommen zwei Schüler Streit miteinander. Sie wenden sich daher an uns Streitschlichter. Und wir machen mit ihnen ein Treffen aus.

Sophie: Wenn wir uns mit den beiden Streithähnen treffen, erklären wir zuerst die Regeln. Und dass es das Ziel der Schlichtung ist, dass beide mit dem Ausgang zufrieden sind. Dass es weder Gewinner noch Verlierer gibt.

Kevin: Jeder der Streitenden kann seine Geschichte erzählen – so wie er den Fall sieht. Wichtig ist, dass dabei keiner den anderen unterbrechen darf. Wir Streitschlichter stellen nur Fragen, wenn wir was nicht verstanden haben.

Sophie: Dann fordern wir beide auf, Vorschläge zur Lösung des Konflikts aufzuschreiben. Jeder soll auch notieren, was er selbst zu tun bereit ist.

Und wie kommt man dann zu einer Lösung?

Sophie: Naja – das ist das Schwierigste. Wir vergleichen die Lösungsvorschläge und versuchen, das Gespräch so zu führen, dass beide Seiten sich am Ende auf eine gemeinsame Lösung verständigen.

Und gibt es auch eine Kontrolle, ob die Schlichtung erfolgreich war?

Kevin: Ja. Wir machen einen Termin aus – vielleicht eine oder zwei Wochen später – und dann fragen wir, ob sich beide an die Vereinbarung gehalten haben.

Welche Arten von Streitereien können von euch geschlichtet werden?

Sophie: Wir können uns nur mit den kleineren Streitigkeiten des Schulalltags befassen. Größere Streitigkeiten, Gewalt, kriminelle Sachen oder Ähnliches gehören nicht in die Schülerschlichtung.

A Marc versteckt in den Pausen immer wieder Annettes Schreibmäppchen. Darüber regt sie sich ziemlich auf.

B Hülya ist wütend auf ihren Englischlehrer, Herrn Rückert. Seine Note im Englisch-Test sei ungerecht.

C Andreas fordert von Eldin zwei Euro. Er droht ihm an, dass er ansonsten nach dem Unterricht Prügel bekommt.

D Pia streitet sich mit Sonja. Pia glaubt, Sonja habe das Briefchen, das sie von Benjamin erhalten hat, laut in der Klasse vorgelesen.

E Zwischen einigen deutschen und türkischen Schülern kommt es immer wieder zu Schlägereien. Gestern wurde Mahmout das Nasenbein gebrochen.

F Marcel regt sich darüber auf, dass Adina auf mehrere Seiten seines Deutschheftes Comic-Männchen gezeichnet hat.

Tipps für besseres Streiten

Streit artet oftmals fürchterlich aus. Und nicht selten gehen deswegen Freundschaften in die Brüche. Wer beim Streiten taktisch vorgeht, kann so etwas vielleicht verhindern.
Folgende vier Streitregeln helfen dabei:

Streitregel 1:
Wer sich über den Anderen ärgert, sollte die Wut nicht verdrängen, sondern sollte sie sofort rauslassen. Sonst wird der nächste Streit umso schlimmer.

Streitregel 2:
Beim Streiten Dinge ganz konkret nennen. Beispiel: „Ich möchte nicht, dass du während der Probearbeit meinen Zirkel benutzt." Verallgemeinerungen machen den Anderen meist wütend, weil er sich in seiner Persönlichkeit angegriffen fühlt. Beispiel: „Nie hast du deine Schulsachen dabei."

Streitregel 3:
Vorwürfe möglichst vermeiden. Wer den Anderen verletzt, löst meistens Gegenwehr aus. Argumente mit „Ich-Botschaften" anstatt mit „Du-Botschaften" beginnen.

Streitregel 4:
Bei einem Streit ist es günstig, das Problem des Anderen mit eigenen Worten zu wiederholen. Damit versetzt man sich in die Lage des Anderen. Der Andere fühlt sich dadurch respektiert und ist nicht so schnell beleidigt.

AUFGABEN >>

1. Gibt es an eurer Schule Streitschlichter? Was wisst ihr über deren Arbeit?
2. Erläutert die Grundgedanken bei einer Streitschlichtung in der Schule.
3. Können Mobbing-Fälle wie die von Katja und Marion (> S. 18) mit Streitschlichtung gelöst werden?
4. Welche der sechs Fälle A-F sind für eine Streitschlichtung durch Schüler geeignet? Welche nicht? Tauscht eure Meinungen aus.
5. Ladet einen Streitschlichter in eure Klasse ein und fragt ihn nach seinen Erfahrungen. Überlegt euch vorher, was ihr wissen wollt, und stellt einen Fragenkatalog zusammen.

Wer wird Klassensprecher?

> Ich find's gut, dass es Klassensprecher gibt. Die können was für uns erreichen. Es ist schließlich wichtig, dass jemand den Lehrern sagt, was die Klasse will oder was ihr nicht passt!

> Mir würde es Spaß machen, Klassensprecherin zu sein. Ich kann gut reden. Und ich setze mich auch gerne für Andere ein.

> Ich will nicht Klassensprecher werden! Wenn ich gewählt werde, müsste ich auch zu Sitzungen des Schülerrates, vielleicht sogar in der Freizeit. Nein danke – ohne mich!

> Was heißt das denn: „Der Klassensprecher vertritt die Interessen der Schüler?" – Soll ich mich für die anderen mit den Lehrern anlegen? Dann bekomme ich am Ende schlechte Noten – und die Anderen lachen sich eins ins Fäustchen!

> Wenn die mich als Kandidatin vorschlagen, lasse ich mich streichen. Wäre doch peinlich, wenn ich bei der Wahl nur wenige Stimmen bekommen würde. Petra würde sich dann sicher über mich lustig machen.

> Ich werde mich aufstellen lassen, auch wenn ich nicht weiß, ob ich gewählt werde. Wenn jeder nur „nein" sagt, gibt es am Ende gar keine Auswahl. Bei einer Wahl zu verlieren, das ist doch nicht schlimm!

22.1 In der Klasse

AUFGABEN >>

1. Die sechs Schüler haben unterschiedliche Gedanken zum Thema „Klassensprecher". Notiert das Wesentliche bei jedem Gedanken in Kurzform.
2. Sprecht in der Gruppe über die Ansichten: Welche entsprechen eurer Meinung, welche nicht?

Wir erstellen ein Klassensprecherprofil

Wie soll unser Klassensprecher/unsere Klassensprecherin sein?

Jeder hat andere Vorstellungen darüber, welche Eigenschaften ein Klassensprecher haben sollte und wie er seine Aufgaben erledigen sollte. Was dem Einen wichtig ist, hält ein Anderer vielleicht für nicht so bedeutsam. Damit man aus der Vielfalt der Einzelmeinungen zu einem Gesamtbild kommt, kann eine Klasse ein eigenes Anforderungsprofil an ihren Klassensprecher entwickeln. Das heißt, sie kann feststellen, welche Ansichten von der Mehrheit geteilt werden.

Dabei geht man so vor:

- Zuerst werden alle Vorstellungen über die Anforderungen an einen Klassensprecher an der Tafel notiert und entsprechend nummeriert.
- Dann gibt jeder seine Stellungnahme zu diesen Anforderungen ab. Damit sich diese Einschätzungen leicht auswerten lassen, wird vorher verabredet, wie man vorgeht. Zum Beispiel kann man Zeichen festlegen:
  ++ bedeutet: ist mir sehr wichtig
  + bedeutet: ist wünschenswert
  o bedeutet: kann sein, ist aber nicht notwendig
  – bedeutet: ist unwichtig
  Jeder Schüler braucht dann nur auf einem Zettel hinter der Nummer der Anforderung das entsprechende Zeichen vermerken.
- Wenn alle ihre Zettel abgegeben haben, kann an der Tafel die Gesamtmeinung der Klasse durch entsprechende Strichlisten festgestellt werden.

Mögliche Anforderungen an einen Klassensprecher, eine Klassensprecherin

1. Sollte sich gut ausdrücken können.
2. Darf nie die Hausaufgaben oder sonst was vergessen.
3. Schreibt Unruhestifter auf, wenn der Lehrer mal weg ist.
4. Sollte keine Angst haben.
5. Darf keine Fünfer schreiben.
6. Sollte die SV-Bestimmungen und die Schulordnung gut kennen.
7. Darf nie stören oder unangenehm auffallen.
8. Muss sich für die Klasse einsetzen.
9. Holt die Karten und kümmert sich um das Klassenbuch.
10. Unterstützt den Lehrer beim Einsammeln von Geld.
11. Informiert den Schulleiter über alles, was in der Klasse passiert.
12. Kann machen, was er will.
13. Bespricht Probleme mit dem Klassenlehrer und dem Verbindungslehrer.
14. Verpetzt keine Mitschüler.
15. Informiert die Klasse über schulische Angelegenheiten, z. B. Vertretungen.
16. Hält regelmäßig Klassenversammlungen ab.

WÄHLT JANA!

- *Sie ist fair!*
- *Sie äußert ihre Meinung!*
- *Sie hat Erfahrung als Klassensprecherin in der Grundschule!*
- *Sie vertritt als Mädchen die Mehrheit der Klasse!*

23.1 Wahlplakat zur Klassensprecherwahl

AUFGABEN >>

1. Diskutiert die Anforderungen an einen Klassensprecher: Welche sollte er erfüllen, welche sind überflüssig? Macht euch klar, welche Aufgaben ein Klassensprecher wahrnehmen soll.
2. Wie soll euer Klassensprecher sein? Stellt die Klassenmeinung in der beschriebenen Weise fest.
3. Formuliert aus den Ergebnissen von Aufgabe 1 und 2 auf einem Plakat eine Kurzbeschreibung eures Wunsch-Klassensprechers.
4. Würdet ihr aufgrund des Wahlplakates (Abb. 23.1) Jana wählen? Begründet eure Meinung.
5. Jana hält es für wichtig, dass ein Mädchen zur Klassensprecherin gewählt wird, weil in der Klasse die Mädchen in der Mehrheit sind. Diskutiert darüber.

Welche Rechte und Pflichten haben die einzelnen Schüler?

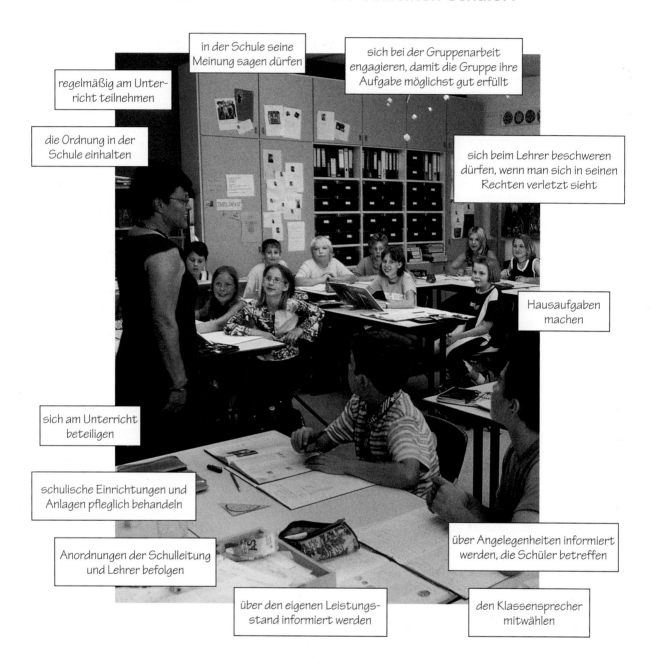

in der Schule seine Meinung sagen dürfen

sich bei der Gruppenarbeit engagieren, damit die Gruppe ihre Aufgabe möglichst gut erfüllt

regelmäßig am Unterricht teilnehmen

die Ordnung in der Schule einhalten

sich beim Lehrer beschweren dürfen, wenn man sich in seinen Rechten verletzt sieht

Hausaufgaben machen

sich am Unterricht beteiligen

schulische Einrichtungen und Anlagen pfleglich behandeln

über Angelegenheiten informiert werden, die Schüler betreffen

Anordnungen der Schulleitung und Lehrer befolgen

über den eigenen Leistungsstand informiert werden

den Klassensprecher mitwählen

AUFGABE >>>

Bei welchen der genannten Beispiele handelt es sich um Rechte der einzelnen Schülerin beziehungsweise des einzelnen Schülers? Bei welchen handelt es sich hingegen um Pflichten?

Notiert eure Ergebnisse in einer Tabelle.

Die Schülervertretung (SV)

Aus dem Hessischen Schulgesetz

§ 122

(2) In den Schulen der Mittel- und Oberstufe wählt die Schülerschaft einer Klasse ... eine Klassensprecherin oder einen Klassensprecher und eine Stellvertreterin oder einen Stellvertreter für die Dauer eines Schuljahres ...

(3) Die Klassensprecherinnen und die Klassensprecher bilden den Schülerrat der Schule. Dieser wählt aus seiner Mitte die Schulsprecherin oder den Schulsprecher als Vorsitzende oder Vorsitzenden des Schülerrates und zwei Stellvertreterinnen oder Stellvertreter. Der Vorstand kann von allen Schülerinnen und Schülern unmittelbar gewählt werden, wenn die Mehrheit der Schülerschaft dies beschließt.

§ 123

(1) Die Kreis- und Stadtschülerräte werden von jeweils zwei Vertreterinnen und Vertretern des Schülerrats der Schulen ... eines Landkreises, einer kreisfreien Stadt oder einer kreisangehörigen Gemeinde, die Schulträger ist, gebildet. Die Vertreterin oder der Vertreter und jeweils eine Stellvertreterin oder ein Stellvertreter werden aus der Mitte des Schülerrats für die Dauer eines Schuljahres gewählt.

(2) Der Kreis- oder Stadtschülerrat wählt aus seiner Mitte die Kreis- oder Stadtschulsprecherin oder den Kreis- oder Stadtschulsprecher als Vorsitzende oder Vorsitzenden und zwei Stellvertreterinnen oder Stellvertreter ...

§ 124

(1) Der Landesschülerrat wird von jeweils einer Vertreterin oder einem Vertreter der Kreis- und Stadtschulräte gebildet. Die Vertreterin oder der Vertreter und eine Stellvertreterin oder ein Stellvertreter werden aus der Mitte des Kreis- oder Stadtschülerrats für die Dauer eines Schuljahres gewählt.

(2) Der Landesschülerrat wählt die Landesschulsprecherin oder den Landesschulsprecher und zwei Stellvertreterinnen oder Stellvertreter als Landesvorstand aus seiner Mitte, bis zu acht weitere Schülerinnen und Schüler können zur Mitarbeit im Landesvorstand gewählt werden. Der Landesvorstand vertritt die schulischen Interessen der Schülerinnen und Schüler aller Schulformen und Schulstufen gegenüber dem Kultusministerium ...

Die Klassen sind viel zu groß. Da muss was geändert werden. Wir diskutieren dieses Problem und machen dem Kultusministerium Vorschläge.

Wenn die Klasse Probleme mit Vertretungsstunden hat oder mit einem Lehrer nicht klarkommt, dann kommen sie zu uns und wir kümmern uns darum.

Ich bin Ansprechpartnerin für die Klassensprecher. Da ich Vertreter aller Schüler bin, muss ich bei Problemen oder Beschwerden mit der Schulleitung sprechen.

Jeden Monat informieren wir alle Schulen im Kreis über unsere Arbeit. Eine unserer Aufgaben ist es, bei Problemen mit Ämtern, z. B. dem Schulamt, zu reden.

AUFGABEN >>

1. Sammelt Vorschläge für Aktivitäten der Schülervertretung an einer Schule. Arbeitet dann einen Vorschlag genauer aus und gebt ihn über euren Klassensprecher an den Schülerrat.

2. Ladet euren Schulsprecher oder eure Schulsprecherin in den Unterricht ein. Informiert euch bei ihm oder ihr genauer über Aktivitäten der Schülervertretung an eurer Schule.

3. Die Äußerungen auf Seite 25 stammen von Schülerinnen und Schülern, die in unterschiedlichen Ämtern Aufgaben der Schülervertretung übernommen haben. Welches Amt haben sie jeweils inne? Die Informationen erhaltet ihr aus dem Schulgesetz.

Mein Schulort – mein Schulweg

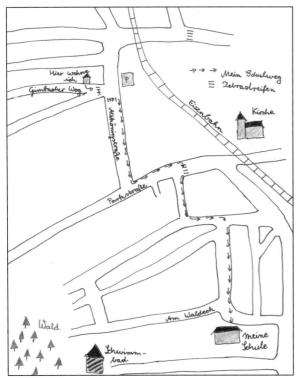

26.1 Sarahs Schulwegskizze

26.2 Auf dem Schulweg

Sarah aus Kelkheim erzählt: „Seit Beginn dieses Schuljahres besuche ich die 5. Klasse der Eichendorffschule. Mein Schulweg dauert ca. 15 Minuten. Ich wohne im Gimbacher Weg und laufe zu Hause um 7:20 Uhr mit meinem Bruder Marcel zusammen los. Zuerst gehen wir den Gimbacher Weg hinunter (nur ein ganz kleines Stück). Er mündet in die Gundelhardtstraße, die wir etwa 30 Meter nach links bergab laufen. Dann gehen wir über den Zebrastreifen. Hier treffe ich manchmal meine Klassenkameradin Lilli. Jetzt biegen wir rechts in die Altkönigstraße ein. Hier geht es gleich wieder über einen Zebrastreifen. Die Altkönig-straße laufen wir nun ziemlich lang geradeaus. Am Ende der Straße biegen wir links ab und laufen die Parkstraße lang, bis zu einem Zebrastreifen. Dort gehen wir hinüber. Nun führt ein kleiner Seitenweg (auch Parkstraße) zur „Neuen Heimat". Doch in diesem Fußweg holt Marcel erst noch seinen Freund ab. Gemeinsam laufen wir jetzt die Straße „Neue Heimat" entlang, bis eine Straße, die Hainpfad heißt, nach rechts abgeht. Diese laufen wir geradeaus, bis wir an der Eichendorffschule angekommen sind. Manchmal fahre ich auch mit dem Fahrrad zur Schule. Dann brauche ich nur 5 Minuten!

26.3

AUFGABEN >>

1 Verfolgt Sarahs Schulweg auf der Zeichnung 26.1, auf der topografischen Karte 27.1 und dem Stadtplan 27.2.

2 Hat Sarah ihren Schulweg genau beschrieben oder hat sie einiges vergessen? Erläutert eure Beobachtungen und zeigt Unterschiede in den Darstellungen auf.

3 Wo hat Sarah das Foto 26.3 geknipst? Zeigt die Stelle auf dem Stadtplan.

4 Zeichnet von eurem eigenen Schulweg eine Kartenskizze. Markiert darin die Stellen, wo ihr im Straßenverkehr besonders aufpassen müsst.

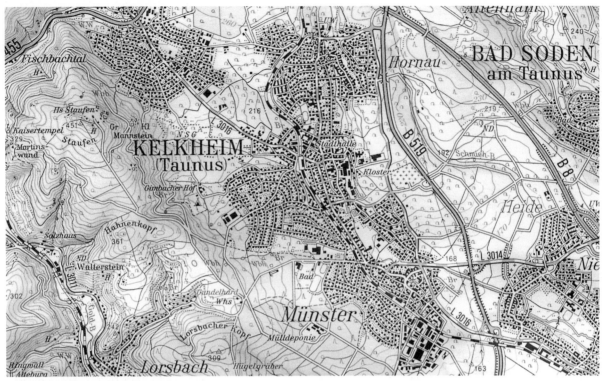

27.1 *Kelkheim auf einer topografischen Karte*

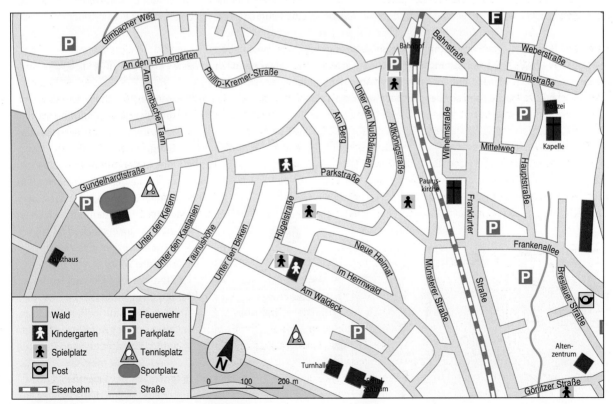

27.2 *Ausschnitt aus dem Stadtplan von Kelkheim*

28.1

Stimmt die Richtung?

Sandra ist elf Jahre alt geworden und hat zum Geburtstag einige Freundinnen aus ihrer neuen Klasse eingeladen. Sie hat sich etwas Besonderes ausgedacht: eine Schnitzeljagd. Doch den meisten ist die Gegend von Sandras Wohnort ganz unbekannt. Und schon ist es geschehen: Zwei haben sich verlaufen. Mithilfe einer Karte wollen sie wieder nach Hause finden, doch sie wissen nicht genau, was die vielen Zeichen auf der Karte zu bedeuten haben.

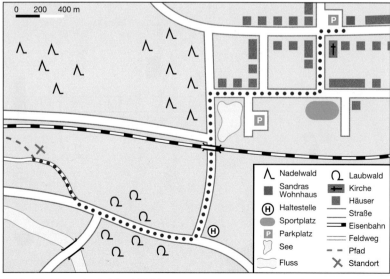

28.2 *Die Karte der beiden Mädchen*

Karte und Legende

In Gesellschaftslehre werdet ihr in den nächsten Jahren viele verschiedene Karten kennen lernen.

Jede Karte zeigt einen bestimmten Ausschnitt der Erde. Auf einer Karte seht ihr alles so, als ob ihr von oben draufschaut (> S. 30). Um eine Karte „lesen", das heißt verstehen zu können, wird ihr eine Erklärung beigegeben. Dort sind die verwendeten Zeichen und Farben erklärt. Diese Zeichenerklärung heißt Legende.

Wenn ihr eine Karte mit dem Bild derselben Landschaft vergleicht, stellt ihr fest, dass viele Dinge bei der Verkleinerung nicht mehr zu erkennen sind. Daher müssen Straßen und Flüsse im Vergleich größer dargestellt werden als z. B. Ortschaften.

Für besondere Gebäude, wie Kirchen, Burgen oder wichtige Einrichtungen (z. B. Campingplätze, Friedhöfe), werden bestimmte Zeichen verwendet. Diese findet ihr auch in den anderen Karten dieses Buches oder im Atlas.

AUFGABEN >>

1. In Abb. 29.2 findet ihr 12 Kartenzeichen. Zeichnet sie ins Heft und ergänzt die fehlenden Erklärungen.
2. Die Zahlen 1-8 in Abb. 29.1 stehen jeweils für ein Symbol in deiner Legende. Löse das Füllrätsel 29.3 in deinem Heft. Hast du alle Kartenzeichen richtig benannt, ergibt das dick umrandete Wort den häufigsten Städtenamen Deutschlands.
3. Jetzt kannst du den beiden Mädchen bestimmt helfen. Beschreibe ihren Weg auf Karte 28.2 von ihrem Standort zu Sandras Haus. Benutze dazu möglichst viele Begriffe aus der Legende: „Zuerst müssen sie auf dem Feldweg zur Straße gehen. Danach..."

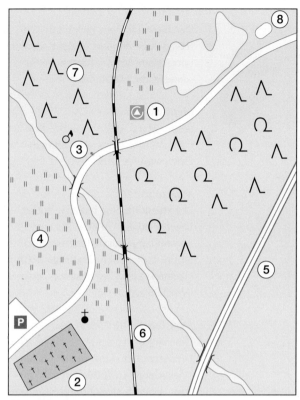

29.1 Ausschnitt aus einer Karte

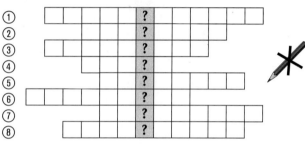

29.2 Karten-
zeichen einer
Legende

Weinberg

Straße

Laubwald

Sportplatz

29.3 Rätselkasten

Windrose und Kompass

In unbekannten Gebieten könnt ihr euch mithilfe einer Karte orientieren. Dazu müsst ihr die Karte erst „einnorden". Ihr müsst sie so lange drehen, bis die obere Kante nach Norden zeigt. Aber woher wisst ihr, wo Norden ist? Bei der Orientierung helfen euch die Himmelsrichtungen. Diese sind nach der Bahn der Sonne festgelegt: Im Osten geht die Sonne auf, im Süden steht sie zur Mittagszeit und im Westen geht sie unter. In einer Windrose sind die Himmelsrichtungen abgekürzt angegeben (Abb. 29.4).

Mit einem Kompass lassen sich die Himmelsrichtungen unabhängig von Tag und Nacht bestimmen. Der Kompass besteht aus einer Magnetnadel und einer Windrose. Der dunkle Teil der Magnetnadel zeigt immer nach Norden. Diese „magnetische Nordrichtung" weicht aber etwas von der wahren Nordrichtung ab. Wenn ihr die bewegliche Scheibe mit der Windrose so lange dreht, bis die Nadel ein Stück links vom Buchstaben N für Norden steht, könnt ihr auch die übrigen Himmelsrichtungen ablesen.

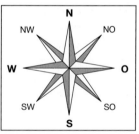

29.4 Windrose

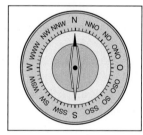

29.5 Kompass

AUFGABE >>>

Bestimmt die Himmelsrichtungen im Schulhof und malt eine Windrose auf den Boden.

29.6 Eingenordete Karte

30.1

Auf Karten ist die Erde kleiner

Die Fahrt in einem Heißluftballon ist ein besonderes Erlebnis. Der Wind weht einem um die Nase und die Welt verändert sich mit jeder Minute. Je höher man steigt, desto kleiner werden die Menschen, Häuser und Orte.

Von einem Ballon aus kann man auch Luftbilder fotografieren. Aus Luftaufnahmen, die senkrecht von oben aufgenommen werden, lassen sich Karten zeichnen. Gegenüber einem Luftbild haben Karten einen entscheidenden Vorteil: Sie sind übersichtlicher, da man generalisieren kann. Das heißt, man kann unwesentliche Einzelheiten, z. B. einzelne Bäume oder Autos, weglassen.

Auf Seite 28 habt ihr bereits erfahren: Damit man auf einer Karte die dargestellten Einzelheiten jederzeit erkennt, werden sie durch Kartenzeichen (Symbole) dargestellt und in einer Legende erklärt.

In Karte 28.2 könnt ihr die Angabe 1:20 000 lesen. Das bedeutet: 1 cm auf dem Plan sind in Wirklichkeit 20 000 cm (= 200 m). Dies nennt man den **Maßstab**.

Um kleinere oder größere Flächen darzustellen, müssen verschiedene Maßstäbe verwendet werden. Bei Autokarten nimmt man z.B. häufig den Maßstab 1:200 000 (sprich 1 zu 200 000). In diesem Fall entspricht 1 cm auf der Karte 2 km in der Wirklichkeit.

Merkt euch: Je größer die Zahl hinter dem Doppelpunkt, desto stärker ist die Karte verkleinert.

Andere Karten haben eine Maßstabsleiste. Mit dieser könnt ihr die Entfernungen auf der Karte messen. Um festzustellen, wie weit zwei Orte voneinander entfernt sind, messt ihr mit dem Lineal den Abstand in Zentimetern und vergleicht mit der Maßstabsleiste.

Der Blick aus dem Ballon aus verschiedenen Höhen gleicht dem Betrachten von Karten unterschiedlichen Maßstabs:

Maßstab 1 : 1
Beim Start des Heißluftballons sieht man im Gras einen Käfer in Originalgröße 3 cm.

Maßstab 1 : 10
Der Heißluftballon hat abgehoben. Der Käfer, der in Abb. 30.2 noch 30 mm lang war, ist jetzt nur noch 3 mm lang. Beim Maßstab 1:10 erscheint alles 10-mal kleiner als in Wirklichkeit.

Maßstab 1 : 100 000
Der Ballon ist schon sehr hoch. Was jetzt 1 cm lang aussieht, ist in Wirklichkeit 100 000 cm (= 1 km) lang. Häuser sind nur als kleine Rechtecke, Straßen als dünne Linien erkennbar.

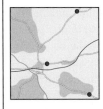

Maßstab 1 : 1 000 000
Bei dem Maßstab kann man keine Einzelheiten mehr erkennen. Auf Karten sind Städte nur noch als runde oder eckige Symbole dargestellt. Die blauen Linien sind Flüsse.

30.2 – 5 *Blick aus dem Heißluftballon*

AUFGABEN >>

1. Messt in Abb. 28.2 die Entfernung vom Standort der Mädchen zu Sandras Haus. Benutzt ein Lineal und berechnet die Entfernung (Maßstab 1:30 000).
2. Sucht in eurem Atlas Karten mit verschiedenen Maßstäben und bestimmt die Entfernung zwischen zwei Orten. (Ihr könnt auch einen Klassenwettbewerb dazu veranstalten.)
3. Maßstabsangaben findet ihr nicht nur auf Karten. Nennt Beispiele, wo es sinnvoll ist, die Wirklichkeit zu verkleinern oder zu vergrößern.

Wie kommt der Berg auf die Karte?

Wenn man aus einem Heißluftballon oder Flugzeug auf einen Berg schaut, dann ist es schwer, die Höhe des Berges zu erkennen. Auch bei Karten schaut ihr von oben auf die Landschaft. Wie erkennt man aber einen Berg auf einer Karte?

Unterschiedliche Höhen lassen sich durch **Höhenlinien** darstellen (Abb. 31.2). Diese verbinden alle Punkte, die in gleicher Höhe über dem Meeresspiegel liegen. Mithilfe der Höhenlinien könnt ihr feststellen, in welcher Höhe die Gebäude, die Bäume usw. liegen. Außerdem seht ihr, wie steil das Gelände ansteigt.

31.1 Senkrechtluftbild eines Berges

> **Merkt euch:**
> Je enger die Höhenlinien,
> desto steiler das Gelände!

Auf vielen Karten sind die verschiedenen Höhen in Farbstufen eingeteilt (Höhenschichten). Tiefländer sind grün, mittlere Höhen gelblich dargestellt. Größere Höhen erscheinen in braunen Farben (Abb. 31.2 und 3).

> **Merkt euch:**
> Je dunkler das Braun, desto höher das Gelände –
> Je satter das Grün, desto tiefer das Gelände!

Wenn ihr euch den Berg und die Landschaft von Abb. 31.1 aufgeschnitten vorstellt, erhaltet ihr einen Querschnitt, ein **Profil**. Hier sind die Höhenunterschiede noch besser zu erkennen (Abb. 31.3).

AUFGABEN >>

1. Betrachtet die Abb. 31.2. Welcher Hang ist steiler, der West- oder der Osthang? Begründet.
2. In welcher Höhe liegt der Meierhof?

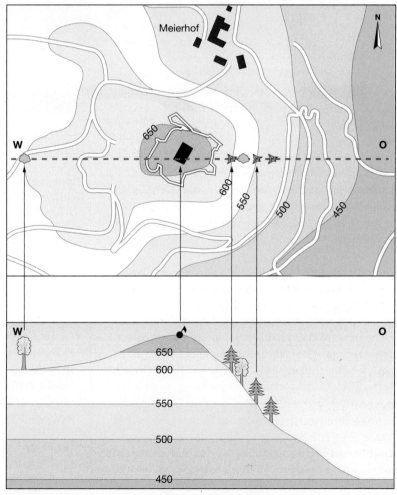

31.2 und 3 Karte (Draufsicht) und Profil (Querschnitt)

Methode: Wir erkunden unsere Schulumgebung

32.1

Kennt ihr euch eigentlich schon in der näheren Umgebung eurer neuen Schule aus? Auch die 5. Klasse einer Gesamtschule wollte diese Frage genauer klären. Im Unterrichtsgespräch stellten die Schüler schnell fest, dass es viele Gründe für eine Erkundung der Schulumgebung gibt (Abb. 32.1).

Zunächst sammelte die Klasse alle Äußerungen dazu an der Tafel, dann einigte sie sich auf eine Themenliste. So legte die 5. Klasse fest, bei der Erkundung vor allem auf folgende Merkmale zu achten: auf die Lage von Geschäften, Firmen und Handwerksbetrieben; auf historische Gebäude oder Denkmäler, auf Spielplätze und Parkanlagen, auf Kinos, Schwimmbäder sowie auf andere Freizeiteinrichtungen. Im Anschluss daran wurden Gruppen zu je vier Schülern gebildet und Aufgaben verteilt. (Die Tipps der nebenstehenden Tabelle halfen den Gruppen bei ihrer Arbeit.)

Ihr könnt eure Erkundungstour natürlich noch größer aufziehen und eine Rallye durch eure Schulumgebung zusammenstellen. Wie ihr dabei am besten vorgeht, könnt ihr auf Seite 33 nachlesen.

Tipps für eine gelungene Erkundung der Schulumgebung

Vorbereitung
- Einigt euch, wo (z. B. im Rathaus, in der Bücherei, im Jugendzentrum) und wie ihr Informationen bekommt (z. B. Zählung, Befragung, Beobachtung).
- Legt vorher in der Gruppe fest, wer welche Aufgaben übernimmt.

Während der Erkundung
- Bleibt in eurer Gruppe zusammen.
- Passt auf den Verkehr auf.
- Zeichnet eure Beobachtungen möglichst genau auf. Erstellt z. B. eine Skizze der erkundeten Umgebung. (Legt dazu für eure Zeichnung einen geeigneten Maßstab fest.)
- Überlegt euch für eure Aufzeichnungen passende Symbole und Farben (z. B. Häuser: rot; Grünflächen: grün ...).

Auswertung
- Sichtet das Material eurer Erkundung und erstellt dann ein „Produkt" eurer Arbeit.
- Tragt abschließend die Ergebnisse der Gruppenarbeit in der Klasse vor.

Wie viele Spielplätze gibt es in der Stadt?

Welche Veranstaltungen gibt es im nächsten Monat im Jugendtreff?

Wann ist die Stadtbücherei geöffnet?

Wie viele Autos hat die freiwillige Feuerwehr?

Welche ausländischen Restaurants gibt es in der Hauptstraße?

Wie viele Fachwerkhäuser gibt es am Marktplatz?

Wann wurde das älteste Haus am Marktplatz gebaut?

Wie heißt die schmalste Gasse in der Altstadt?

33.1 Mögliche Fragen für die Rallye

Tipps zur Organisation einer Stadtrallye

- Geht den Weg ab und sucht dabei die einzelnen Aufgaben heraus.
  Achtet auf die Verkehrssicherheit.
- Prüft, ob die Aufgaben auch zu lösen sind. Entwickelt nicht zu viele Fragen (etwa 15).
- Fragt die Beteiligten vorher um Erlaubnis.
- Zeichnet die Stationen in einen Wegeplan ein.
  (Dieser kann von euch nach einem Ortsplan selbst gezeichnet werden. Ihr könnt auch den benötigten Ausschnitt als Vergrößerung kopieren.)
- Schreibt die Aufgaben in einer Reihenfolge auf und lasst daneben Platz für die Antworten.
- Legt einen ungefähren Zeitplan und die Bewertung der Aufgaben fest.
- Kopiert den Wegeplan und die Aufgabenblätter für die Teilnehmer der Rallye.
- Überlegt euch kleine Preise und besorgt diese.

33.2 Präsentation: Schüler stellen ihre Stadt vor

Wir planen einen Wandertag

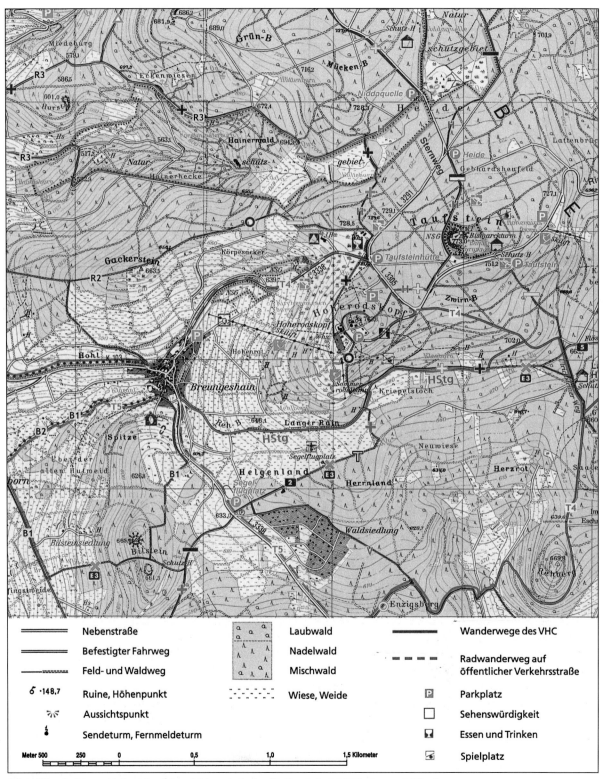

Nebenstraße	Laubwald	Wanderwege des VHC
Befestigter Fahrweg	Nadelwald	
Feld- und Waldweg	Mischwald	Radwanderweg auf öffentlicher Verkehrsstraße
⚑ ·148,7 Ruine, Höhenpunkt	Wiese, Weide	Parkplatz
Aussichtspunkt		Sehenswürdigkeit
Sendeturm, Fernmeldeturm		Essen und Trinken
		Spielplatz

Meter 500   250   0   0,5   1,0   1,5 Kilometer

34.1 Wanderkarte „Hoher Vogelsberg" (Ausschnitt im Maßstab 1 : 25 000, 1 cm = 250 m)

Hinfahrt

Verkehrshinweis		Linie V101	Zeit	Linie V101	Zeit
Ffm Hausener Weg	ab	U6	08.45	U6	09.00
Ffm Hauptwache	an		08.55		09.10
Ffm Hauptwache	ab	S6	09.00	S6	09.13
Ffm Hauptbahnhof tief	an				09.16
Ffm Hauptbahnhof tief	ab			Fuß-weg	
Frankfurt Hauptbahnhof	an				
Frankfurt Hauptbahnhof	ab			30	09.22
Friedberg Bahnhof	an		09.40		09.43
Friedberg Bahnhof	ab	32	09.51	32	09.51
Nidda Bahnhof	an		10.29		10.29
Nidda Bahnhof	ab	5155	10.35	5155	10.35
Schotten Vierstädtepark	ab		11.01		11.01
Schotten Vierstädtepark	ab	Fuß-weg		Fuß-weg	
Schotten Grundschule	an				
Schotten Grundschule	ab	VB-60	11.20	VB-60	11.20
Breungeshain Ortsmitte	an		11.35		11.35
Zeitbedarf (Minuten)			170		155
Umsteigen (Anzahl)			4		5

35.1 Fahrplan nach Breungeshain

35.2 Auf der Wanderung

Die Klasse 5a einer Frankfurter Schule beschließt, am Schulwandertag in den Naturpark Hoher Vogelsberg zu fahren. Die Schüler werden auf den 773 m hohen Taufstein wandern. Keiner aus der Klasse ist bisher dort gewesen. Die Planung des Wandertages ist natürlich für die Schüler der 5a mit einiger Arbeit verbunden.

Vorbereitung

Die Klasse befestigt vier große farbige Blätter an der Korktafel mit den Überschriften: Fahrt, Ausrüstung, Wanderstrecke sowie Informationen zum Vogelsberg. Für jedes der vier Themen ist eine Arbeitsgruppe zuständig.

Durchführung

Auf dem Plakat „Fahrt" der Arbeitsgruppe 1 werden das Datum, die Abfahrts- und Ankunftszeit sowie die Kosten für die Fahrt notiert. Den Fahrplan hat die Arbeitsgruppe von der Internet-Seite des RMV (Rhein-Main-Verkehrsverbund) heruntergeladen. Man braucht nur die Station, von der man abfahren will, die Abfahrtszeit und das Ziel einzugeben und schon erhält man den passenden Fahrplan. Auf dem kann man auch ablesen, ob man mit der Bahn oder dem Bus fahren muss. Das Finanzielle der Fahrt regelt die Klassenlehrerin.

Beim Thema „Ausrüstung" hat die Arbeitsgruppe 2 zum Beispiel Folgendes notiert: Rucksack, Essen, Getränke (möglichst mit Plastikflasche), feste Schuhe, Regenschutz, Erste-Hilfe-Kasten, Fotoapparat und Kompass.

Die dritte Arbeitsgruppe hat zur Planung des Wanderweges aus der Klassenkasse eine Wanderkarte im Maßstab 1 : 25 000 angeschafft. Die Gruppe schlägt vor, von Breungeshain auf einem Rundwanderweg über den Hoherodskopf zum Taufstein und dann wieder zurück zu laufen. Die Wanderstrecke wird auf einer kopierten Karte eingezeichnet und auf das Plakat „Wanderstrecke" geklebt. Um die Länge der Wanderung abzuschätzen, wird die Entfernung auf der Karte abgemessen. Wichtig ist auch, Höhenunterschiede zu ermitteln, denn je größer der Höhenunterschied, desto anstrengender wird die Tour.

Die vierte Arbeitsgruppe stellt einen Steckbrief zum Vogelsberg zusammen.

Während der Wanderung sollen die Schüler immer wieder anwenden, was sie im Unterricht gelernt haben. So soll auf dem festgelegten Weg mithilfe der Karte und dem Kompass gewandert werden. Es soll überprüft werden, in welche Richtung gewandert wird und in welcher Richtung zum Beispiel der Taufstein liegt.

Nach der Wanderung können weitere Plakate mit eigenen Bildern, Postkarten, Zeichnungen und ein Erlebnisbericht über die Wanderung aufgehängt werden.

Steckbrief Vogelsberg

- Mittelgebirge in Hessen
- etwa 2500 km² groß
- höchster Berg: Taufstein (773 m)
- vor 20 Millionen Jahren größter Vulkan Europas, daher auch größtes Basaltvorkommen Deutschlands
- heute Naturpark und wichtiges Naherholungsgebiet für Frankfurt und das gesamte Rhein-Main-Gebiet
- wichtiger Trinkwasserlieferant für die Stadt Frankfurt

35.3

Projekt: Die Schulklasse – eine Lern- und Lebensgemeinschaft

36.1 Schüler beim ARQUE-Lauf

Originalkommentare zum ARQUE-Lauf in Kelkheim:
„Es geht ja nicht ums Gewinnen, sondern darum, dass wir Spaß haben." „Es gefällt uns, weil wir den Sport für etwas Sinnvolles tun." „Wir haben uns drei Monate vorbereitet und den 4. Platz belegt, das war ein großer Spaß." „Für uns alle war es ein schöner Tag, nächstes Jahr wollen wir wieder antreten."
www.arquelauf.de.

Junge Sportler laufen für einen guten Zweck

Am 1. Juli 2007 fand auf einem 411 m langen Rundkurs der Kelkheimer Stadtmitte der 12. ARQUE-Quadro-GP-Lauf statt (ARQUE = **Ar**beitsgemeinschaft für **Que**rschnittgelähmte). Er wird zu Gunsten von Menschen mit Spina bifida/Rhein-Main-Nahe e.V. veranstaltet (Spina bifida ist eine angeborene Fehlbildung der Rückenwirbel, die zur Querschnittlähmung führen kann).

Wieder waren – wie jedes Jahr an einem Samstag am Ende des Schuljahres – etwa 750 Schülerinnen und Schüler aus Kelkheim und Umgebung dabei. Sie machten mit, nicht nur um zu gewinnen, sondern um für die Querschnittgelähmten etwas zu tun und auch noch Spaß dabei zu haben (> S. 156).

Die Kinder und Jugendlichen laufen in Staffeln ihrer jeweiligen Schulklassen und treten gegeneinander an. Ein Team besteht aus 5 Läufern sowie einem Erwachsenen als Betreuer. Die Namen der Teams orientieren sich am „Formel-1-Zirkus": Ferrari, Minardi, Lotus, Benetton. Da es sich um eine integrative Veranstaltung handelt, werden z. B. auch Rennen für Handbiker aufgestellt: ARQUE-HBC (**H**and**B**ike**C**hase).

Das Startgeld betrug dieses Jahr pro Teilnehmer und Betreuer 9 Euro. Dazu gibt es für jeden ein T-Shirt mit ARQUE-Aufschrift, 2 Euro gehen dabei als Spende an ARQUE.

Die genaue Zeitmessung der Staffeln wurde erstmals mit einem Chip, der am Schuh der Läufer befestigt war, vorgenommen. Auch bei den Marathonläufen in Boston, London, Berlin, Chicago und New York wird so die Zeit genau gemessen.

Stellt eine Schule sehr viele Teilnehmer, dann wird zu den Betreuern noch ein Koordinator gesucht. Er kümmert sich um die Anmeldungen und die Organisation. Die Betreuer haben nicht nur die Aufgabe zu coachen, sondern zum Beispiel auch die richtige Übergabe des Staffelholzes zu trainieren.

Die Veranstaltung hat sich innerhalb der letzten 12 Jahre zu einer Großveranstaltung entwickelt. Obwohl an der Veranstaltung Schüler aus acht Schulen teilnehmen, sind die jungen Sportler besonders stolz, für „ihre" Schule laufen zu können.

36.2 Auch für Handbiker gibt es ein Rennen beim ARQUE-Lauf

Es gibt viele Möglichkeiten, Schule zu gestalten

Der ARQUE-Lauf ist nur ein Beispiel dafür, wie sich Schule „gestalten" lässt. Schule ist nicht nur eine Lerngemeinschaft, sondern auch eine Lebensgemeinschaft. Was beim Zusammenleben in der Klasse wichtig ist, lässt sich an einem Wettbewerb wie dem geschilderten, aber auch in den einzelnen Fächern erkennen bzw. erarbeiten.

Im Fach Deutsch könnt ihr z. B. in Gedichten aussagen, welchen „Traum" von Schule ihr habt. Die Gedichte lassen sich gut miteinander vergleichen und sicher merkt ihr bald, dass ihr viele gemeinsame Träume/Ziele habt, aber auch, dass jeder von euch eine ganz bestimmte Sache für die wichtigste hält. Der eine, dass Konflikte fair ausgetragen werden, der andere, dass die Starken die Schwachen unterstützen, dass Traurige getröstet werden, dass Außenseiter auch endlich Freunde finden. Jeder Mensch – auch jedes Kind – muss Träume haben und daran glauben, dass sie Wirklichkeit werden. Das verkürzt den langen Weg zum „Erwachsen-Werden" und „Erwachsen-Sein"!

Was beim Zusammenleben in der Klasse wichtig ist, haben Schüler der 6a in einem Gedicht ausgedrückt.

Mein Traum von Schule

Bei uns in der Schule wurde gemobbt,
und viele Leute ganz einfach verkloppt.
Wenn wir aufhören würden uns zu streiten,
dann hätte die Schule ganz andere Seiten.

Bei uns in der Schule, da gibt's ein paar Leute,
die denken, sie machen mal fette Beute.
Wenn sie bei uns alles zerstören,
weder der Schulleitung noch Anderen zuhören.

Es gibt keine Prügeleien,
die Lehrer müssen nicht mehr schreien.
Alle finden das sehr gut,
viele haben jetzt mehr Mut.

Niemand wird mehr ausgestoßen,
nicht die Kleinen, nicht die Großen.
Deshalb gibt es keine Strafen,
Alle gehören nun zu den Braven.

Geprügelt wird bei uns nicht mehr,
da freuen sich die Lehrer sehr.
Mehr Ausflüge würden wir machen,
da gäb es oft viel mehr zu lachen.

Streit muss man nicht haben,
sonst hat man einen Schaden.
Kameradschaft, das macht Sinn,
dann geht man durch dick und dünn.

(Hanna, Julia, Leonie, Sarah)

37.1 Arbeiten im Schulgarten

Auch mit einem Schulgarten lässt sich eure Schule gestalten: Ihr könnt zum Beispiel einen Teich selber anlegen, Obstbäume pflanzen, Gemüse züchten, Hummelkästen bauen und die Hummeln beim Wabenbau beobachten, die Pflanzen und den Garten pflegen (Unkraut jäten, wässern). Ihr könnt auch Pflanzen beim Wachsen beobachten. (Beispiel: Bohnen in Erde, in Sand oder in Kies pflanzen. Beantwortet anschließend die Frage: Wie gedeihen jeweils die Bohnen?). Natürlich könnt ihr auch Tiere beobachten, z. B. wie die Kaulquappen wachsen und wie sich später der Frosch entwickelt. Diese und ähnliche Fragen klärt ihr im Schulgarten mit eurem Biolehrer.

Habt ihr noch keinen Schulgarten, aber in der Nähe ein Gelände, das z. B. der Gemeinde oder der Stadt gehört, vielleicht sogar mit einem Bachlauf dabei? Dann solltet ihr über die Direktion bei der Gemeindeverwaltung anfragen lassen, ob eurer Schule das Gelände zur Verfügung gestellt werden kann.

AUFGABEN >>

1. Gibt es bei euch in der Schule oder in eurer Gemeinde ähnliche Einrichtungen wie den ARQUE-Lauf?
2. Was bedeutet für euch „Wettbewerb"? Erläutert das an einem Beispiel.
3. Was wollen die Schülerinnen mit ihrem Gedicht aussagen?
4. Schreibt eine „Zukunftsgeschichte" mit dem Thema „Von dieser Schule träumen wir".

Wissen: Schule gestalten

Die Schule - eine Lerngemeinschaft

> Wir haben eine Klassenordnung aufgestellt, in der wir Regeln für unsere Klasse festgelegt haben.

> Bei uns bestimmt der Lehrer, was wir zu machen und wie wir uns zu verhalten haben.

> Wir werden in Lesen, Schreiben, Rechnen sowie in Religion unterrichtet.

> Wir lernen, uns gegenseitig zu respektieren und Streit friedlich zu regeln.

> Wir müssen den Befehlen unserer Lehrer gehorchen, sonst gibt es harte Strafen.

> Wir wählen einen Klassensprecher, der unsere Interessen im Schülerrat vertritt.

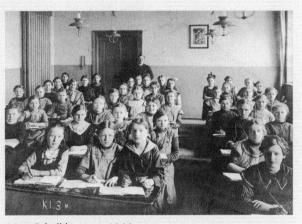

38.1 Schulklasse um 1900

> Für die Schule müssen unsere Eltern Geld bezahlen.

> Wir dürfen unsere Meinung sagen. Oft werden wir auch dazu aufgefordert.

> Die Schulbücher bekommen wir von der Schule gestellt.

38.2 Schulklasse heute

> Am wichtigsten für uns in der Schule ist, dass wir gehorsam, fleißig, ordentlich und sauber sind.

> Wir haben Unterricht in Deutsch, Englisch, Mathe, Gesellschaftslehre, Bio, Sport, Religion, Musik und Kunst.

AUFGABEN >>

1. Ordnet die Sprechblasen der früheren oder der heutigen Schulklasse zu. Wenn ihr euch nicht sicher seid, schlagt noch einmal auf den vorhergehenden Seiten nach.
2. Sprecht abschließend darüber, was die heutige Schule im Vergleich zu früher auszeichnet, und überlegt gemeinsam, ob es Punkte und Bereiche gibt, die ihr in eurer Klasse und Schule noch verbessern könnt.

Rund um unsere Schule – Erdkundliches Arbeiten im Nahraum

Stellt euch vor, ihr nehmt an einer Rallye teil. Die roten Punkte zeigen euch Stationen, die anzufahren sind. Dort warten verschiedene Sonderprüfungen. Bevor man weiterfahren darf, sind erst die Sonderprüfungen zu lösen. Legt zu jeder der fünf Sonderprüfungen ein Ergebnisblatt an.

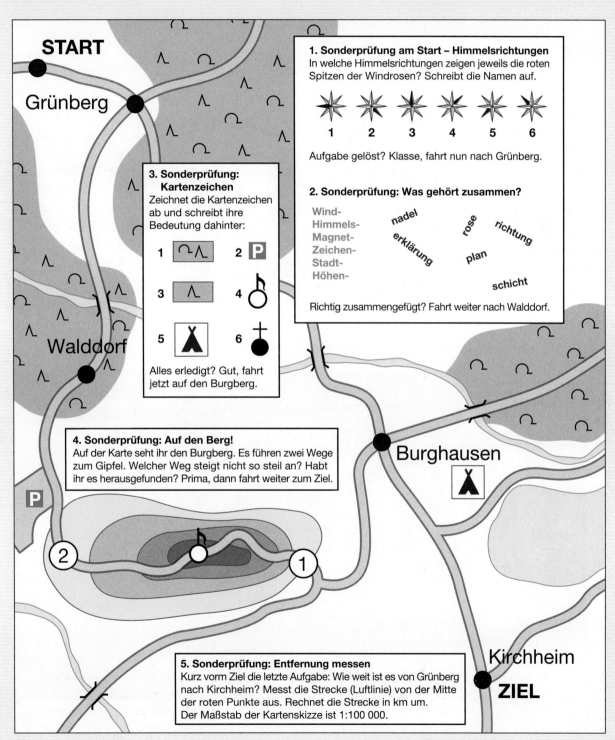

START

Grünberg

Walddorf

1. Sonderprüfung am Start – Himmelsrichtungen
In welche Himmelsrichtungen zeigen jeweils die roten Spitzen der Windrosen? Schreibt die Namen auf.

1   2   3   4   5   6

Aufgabe gelöst? Klasse, fahrt nun nach Grünberg.

2. Sonderprüfung: Was gehört zusammen?

Wind-
Himmels-
Magnet-
Zeichen-
Stadt-
Höhen-

nadel
erklärung
rose
richtung
plan
schicht

Richtig zusammengefügt? Fahrt weiter nach Walddorf.

3. Sonderprüfung: Kartenzeichen
Zeichnet die Kartenzeichen ab und schreibt ihre Bedeutung dahinter:

1   2 P   3   4   5   6

Alles erledigt? Gut, fahrt jetzt auf den Burgberg.

4. Sonderprüfung: Auf den Berg!
Auf der Karte seht ihr den Burgberg. Es führen zwei Wege zum Gipfel. Welcher Weg steigt nicht so steil an? Habt ihr es herausgefunden? Prima, dann fahrt weiter zum Ziel.

Burghausen

P

2   1

5. Sonderprüfung: Entfernung messen
Kurz vorm Ziel die letzte Aufgabe: Wie weit ist es von Grünberg nach Kirchheim? Messt die Strecke (Luftlinie) von der Mitte der roten Punkte aus. Rechnet die Strecke in km um.
Der Maßstab der Kartenskizze ist 1:100 000.

Kirchheim
ZIEL

2 Kinder der Welt

AUFGABEN >>

1. In welchem Erdteil könnten die Bilder aufgenommen worden sein?
2. Beschreibt die Landschaften, in denen die Kinder leben. Nennt Unterschiede und versucht diese zu erklären.
3. Überlegt, wie ein Tag im Leben der Kinder verlaufen könnte.

Kinder erzählen aus ihrem Leben

42.1

42.2 Mike

42.3 und 4 Wohnhaus und Straße, in der Mike lebt

Mike aus den USA

„Ich bin elf Jahre alt und wohne in Anaheim im Großraum Los Angeles (Kalifornien). Meine Eltern arbeiten in Burbank. Um an ihren Arbeitsplatz zu gelangen, legen sie täglich 30 Meilen zurück. Wenn meine Eltern beim Arbeiten sind, kümmert sich das Hausmädchen Debbie um mich und meine zwei Geschwister, Nicole und Cameron.

Wir wohnen in einem großen Haus mit Garten und Swimmingpool. Das Klima bei uns ist das ganze Jahr über sehr mild. Ich kann deshalb fast jeden Tag schwimmen gehen. Wenn es uns zu heiß wird, dann schalten wir einfach die Klimaanlage an.

Häufig gibt es bei uns mein Lieblingsessen: Pizza. Der Boden wird tiefgefroren gekauft, mit Fisch oder Hackfleisch, mit Gemüse und Käse belegt und dann in der Mikrowelle gebacken. Dazu gibt es Salat und Obst, zum Trinken Cola. Ich gehe auch gerne Eis essen, Hamburger essen oder in einen Schnellimbiss. Das zahle ich mit meinem Taschengeld.

Zur Schule fahre ich mit dem Schulbus, der gleich vorm Haus hält. Ich mag alle Unterrichtsfächer. Wenn ich groß bin, möchte ich Baseballspieler werden. Baseball ist meine große Leidenschaft."

AUFGABEN >>

1 Beschreibt, wie Mike lebt und vergleicht es mit eurem Leben. Legt dazu eine Tabelle an. Folgende Überschriften bieten sich für die Spalten an: Alter, Wohnort / Land, Eltern, Geschwister, Wohnung, Ernährung, Schule, Berufswunsch, …

2 Sucht Los Angeles im Atlas. Messt mithilfe der Maßstabsleiste aus, wie weit Kalifornien von Deutschland entfernt ist.

Baseball: Beim Baseball stehen sich zwei Mannschaften mit je neun Spielern gegenüber. Ein Spiel besteht aus neun Durchgängen (innings). Die Mannschaft, die am Ende die meisten Umrundungen (runs) des Spielfeldes hat, ist der Sieger. Am Anfang wirft der Werfer (pitcher) der Feldmannschaft den Ball in Richtung des Schlagmanns (hitter) der gegnerischen Schlagmannschaft. Dieser versucht den Ball zu treffen und darf dann entgegen dem Uhrzeigersinn das Feld solange umrunden, bis die gegnerische Mannschaft den Ball gefangen und einem gut postierten Spieler zugeworfen hat, sodass dieser den Laufenden abschlagen kann (out). Für jedes passierte Base erhält die Mannschaft einen Punkt (run). Nach drei outs wechseln die Mannschaften. Haben beide Mannschaften nach neun Durchgängen die gleiche Punktzahl, gibt es einen bis zur Entscheidung dauernden Verlängerungsdurchgang.

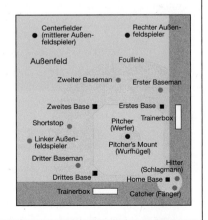

Maria aus Peru

„Ich bin zehn Jahre alt und lebe in Südamerika, in dem Land Peru. Mein Heimatdorf Huacullani liegt im Hochland der Anden in der Nähe des Titicacasees. Unsere Familie stammt von den Indianern ab.

Meine fünf Geschwister und ich müssen zu Hause kräftig mithelfen: Wir unterstützen unsere Eltern bei der Feldarbeit, zum Beispiel beim Kartoffelhacken. Wir helfen auch im Haushalt und versorgen die Kühe, Schafe, Schweine, Hühner sowie die Kaninchen.

Zum Essen gibt es bei uns meistens Nudelsuppe mit Kartoffeln oder Maisfladen. Wenn wir ein Tier schlachten, kommt auch mal Fleisch auf den Tisch. Zum Essen trinke ich Kuhmilch.

Wir leben in einem kleinen Haus mit drei Zimmern. Meine beiden kleineren Geschwister und ich teilen uns ein Zimmer. In die Dorfschule fahre ich immer mit dem Fahrrad. Dort lerne ich Spanisch, die Indianersprache Aymara, Landeskunde und Rechnen.

Wenn ich groß bin, möchte ich gerne Krankenschwester werden. Dazu muss ich allerdings in die Stadt ziehen. Am liebsten versorge ich in meiner Freizeit die Kaninchen und spiele mit ihnen. Manchmal spiele ich mit den anderen Kindern im Dorf auch Stehball.“

43.1 Maria zerreibt Mais   43.2

43.3 Haus von Marias Eltern

Stehball:

Für dieses Spiel braucht ihr 6 bis 11 Mitspieler und einen Ball. Bei uns in Peru gelten beim Stehball folgende Regeln:

Wir bilden einen Kreis um ein Kind, das den Ball in beiden Händen hält. Dieses wirft den Ball hoch und ruft dabei einen Namen. Das Kind dessen Namen gerufen wurde, versucht den Ball zu fangen, während die anderen weglaufen. Wenn es den Ball gefangen hat, ruft es laut „Halt!" Alle müssen sofort anhalten und das Kind mit dem Ball darf drei Schritte machen, um näher an einen Mitspieler heranzukommen. Diesen versucht es zu treffen. Wird er getroffen, darf das Kind, das geworfen hat, in die Mitte gehen und den Ball hochwerfen. Verfehlt es sein Ziel, ist der an der Reihe, den es abzuwerfen versucht hat.

43.4 Marias Vater beim Pflügen

AUFGABEN >>

1. Beschreibt, wie Maria lebt und wohnt. Tragt es in die Tabelle ein, die ihr bereits für Mikes Leben erstellt habt. Vergleicht das Leben von Maria und Mike.

2. Sucht Peru im Atlas. Wie heißt die Hauptstadt des Landes? Messt mithilfe der Maßstabsleiste aus, wie weit Peru von Deutschland entfernt ist.

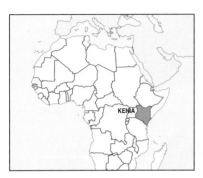

44.1

44.2 Antony in seiner Klasse

44.3 Das Haus von Antonys Eltern

Antony aus Kenia

„Mein Name ist Antony. Ich bin zwölf Jahre alt und wohne in dem Dorf Madunda. Auf dem Foto seht ihr mich neben meinem Freund Jomo. Das Buch teilen wir uns, denn unsere Eltern haben kaum Geld für Schulsachen. In der Schule findet heute ein Fest statt. Auf einer großen Feuerstelle wird für alle Essen gekocht. Es gibt Maisbrei, Kochbananen und Gemüse. Die älteren Schülerinnen helfen beim Kochen.

Unvorstellbar, dass wir Jungs mithelfen, schließlich ist das Kochen reine Mädchenarbeit. In der Schule gibt es keine Computer. Die würden auch nichts nützen, denn es gibt auch keinen Strom. Die einzige Schreibmaschine im Dorf gehört der Schulsekretärin.

Mein Vater arbeitet auf einer Teeplantage. Er beaufsichtigt die Frauen beim Sortieren der Teeblätter. Meine Mutter ist auch Teepflückerin. Meine Eltern verdienen wenig.

Am Nachmittag herrscht große Hitze. Dann erledigt meine Mutter alles, was im Haus anfällt. Meine älteste Schwester und ich müssen ebenfalls mithelfen. In der Nähe des Dorfes haben wir ein Stück eigenes Land. Damit wir genug zu essen haben, bauen dort die Frauen Gemüse und Hirse an. Meine Mutter ist also auch bei der Feldarbeit gefordert.

Unser neues Haus haben wir mit Hilfe der Nachbarn selbst gebaut. Wir wohnen dort zu zehnt: Meine Eltern, meine Großeltern, fünf Geschwister und natürlich ich."

Hirse mit Gemüse

Zutaten für 4 Personen: 1 Zwiebel, 2 Knoblauchzehen, 200 g Hirse, 2 Esslöffel Öl, $3/8$ l Wasser, Salz, Pfeffer, 300 g Gemüse (zum Beispiel Bohnen, Mais, Erbsen)

Die Zwiebel und Knoblauchzehen schälen, schneiden und im Öl glasig anbraten. Die Hirse hinzugeben und unter Rühren so lange mitbraten, bis alle Körner vom Fett überzogen sind. Wasser hinzugießen und einmal aufkochen lassen. Bei schwacher Hitze 30 Minuten garen. Dann das Gemüse unter die Hirse mischen, mit Pfeffer und Salz würzen und nochmals 10 Minuten garen. Auf Teller verteilen und garnieren. Guten Appetit!

AUFGABEN >>

1. Vergleicht eure Schule mit der von Antony
2. Beschreibt das Leben von Antony und seiner Familie und vergleicht es mit eurem Leben. Ergänzt eure Tabelle von Aufgabe 1 auf Seite 42.
3. Sucht Kenia im Atlas. Wie heißt die Hauptstadt? Ermittelt auf einer Weltkarte mithilfe der Maßstabsleiste die Entfernung Deutschland-Kenia.

44.4 Beim Kochen von Maisbrei

44.5 Arbeitsplatz der Schulsekretärin

44.6 Auf der Teeplantage

Ramchandra aus Indien

„Ich bin 11 Jahre und arbeite in einer Teppichfabrik bei Kanpur. Hier arbeiten viele Kinder aus armen, kinderreichen Familien. Wegen hoher Schulden waren die Eltern gezwungen, ihre Kinder zu verkaufen. Obwohl indische Gesetze Kinderarbeit verbieten, werden die meisten Teppiche von Kindern geknüpft.

Unsere Arbeitsbedingungen sind schrecklich. Wir arbeiten 7 Tage pro Woche, 10 bis 16 Stunden lang. Von den Fäden habe ich ständig Schnittwunden an den Fingern. Durch das dauernde Einatmen des feinen Wollstaubs erkranken viele an Husten. Die schlechte Beleuchtung schädigt die Augen. Wenn ich Fehler mache, setzt es Schläge und ich bekomme kein Geld.

Für den Monatslohn von 300 Rupien (etwa 9 Euro) müssen wir auch noch unsere Unterkunft bezahlen. Der Rest meines Lohns geht an meine Familie, die auf das Geld angewiesen ist.

Ich habe schon oft daran gedacht, einfach abzuhauen, aber ich weiß nicht wohin. Ein Leben in der Fabrik ist immer noch besser, als in Bombay auf der Straße zu betteln."

45.1 Ramchandra

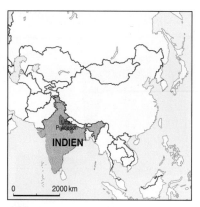

45.2

Lange wurden in Deutschland keine indischen Teppiche mehr angeboten, da bekannt war, dass sie durch Kinderarbeit entstanden. Erst seit Gründung von Rugmark (englisch: rug = Teppich) lohnt sich für Indien der Export von Teppichen wieder. Durch den Kauf eines Teppichs mit Rugmark-Siegel leisten die Verbraucher einen Beitrag zur Bekämpfung der verbotenen Kinderarbeit.

Teppichhersteller und Exporteure müssen eine rechtsverbindliche Erklärung unterzeichnen, in der sie versichern, dass sie diese Kriterien erfüllen:

• keine Beschäftigung von Kindern unter 14 Jahren,
• Zahlung des gesetzlichen Mindestlohns,
• Kontrolle durch das Rugmark-Büro,
• Akzeptieren von unangekündigten Kontrollen zu jeder Zeit.

45.3

Kinderarbeit – weit verbreitet in der Welt

So wie Ramchandra geht es vielen Kindern in der Welt. Sie leben in großer Armut und sind zu schwerer und gesundheitsschädlicher Arbeit gezwungen. Sie schuften zum Beispiel in Bergwerken, Steinbrüchen und Textilfabriken, als Schuhputzer oder als Lastenträger. Meist werden diese Kinder nicht ärztlich versorgt, sie gehen nicht zur Schule und haben auch keine Chance auf eine kindgemäße Entwicklung.

Weltweit arbeiten rund 250 Millionen Kinder unter 14 Jahren, vor allem in den Entwicklungsländern. Sie stellen Waren her, die für viel Geld in den Industriestaaten verkauft werden.

In Entwicklungsländern sind über 800 Millionen Erwachsene arbeitslos. Dennoch werden Kinder beschäftigt, denn sie sind billige Arbeitskräfte. Kinder erhalten oft weniger als 10 Cent pro Tag, während ein Erwachsener einen Euro oder mehr kosten würde. Auf diese Weise führt Kinderarbeit also auch dazu, dass immer mehr Familien verarmen.

Auch bei uns arbeiten Kinder. Sie übernehmen z. B. Ferienjobs, tragen Zeitungen aus oder arbeiten als Babysitter. Die meisten tun das, weil es ihnen Spaß macht. Zudem können sie sich durch den Verdienst Dinge kaufen, die sie sich sonst nicht leisten könnten.

Lohnende Tätigkeit für Schülerin oder Schüler, ca. 70 Euro im Monat durch Verteilung von Prospekten. Werbeagentur Franke, Tel. 04 ....

AUFGABEN >>

1. Warum muss Ramchandra arbeiten?
2. Bei uns arbeiten auch viele Kinder für Geld. Nennt die Unterschiede zur Kinderarbeit in Indien.
3. Was soll mit dem „Rugmark-Siegel" auf Teppichen erreicht werden (Abb. 45.3)? Informiert euch auch im Internet unter der Adresse www.rugmark.de.

Projekt: „Kinder der Welt"

Auf den Seiten 40-45 habt ihr bereits erfahren: Das Leben von Kindern auf der Erde ist sehr unterschiedlich – genauso unterschiedlich wie die Länder, in denen sie leben. In einem Projekt wollten sich deshalb die Schüler einer Gesamtschule selbst und genauer darüber informieren, wie Kinder in anderen Teilen der Welt leben.

Die Schüler stellten sich z. B. folgende Fragen:

- Was sind die größten Unterschiede zwischen ihrem und dem eigenen Leben?
- Wie wohnen sie? Wie sehen ihre Familien aus?
- Welche Sprache sprechen sie und welche Schrift schreiben sie?
- Was essen sie? Welchen Religionen gehören sie an?
- Wie sieht es bei ihnen in der Schule aus? Was spielen sie?
- Welche Probleme haben sie?
- Welche Kinder aus anderen Ländern gehen in unsere Klasse oder leben in unserer Umgebung?
- Wie können wir den Kindern helfen?

Zu den Stichwörtern „Kinder der Welt" wird euch sicher vieles einfallen. Eine Möglichkeit, eure Gedanken, Einfälle und Ideen zum Thema übersichtlich zu ordnen, ist die sogenannte Mind Map (frei übersetzt „Gedanken-Landkarte", > Text 47.1).

Zur Materialsammlung für ihr Projekt sahen die Schüler zunächst Bücher, Zeitschriften sowie Lexika durch und recherchierten sie im Internet. Außerdem befragten sie Bekannte, die bereits in den untersuchten Ländern waren oder die dort aufgewachsen sind.

Ihre Ergebnisse stellten die Schüler abschließend auf Plakaten (Abb. 47.2) zusammen und präsentierten diese den Mitschülern. Die Plakate waren ein großer Erfolg. Für Klassen, die ebenfalls ihre Plakate präsentieren möchten, haben sie deshalb folgende Tipps zusammengestellt:

- Überlegt euch vorher, wie ihr das Plakat aufteilen könnt. Verwendet bei der Gestaltung Bilder, Zeichnungen und Texte.
- Eine deutliche Überschrift oder eine interessante Zeichnung wecken Interesse für das Plakat. Bilder von Personen machen das Plakat zusätzlich interessant. Passende Bilder findet ihr in Zeitschriften, Reiseprospekten oder im Internet. Wenn ihr keine geeigneten Bilder habt, zeichnet doch selbst! Farbige Zeichnungen sind immer ein guter Blickfang.
- Die Texte sollen übersichtlich, nicht zu lang und gut zu lesen sein. Der Inhalt muss zum Plakat und den Bildern passen. Mit Zwischenüberschriften könnt ihr die einzelnen Texte zusätzlich gliedern.

Tipps zur Internet-Recherche:

www.unicef.de
www.blinde-kuh.de
www.geolino.de
....

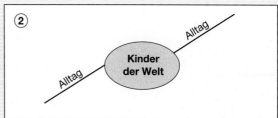

Wie erstellt man eine Mind Map?

Zur Erstellung einer Mind Map braucht ihr einen großen Bogen Papier und verschiedenfarbige Stifte. So geht man vor:

1. Schreibt in die Mitte des Papierbogens das Thema. Das ist der zentrale Platz eurer Gedankenlandkarte.

2. Von hier gehen „Hauptstraßen" für die Hauptgedanken zu dem Thema aus. An diese Hauptstraßen wird ein entsprechendes Stichwort geschrieben. Jeder neue Gedanke wird als eine neue Hauptstraße eingezeichnet.

3. Fällt euch etwas ein, was zu einer bereits eingezeichneten Hauptstraße gehört, so müsst ihr davon ausgehend eine „Nebenstraße" einzeichnen. Mit einer Nebenstraße können sich wiederum neue Gedanken verbinden. Sie werden als weitere Abzweigungen hinzugefügt.

4. Eure Mind Map entwickelt sich ständig weiter. Bereits notierte Stichwörter können zu immer neuen Ideen führen.

Durch Farben oder Umrandungen lassen sich die wichtigsten Informationen zusätzlich hervorheben.

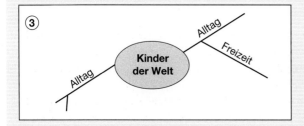

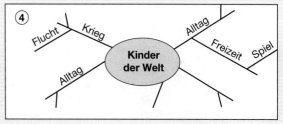

47.1

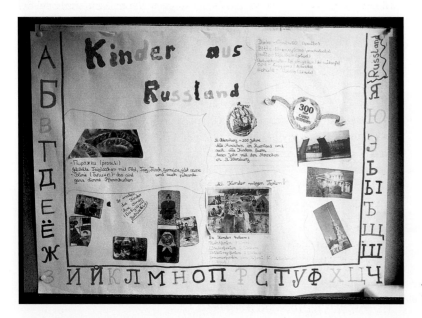

47.2 Arbeitsergebnis: Plakat zum Thema „Kinder aus Russland"

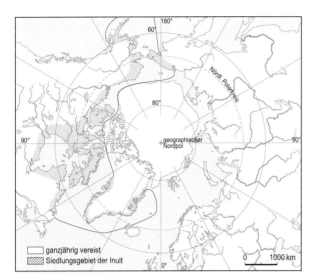

48.1

Inuit – Leben im Reich der Kälte

Zwischen dem Nordpol und dem nördlichen Polarkreis liegt die **Arktis**. Den größten Teil der Arktis bildet das Nordpolarmeer. Doch auch Teile Grönlands, Nordamerikas, Russlands und Europas gehören dazu.

Das Meer rund um den Nordpol ist ganzjährig zugefroren. Im Winter fallen die Temperaturen bis unter -50 °C. Die Tiere, die dort leben, sind Kälte-Spezialisten. Mit dickem Fell oder fetter Speckschicht schützen sie sich vor der eisigen Kälte. Am Rand der Arktis tauen die Schnee- und Eismassen nur für kurze Zeit auf. In diesem „Mini-Sommer" können nur kleine Pflanzen wachsen: zum Beispiel Gräser, Moose, Flechten, Beeren und flaches Gehölz. Hier liegt das Siedlungsgebiet der Inuit (Karte 48.1).

48.3 Sommer in der Arktis

AUFGABEN >>

1. Beschreibt die Landschaft der Arktis.
2. Nennt Länder, in denen die Inuit leben (Karte 48.1 und Atlas).
3. Zeigt die Lage der Arktis auf dem Globus. Warum ist es dort immer so kalt?
4. Wo ist es ähnlich kalt wie in der Arktis?

So lebten die Inuit früher

Übersetzt bedeutet „Inuit" so viel wie Mensch. Von ihren Nachbarvölkern wurden die Inuit als Eskimos verspottet, was übersetzt Rohfleischesser bedeutet.

Im Laufe der Jahrtausende haben sie sich an die lebensfeindliche Umgebung angepasst. Als Jäger waren sie **Selbstversorger**, die alles zum Leben Nötige aus ihrer Umwelt erhielten. Als Grundlage dienten ihnen Tiere, die sie erlegten. Robben, Wale, Rentiere, Eisbären und Fische lieferten ihnen alles, was sie brauchten: Nahrung, Kleidung, Waffen sowie Material für Behausungen. Die Inuit ehrten deshalb diese Tiere und jagten immer nur so viele, wie sie zum Leben benötigten.

Die Frauen verarbeiteten die verschiedensten Felle zu speziell abgestimmter Kleidung. Das schwere Eisbärenfell ergab warme Hosen für die Atemlochjagd (Abb. 48.2). Aus dem wasserdichten Robbenleder wurden Stiefel und Parka gefertigt. Das innen liegende Fell sorgte dabei für größere Wärme. Wie wichtig die Kunstfertigkeit der Frauen war, zeigt das alte Inuit-Sprichwort: *„Ein Mann ist immer der Jäger, den die Frau aus ihm macht."*

Die Inuit zogen mit den Jahreszeiten in verschiedene Jagdgebiete: Im Winter gingen sie auf die zugefrorenen Seen und Meere, im Sommer zogen sie an die Küste.

49.1 und 2 Wie die Inuit im Winter und im Sommer lebten

Im Winter bauten sie Iglus aus Schneeblöcken (Abb. 49.1). Die Tranlampe, in der das Tierfett verbrannt wurde, diente auch als Herd und Ofen. Sobald das Iglu fertig war, fuhren die Männer mit ihren Hundeschlitten auf Jagd. Wenn die Beute weniger wurde, zogen die Inuit weiter und bauten sich neue Iglus.

Im Sommer zogen sie vom Meer zurück an die Küsten. In dieser Jahreszeit lebten sie in Zelten (Abb. 49.2). Die Zelte aus Robbenfellen und Walknochen oder Treibholzstangen konnten schnell auf- und wieder abgebaut werden.

Im Sommer waren die Küsten von Eis und Schnee befreit. Dort sammelten sie Kräuter, Wurzeln und Beeren. Diese bildeten eine angenehme Abwechslung auf ihrem Speiseplan. Mit selbst gebauten Kajaks jagten sie im Meer Wale, Robben und Walrosse. Außerdem angelten sie in den Flüssen Lachsforellen oder sie jagten auf dem Festland Karibus, Eisbären, Kaninchen und Vögel.

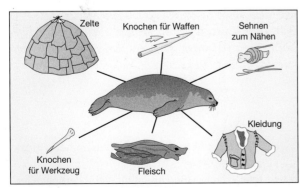

49.3 Die Robbe als Lebensgrundlage

AUFGABEN >>

1. Robben dienten den Inuit nicht nur als Fleischlieferanten. Erklärt ihre Bedeutung (Abb. 49.3).
2. Ein Iglu kann in wenigen Stunden gebaut werden. Was benötigt man zum Bau? Wie ist das Iglu an die Umweltbedingungen angepasst (Abb. 49.1)?
3. Vergleicht das Leben der Inuit im Sommer und Winter (Abb. 49.1 und 2). Wo und wie wohnten sie? Welche Beute jagten sie? Wie bewegten sie sich fort? Legt eine Tabelle an.

50.1 Isavarag

50.2 Siedlung, in der Isavarag lebt

50.3 Isavarag mit Freunden

Leben der Inuit heute

Der 12-jährige Isavarag erzählt: *„Mein Opa lebte noch wie unsere Vorfahren früher. Doch dann änderte sich alles durch den ‚weißen Mann'. Er tauschte Pelze gegen Metallwerkzeuge und Gewehre, die zunächst das Leben erleichterten: Das Gewehr ersetzte die Harpune, das Motorboot den Kajak, der Motorschlitten das Hundegespann. Da wir Inuit kein Geld hatten, bezahlten wir mit Fellen. Wir mussten immer mehr Tiere erlegen – was später zu Hungersnöten führte, weil nichts mehr zum Jagen da war. Alkohol und eingeschleppte Krankheiten wie Grippe und Mumps brachten weiteres Unglück in viele Familien.*

Häuser, Telefon und Motorschlitten veränderten unser Leben später noch mehr. Das Leben vieler Inuit bekam eine völlig andere Richtung: Lohnarbeit oder Sozialhilfe sowie feste Dörfer statt Jagd im Rhythmus der Natur. Unsere traditionelle Lebensweise kenne ich fast nur aus der Schule und aus Erzählungen. In der Freizeit gehen wir aber manchmal noch auf Jagd, zelten oder bauen uns ein Iglu. Oft treffen wir uns auch mit Verwandten und lernen von den Alten das traditionelle Handwerk.

Normalerweise kaufen wir aber unsere Kleidung und Lebensmittel einfach im Supermarkt ein. Zum Glück haben meine Eltern beide Arbeit. So können wir uns zwei Motorschlitten und einen Truck leisten. Außerdem besitzen wir Internet und Fernsehen. Damit verbringen wir in den langen, dunklen Wintermonaten viel Zeit."

Felljacke   Häuser   Gore-Tex-Bekleidung
Hundeschlitten
Kajak
Motorschlitten
Gewehr
Motorboot   elektrisches Licht
Harpune   Zelte und Iglus
Tranlampe

50.4

AUFGABEN >>

1   Inuitleben früher und heute. Jeweils zwei Begriffe aus Abb. 50.4 gehören zusammen. Findet die entsprechenden Begriffspaare.

2   Ihr habt auf den Seiten 48–50 viel über die Inuit erfahren. Beschreibt die Veränderungen im Leben der Inuit. Nutzt dazu auch die Tabelle von Aufgabe 3 auf S. 49.

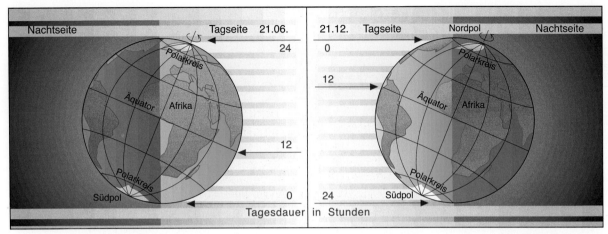

51.1 und 2 Polartag (links) und Polarnacht (rechts) am Nordpol

Polartag und Polarnacht

Mineq und Maalat wohnen in Inuvik an der Nordküste Kanadas. Sie erzählen: *„Im Sommer geht bei uns die Sonne fast drei Monate lang nicht unter. Sogar nachts ist es ganz hell. Um schlafen zu können, müssen wir die Fenster verdunkeln. Der Sommer ist für uns immer die schönste Zeit. Aber wir können nicht faulenzen. Wir müssen mithelfen, um Vorräte für den langen, kalten Winter zu beschaffen. Dann ist es bei uns stockfinster. Keine Sonne, kein Tageslicht. Erst nach drei Monaten sehen wir im März die Sonne erstmals wieder.“*

Der Jahresablauf der Inuit teilt sich in den Polartag und die Polarnacht auf. Das ist so ähnlich wie bei uns der Sommer und Winter. Doch wenn Polartag ist, scheint die Sonne den ganzen

Tag, also auch nachts („Mitternachtssonne“). Während der Polarnacht ist es hingegen den ganzen Tag dunkel – sogar mittags. Wie ist das zu erklären?

Die Ursachen dieser Naturerscheinung könnt ihr – wenn auch nicht so deutlich – jeden Tag selbst erleben. Die Erde dreht sich innerhalb von 24 Stunden einmal um die eigene Achse, sodass jeweils nur eine Hälfte der Erdkugel von der Sonne beschienen wird (Abb. 51.1 und 2). Es entstehen Tag und Nacht. Da die Erdachse schräg zur Sonne geneigt ist, wird immer ein Halbjahr lang die Nordhalbkugel und ein Halbjahr lang die Südhalbkugel stärker beschienen. Je näher man den Polen ist, desto länger bleibt es im Sommer hell bzw. im Winter dunkel (Tab. 51.3).

	Dauer von:	
	Polartag	Polarnacht
Nordpol	186 Tage	179 Tage
Inuvik	54 Tage	48 Tage
Polarkreis	1 Tag	1 Tag

51.3

AUFGABEN >>

1. Führt den Versuch wie in Abb. 51.4 durch.
2. Erklärt die Begriffe Polartag und Polarnacht (Abb. 51.1 und 2).
3. Überlegt: Am Nordpol ist Polartag. Was ist zur gleichen Zeit am Südpol?
4. Findet heraus, an welchem Tag die Sonne bei uns am längsten bzw. am kürzesten scheint.

Versuch zu Polartag und Polarnacht

Ihr könnt die Mitternachtssonne mit einem Projektor (= Sonne) und einem Globus (= Erde) nachstellen (Abb. 51.4). Geht dabei folgendermaßen vor:

Befestigt an den beiden Polarkreisen einen roten Punkt. Strahlt den Globus mit dem Projektor von der Seite her an. Dreht den Globus von Westen nach Osten und achtet dabei auf die Beleuchtung der roten Punkte. (Dabei ist auch die Drehrichtung der Erde wichtig!) Protokolliert eure Ergebnisse.

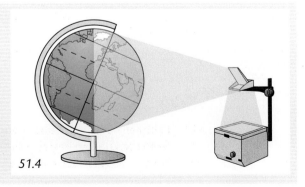

51.4

Arktis und Antarktis im Vergleich

52.1 Eisbär

52.3 Die Arktis

Die Arktis – eine schwimmende Welt aus Eis

Die Arktis ist das Gebiet rund um den Nordpol. Der geografische Nordpol liegt inmitten des bis zu 5 000 m tiefen Nordpolarmeeres. Es ist 5-mal so groß wie das Mittelmeer. Hier gibt es kein Festland in der Nähe. Da fast das ganze Jahr die Temperaturen unter 0 °C liegen, ist das Meer ständig von einer 3 - 4 m dicken Eisdecke verschlossen.

Steckbrief Arktis

Gesamtfläche:	22,1 Mio. km²
Nordpolarmeer:	14,3 Mio. km²
Landfläche:	7,8 Mio. km²
Lage:	Nordhalbkugel
Klima:	Jahresmitteltemperatur Nordpol -18 °C (Januar -32 °C, Juli 0 °C), geringe Niederschläge, meist als Schnee (100 - 200 mm)
Bewohner:	7 Millionen, davon 100 000 Inuit
Tierwelt:	Eisbären, Polarfüchse, Robben
Bodenschätze:	Erdöl, Erdgas, Kohle, Gold, Kupfer, Blei (im industriellen Abbau)
andere Nutzung:	Hochseefischerei

Diese Packeismassen sind ständig in Bewegung. Erwärmt sich im Sommer das Meer am Nordpol, dann brechen riesige Eisberge ab. Sie driften mit der Meeresströmung Richtung Süden und können so in die Schifffahrtsrouten des Nordatlantiks gelangen. Eines der größten Unglücke ereignete sich 1912, als das damals größte Passagierschiff der Welt, die Titanic, im dichten Nebel einen Eisberg rammte und unterging. Mehr als 1 500 Menschen verloren damals ihr Leben.

Trotz der extremen Lebensdingungen haben sich verschiedene Völker diesen natürlichen Gegebenheiten angepasst. Seit Jahrtausenden bewohnen und nutzen sie die Randgebiete der Arktis. Zu den bekanntesten Ureinwohnern der Arktis gehören die Inuit (> S. 48-50). Heute leben rund sieben Millionen Menschen in der Polarregion des Nordens. Zur Arktis gehören auch feste Landmassen, auf denen zahlreiche Bodenschätze vermutet werden. Erdöl und Erdgas werden bereits gefördert. Außerdem ist das Polarmeer mit seinen reichen Fischgründen wichtig für die Hochseefischerei.

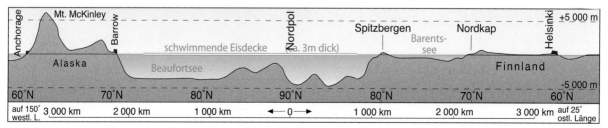

52.2 Profil durch die Arktis

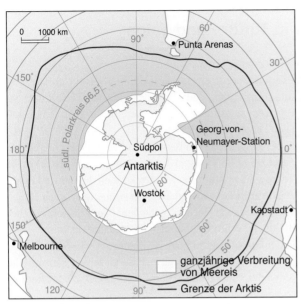

53.1 *Die Antarktis*

53.3 *Pinguine*

Die Antarktis – Der siebte Kontinent

Um den Südpol erstreckt sich die Antarktis. Sie ist flächenmäßig größer als die Arktis. Im Gegensatz zur Arktis ist die Antarktis ein Kontinent mit festen Landmassen.

Der Südpol liegt auf dem Festland in einer Höhe von 2855 m über dem Meeresspiegel. Die Landmassen sind von einer bis zu 4700 m dicken Eisdecke überzogen. Dieses Eis fließt als

Steckbrief Antarktis

Gesamtfläche:	51,8 Mio. km²
Südpolarmeer:	39,4 Mio. km²
Landfläche:	12,4 Mio. km²
Lage:	Südhalbkugel
Klima:	Jahresmitteltemperatur Südpol: -49 °C (Januar -29 °C, Juli -59 °C), geringe Niederschläge, meist als Schnee
Bewohner:	ca. 4000 in 59 Forschungsstationen, keine Ureinwohner
Tierwelt:	Pinguine, Robben, Wale
Bodenschätze:	Erdöl, Erdgas, Kohle, Eisen, Kupfer, Mangan (nicht im Abbau)
andere Nutzung:	Wal- und Krillfang (Krill = Kleinkrebse)

Gletscher mit einer Geschwindigkeit von wenigen Metern bis zu zwei Kilometern pro Jahr auf die Küsten zu. Dort, wo die Gletscher ins Meer münden, entstehen bis zu 700 m mächtige Eistafeln. Brechen diese ab, treiben manchmal Eisberge von der Größe Südhessens im Meer.

In der Südpolarregion lagern die größten Süßwasservorräte der Erde. Bei einer plötzlichen Schmelze des Eises würde der Meeresspiegel um 70 Meter ansteigen!

Die Temperaturen in der Antarktis können bis zu -90 °C erreichen. Plötzliche Wetterwechsel, tobende Orkane mit Geschwindigkeiten bis zu 200 km/h machen den Aufenthalt im Freien lebensbedrohend. Sogar im Sommer liegen die Temperaturen im Minusbereich.

Unter diesen extremen Lebensbedingungen leben hier nur vereinzelt Wissenschaftler. Sie erforschen die Natur der Antarktis und suchen nach Bodenschätzen. Da die Antarktis keinem Staat eindeutig zugeordnet ist, bleibt die Frage nach den Nutzungsrechten bislang offen.

AUFGABEN >>

1. Stellt die Unterschiede zwischen der Arktis und der Antarktis in einer Tabelle gegenüber.
2. Erkundigt euch nach weiteren Informationen zu den Polarregionen (Lexika, Internet...)
3. Ermittelt im Atlas: Welche Länder erheben Anspruch auf die Antarktis? Welche Bodenschätze befinden sich in den Polarregionen?

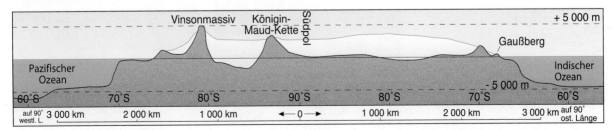

53.2 *Profil durch die Antarktis*

Zusatzthema: Pflanzen und Tiere in Tundra und Taiga

EISWÜSTE TUNDRA TAIGA

54.1–3

Pflanzen benötigen zum Wachstum Wasser, Licht, Wärme und Nährstoffe. Jeder dieser Faktoren beeinflusst das Pflanzenwachstum. Auch die Tiere haben sich dem jeweiligen Lebensraum angepasst.

In der **Eiswüste** zum Beispiel liegt die Durchschnittstemperatur nur an wenigen Tagen über +5 °Celsius. Sinkt die Temperatur unter diesen Wert, können die meisten Pflanzen nicht mehr wachsen. Deshalb können nur an einzelnen eisfreien Stellen Flechten gedeihen: Nämlich dort, wo der Boden die Wärme entsprechend speichern kann.

In der Eiswüste lebt neben den Robben (> S. 49) der Eisbär (Abb. 52.1). Dieser schützt sich durch seinen Pelz und die unter der Haut befindlichen dicken Speckschicht hervorragend vor Luft- und Wasserkälte.

In der **Tundra** ist das Pflanzenwachstum auf ein bis drei Monate beschränkt. Hier wachsen Polsterpflanzen, Flechten, Moose, Gräser und Sträucher. Eng an den Boden geduckt und dem Licht zugewandt, versuchen sie möglichst viel Licht und Wärme zu erhalten und zu speichern.

Vor allem das Rentier lebt hier im Sommer von diesen Pflanzen. Wenn der Boden auftaut, verhindern seine tellerförmigen Fußsohlen das Einsinken in den Matsch. (In Nordamerika heißen die Rentiere übrigens Karibus.)

Die **Taiga** ist die größte zusammenhängende Waldfläche der Erde. Hier gedeihen vor allem Nadelbäume. Sie sind widerstandsfähig gegen Frost und von schlankem Wuchs, was die Äste vor Schneebruch schützt. An Laubbäumen trifft man nur die anspruchslose Birke oder Espe an.

In den Wäldern leben Tiere wie der Grizzlybär oder das Erdhörnchen. Sie halten in den Wintermonaten in Höhlen Winterschlaf. Viele Vögel ziehen dagegen in den Wintermonaten nach Süden. Das Schneehuhn aber harrt aus. Zum Schutz vor Kälte hat es an Füßen und Beinen ein dichtes Federkleid.

AUFGABEN >>

1. Beschreibt, wie sich die Vegetation von der Eiswüste zur Taiga hin verändert.
2. „Die Pflanzen passen sich dem Wenigen an, das zur Verfügung steht." Erklärt diese Aussage.
3. Notiert euch die unterschiedlichen Anpassungsformen der im Text genannten Tiere.

54.4 Rentiere

54.5 Schneehuhn

Zusatzthema: Auf einer Forschungsstation in der Antarktis

55.1 und 2 Die Neumayer-Station in der Antarktis

55.3 Glaziologe bei der Arbeit

In der Antarktis leben erst seit 50 Jahren das ganze Jahr über Menschen. Es sind Wissenschaftler und Techniker, welche die Polarregion erkunden (> S. 53): Biologen untersuchen die Tierwelt der Antarktis (Wale, Pinguine und Fische), Klimaforscher messen die Temperaturen, Niederschläge, Gletscherforscher (Glaziologen) untersuchen die Eisbewegung, Geologen bohren nach Bodenschätzen.

Die Wissenschaftler wohnen in Forschungsstationen. Im Sommer leben dort 30-40 Personen. Im Winter wird das Personal auf 7-10 Leute verringert. In der Station sind die Menschen vor den eisigen Temperaturen und der starken Sonneneinstrahlung geschützt. Alles, was sie zum Leben brauchen, ist auf engstem Raum untergebracht. Es gibt eine eigene Energiezentrale, eine Wassergewinnungsanlage und sogar eine eigene Krankenstation.

Die Forscher werden meist per Flugzeug mit Lebensmitteln, Treibstoff und anderen Dingen versorgt. Abends nach der Arbeit treffen sich alle im Freizeitraum. Es gibt Videofilme, Fitnessgeräte und eine Bibliothek. Gutes Essen und der Funkkontakt zur Außenwelt sind willkommene Abwechslungen, um die Einsamkeit erträglicher zu machen.

Verhaltensregeln für Polarforscher

- Alle Fahrten müssen gemeldet werden.
- Verlassen Sie das Lager nie allein.
- Fassen Sie kein Metall ohne Handschuhe an.
- Im Freien müssen immer UV-Schutzbrillen getragen werden.
- Bei Temperaturen unter -30 °C muss eine Gesichtsmaske getragen werden.
- Vorsicht bei schweren Arbeiten: Durch das Schwitzen besteht Erfrierungsgefahr.

55.4

AUFGABEN >>

1 Lest die Verhaltensregeln für die Forscher durch und versucht sie zu erklären.

2 Ermittelt im Atlas Länder, die Forschungsstationen in der Antarktis unterhalten.

3 Welche Arbeiten führen die Wissenschaftler durch?

Eine Abenteuerreise durch die Wüste

„Einmal durch die Sahara", diesen Traum wollen sich Enno und Kathi aus Kassel erfüllen. Da Kathi Kfz-Mechatronikerin und Enno Rettungssanitäter ist, haben die beiden gute Voraussetzungen. Einen robusten Geländewagen fahren sie schon seit längerem und auch die Route steht schnell fest: Von Tunis aus soll es über die Oasen Ghat und El-Dschof nach Alexandria gehen.

Damit die Vorräte unterwegs reichen, müssen alle Etappen im Voraus geplant, Treibstoff und Wasservorräte kalkuliert werden. Der Wagen braucht bei Belastung fast 20 Liter Diesel auf 100 km, doch wie viel Wasser braucht ein Mensch? Wie orientiert man sich in der endlos scheinenden Wüste? Reichen als Bekleidung T-Shirts und Shorts?

Aus Büchern und im Internet besorgen sich Kathi und Enno die Informationen, die sie für eine gewissenhafte Vorbereitung brauchen.

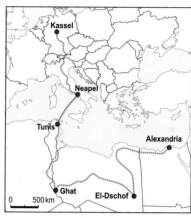

56.1 Von Kassel nach Alexandria

Mit der Fähre Neapel-Tunis landen die beiden in Afrika. Am nächsten Tag fahren sie Richtung Sfax weiter und erreichen schließlich ein Camp am Rande der Wüste. Dort bekommen sie von einer anderen Expeditionsgruppe nochmals wichtige Tipps: „Ihr müsst euch echt zum Trinken zwingen – ungefähr 7 Liter pro Tag. Und wenn ihr euch anstrengt, sogar mehr!" „Denkt daran, dass ihr ständig Salz und Mineralien ausschwitzt, ihr braucht unbedingt Salztabletten." „Verbrennt euch tagsüber nicht beim Aussteigen, denn die Steine werden teilweise über 80 °C heiß, man könnte Eier darauf braten!" Das klingt alles so anders als zu Hause.

Fast ohne Dämmerung wird es dunkel und die beiden beginnen bald zu frösteln – aber nicht nur, weil jetzt das große Abenteuer beginnt, sondern weil es so kühl geworden ist. Das Thermometer zeigt nur noch 9 °C, während es mittags über 40 °C heiß war!

Bei Sonnenaufgang geht es los. Anfangs folgen sie der Straße, die teilweise unter Sandbergen begraben ist. Das Navigieren mit GPS sowie mit dem Kompass ist hier wichtig. Danach geht es weiter über eine kaum erkennbare Piste. Sand wird durch Geröll und Kies abgelöst. Bis zum Zielort Alexandria wird die Landschaft der Sahara noch oft wechseln ...

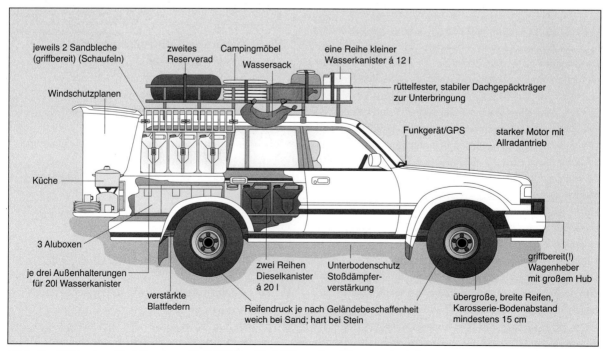

56.2 Der Wüstenjeep für 2 Personen, für 2000 km, für 14 Tage ohne Wassernachschub

Aus Ennos Tagebuch:

... Geröll und Kies so weit das Auge reicht. Wir sind in der Serir, in der Kieswüste. Wenn wir endlich das Gebirge am Horizont erreicht haben, hat hoffentlich das Rütteln und Schütteln im Auto ein Ende. Im Schatten erreichen die Temperaturen mehr als 40 °C – aber wo findet man schon Schatten? ...

*... Wir müssen sehr vorsichtig fahren. Die scharfkantigen Felsbrocken der **Hamada**, wie die Stein- und Felswüste genannt wird, haben schon einen Reifen zerstört. Der **Nomade** aus dem Stamm der Tuareg (> S. 60), dem wir in der Nähe von Ghat begegnen, ist mit seinem Dromedar schneller als wir. Mittags herrscht unerträgliche Hitze und abends friere ich wieder in meinem dicken Pullover ...*

*... Vor El-Dschof kommen wir wieder durch ein **Erg**, durch eine Sandwüste. Sand, Sand und nochmals Sand! Prompt fährt sich unser Geländewagen fest und wir müssen schaufeln. Direkt danach kommen wir in einen Sandsturm. Wir müssen stoppen, alles im Auto abdichten und vier Stunden warten, bis sich der Sturm gelegt hat. Jetzt sind Klappspaten und Sandbleche von großem Nutzen ...*

57.1

57.2

57.3

Die Sahara

Die Sahara ist die größte Wüste der Erde. Sie erstreckt sich von West nach Ost über rund 6 000 Kilometer und hat eine Nord-Süd-Ausdehnung von rund 2000 Kilometern. Mit einer Ausdehnung von etwa neun Millionen Quadratkilometern ist sie mehr als doppelt so groß wie alle EU-Staaten zusammen.

Der einzige Dauerfluss, der die Sahara durchquert, ist der Nil (> **Flussoase** Abb. 60.3). Er fließt am Ostrand der Wüste entlang. Ansonsten werden die **Wadis**, die trockenen Flussbetten, nur durch gelegentliche heftige Regengüsse gefüllt. Dann können gefährliche, bis zu vier Meter hohe Flutwellen entstehen.

AUFGABEN >>

1. Verfolgt die Reise von Enno und Kathi im Atlas. Durch welche Kontinente und über welches Meer fahren sie? Nennt große Städte auf ihrer Route.
2. Berechnet, wie viel Wasser Enno und Kathi für 14 Tage in der Wüste brauchen.
3. Welchen Gefahren sind Wüstenreisende ausgesetzt? Denkt dabei auch an die verschiedenen Wüstenarten.
4. Abb. 56.2 zeigt den Geländewagen der beiden. Welche Aufgaben haben die Teile jeweils?
5. Welche Geo-Koordinaten (> S. 74) müssen die beiden für die Oasen Ghat und El-Dschof in ihr GPS eingeben? (Atlas!)

Zusatzthema: Überlebenskünstler in der Wüste

عندما أكمل الله خلقه الإنسانا ؟
بقيت قطعتانا به الطين .
ستعمل احداهما على صينة شرة
النخيل والثانيه على صنع الجمل .

Die Schrift bedeutet: „Als Allah den Menschen erschaffen hatte, blieben zwei Tonklumpen übrig. Aus diesen formte er die Dattelpalme und das Kamel." Diese Legende unterstreicht die Bedeutung und den Nutzen der „Königin unter den Kulturpflanzen" und des „Schiffes der Wüste".

Die Dattelpalme

Es ist kein Wunder, dass die Wüstenbewohner die Dattelpalme als Königin der Wüste bezeichnen. Denn sie ist sehr genügsam und gedeiht dank ihrer bis zu 30 m tief wachsenden Wurzeln selbst in trockenen Gegenden.

Vor allem werden die Palmen wegen der Dattelfrüchte angebaut. Doch auch die anderen Teile der Palmen werden vielfältig genutzt (Abb. 58.1). Neben ihrer Aufgabe als Rohstofflieferant dient die Dattelpalme außerdem als wichtiger Schattenspender.

Das Wüstenschiff

Das Kamel ist bestens an die Wüste angepasst. Es kann eine Woche ohne Wasser auskommen. An Wasserstellen nimmt es bis zu 100 Liter Wasser zu sich, das vom Körpergewebe „aufgesogen" wird. Seine Fetthöcker liefern Energiereserven für magere Zeiten. Ohren, Nase und Augen sind vor Flugsand bei Sandstürmen geschützt. So kann das Kamel die Nasenlöcher öffnen und schließen. Die langen Wimpern schützen die Augen. Beim Laufen im Sand verhindern breitflächige Füße ein tiefes Einsinken.

58.2

„Technische Daten" des „Wüstenschiffes"	
Tagesleistung:	Lastkamele 30-50 km
	Reitkamele bis 150 km
Tragkraft:	150-200 kg,
	kurze Strecken bis 400 kg
Verbrauch:	10-15 Liter Wasser pro Tag

Den Menschen dient das Kamel in mehrfacher Hinsicht. Im Passgang schaukelt das Wüstenschiff Lasten oder seinen Reiter durch die Wüste. Aus dem Haar werden Decken, Tücher und Nomadenzelte gewebt. Sein Leder wird zu Sandalen und Wassersäcken weiterverarbeitet. Fleisch und Milch dienen als Nahrung. Feuer aus Kamelmist wärmt in den kalten Wüstennächten.

Blätter
(Palmwedel)
Körbe, Besen
Matten, Zäune

Stiele
Zäune, Böden
Bedachungen,
Feuerungs-
material

Holz
Bauholz,
Feuerungs-
material,
Böden,
Decken
Fasern: Säcke,
Seile

Datteln
Tägliche Nah-
rung, Sirup, Mehl
(getrocknet,
zerrieben)

Dattelkerne
Viehfutter
(zerkleinert)
Dattelkaffee
(geröstet)

Schössling
Palmwein

Bewässerung

Grundwasser

58.1 Nutzungsmöglichkeiten der Dattelpalme

Methode: Wir lesen ein Klimadiagramm

Ein Klimadiagramm stellt die Merkmale des **Klimas** an einem bestimmten Ort dar. Die beiden wichtigsten Merkmale sind die Temperatur und der Niederschlag. Aus dem Klimadiagramm lassen sich Rückschlüsse auf das Pflanzenwachstum und auf die landwirtschaftliche Nutzung ziehen. Es verrät uns zum Beispiel auch, ob sich der dargestellte Ort für uns als Urlaubsziel eignet.

Was zeigt ein Klimadiagramm?

Die Angaben zu den monatlichen Temperaturen und Niederschlagsmengen sind Durchschnittswerte. Sie wurden über lange Zeiträume (mindestens 30 Jahre) gemessen. Das heißt aber nicht, dass das Wetter dort immer so ist. Die wirklichen Werte weichen manchmal weit von diesen Durchschnittswerten ab. Aus einem Klimadiagramm kann man ablesen, wann es an einem Ort besonders warm oder kalt ist, wie sich die Niederschläge über das Jahr verteilen oder ob es Monate gibt, in denen es trocken ist. Das ist immer dann der Fall, wenn die Niederschlagssäule nicht über die Temperaturkurve hinausreicht. Das heißt, es verdunstet mehr Wasser, als durch Regen fällt. Solche Monate nennt man arid (= trocken). Feuchte Monate nennt man humid.

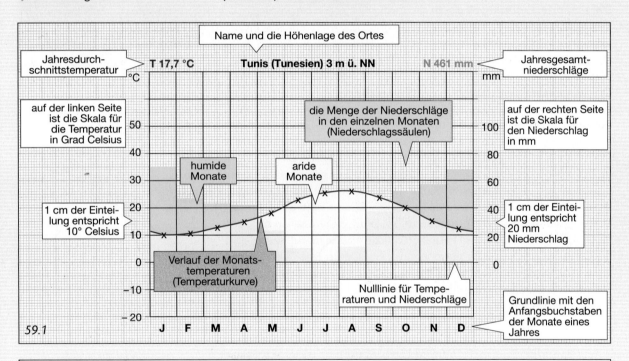

59.1

So lest ihr ein Klimadiagramm

Die Temperaturen

1. Ermittelt die Werte für die einzelnen Monate. Legt dazu ein Lineal jeweils so an die Temperaturkurve, dass ihr die Werte links auf der Temperaturskala ablesen könnt.
2. Betrachtet die Temperaturkurve:
   - In welchem Monat ist es am wärmsten, in welchem am kältesten?
   - Gibt es innerhalb des Jahres große Temperaturschwankungen?

Die Niederschläge

1. Ermittelt die Werte für die einzelnen Monate. Legt dazu ein Lineal jeweils so an den oberen Rand der Niederschlagssäulen, dass ihr die Werte rechts an der Niederschlagsskala ablesen könnt.
2. Betrachtet die Niederschlagssäulen:
   - Sind die Niederschläge gleichmäßig oder ungleichmäßig über das ganze Jahr verteilt?
   - In welchem Monat regnet es am meisten, in welchem am wenigsten? Gibt es trockene Monate?

Oasen – grüne Inseln in der Wüste

Die Abenteuerreise geht weiter. Wasser und Schatten statt Trockenheit und Hitze – Kathi und Enno hätten sich zu Hause in Kassel nie vorstellen können, wie sehr sie sich bei ihrer Fahrt durch die Wüste auf eine Oase freuen würden.

Nach tagelangem Gerüttel, staubigen Pisten und nach absolut stillen Nächten kommen ihnen die Palmen und das Plätschern des Wassers in der Oase paradiesisch vor. Kathi versteht jetzt auch, warum die Oasen von den Einheimischen ehrfurchtsvoll als „Inseln im Meer der Wüste" bezeichnet werden.

Doch wie ist es überhaupt möglich, dass in der Wüste Palmen, Obst und Gemüse wachsen?

60.1 Oase

Wie kommt das Wasser in die Wüste?

Das Klimadiagramm (Abb. 60.2) zeigt, dass in der Oase kaum Niederschläge fallen. Und trotzdem gibt es Brunnen und sprudelnde Quellen. Das Wasser ist meist unterirdisch Hunderte Kilometer weit in die Wüste geflossen. Es stammt aus den umliegenden Gebirgen am Rande der Wüste. Regnet es dort, versickert das Wasser, bis es auf eine wasserundurchlässige Schicht trifft. Bohrt man die Grundwasserschicht an, dann steigt durch den Druck das Wasser an die Oberfläche: Ein artesischer Brunnen entsteht. Tritt das Wasser am Fuß eines Gebirges wieder an die Oberfläche, entspringt hier eine Quelle: Eine Quelloase entsteht. Bei Flussoasen (> Nil, S. 250) transportiert ein Fluss das Wasser aus regenreichen Gebieten in die Wüste. Es wird durch ein verzweigtes System von Bewässerungskanälen auf die Felder geleitet. Heute werden teilweise sogar Tiefbrunnen mit über 1 000 m Tiefe gebohrt.

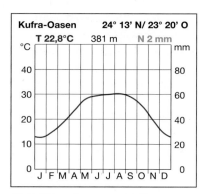

60.2 Klimadiagramm der Oase El-Dschof, einer der Kufra-Oasen

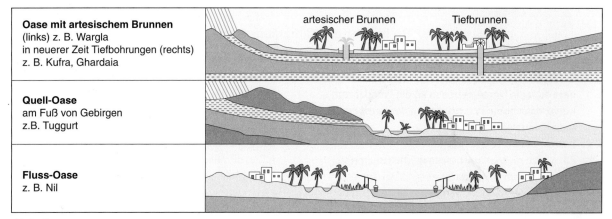

Oase mit artesischem Brunnen (links) z. B. Wargla in neuerer Zeit Tiefbohrungen (rechts) z. B. Kufra, Ghardaia

Quell-Oase am Fuß von Gebirgen z. B. Tuggurt

Fluss-Oase z. B. Nil

60.3 Oasentypen

Der Stockwerkbau im Oasengarten

Um das kostbare Wasser und die knappe Fläche optimal zu nutzen, bauen die Oasenbauern ihre Pflanzen stockwerkartig im Oasengarten an.

Die Dattelpalmen (> S. 58) mit ihren Schatten spendenden Blättern bilden das Dach der Oasengärten. Mit ihren breiten Wedeln schützen die Dattelpalmen den Boden vor Austrocknung. Die Menschen nutzen nahezu alle Teile der Dattelpalme (Abb. 58.1).

Das mittlere Stockwerk der Oasengärten bilden Obstbäume wie Aprikosen, Granatäpfel, Oliven und Mandeln oder sogar Zitrusfrüchte. Im untersten Stockwerk werden Getreide (Gerste, Weizen, Hirse), Gemüse (Tomaten, Bohnen, Erbsen, Möhren, Zwiebeln), Viehfutter (z. B. die Luzerne) sowie Gewürze oder Tee angebaut.

61.1 Oasengarten

Wasserverbrauch früher und heute

Früher hatte der Wasserwächter die Aufgabe, das Wasser gerecht zu verteilen. Er beaufsichtigte ein weit verzweigtes System von Kanälen und Gräben und hatte damit eine wichtige Rolle in der Oasengesellschaft. Durch umsichtiges Wirtschaften konnten die Oasen lange bestehen bleiben und sich zu wichtigen Handelszentren entwickeln. Die Märkte dienten zum Handel mit Oasenerzeugnissen und Produkten der Wüstennomaden. Vor allem Fleisch, Salz und Leder waren begehrte Handelswaren.

Heute haben der Tourismus und der höhere Lebensstandard dazu geführt, dass mehr Wasser benötigt wird, als Grundwasser nachfließt. Es werden sogar Swimmingpools für die Touristen angelegt.

Immer tiefere Brunnen und stärkere Pumpen sorgen dafür, dass der Grundwasserspiegel sinkt und die Palmen verdorren. Aufgrund dieser Veränderungen und durch den Verlust der traditionellen Arbeit wandern viele Menschen aus den Oasen in die Städte ab.

61.2 Wasserwächter früher

AUFGABEN >>

1. Sucht im Atlas Oasen in Nordafrika und nennt die Länder, in denen sie liegen.
2. Vergleicht die Oasentypen in Abb. 60.3. Wo ist der Aufwand besonders groß, um an das begehrte Wasser zu kommen?
3. Warum wird in Oasen Stockwerkbau betrieben?
4. Zeichnet den Stockwerkbau einer Oase und ordnet die Pflanzen entsprechend den richtigen Stockwerken zu.
5. Stellt euch vor, ihr wärt Minister in einem Staat der Sahara. Was würdet ihr gegen die „Oasenflucht", gegen das Wegziehen der Menschen, unternehmen?

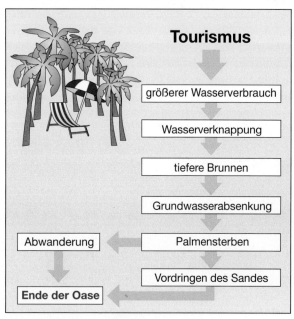

61.3 Gefahr für die Oasen?

Zusatzthema: Ein alter Nomade erzählt

In der Oase El-Dschof lernen Enno und Kathi Ahudan und seinen Sohn Ibrahim kennen. Ahudan erzählt, wie es war, als er noch als Nomade durch die Wüsten zog: *„Vor 30 Jahren, als ich so alt war wie mein Sohn heute, da zogen wir noch als Nomaden mit der Familie und unseren Ziegen- und Kamelherden entlang der Sahara. Die Tiere waren unser ganzer Reichtum. Wir blieben immer so lange an einem Ort, wie die Tiere Nahrung fanden. Waren die kargen Steppen abgegrast, zogen wir weiter.*

62.1 Nomadenzelt früher

Deshalb wohnten wir in Zelten, die schnell auf- und abgebaut werden konnten. Unseren gesamten Besitz hatten wir mit dabei. Die Tiere lieferten uns Kleidung und Nahrung, sodass wir uns selbst versorgen konnten. Hin und wieder tauschten wir in den Oasen Felle und Fleisch gegen Datteln und Getreide. Andere Nomaden zogen mit Kamelkarawanen durch die Wüste. Sie trieben Handel mit den Oasenbewohnern und versorgten sie mit Waren aus anderen Oasen und den Küstenstädten. Heute haben Lkw und Flugzeug das Kamel als Transportmittel abgelöst ...“

62.2 Ibrahims Jeeps

Ahudans Sohn Ibrahim besitzt heute ein Haus am Rand der Oase und verdient sein Geld als Touristenführer. Stolz zeigt er seine Jeeps. Damit fährt er Touristen zu den großen Sanddünen. Enno fragt, warum er nicht wie sein Vater mit den Viehherden durch die Wüste ziehen möchte. Er antwortet: *„Die Arbeit mit den Viehherden ist schwer und schlecht bezahlt. Die jungen Leute suchen sich lieber eine andere Arbeit und werden sesshaft. Viele sind weggezogen. Meine Geschwister arbeiten alle in neuen Berufen: Meine Schwester in einem Hotel, mein Bruder Ahmed auf einem Erdölfeld und Imat in einer Fabrik in Tripolis."*

AUFGABEN >>

1 Beschreibt das Nomadenzelt (Abb. 62.1). Welche Gegenstände erkennt ihr?

2 Stellt euch vor, ihr seid Nomaden und kommt auf einen Oasenmarkt. Welche Waren bietet ihr an? Welche Waren benötigt ihr?

3 Stellt in einer Tabelle die Lebensweise der Nomaden früher und heute gegenüber (z. B. Wohnung, Ernährung, Tätigkeit).

62.3 und 4 Transport in der Wüste früher und heute

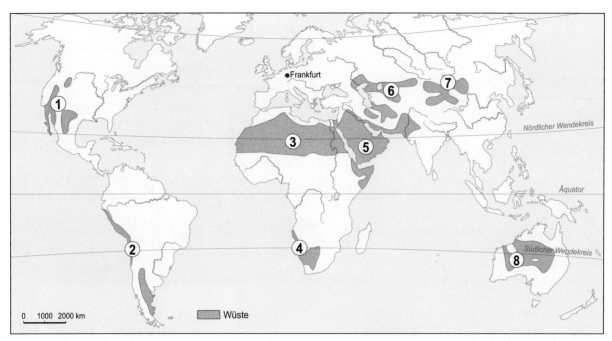

63.1 Verbreitung der Wüsten

Die Verbreitung der Wüsten

Der Passatkreislauf (Windkreislauf in den Tropen) wirkt im Bereich der Wendekreise stark austrocknend. Deshalb finden wir die meisten Wüsten der Erde hier. Nach ihrer Lage werden sie **Wendekreiswüsten** (Abb. 63.1) genannt. Hohe Sommertemperaturen und geringe Niederschläge sind die Merkmale dieses Wüstentyps. Kaum eine Wolke mindert die Sonneneinstrahlung.

Es gibt wenig Vegetation. Wasserflächen, welche die Wärme langsam aufnehmen und wieder abgeben, fehlen. Der Sand und die Steine heizen sich schnell auf. Nachts finden wir den umgekehrten Vorgang: Die Steine, die sich am Tage schnell aufgeheizt haben, kühlen sich schnell wieder ab. So sinken auch rasch die Temperaturen.

Eine Sonderform der Wendekreiswüsten sind die **Küstenwüsten**. Sie liegen an den Wendekreisen und an Westküsten der Ozeane. Dort regnet es wegen der kalten Meeresströmungen vor der Küste ab. Kaum noch Feuchtigkeit erreicht den Küstenstreifen. Extreme Trockenheit und Küstennebel zeichnen die Küstenwüsten aus. Die bekanntesten sind die Wüsten Namib und Atacama.

Die **Binnenwüsten** liegen im Innern von Kontinenten. Vorgelagerte hohe Gebirge halten die wenigen Wasser bringenden Wolken ab. Sehr kalte Winter und heiße Sommer sind ein Kennzeichen dieser Wüsten. Binnenwüsten werden auch als winterkalte Wüsten bezeichnet. Die Wüste Gobi in der Mongolei ist die bekannteste Binnenwüste.

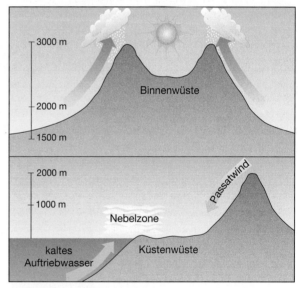

63.2 Binnen- und Küstenwüste

AUFGABEN >>

1. Fertigt je einen Steckbrief zu den Wüstentypen.
2. Sucht die nummerierten Wüsten (Karte 63.1) im Atlas und benennt sie.
3. Sucht im Atlas zu jedem Wüstentyp zwei Beispiele. Erstellt hierzu eine Tabelle mit folgenden Spalten: Namen der Wüste, Kontinent, Wüstentyp.

Der tropische Regenwald: Immer grün

64.1 Im dichten tropischen Regenwald

Iquitos

T = 26,5 °C   104 m   N = 2845 mm

64.2

„Bäume ohne Jahresringe? Jeden Tag über 25 °C? Das ist doch für unsere Leser unvorstellbar!"

Frau Kahl hat das Angebot bekommen, für eine Zeitung eine Reportage über den tropischen Regenwald und über dessen Bewohner zu schreiben. Bei ihren ersten Nachforschungen stellt sie fest, dass die Regenwälder etwa ein Zehntel der Landfläche bedecken. Außerdem erfährt sie, dass dort mehr Pflanzenarten wachsen und mehr unterschiedliche Tiere leben als auf dem Rest der Erde. Um noch genauere Informationen zu sammeln, fliegt sie nach Südamerika.

64.3 Mischwald bei uns und im tropischen Regenwald

Im Treibhaus der Welt

Von Quito (Ecuador) geht es weiter nach Iquitos am Oberlauf des Amazonas. Bereits die Hinreise verschafft Frau Kahl unvergessliche Eindrücke, die sie später in der Redaktion berichtet:

„Während des Fluges war ich von dieser Landschaft begeistert. Nachdem wir die Anden hinter uns gelassen hatten, flogen wir bei strahlend blauem Himmel 500 km über den tropischen Regenwald (Abb. 65.1). Aus dem Flugzeug sah er wie ein unendlicher, flauschiger Teppich mit wenigen braunen Flecken aus. Gelegentlich konnte ich einen Fluss zwischen dem Grün erkennen.

In Iquitos bekam ich beim Aussteigen fast einen Schock: Es war sehr heiß und die Luft war feucht wie in der Sauna! Nach kurzer Zeit war mein T-Shirt völlig durchgeschwitzt. Im Taxi sagte ich dem Taxifahrer, wie ich mich auf das klimatisierte Hotel freue. Er lachte freundlich. Touristen, denen das Wetter zu schaffen machte, kannte er. ‚Sie werden sehen, in etwa einer Stunde beginnt ein Gewitter mit starkem Regen. Danach kühlt es dann auch wieder ab,' erklärte er mir beim Aussteigen. Ich wollte das nicht glauben. Es waren doch kaum Wolken am Himmel.

Nach dem Mittag wurde ich dann tatsächlich auf dem Weg zum Indianer-Büro von einem heftigen Gewitterregen überrascht. Innerhalb kurzer Zeit war es windig geworden und dunkle Gewitterwolken zogen auf. Zuerst wunderte ich mich über die genaue Vorhersage des Taxifahrers. In der folgenden Zeit merkte ich aber, dass die Gewitter hier wirklich täglich stattfinden."

65.1 Blick aus dem Flugzeug

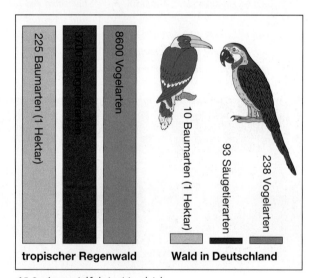

tropischer Regenwald

225 Baumarten (1 Hektar)

3700 Säugetierarten

8600 Vogelarten

Wald in Deutschland

10 Baumarten (1 Hektar)

93 Säugetierarten

238 Vogelarten

65.2 Artenvielfalt im Vergleich

AUFGABEN >>

1. Ermittelt mithilfe des Atlas, auf welchen Kontinenten und in welchen Ländern es tropische Regenwälder gibt.
2. Worin unterscheidet sich der tropische Regenwald von einem Wald bei uns (Abb. 64.3)?
3. Beschreibt den Tagesablauf des Wetters im tropischen Regenwald.

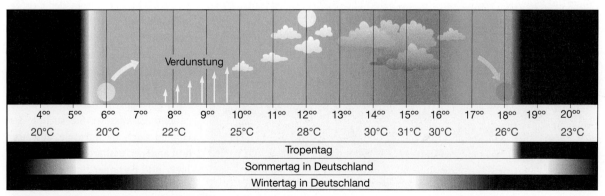

Verdunstung

| 4⁰⁰ | 5⁰⁰ | 6⁰⁰ | 7⁰⁰ | 8⁰⁰ | 9⁰⁰ | 10⁰⁰ | 11⁰⁰ | 12⁰⁰ | 13⁰⁰ | 14⁰⁰ | 15⁰⁰ | 16⁰⁰ | 17⁰⁰ | 18⁰⁰ | 19⁰⁰ | 20⁰⁰ |
| 20°C | | 20°C | | 22°C | | 25°C | | 28°C | | 30°C | 31°C | 30°C | | 26°C | | 23°C |

Tropentag

Sommertag in Deutschland

Wintertag in Deutschland

65.3 Tagesablauf im tropischen Regenwald

Die Yanomami – Leben im Einklang mit der Natur

66.1 Siedlungsgebiete der Yanomami

66.2 Der Abenteurer
Rüdiger Nehberg berichtet
über seinen Besuch bei den Yanomami

„Nach langen Bitten hatte mich eine Jägergruppe auf die Jagd mitgenommen. Immer wieder ermahnte mich der Führer, nicht auf Äste zu treten. Das tat ich auch, wenngleich es für einen ungeübten Waldläufer schwerer ist als für einen Indianer, der morsche Äste sogar unterm Laub erkennt ... Sechs Stunden waren wir unterwegs, bis der Führer zwei Affen sah und mir bedeutete stehen zu bleiben. Ich gehorchte und sah, wie er einen Pfeil auf den Boden legte und langsam zielte. Die Affen hatten uns noch nicht gesehen. Doch als er sie mit aller Besonnenheit und Präzision anvisierte, brach in mir das Foto-Jagdfieber durch. Welch eine Aufnahme: per Weitwinkel den Jäger im Vordergrund und die Affen im Baum ... Während ich die Kamera klar machte und einen Schritt zurücktrat – da passierte es! Ich trat auf einen Ast und es knackte unüberhörbar. Die Affen hatten es mitbekommen und schauten runter. Und im selben Moment waren sie verschwunden. Der Pfeil des Häuptlings traf ins Leere. Entsprechend war sein Donnerwetter."

(Aus: Nehberg, Überleben im Urwald, München 1999, S. 164, gekürzt)

66.3 Im Gemeinschaftshaus

Obwohl der Regenwald auf den ersten Blick lebensfeindlich erscheint, leben auch hier Menschen. So siedeln 10 000 Yanomami, ein Indianervolk, an der Grenze zwischen Brasilien und Venezuela in einem Gebiet von der Fläche Österreichs (Abb. 66.1). Sie leben weit verstreut in Stämmen von 50 bis 300 Personen.

Mittelpunkt ihres Dorfes ist das Shapono (Abb. 66.4). Es ist ein rundes Gemeinschaftshaus, das wie ein Stadion in der Mitte offen und nur am Rand überdacht ist. Jede Familie hat eine eigene Feuerstelle und Hängematten zum Schlafen. Zwischen den einzelnen „Wohnungen" gibt es keine Wände, sodass man immer sehen kann, was gerade in der Dorfgemeinschaft passiert.

Auf Rodungsinseln, die rings um das Shapono angelegt werden, pflanzen sie Yams, Bananen und Maniok an. In einem Umkreis von 30 km gehen sie auf Jagd oder fischen in den umliegenden Gewässern. Sie suchen den Urwald auch nach Honig, Früchten und anderen essbaren Dingen ab. Als Jäger und Sammler finden die Yanomami alles, was sie zum Leben brauchen. Sie sind **Selbstversorger**.

66.4 Shapono

Nach etwa zehn Jahren verlassen die Yanomami ihre Siedlungen wieder, da die Erträge ihrer Felder stark abnehmen. Denn der Boden ist im Laufe der Jahre ausgelaugt und hat keine Nährstoffe mehr (geschlossener **Nährstoffkreislauf**).

Außerdem erobert sich der tropische Regenwald die Felder langsam wieder zurück. Die Pflanzungen werden von Blattschneiderameisen vernichtet und das Gemeinschaftshaus von Termiten zerfressen.

Durch **Brandrodung** schaffen sich deshalb die Yanomami nach ungefähr zehn Jahren Platz für neue Dörfer und für neue Anbauflächen (Abb. 67.1). Diese Wirtschaftsweise bezeichnet man als **Wanderfeldbau**.

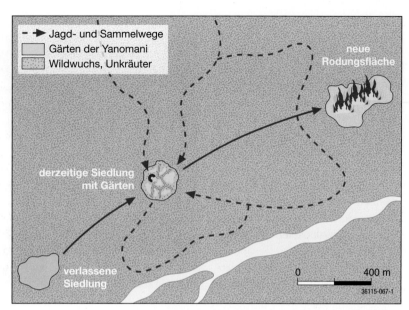

67.1 Wanderfeldbau

Gibt es eine Zukunft für die Yanomami?

Die Geschichte der Yanomami kann stellvertretend für das Schicksal vieler Waldindianer-Stämme angesehen werden. Die Yanomami gehören zu letzten Naturvölkern auf unserer Erde. Sie befinden sich auf der Entwicklungsstufe von Steinzeitmenschen, die sich nackt fortbewegen.

Doch seit rund 40 Jahren dringen Gold- und Diamantensucher in ihren Lebensraum, in den Regenwald, ein. Von den Indianern werden diese Garimpeiros (Goldsucher) verächtlich „Erdfresser" genannt, da sie auf der Suche nach Bodenschätzen die Erde wie Wildschweine durchpflügen. Durch großflächige Rodungen, tiefe Schürfgruben und durch weitläufige Straßenschneisen gefährden sie dabei die Regenwälder. Außerdem waschen sie mit Quecksilber Gold aus und vergiften dabei das Wasser der Flüsse. Als die Yanomami sich gewaltsam mit Pfeil und Bogen zur Wehr setzten, wurden an ihnen regelrechte Massaker angerichtet; ganze Dörfer dem Erdboden gleichgemacht.

Zudem wurden durch den Kontakt mit den Weißen Infektionskrankheiten wie Grippe oder Masern eingeschleppt. Aufgrund fehlender Abwehrkräfte wurden so ganze Stämme der Yanomami dahingerafft.

Von den 230 Stämmen, die um 1900 gezählt wurden, waren 1970 noch 114 übrig. Mittlerweile hat der brasilianische Staat die Gefährdung seiner eigenen Kultur erkannt: Es wurde für die Indianer ein Schutzgebiet (Reservat, Abb. 66.1) eingerichtet, in dem keine wirtschaftliche Ausbeutung erlaubt ist. Ob dort allerdings die Lebensweise der Yanomami mehr geachtet wird oder doch wieder zukünftige wirtschaftliche Interessen siegen, ist noch ungewiss.

67.2 Goldsucher im Regenwald

AUFGABEN >>

1. Sucht das Siedlungsgebiet der Yanomami (Kontinent, Staat) im Atlas.
2. Beschreibt die Lebensweise der Waldindianer. Erklärt dabei auch die Begriffe: Selbstversorger, Brandrodung und Wanderfeldbau.
3. „Die Yanomami werden zu Opfern des Reichtums in ihrem Siedlungsgebiet." Erläutert diesen Satz.
4. Diskutiert, wie die Zukunft der Yanomami aussehen könnte.
5. Informiert euch (Lexikon, Internet) über weitere Naturvölker (z.B. Pygmäen, Korowai) auf unserer Erde.

Der Lebensraum der Yanomami ist bedroht

Seit Jahren wird der tropische Regenwald von Menschen abgeholzt. Dabei hat man es unter anderem auf die wertvollen Tropenhölzer wie Mahagoni, Teak, Palisander oder Balsa abgesehen, die bei uns zu Türen, Fenstern, Parkett und Möbeln verarbeitet werden.

Riesige Waldflächen werden auch abgebrannt, um Weideland für Rinder zu gewinnen. Für ein Steak müssen etwa zehn Urwaldbäume gefällt werden. Der Raubbau zur Landgewinnung für Plantagen, der Abbau von Bodenschätzen, der Bau von Straßen, Industrieanlagen und Stauseen geben der „grünen Lunge" den Rest.

Auf diese Weise verschwindet alle drei Jahre eine Regenwaldfläche von der Größe Deutschlands. Die Brände zerstören auch die Siedlungen der Waldindianer, vernichten lebenswichtige Pflanzen und verscheuchen die Wildtiere. Inzwischen sind viele Indianer schon auf Lebensmittelspenden angewiesen. Wird der Wald in diesem Tempo weiter zerstört, gibt es in 100 Jahren keinen tropischen Regenwald mehr. Die Yanomami sagen: „Erst stirbt der Wald, dann stirbt der Mensch."

68.1 und 2 Verkehrsschneise im Regenwald und Holzfäller

AUFGABEN >>

1. Wo gab es tropische Regenwälder, wo gibt es sie heute noch (Abb. 68.3)?
2. Warum wird der tropische Regenwald zerstört?
3. „Der tropische Regenwald ist die grüne Lunge der Erde." Erklärt diesen Satz.
4. Gibt es Möglichkeiten, wie ihr dem Tropenwald helfen könnt?

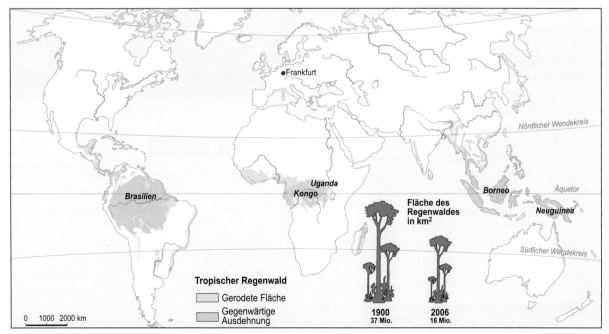

68.3 Verbreitung der tropischen Regenwälder auf der Erde

Zusatzthema: Was kümmert uns der Regenwald?

Die Regenwälder gehören zu den wertvollsten Naturreserven, die wir auf unserem Planeten besitzen. Geht uns der Regenwald verloren, so verlieren auch wir. Die folgenden Punkte verdeutlichen, warum der Regenwald auch für euch wichtig ist. Überlegt auch, welche Folgen die Zerstörung der tropischen Regenwälder für euch hätte.

In Hessen könnt ihr den tropischen Regenwald im Palmengarten Frankfurt erleben:
www.palmengarten-frankfurt.de
oder: *info.palmengarten@stadt-frankfurt.de*

Lebensraum für Menschen
Die Menschen im Regenwald haben sich an das Leben dort perfekt angepasst. Der Regenwald liefert ihnen alles, was sie brauchen. Dafür sind sie dem Urwald dankbar. Ihn zu missbrauchen oder zu zerstören, gilt als Verbrechen.

Medizin aus dem Urwald
Die Indianer Boliviens kannten Bäume, deren Rinde die Tropenkrankheit Malaria heilen konnte. Heute ist dieser Wirkstoff erforscht und hilft uns bei vielen Krankheiten. Es gibt noch viele Pflanzen, deren Wirkungen wir nicht kennen.

Größte Artenvielfalt der Erde
Man schätzt, dass es auf der Erde bis zu 100 Millionen Pflanzen- und Tierarten gibt, den größten Teil davon in den tropischen Regenwäldern. Doch durch die Zerstörung des Regenwaldes stirbt etwa alle zehn Minuten eine Art aus. Viele, bevor wir sie entdecken konnten.

Nahrungsmittel
In Indonesien kennen die Menschen in den Regenwäldern rund 4000 Pflanzenarten, die sie als Nahrungsmittel nutzen. Durch diese Pflanzen könnten neue Nahrungsmittel angebaut werden, die vielleicht widerstandsfähiger und gesünder sind, als die uns bekannten.

Klimastabilität
Der Regenwald speichert große Mengen an Wasser und kühlt dadurch die Luft. Die Pflanzen filtern die Luft und wandeln Kohlenstoffdioxid (CO_2) in Sauerstoff um. Ohne den Regenwald würde sich das Klima weltweit verändern.

Raubbau an der Natur
Vielen Menschen geht es nur ums Geld. Sie plündern den tropischen Regenwald aus. Wertvolle Tropenhölzer, Gold, Edelsteine, riesige Plantagen ... Der Wald wird ohne Rücksicht zerstört.

Die Tropen bei uns – eine Erkundung

Obwohl die Welt der Tropen uns meist exotisch und unerreichbar scheint, finden wir viele Produkte aus der Heimat der Regenwälder vor unserer Haustür. Aus vielen Lebensbereichen unseres Alltags sind sie nicht wegzudenken. Lebensmittel, Medizin und Kosmetik, Zimmerpflanzen, Holzfurniere, Haustiere und manches mehr bereichern wie selbstverständlich unser Leben. Die folgenden Beispiele geben euch Hinweise für eigene Erkundungen.

Im Supermarkt:

Informiert euch dort über Produkte aus den Tropen. Untersucht zum Beispiel Angebote für Gemüse, Obst, Konserven, Getränke und Gewürze auf ihre Herkunft. Ordnet eure Ergebnisse in einer Liste. Stellt fest, welche Produkte ihr selbst konsumiert und wie die Produkte zu uns kommen.

Checkliste Supermarkt
Artikel:
Preis:
Geschmack:
Geruch:
Herkunft und Entfernung:
Transport:
selbst schon gekauft?

70.1

Checkliste Apotheke
Artikel:
Preis:
Hilft bei:
Herkunft und Entfernung:
Transport:
selbst schon gebraucht?
sonstiges:

70.2

In einer Apotheke:

Medizin und Kosmetik enthalten häufig Wirkstoffe aus den Tropen. Informiert euch über solche Produkte. Fragt nach der Wirkung der Medikamente. Überlegt, welche Mittel ihr schon verwendet habt.

Apotheken beraten auch über sinnvolle Vorbereitungen von Reisen in die Tropen. Informiert euch darüber.

In einer Zoohandlung:

Viele Menschen haben Freude an Aquarien, Terrarien und Pflanzen. Zoo- und Pflanzenhandlungen verkaufen ihnen Lebewesen aus den Regenwäldern. Erkundigt euch nach der Herkunft und dem Transport. Überlegt, wo in eurer Umgebung Lebewesen und Pflanzen aus den Tropen leben und wachsen.

Checkliste Tiere und Pflanzen
Name:
Herkunft und Entfernung:
Lebensbedingungen:
Preis:
schon gesehen bei:
sonstiges:

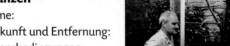

70.3

Auf einer Wandzeitung könnt ihr dann die Vielfalt der Alltagsprodukte aus dem Regenwald präsentieren. Stellt einzelne Produkte genauer vor und gebt Auskunft über Herkunft, Preis, Verwendung, Anbauschwerpunkte, Transportwege, besondere Klimaansprüche ...
Überlegt euch abschließend Fragen zu euren Arbeitsergebnissen, zum Beispiel:

• Wie kommt es zu der Vielfalt in den Regenwäldern?
• Welchen Nutzen haben wir von dieser Vielfalt?
• Hat unser Konsumverhalten Auswirkungen auf die Tropen? Sind wir am Ende mitverantwortlich für die Bedrohung der Regenwälder?
Nutzt dazu auch die Informationen aus den Kapiteln dieses Themenfeldes!

Zusatzthema: Wer bekommt den größten Bissen von der Banane?

Allein jeder Deutsche „verdrückt" 15 kg Bananen im Jahr. Woher kommen eigentlich diese Früchte zu uns?

Die 5-8 m hohen Bananenstauden gedeihen bei 22-25 °C Wärme und hoher Feuchtigkeit (monatlich 160-180 mm) am besten. Solche Wachstumsbedingungen gibt es in den immerfeuchten Tropen. Die Bananenstaude vermehrt sich durch Schösslinge aus der Wurzelknolle. Nach 6 Monaten entwickeln sich Blüten, aus denen Früchte zunächst erdwärts, dann himmelwärts streben. Dabei verbiegen sie sich und wir wissen endlich, warum die Banane krumm ist!

Zwölf Wochen später werden 35-60 kg schwere Fruchtbüschel mit durchschnittlich 200 Bananen unreif geerntet. Innerhalb von 36 Stunden müssen sie in Kartons verpackt und auf Kühlschiffe verladen sein. Bei 13 °C dauert die Reise bis Hamburg etwa zwölf Tage. Dann erwachen die Früchte aus dem „Kühlschlaf" und können ausreifen.

71.1 Bananenstaude

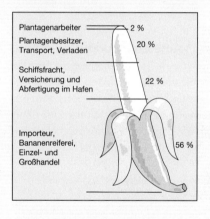

71.2 Wer verdient an der Banane?

Bananen – ein Welthandelsgut

Der weltweite Bananenhandel ist in der Hand von wenigen internationalen Fruchtkonzernen. Sie besitzen oft riesige Ländereien in Lateinamerika, Afrika und Südostasien, wo sie die für den Weltmarkt bestimmten Früchte anbauen.

Mit dem Geld von überwiegend ausländischen Investoren kaufen die Firmen Flächen in den Regenwaldgebieten zu Spottpreisen auf und wandeln sie in Bananenplantagen um, die zum Teil mehrere tausend Hektar groß sind. Zusätzlich werden Straßen für den Transport der Früchte angelegt und Wohnungen für die Plantagenarbeiter gebaut. Oft arbeiten auf einer Plantage bis zu 10 000 Menschen. Die Kleinbauern hingegen haben keine Möglichkeit, ihre Früchte selbst zu vermarkten. Sie sind auf die Vertriebswege der großen Konzerne angewiesen.

Für die meisten Exportländer ist der Bananenhandel der wichtigste Wirtschaftszweig. Der größte Anteil am Verdienst bleibt jedoch bei den Handelskonzernen, die den Weltmarktpreis für Bananen bestimmen. Der ist in den letzten Jahren ständig gesunken – und damit auch die Einnahmen der Anbauländer.

Fairer Bananenhandel

Organisationen wie Transfair setzen sich für den fairen Handel von Waren wie Kaffee, Tee, Kakao oder Bananen ein. Sie wollen erreichen, dass die Produkte umweltgerecht und ohne Einsatz von chemischen Mitteln angebaut werden. Außerdem wenden sie sich gegen die Ausbeutung der Anbauländer. Transfair vergibt ein Siegel an Firmen, die ihre Produkte nach den Grundsätzen des fairen Handels verkaufen. Allerdings: Der Preis von Transfair-Waren liegt etwas höher als bei herkömmlich gehandelten Produkten.

AUFGABEN >>

1. Nennt die Wachstumsbedingungen der Banane. Warum kann man das ganze Jahr über Bananen kaufen?
2. Beschreibt den Weg einer Banane von der Bananenplantage bis in den Hamburger Hafen.
3. Erläutert die Abb. 71.2. Wer verdient am meisten am Bananenhandel?
4. Erklärt, warum der herkömmliche Handel mit Bananen als „unfair" bezeichnet wird.

Zusatzthema: Mutige Menschen umsegeln die Erde

72.1 Im Hafen vor der großen Fahrt (Rekonstruktionszeichnung

Die „Entdeckung" Amerikas durch Kolumbus

Bis ins 15. Jh. dachten die meisten Menschen, die Erde sei eine flache Scheibe, die von einem großen Ozean umgeben sei. Der Kaufmann und Seefahrer Christoph Kolumbus aus Genua war jedoch von der Kugelgestalt der Erde überzeugt. Für ihn stand fest, dass man Indien erreichen müsste, wenn man immer nach Westen segelt, obwohl es eigentlich im Osten liegt. Auf diesem Weg könnte man die begehrten Handelswaren (Gewürze, Stoffe, Tee, Edelsteine) aus dem fernen Asien schneller und sicherer nach Europa transportieren. Mit Unterstützung der spanischen Königin rüstete er drei Schiffe aus. Im August 1492 brach er zu seiner gefährlichen Fahrt auf.

Nach zehn Wochen auf See erreichten die Schiffe wieder Festland. Da Kolumbus der Ansicht war, in Indien gelandet zu sein, bezeichnete er es als Westindien. Erst nach seinem Tod erkannte man den Irrtum. Die Inseln, auf denen Kolumbus gelandet war, gehörten zu einem in Europa unbekannten Erdteil, zu Amerika.

„Land! Land!" Gegen zwei Uhr morgens lässt dieser Schrei vom Ausguck der „Pinta" die Seeleute zusammenzucken. Sollten sie doch noch trotz aller Schwierigkeiten ihr Ziel erreicht haben? Seit Tagen mehrten sich die Anzeichen nahen Landes – schwimmendes Schilfrohr, der Ast eines Dornbusches sowie einige Sturmvögel. Noch ist im fahlen Mondlicht nicht viel zu erkennen, doch bei Sonnenaufgang erblicken die Seeleute, was sie seit Wochen entbehrt hatten: Eine Küste mit grünen Baumwipfeln, Gräsern, blütenübersäten Büschen mit fremdartigen Früchten, klarem Quellwasser, weißem Sand – ein richtiges Paradies. Mit einem Boot gehen Kolumbus und die Kapitäne seiner Begleitschiffe, die Brüder Pinzon, an Land. Kolumbus kniet nieder, dann entrollt er die königliche spanische Flagge und spricht: „Ich taufe dieses Land auf den Namen San Salvador – Heiliger Erlöser!"

72.2

72.3 Die Ankunft des Kolumbus in Amerika (Stich von 1594)

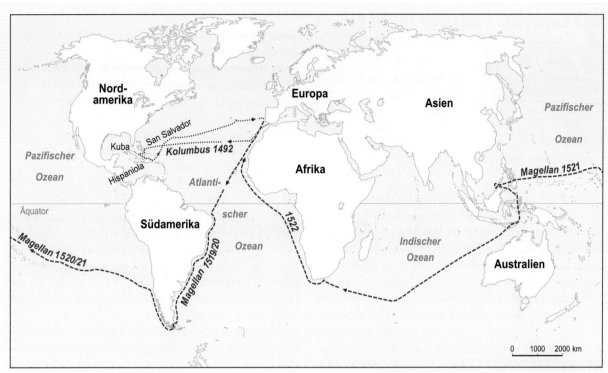

73.1 *Reisen des Christoph Kolumbus und Ferdinand Magellan*

Magellan umrundet die Erde

Den Seeweg nach Indien fand der Portugiese Vasco da Gama 1497/98. Er segelte dabei auf dem „normalen" Weg: um die Südspitze Afrikas herum nach Osten.

1519 brach der Portugiese Ferdinand Magellan zu einer langen Reise um die Erde auf. Er wollte den Seeweg um die Südspitze Amerikas finden, um Indien auf dem Westkurs zu erreichen. Die fünf Schiffe seiner Flotte waren voll beladen, sodass die 270 Seeleute der Besatzung kaum Platz fanden. Nur ein Schiff mit 18 Männern kehrte nach fast dreijähriger Reise zurück. Die mitgebrachten Waren dieses Schiffes reichten jedoch aus, um das gesamte Unternehmen zu finanzieren. Die übrigen Schiffe waren durch Schiffbruch, Zerstörung oder Meuterei verloren gegangen. Viele Seeleute starben an Krankheiten, Hunger oder Erschöpfung. Auch Magellan wurde bei Kämpfen mit Eingeborenen auf den Philippinen getötet.

Trotzdem war seine Entdeckungsfahrt ein Erfolg. Zum ersten Mal hatten Menschen den Erdball umrundet. Damit war bewiesen, dass die Erde eine Kugel ist.

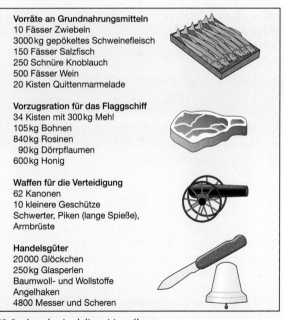

Vorräte an Grundnahrungsmitteln
10 Fässer Zwiebeln
3000 kg gepökeltes Schweinefleisch
150 Fässer Salzfisch
250 Schnüre Knoblauch
500 Fässer Wein
20 Kisten Quittenmarmelade

Vorzugsration für das Flaggschiff
34 Kisten mit 300 kg Mehl
105 kg Bohnen
840 kg Rosinen
90 kg Dörrpflaumen
600 kg Honig

Waffen für die Verteidigung
62 Kanonen
10 kleinere Geschütze
Schwerter, Piken (lange Spieße),
Armbrüste

Handelsgüter
20000 Glöckchen
250 kg Glasperlen
Baumwoll- und Wollstoffe
Angelhaken
4800 Messer und Scheren

73.2 *Aus der Ladeliste Magellans*

AUFGABEN >>

1. Beschreibe die Vorbereitungen zur Entdeckungsfahrt anhand der Ladeliste (Abb. 73.2) und Abb. 73.1. Worauf hätte man eurer Meinung nach verzichten können?
2. Erklärt, wie die Indianer, die Ureinwohner Amerikas, zu ihrem Namen kamen.

Das Gradnetz - auf den Punkt genau

15. April 1912, 0.15 Uhr: 35 Minuten nach dem Zusammenstoß mit einem Eisberg gibt der Funker der Titanic, Jack Phillips, das Notrufsignal auf:
„SOS – Titanic ist mit Eisberg zusammengestoßen – Stop – Wasser dringt in das Schiff – Stop – Position 41 Grad 46 Minuten nördlicher Breite, 50 Grad 40 Minuten westlicher Länge – Stop – Brauchen Hilfe ...“

Um 2.20 Uhr sank die Titanic. 1 503 Menschen starben im eiskalten Atlantik. Doch 703 Personen wurden gerettet. Denn herbeieilende Schiffe, die den Notruf aufgefangen hatten, waren rasch zur Stelle. Dies war möglich, weil die Lage des Unglücksortes genau bestimmt werden konnte. Aber wie?

Früher orientierten sich die Seefahrer noch mithilfe von Seekarten und an den Sternen. Erst nach der Festlegung der Breiten- und Längengrade lässt sich die Lage jedes

Ortes auf der Erde eindeutig bestimmen. Diese gedachten Linien umhüllen den Globus wie ein Netz. Man nennt diese Einteilung Gradnetz.

Auch moderne Auto-Navigationsgeräte orientieren sich am Gradnetz: Sie führen den Autofahrer mithilfe von Satelliten punktgenau an den eingegebenen Ort.

Wie ist das Gradnetz aufgebaut?

Es gibt zwei mal 90 Breitengrade und zwei mal 180 Längengrade. Um noch genauere Positionsbestimmungen zu ermöglichen, sind die Breiten- und Längengrade wie bei der Uhr noch in Minuten und Sekunden unterteilt.

Die Breitengrade: In der Mitte zwischen Nord- und Südpol verläuft als längster Breitengrad der Äquator. Zwischen den Polen und dem Äquator zählt man jeweils 90 Breitengrade. Zur Unterscheidung der beiden Halbkugeln muss noch die Bezeichnung „nördliche Breite" (n. Br. für die Nordhalbkugel) oder „südliche Breite" (s. Br. für die Südhalbkugel) ergänzt werden.

Die Längengrade: Nord- und Südpol sind durch Halbkreise verbunden. Sie werden Meridiane genannt. Als Nullmeridian wurde der Meridian bestimmt, der durch die Sternwarte von Greenwich bei London verläuft. Von ihm aus zählt man 180 Meridiane nach Westen und 180 nach Osten. Zur Unterscheidung erhalten sie den Zusatz „westliche Länge" (w. L.) bzw. „östliche Länge"(ö. L.).

AUFGABEN >>

1. Sucht den im Funkspruch angegebenen Ort der gesunkenen Titanic (Atlas).
2. Was wäre wohl geschehen, wenn die Position der Titanic nicht bekannt gewesen wäre?

74.1 Auto-Navigationsgerät

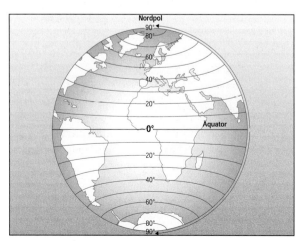

74.2 Breitenkreise

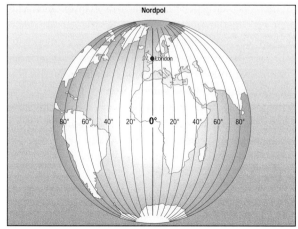

74.3 Längenkreise

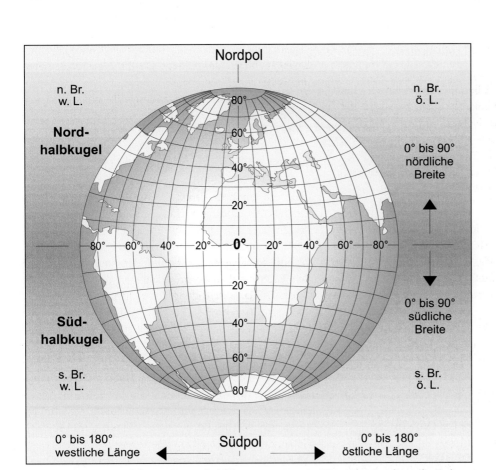

75.1 Die Breiten- und die Längengrade bilden zusammen ein Gitter, das Gradnetz der Erde

Wir suchen Orte im Gradnetz

Die genaue Lage eines Ortes im Gradnetz wird durch den Schnittpunkt eines Breitengrades mit einem Längengrad angegeben. Die zugeordneten Gradzahlen geben dabei den Abstand vom Äquator bzw. vom Nullmeridian an.

Am Beispiel des Ortes Erfurt könnt ihr nun verfolgen, wie man die Lage im Gradnetz ermittelt:

- Sucht den Ortsnamen „Erfurt" im Register des Atlas. Anhand der Angaben hinter dem Ortsnamen könnt ihr Erfurt in der Karte aufsuchen.
- Gebt erst grob die Lage an: Erfurt liegt auf der Nordhalbkugel (n. Br.) und östlich vom Nullmeridian (ö. L.).
- Auf physischen Karten ist das Gradnetz zur Orientierung mit dünnen Linien aufgedruckt. Sucht den Breitenkreis, der in der Nähe von Erfurt zu finden ist: Es ist der 51. Breitengrad. Die geografische Breite von Erfurt ist also durch den 51. Breitengrad festgelegt.
- Sucht den Längengrad auf, der in der Nähe von Erfurt zu finden ist: Dieser hat die Bezeichnung 11°. Die geografische Länge von Erfurt ist folglich: 11° ö. L.
- Die Gradnetzangaben für Erfurt lauten also: 51° n. B. / 11° ö. L.

AUFGABEN >>

1. Sucht auf einer Weltkarte im Atlas jeweils 5 Städte, die folgende geografische Breite und Länge haben: (n. Br. / w. L.), (n. Br. / ö. L.), (s. Br. / w. L.), (s. Br. / ö. L.)

2. Ermittelt, durch welche Kontinente und Ozeane die folgenden Breiten- und Längenkreise laufen: 60° n. Br., 60° s. Br., 20° s. Br., 140° ö. L., 60° w. L., 40° ö. L.

3. Gebt die geografische Breite dieser folgenden Orte an: Köln, Münster, Mainz, Oslo, Madrid, Denver, La Paz, Belo Horizonte, Melbourne.

4. Gebt die geografische Länge dieser folgenden Orte an: Hamburg, Halle, Würzburg, London, Tunis, Alexandria, Pittsburgh, Acapulco, Bangkok.

5. Sucht die Städte, die zu den folgenden Gradnetzangaben gehören (benutzt dazu die in Klammern angegebenen Karten): 49° n. Br. / 12° ö. L. (Karte: Deutschland), 52° n. Br. / 0° (Karte: Europa), 30° s. Br. / 31° ö. L. (Karte: Afrika), 20° s. Br. / 70° w. L. (Karte: Südamerika).

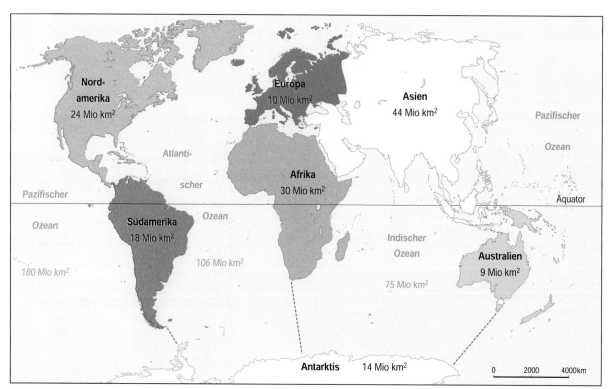

76.1 Verteilung von Kontinenten und Ozeanen

Kontinente und Ozeane

Kontinente und Ozeane, Festland und Meer, sind auf den Erdhälften unterschiedlich verteilt. Die größeren Landmassen liegen auf der Nordhalbkugel, man nennt sie deshalb auch Landhalbkugel. Die größten Wasserflächen besitzt hingegen die Südhalbkugel. Am Südpol ist die Antarktis. Sie ist ein eisbedeckter Kontinent.

Die Kontinente werden von den Weltmeeren, den Ozeanen, umgeben. Die Ozeane wiederum sind mit Nebenmeeren verbunden, die zum Teil weit in die Landflächen ragen. Das Mittelmeer, die Nordsee, die Ostsee oder die Hudson-Bai sind solche Meere. Ozeane oder Meeresteile trennen fast alle Kontinente. Eine Ausnahme bilden Asien und Europa. Als Grenze zwischen diesen Kontinenten hat man das Uralgebirge und den Uralfluss festgelegt.

AUFGABEN >>

1 Bestimmt, welche Kontinente ganz oder vorwiegend auf der Südhalbkugel, welche auf der Nordhalbkugel liegen.
2 Ordnet in einer Tabelle die Kontinente und Ozeane nach ihrer Größe (Tab. 76.2).
3 Welche Ozeane grenzen an welche Kontinente?
4 Durch welche Kontinente verläuft der Äquator?
5 Sucht im Atlas folgende Namen und ordnet sie dann mithilfe von Abb. 76.1 den Kontinenten zu: Hudson-Bai, Feuerland, Baikalsee, Tasmanien, Madagaskar, Donau.

Kontinent		Ozean	
Name	*Größe*	*Name*	*Größe*
...	... km²	...	... km²
Summe	... km²	Summe	... km²

76.2

Methode: Wir erstellen aus einer Tabelle ein Säulendiagramm

Auf Seite 76 in Aufgabe 2 sollt ihr in einer Tabelle die Kontinente und die Ozeane nach ihrer Größe ordnen. Tabellen sind jedoch manchmal nicht so anschaulich. Ihr könnt diese Zahlenangaben allerdings auch in einer Zeichnung darstellen. Solch eine Zeichnung bezeichnet man als Diagramm. Es gibt Kreisdiagramme (z.B. Abb. 162.4), Säulendiagramme (z.B. Abb. 65.2) und Liniendiagramme Zur Darstellung von Größenverhältnissen eignet sich besonders ein Säulendiagramm.
Man kann ein Säulendiagramm auf Millimeterpapier selbst zeichnen oder es mithilfe des Computers erstellen.

Vorbereitung

Die Daten der Abb. 76.1 braucht ihr natürlich als Grundlage, wenn ihr die Flächen der Kontinente und Ozeane in einem Säulendiagramm darstellen wollt.
Für das Erstellen eines Diagramms am Computer benötigt ihr ein besonderes Anwendungsprogramm und einen Drucker, möglichst sogar einen Farbdrucker. Am gebräuchlichsten und am weitesten verbreitet ist das Anwendungsprogramm Excel von Microsoft. Auch in dem folgenden Beispiel wurde mit Excel gearbeitet.

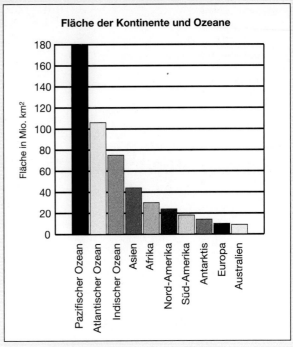

77.1 Am Computer erstelltes Säulendiagramm

Durchführung

Startet das Programm und erstellt zunächst in Arbeitsmappe 1 eine neue Tabelle. Gebt in der ersten Spalte die Namen der Kontinente sowie die Namen der Ozeane an und in der Spalte daneben die jeweiligen Flächengrößen in Mio. km². Die Tabelle könnt ihr noch mit Überschriften und Titel versehen.
Für das Säulendiagramm benötigt ihr aber nur den Teil, der untereinander und sortiert nach Größe in der linken Spalte die Namen der Ozeane/Kontinente enthält und direkt rechts daneben die Flächenangaben.
Aktiviert jetzt die Tabelle von „Pazifischer Ozean" (links oben) bis „9" (rechts unten). Dann geht ihr in der Menüleiste auf „Einfügen" und hier auf die Option „Diagramm". Es öffnet sich der Diagramm-Assistent, der euch verschiedene Darstellungsformen für die Säulen anbietet. Wählt nun die gewünschte Form aus und geht über „Weiter" zum nächsten Schritt, um hier die Darstellungsform „Spalten" zu wählen.
Im nächsten Schritt könnt ihr dann das Diagramm noch verfeinern mit Titel, Achsen- und Datenbeschriftung. Im letzten Schritt legt ihr noch die Ausgabeform fest. Fertig ist euer Diagramm.

Auswertung

Vergrößert dieses Säulendiagramm auf DIN A4, druckt es aus und klebt es auf ein Plakat.
Ihr könnt auch die wichtigsten Aussagen des Diagramms in Worten wiedergeben.

AUFGABE >>>

Das Excel-Programm bietet aber noch weitere Möglichkeiten, das Diagramm besonders aussagefähig und anschaulich zu machen. Erstellt als Hausaufgabe ein solches Diagramm (z. B. die Ozeane blau und die Kontinente jeweils eine andere Farbe). Wählt dann das Beste aus.

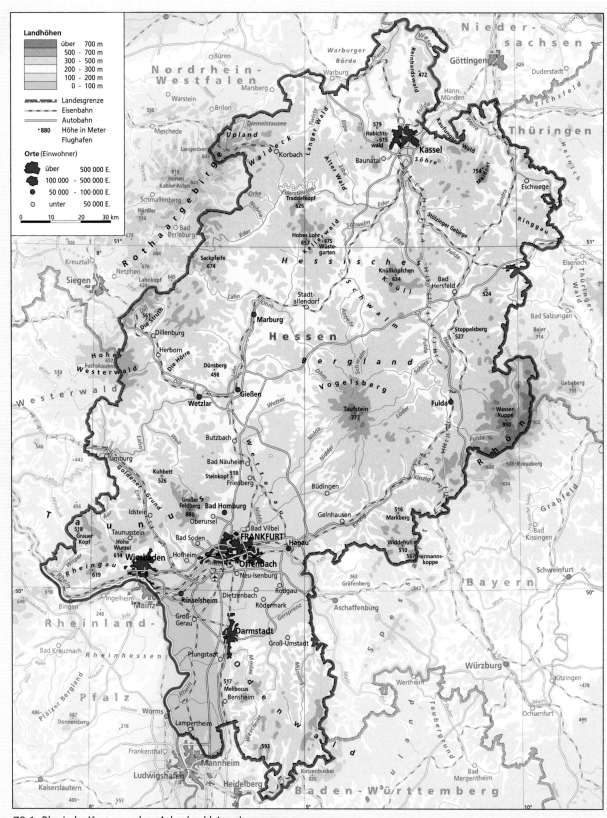

Landhöhen

	über 700 m
	500 - 700 m
	300 - 500 m
	200 - 300 m
	100 - 200 m
	0 - 100 m

‒‒‒‒‒ Landesgrenze
‒‒‒‒‒ Eisenbahn
───── Autobahn
•880 Höhe in Meter
Flughafen

Orte (Einwohner)

über 500 000 E.
100 000 - 500 000 E.
● 50 000 - 100 000 E.
○ unter 50 000 E.

0   10   20   30 km

78.1 Physische Karte aus dem Atlas (verkleinert)

Methode: Wir arbeiten mit dem Atlas

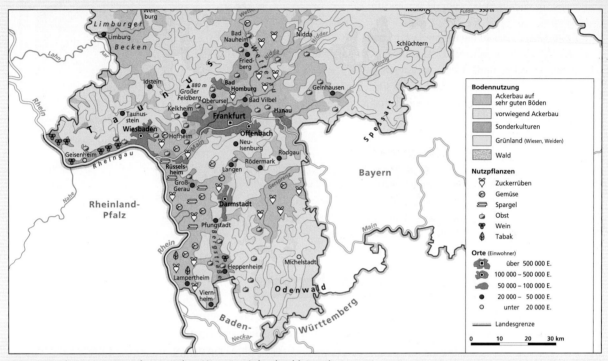

79.1 Ausschnitt aus einer thematischen Karte im Atlas (verkleinert)

Der Atlas ist eine Sammlung von Karten. In einem Weltatlas findet ihr auf einer der zahlreichen Karten jedes Gebiet der Erde. Mithilfe dieses „Kartenbuches" könnt ihr selbstständig wichtige Informationen zu den verschiedenen Räumen gewinnen. Dies gelingt allerdings nur, wenn ihr den Atlas auch richtig lesen könnt.

Der Atlas enthält physische und thematische Karten

Auf **physischen Karten** ist das Aussehen eines bestimmten Raumes dargestellt. (Der Begriff Physis stammt aus dem Griechischen und heißt Natur.) So zeigt euch das Kartenbeispiel von Hessen (Abb. 78.1) die Grenzen des Bundeslandes, wie Flüsse verlaufen, wo es große Seen und hohe Berge gibt. Weiterhin informiert es über die Lage, die Größe sowie über die Namen von Orten.

Erkennbar ist auch, wie die Oberfläche einer Landschaft geformt und gestaltet ist. Dies erfolgt mithilfe von farbigen Höhenschichten oder Höhenlinien (> S. 31). Anhand dieser Karten könnt ihr euch also eine Vorstellung von einem Raum machen und euch in diesem Raum orientieren.

Auf thematischen Karten ist ein bestimmter Sachverhalt anschaulich dargestellt. So ist in Abb. 79.1 die Landwirtschaft in Südhessen dargestellt. Die Karte gibt z.B. Auskunft, wie der Mensch den Boden nutzt und was er anbaut.

In **thematischen Karten** stellen also die farbigen Flächen keine Höhenschichten dar. Sie sind je nach Kartenthema anderen Inhalten zugeordnet. Klimakarten informieren z.B. darüber, wie viel es in einem Raum regnet und welche Temperaturen dort herrschen. Andere Karten behandeln Themen wie Wirtschaft, Bergbau und Industrie, Freizeit und Erholung, Wasserverschmutzung, Klima oder Bevölkerungsdichte. Die Legende ist dabei eine wichtige Lesehilfe (> S. 28).

AUFGABEN >>

1 Auf beiden Karten ist Südhessen dargestellt. Erklärt, welche Informationen über einen Raum die physische Karte im Vergleich zur thematischen Karte liefert.

2 Blättert euren Atlas einmal durch. Sucht physische und thematische Karten heraus.

Wie findet ihr im Atlas die richtige Karte?

Fast alle Schulatlanten sind wie folgt angeordnet (Abb. 80.1):

- Ganz vorne findet ihr das Inhaltsverzeichnis mit der Kartenübersicht (1). Hier sind alle Karten aufgelistet und mit der entsprechenden Seitenzahl jeder Karte versehen.
- Im Kartenteil (2) zeigen die ersten Karten unser Bundesland Hessen. Dann folgen Karten von Deutschland, Europa, Asien, Afrika, Amerika, Australien. Am Ende des Kartenteils findet ihr Darstellungen über die Erde.
- An den Kartenteil schließt sich das Namensverzeichnis oder Namensregister (3) an. Dort sind alle Namen aufgezählt und alphabetisch geordnet, die auf den physischen Karten vorkommen.

Wie findet ihr am schnellsten einen Ort?

Beim Auffinden von Orten leistet das Namensverzeichnis wertvolle Hilfe. Dort sind all die Namen von Staaten, Orten, Städten, Flüssen, Seen und Bergen aufgelistet, die auf einer der vielen physischen Karten eingetragen sind.

Die Namen sind nach dem ABC, das heißt alphabetisch, geordnet. Hinter jedem Namen stehen Zahlen und Buchstaben. Diese Angaben führen euch wie ein Wegweiser genau zu dem Ort, den ihr sucht.

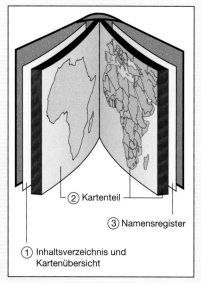

80.1 Wie ein Atlas aufgebaut ist: Erschließungshilfen

Und so geht ihr beim Suchen vor:

Im Kapitel 2.3 habt ihr etwas über eine Reise durch die Wüste gelernt, die in Tunis beginnt und bis Alexandria geht. Wo genau liegt eigentlich Tunis, wo Alexandria?

Schlagt dazu das Namensverzeichnis im Atlas auf.

AUFGABEN >>

1. Sucht im Atlas Tunis und Alexandria.
2. Welche Karten geben euch Information über die beiden Länder, in denen Tunis und Alexandria liegen? Legt dazu eine Tabelle nach folgendem Muster an und ergänzt sie:

Sachverhalt/Thema	Seite/Karte
Physische Karte von ...	96
Staatenkarte von ...	97 ...

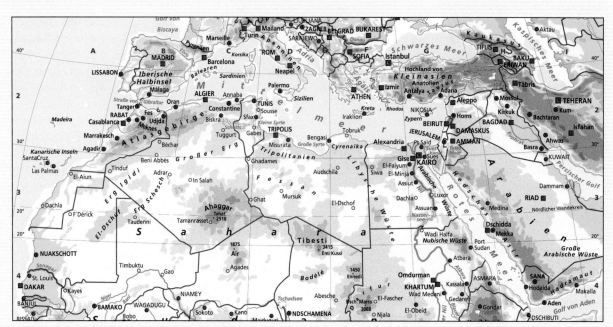

80.2 Verkleinerung einer physischen Karte aus dem Atlas (Ausschnitt)

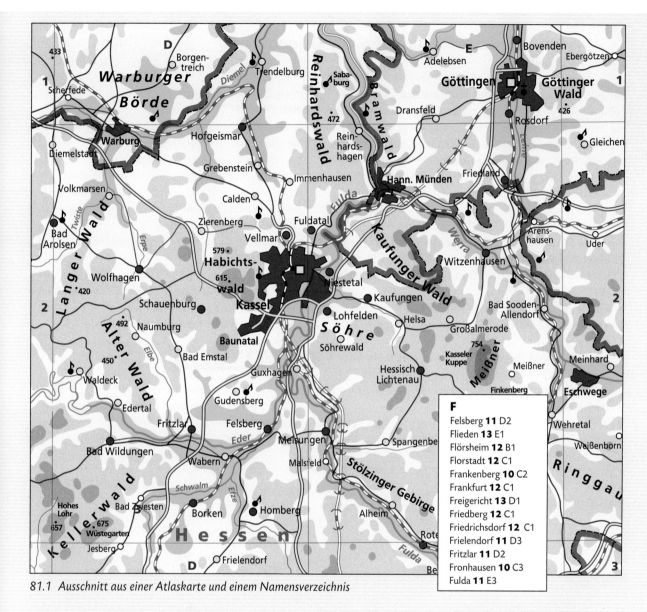

81.1 Ausschnitt aus einer Atlaskarte und einem Namensverzeichnis

F

Felsberg **11** D2
Flieden **13** E1
Flörsheim **12** B1
Florstadt **12** C1
Frankenberg **10** C2
Frankfurt **12** C1
Freigericht **13** D1
Friedberg **12** C1
Friedrichsdorf **12** C1
Frielendorf **11** D3
Fritzlar **11** D2
Fronhausen **10** C3
Fulda **11** E3

Timm wohnt in Fritzlar. Er erklärt, wie ihr vorangehen müsst, um seine Heimatstadt im Atlas zu finden: „Im Namensverzeichnis schaut ihr unter dem Buchstaben „F" nach. Zwischen Frielendorf und Fronhausen entdeckt ihr den Namen „Fritzlar". Dahinter stehen folgende Zahlen und Buchstaben: 11 D2. Am besten notiert ihr euch die Angaben, damit ihr sie beim Suchen nicht vergesst. Die Zahl 11 gibt euch zunächst die Atlasseite an, die ihr aufschlagen müsst. Was aber bedeutet D2? Physische Karten sind durch senkrechte und waagrechte Linien in Felder eingeteilt. Durch dieses Gitternetz lässt sich jedes Feld wie auf einem Schachbrett auf der Karte genau bestimmen. Am oberen und meist auch am unteren Kartenrand werden die Felder mit den Großbuchstaben A, B, C usw. gekennzeichnet. Am linken und rechten Kartenrand sind die Felder mit Zahlen versehen. In unserem Beispiel markiert die Kombination D2 das Gebiet, in dem Fritzlar liegt. Wenn ihr das Feld nun aufmerksam absucht, findet ihr sicher schnell den Ort, wo ich lebe und zur Schule gehe."

AUFGABEN >>

1. Timm hat in seinem Atlas Fritzlar unter 11 D2 gefunden. Sucht nun in eurem Atlas Fritzlar und schreibt folgende Angaben auf: Seitenzahl der Karte, Buchstabe und Zahl des Suchfeldes.

2. Übt in Partnerarbeit das schnelle Auffinden von Orten mit dem Atlas. Stellt euch dazu abwechselnd ähnliche Aufgaben wie in Aufgabe 1.

Wissen: Spiele und Übungen zur Orientierung

Eine Weltreise durch die Kontinente

Stellt euch vor, eure Klasse macht eine Flugreise durch die verschiedenen Kontinente. Ihr überfliegt zusammen Städte, Gebirge, Flüsse und Ozeane. Überlegt, von welchen Stationen ihr die Namen kennt. Wenn ihr nicht weiterwisst, schlagt im Atlas nach. Bei eurer Reise erfahrt ihr auch etwas über die „Rekorde" der Erde. Eure Flugreise beginnt und endet in Frankfurt.

1. größte Stadt auf der größten europäischen Insel
2. die größte Insel der Erde
3. US-amerikanische Weltstadt mit einigen der höchsten „Wolkenkratzer"
4. mit bis zu 1 800 m Tiefe die größte Schlucht der Erde
5. Kanal, der Schiffen den Weg um die Südspitze Südamerikas erspart
6. mit 8 000 km die längste Gebirgskette, macht oft durch Vulkan- und Erdbebenkatastrophen von sich reden
7. wasserreichster Fluss der Erde, aber nicht der längste
8. die bekannteste Wüste der Erde
9. in diesem Wüstenstaat wurde die bisher heißeste Temperatur der Erde gemessen (Aziza +58 °C)

10. mit 6 671 km der längste Fluss der Erde
11. 400 m unterm Meeresspiegel liegt dieses „Meer"
12. an der Mündung des „heiligen" Flusses liegt der dicht besiedelte Staat Bangladesch.
13. der höchste Berg der Erde (8 848m)
14. in diesem indischen Gebiet fielen die höchsten jährlichen Niederschläge (Tscherrapundschi 26 000 mm)
15. diese größte australische Stadt war Austragungsort der Olympischen Spiele im Jahr 2000
16. mit 11 022 m die größte Meerestiefe der Erde
17. der größte Ozean
18. Hauptstadt Chinas, nahe der längsten Mauer der Welt
19. in diesem Teil Russlands liegt der kälteste bewohnte Ort der Erde (Oimjakon -78°C)
20. heißt Meer, ist aber der größte See der Erde

AUFGABEN >>

1 Benennt die Stationen, die ihr auf eurem Flug überquert. Euer Atlas hilft euch dabei. Ihr könnt auch in Zweier-Gruppen arbeiten.
2 Welchen Kontinent berührt die Reise nicht?

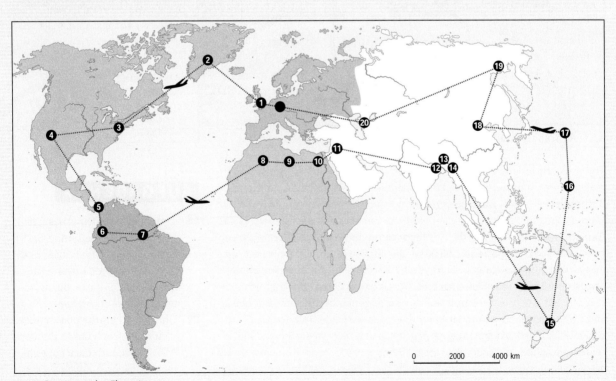

82.1 Stationen der Flugreise

Kreuzworträtsel

Das Lösungswort in dem gelben Kasten nennt euch den Fachbegriff für Längengrade. Zeichnet das Rätsel ins Heft ab und tragt die richtigen Begriffe ein, die auf den vorherigen Seiten des Buches erklärt wurden.

1. kleinster Planet unseres Sonnensystems
2. Anzahl der Erdzeitzonen
3. Hauptbestandteile eines Atlas
4. größter Kontinent der Erde
5. gedachte Linie zwischen dem nördlichsten und südlichsten Punkt der Erde
6. größter Planet unseres Sonnensystems
7. berühmter Seefahrer, der die Welt umsegelte
8. natürliches Hilfsmittel, mit denen sich früher die Seefahrer auf See orientieren konnten
9. anderer Begriff für „Weltmeere"

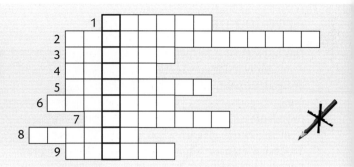

83.1 Rätselkasten

Richtig oder falsch?

Welche Aussagen sind richtig, welche falsch? In der richtigen Reihenfolge ergeben die Lösungsbuchstaben ein erdkundliches Hilfsmittel. Zur Lösung der Aufgaben benötigt ihr euren Atlas.

„Bismarck" ist eine Stadt in den USA.
    Richtig: L   Falsch: U
Die Erdachse teilt die Erde in eine Nord- und eine Südhälfte.
    Richtig: D   Falsch: A
„Xingu" ist ein Fluss in Brasilien.
    Richtig: S   Falsch: N
„Korbach" ist eine Stadt in Nordhessen.
    Richtig: T   Falsch: U
„Tibesti" ist ein Fluss im Tschad.
    Richtig: E   Falsch: A

Silbenrätsel

Um das Silbenrätsel zu lösen, benötigt ihr den Atlas und euer Buch.

1. kleinster Kontinent
2. Grenze Europas zu Asien
3. größter Ozean (Kurzform)
4. Hauptstadt des Staates Bhutan
5. französische Insel im Karibischen Meer, die wie ein Schmetterling aussieht.
6. In der Nähe welcher Stadt liegt der Berg „Illimani"?
7. Grenzfluss bei Weißenburg zwischen Frankreich und Deutschland

PA – RAL – THI – AUS – UPE – PAZ – LAU – GUA – U – GE – TRA – MP – ZI – LA – DE - FIK – LI – GE – HU – LO – BIR – EN – TER.

Europarätsel

Wie heißen die schraffierten Länder Europas? Die Anfangsbuchstaben der Staatenumrisse ergeben den Namen eines Quellflusses der Donau.
Wie heißen die anderen Länder Europas? Die Anfangsbuchstaben der Staatenumrisse (Abb. 83.2) ergeben den Namen einer deutschen Großstadt.

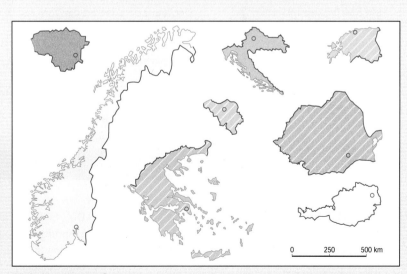

83.2 Umrisse von Staaten

Arbeiten mit dem Internet

Das Internet ist – technisch gesehen – eine Verbindung von Computern in der ganzen Welt. Überall haben Firmen, Organisationen, Gemeinden, Privatleute u.a. Seiten ins Internet gestellt. Bis heute gibt es schon viele Milliarden Internet-Seiten und stündlich werden es mehr.

Wenn ihr also Informationen zu einem bestimmten Thema sucht, habt ihr gute Chancen, im Internet fündig zu werden.

Wir wollen uns nun im Internet über einen der Monde des Planeten Jupiter, über Io, informieren. Er ist einer der spektakulärsten Himmelskörper unseres Sonnensystems.

84.1 *Schülerinnen surfen im Internet*

Fragen:

– Wo genau liegt Io im Sonnensystem?
– Wie weit ist Io von der Erde entfernt?
– Gibt es auf Io Lebensformen wie bei uns?
– Wer hat Io entdeckt und wann war das? ...

84.2

Tipp 1:
Als erstes müsst ihr euch im Klaren sein, was ihr genau herausfinden wollt. Am besten erstellt ihr euch dafür einen Fragenkatalog (Text 84.2).

Tipp 2:
Jetzt müsst ihr Internetadressen zu dem Thema finden. Diese stehen in Zeitschriften, in Anzeigen etc. Doch bestimmt findet ihr hier nichts zum Io.

Jede Internetseite hat eine ganz bestimmte Adresse. Sie beginnt immer mit *www* (world wide web) und kommt aus dem *weltweiten Netz*.

Der Name der Adresse, die Domain (engl.: Gebiet), ist z.B. oft ein Orts- oder Firmenname.

Die einzelnen Teile der Adresse werden mit Punkten getrennt.

http stellt z.B. Ton, Bilder, Texte zur Verfügung. (Muss nicht eingegeben werden).

Die Endung der Internet-Adresse weist auf das Ursprungsland oder die Organisationsform des Verfassers hin (z.B.: de = Deutschland; com = Unternehmen, engl.: company).

84.3 *So sieht eine Internetadresse aus*

Tipp 3:
Wenn ihr keine geeigneten Adressen findet, helfen euch Suchmaschinen weiter.

Suchmaschinen durchforschen alle Internetseiten nach euren Suchbegriffen. Ein Beispiel für so eine Maschine findet ihr unter der Adresse www.google.de.
Wenn ihr in das Suchfenster den Begriff Sonnensystem eingebt, sucht Google alle Seiten zu diesem Thema. Häufig sind auch uninteressante Seiten dabei oder das Angebot der Seiten ist viel zu groß. Allein auf Deutsch hat Google mehr als 1 Million Seiten bei diesem Begriff gefunden!

85.1

Tipp 4:
Sucht möglichst konkret nach einem Thema.

Um ein besseres Suchergebnis zu erhalten, könnt ihr mehrere Begriffe eingeben. Diese müssen mit einem „+" verbunden sein, z.B.: Jupiter + Io + Vulkane. Dann bekommt ihr nur die Seiten angezeigt, in denen all diese Begriffe enthalten sind. Jetzt zeigt die Suchmaschine nur rund 10 000 Seiten an. Klickt eine davon an.
Mehr Suchtipps findet ihr bei weiteren Suchmaschinen (Tab. 85.3).

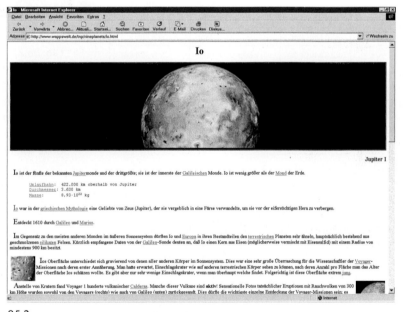

85.2

![AUFGABEN >>]

1 Nun kann es losgehen: Beantwortet die Fragen von S. 84. Benutzt verschiedene Suchmaschinen.

2 Macht eine Internet-Recherche (Internet-Suche) zu einem Planeten eurer Wahl.

www.yahoo.de
www.fireball.de
www.lycos.de
www.altavista.de
www.acoon.de

85.3 Weitere Suchmaschinen

Unser Sonnensystem

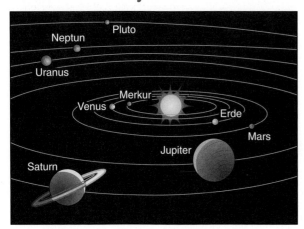

86.1 Die Planeten auf ihrer Umlaufbahn

	Entfernung von der Sonne	Umlaufzeit um die Sonne	Durchmesser
Merkur	58 Mio. km	88 Tage	4878 km
Venus	108 Mio. km	225 Tage	12 104 km
Erde	150 Mio. km	1 Jahr	12 756 km
Mars	228 Mio. km	1 Jahr 322 Tage	6 794 km
Jupiter	778 Mio. km	11 Jahre 315 Tage	142 984 km
Saturn	1 427 Mio. km	29 Jahre 167 Tage	120 536 km
Uranus	2 873 Mio. km	84 Jahre 8 Tage	51 120 km
Neptun	4 496 Mio. km	164 Jahre 282 Tage	49 526 km
Pluto	5 946 Mio. km	248 Jahre 157 Tage	2 300 km

86.2 Die Planeten unseres Sonnensystems

86.3 Tellurium

Unsere Erde ist einer von neun **Planeten**, die sich auf einer Umlaufbahn um die Sonne bewegen. (Einige Astronomen werten den Pluto nur als Kleinplaneten.) Sie werden von der Sonne angestrahlt. Die Planeten und die Sonne bilden ein Sonnensystem. Als einziger Planet ist die Erde von einer Lufthülle, der Atmosphäre, umgeben. Diese enthält Sauerstoff und Wasser. Deshalb konnte sich auf der Erde Leben entwickeln.

Wie andere Planeten hat auch die Erde einen **Mond** als Begleiter. Er besitzt keine Lufthülle. Seine Oberfläche ist durch Einschläge von Meteoriten geprägt.

Unsere Sonne ist einer von Milliarden Fixsternen. Diese Fixsterne leuchten aus eigener Kraft. Sie sind für uns nur nachts zu sehen. Die Entfernungen im Weltall sind für uns unvorstellbar. Ein Flugzeug wäre zwei Wochen lang zum Mond unterwegs. Nach 18 Jahren erreichte es die Sonne. Zum Besuch der nächsten Galaxie wäre mit einer Reisezeit von fünf Mio. Jahren zu rechnen.

AUFGABEN >>

1 Vergleicht die Planeten unseres Sonnensystems (Tab. 86.2) miteinander.

2 Baut auf dem Schulhof ein Modell der Erdumlaufbahn: Die Sonne ist ein Wasserball mit 50 cm Durchmesser, die Erde z.B. ein Kirschkern von 4 mm Durchmesser. Verbindet nun Erde und Sonne mit einer 50 m langen Schnur und lasst die Erde um die Sonne wandern.

Info: Das Tellurium

Das Tellurium ist ein Modell, das die Bewegungen der Erde und des Mondes um die Sonne zeigt. Die Erde ist mit einem Schwenkarm an der Sonne befestigt, ebenso der Mond an der Erde. Dreht ihr den Schwenkarm, so wird die Drehung der Erde um sich selbst und um die Sonne sowie die Drehung des Mondes um die Erde ausgelöst. Mithilfe des Telluriums könnt ihr verstehen:

- die Drehung der Erde um sich selbst (> Entstehung von Tag und Nacht),
- die Bewegung des Mondes um die Erde (> Entstehung der Mondphasen),
- die Drehung der Erde um die Sonne und die Schrägstellung der Erdachse (> Entstehung der Jahreszeiten),
- die Entstehung von Mond- und Sonnenfinsternissen.

Das Tellurium zeigt euch nur die Bewegungen von Erde und Mond um die Sonne, allerdings nicht die wahren Entfernungen und Größen der einzelnen Körper.

87.1 *Planetariumshimmel*

Wir besuchen eine Sternwarte

Die beste und eindrucksvollste Art, sich über den Sternenhimmel und unser Sonnensystem zu informieren, ist der Besuch einer Sternwarte oder eines Planetariums.

In einem **Planetarium** wird der Sternenhimmel auf einer großen Kuppel künstlich dargestellt. In einer **Sternwarte** dagegen werden mithilfe eines Teleskops die Sterne am Nachthimmel beobachtet. So ein Teleskop funktioniert wie ein Fernglas, ist aber riesig groß. Man kann damit sehr weit ins Weltall sehen. Allerdings ist der Blick zu den Sternen nur bei wolkenlosem Himmel möglich.

Um einen ungehinderten und noch weiteren Blick ins Weltall werfen zu können, haben Wissenschaftler vor einigen Jahren sogar ein Teleskop in den Weltraum geschickt: das Weltraumteleskop Hubble. Es fliegt wie ein Satellit um die Erde und sendet regelmäßig Bilder aus den Tiefen des Weltraums.

Besuch einer Sternwarte

Die Klasse 5a plant, die Volkssternwarte Rothwesten (Gemeinde Fuldatal, 5 km nördlich von Kassel) zu besuchen. Folgende Fragen müssen z. B. vorher geklärt werden:

- Wann können wir fahren? → Öffnungszeiten und mögliche Zusatzangebote prüfen
- Mit welchem Verkehrsmittel fahren wir? → Anfahrmöglichkeiten prüfen
- Welche Kosten entstehen für Fahrt und Eintritt? Was kosten Gruppenkarten? → Gesamtkosten ermitteln
- Wie können wir uns im Unterricht darauf vorbereiten? → Informationen aus Fachbüchern oder dem Internet sammeln

> www.volkssternwarte-rothwesten.de

87.2 *In der Sternwarte*

AUFGABEN >>

1. Erläutert, was ihr in einer Sternwarte und in einem Planetarium sehen könnt.
2. Nennt Gründe, weshalb sich die Menschen für das Weltall interessieren.
3. Erkundet gemeinsam, ob es in eurer Nähe ein Planetarium oder eine Sternwarte gibt. Plant dann einen Ausflug mit eurer Klasse dorthin.

Kugelgestalt der Erde

Ein wunderschöner Anblick. Erkennst du die Kontinente und Ozeane?

Ich habe zwar keinen Globus bei mir, aber ich will es versuchen ...

88.1 *Astronauten arbeiten im Weltall*

Der Globus – Modell unserer Erde

Der Globus ist ein verkleinertes Modell der Erdkugel. (Globus ist das lateinische Wort für Kugel.) Der Globus zeigt nicht nur die genaue Lage und Größe der Kontinente und Ozeane. Er hilft dir auch bei der weiteren Einteilung der Erde: Um die Mitte der Erdkugel verläuft der **Äquator**. Er ist rund 40 000 km lang und teilt die Erde in eine *nördliche* und in eine *südliche Halbkugel*. Der nördlichste Punkt der Erde ist der *Nordpol*, der südlichste der *Südpol*.

Die gedachte Linie zwischen diesen beiden Punkten ist die Erdachse, um die sich die Erde dreht. Der Globus ist schräg gestellt, weil sich die Erde genau so auf einer Umlaufbahn um die Sonne bewegt. (Auch die anderen Planeten bewegen sich auf einer Umlaufbahn um die Sonne, > S. 86.)

Auf Seite 89 wird euch gezeigt, wie ihr selbst ein Globus-Modell basteln könnt. Viel Spaß dabei!

88.3 *Satellitenbild der Erde*

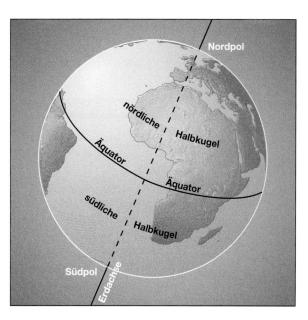

Nordpol

nördliche **Halbkugel**

Äquator

Äquator

südliche **Halbkugel**

Südpol

Erdachse

88.2 *Schematische Darstellung der Erde*

AUFGABEN >>

1. Versucht zu erklären, warum der Name „Erde" für unseren Planeten eigentlich irreführend ist.
2. Benennt die Kontinente, die auf dem Weltraumbild (Abb. 88.3) zu erkennen sind.
3. Holt einen Globus in euer Klassenzimmer. Ordnet dann mit dessen Hilfe die kursiv gedruckten Fachbegriffe dieser Seite den folgenden Umschreibungen zu:
   – nördlichster und südlichster Punkt der Erde,
   – gedachte Linie zwischen diesen beiden Punkten,
   – Linie, die man um die Mitte der Erde legen kann,
   – zwei Teile, aus denen die Erde besteht.

Wir basteln einen eigenen Globus

Zum Basteln eines Globus benötigt ihr folgende Materialien:
• eine Styroporkugel mit einem Durchmesser von 20 cm,
• Transparentpapier zum Durchpausen der Kontinente,
• Schere, Wasserfarben, Stecknadeln, Schaschlikspieß.
Geht so vor:

1. Kennzeichnet auf der Styroporkugel den Nord- und Südpol mit einem schwarzen Punkt.
2. Malt die Styroporkugel mit blauer Wasserfarbe an (Tipp: Vor Malbeginn die Kugel auf den Schaschlikspieß aufstecken).
3. Paust die Vorlage 89.2 auf Transparentpapier. Beschriftet die Kontinente.
4. Malt die Kontinente mit Buntstiften in verschiedenen Farben an (Antarktis: weiß). Verwendet dabei kein Blau.
5. Schneidet die Kontinente sorgfältig aus.
6. Befestigt die Kontinente lagerichtig mit Stecknadeln auf eurer Kugel oder klebt sie auf. Beschriftet die Ozeane. Achtet auf den Verlauf des Äquators!
7. Kennzeichnet den Globus mit eurem Namen.
8. Abschließend könnt ihr euren Globus auf eine Styroporplatte stecken.

89.1 *Schüler mit ihrem selbst gebastelten Globus.*

89.2 *Vorlage für Bastelbogen*

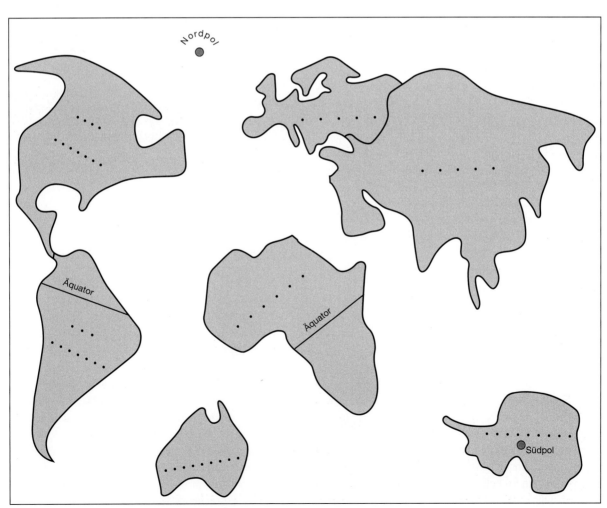

„Obwohl mein Vater tödlich verunglückt ist, haben wir eine Familie. Meine Mutter macht das ganz prima." (Wolfgang, 9 Jahre)

„Man sieht die Familie am besten bei einem Begräbnis, weil dann meistens alle zusammenkommen. Alle, die am Grabe weinen, die gehören zur Familie." (Ute, 9 Jahre)

„Die Familie ist, wenn Vati Geld verdient und Mutti alles ausgibt." (Miriam, 7 Jahre)

„Die Familie wohnt immer zusammen, weil das Essen nicht jedem gebracht werden kann. " (8 Jahre)

„Wenn sich alle sehr lieb haben, dann ist das eine Familie." (6 Jahre)

„Vater, Mutter und ich sind unsere Familie. Manchmal gehört auch mein Bruder Klaus dazu. Aber der ist oft so frech." (Jutta 6 Jahre)

„Zu einer Familie gehören wenigstens drei Menschen, davon muss wenigstens einer weiblich sein." (Klaus, 9 Jahre)

„In der Familie ist meistens einer schwanger. Darum entstehen so viele Familien." (8 Jahre)

„Familie ist, wo die Leute die gleichen Namen haben und wenn einer für alle kocht und wenn einer für alle die Betten macht und wäscht." (Dieter, 7 Jahre)

„Wenn wir am Esstisch sitzen und wir uns gegenseitig was erzählen, dann fühle ich, dass wir eine Familie sind. Auch wenn mal einer krank ist, spürt man, dass man in der Familie gut versorgt wird." (Beate, 10 Jahre)

„Die Familie kann man gut erkennen: Der Vater ist doch immer der Größte und die Mutter meistens am dicksten, die Kinder sind kleiner und dünner." (Ulla, 6 Jahre)

„Wo ich, wenn ich was ausgefressen habe, wieder hinkommen kann." (Tim, 10 Jahre)

„Familie ist toll, weil mein Vater erklärt, wie das Ozonloch entstanden ist und wie Erde, Sonne und Mond zueinander stehen." (Sebastian, 10 Jahre)

90.1 Kinderantworten zum Thema: Was ist eine Familie?

Familie – was ist das eigentlich?

Eigentlich wisst ihr, was eine Familie ist, oder? Doch wenn ihr dies mit Worten ausdrücken sollt, fällt es euch bestimmt nicht leicht. Schließlich könnt ihr das, was eine Familie ausmacht, meist nicht sehen. Versucht dennoch aufzuschreiben, was für euch Familie bedeutet. In den Sprechblasen der Abb. 90.1 könnt ihr lesen, was anderen Kindern dazu eingefallen ist. Ihr werdet feststellen, dass die Aussagen sehr unterschiedlich sind, weil jeder andere Erfahrungen und Empfindungen hat. Und doch steckt in jeder Aussage etwas Richtiges.

AUFGABEN >>

1 Vergleicht die Aussagen der Kinder (Abb. 90.1). Diskutiert darüber, welche eine sachliche Erklärung geben, welche Gefühle ausdrücken und welche wohl nicht so ganz stimmen.

2 Gestaltet gemeinsam ein Plakat zum Thema Familie. Verwendet dafür eure Antworten auf die Frage „Was ist eine Familie?" Sucht zu den Antworten auch entsprechende Bilder.

Drei Türschilder – drei Familien?

Drei Wohnungsklingeln, drei Türschilder – wer verbirgt sich dahinter? Wie viele Menschen wohnen eigentlich hier? Welches Türschild verrät uns darüber am meisten?

Wir fragen dazu den Hausmeister: „Können Sie uns sagen, wie viele Familien eigentlich in diesem Haus wohnen?" Er antwortet nachdenklich: „Ich weiß gar nicht, ob man hier von Familien sprechen kann. Manche, die hier im Haus wohnen, sind für mich eher Lebensgemeinschaften." Die Meinung des Hausmeisters hatte uns stutzig gemacht, dass in diesem Haus gar keine „richtigen" Familien leben würden.

91.1

91.2

91.3

91.4

Familie Lührs im Erdgeschoss

Beim Betrachten des Urlaubsfotos erzählt uns Frau Lührs: „Mein Mann knipste dieses Foto in unserem letzten gemeinsamen Urlaub. Anna war damals drei und Laura fünf Jahre alt. Mittlerweile bin ich schon seit fünf Jahren geschieden. Die Kinder wohnen seitdem bei mir. Die Folgen der Scheidung waren für uns alle nicht einfach, vor allem finanziell. Ich arbeite halbtags, wenn die Kinder in der Schule sind. Ich schließe die Kinder bei vielen Entscheidungen mit ein. So haben wir unser letztes Ferienziel und unsere neue Couch gemeinsam ausgesucht. Laura ist inzwischen 12 Jahre alt, sie ist sehr selbstständig und mitverantwortlich für den Haushalt. Sie hilft mir beim Kochen. Meistens kauft sie auf dem Heimweg von der Schule gleich ein."

Die WG im 1. Stock

Im Erdgeschoss wohnt eine WG, eine Wohngemeinschaft. Lena, Mark und Uli kennen sich schon von der Schule. Vor einem halben Jahr zogen die 20-Jährigen zusammen. „Keiner von uns verdient viel, aber gemeinsam ist die Miete erschwinglich", meint Lena. Was sie für den Haushalt brauchen, finanzieren sie aus einer gemeinsamen Kasse. Für Mark ist die WG wie eine Familie: „Wenn ich Stress in der Berufsschule habe, kann ich mich bei den beiden gut aussprechen." Das gemeinsame Kochen am Abend ist für die drei zu einem wichtigen Ritual geworden. Reibungslos ist das Zusammenleben aber nicht immer. Manchmal gibt es Streit, wer mit Putzen dran ist. „Man muss sich gut verstehen, sonst gibt es schnell Krach", gibt Uli zu bedenken.

Georg / Finkeldey aus dem 2. Stock

Martin Georg (28 Jahre) und Sabine Finkeldey (26 Jahre) sind unverheiratet. Sabina arbeitet als Zahntechnikerin, Martin als Großhandelskaufmann. Die beiden wohnen seit sechs Jahren zusammen. Sabine erzählt: „Es gab ständig Reibungen mit meinen Eltern, darum wollte ich ausziehen. Außerdem wollte ich auf eigenen Füßen stehen." „Sabines Eltern waren sauer damals. Sie wollten nicht, dass wir in „wilder Ehe" leben", ergänzt Martin. „Vielleicht heiraten wir ja mal. Aber uns ist ein Trauschein nicht so wichtig. Wir lieben uns, wir sorgen füreinander. Wie in einer Familie." An Kinder denken die beiden noch nicht, sie wollen erst mal das Leben genießen und im Beruf vorankommen.

AUFGABEN >>

1. Der Hausmeister unterscheidet zwischen Lebensgemeinschaft und Familie. Überprüft diese Aussage an den „Familien" in diesem Haus.
2. Vergleicht die WG mit einer Familie. Was ist gleich? Welche Unterschiede gibt es?
3. Familien wie die Lührs werden auch als „Eineltern-Familie" bezeichnet. Ist der Begriff richtig?
4. Kann man Sabine und Martin als Familie bezeichnen? Was spricht dafür, was dagegen?

92.1 *Großfamilie früher*

92.2 *Kleinfamilie heute*

Familie im Wandel

In den letzten 150 Jahren hat sich die Familie sehr stark verändert. Früher gab es vor allem die Großfamilie: Eltern, zahlreiche Kinder, Großeltern und unverheiratete Verwandte lebten und arbeiteten gemeinsam in einem Haushalt. Dies war früher meist ein Bauernhof oder ein Handwerksbetrieb.

Heute gibt es vor allem die Kleinfamilie. Sie besteht lediglich aus zwei Generationen, aus Eltern und Kindern. Manche Aufgabe der früheren Großfamilie hat heute der Staat übernommen, zum Beispiel die Fürsorge im Alter, bei Krankheit oder bei Arbeitslosigkeit. Außerdem gibt es sogenannte Eineltern-Familien (> S. 91).

Familie Wagner 1900 – Familie Wagner heute

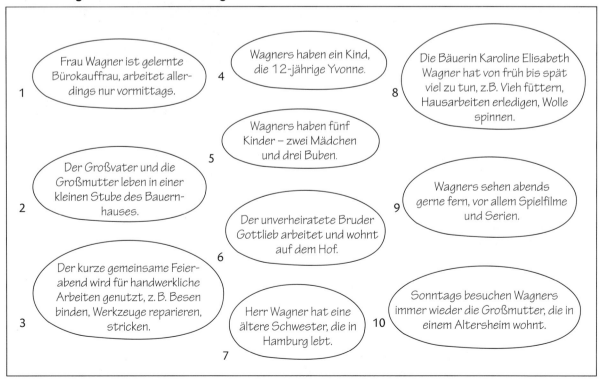

1 Frau Wagner ist gelernte Bürokauffrau, arbeitet allerdings nur vormittags.

4 Wagners haben ein Kind, die 12-jährige Yvonne.

8 Die Bäuerin Karoline Elisabeth Wagner hat von früh bis spät viel zu tun, z.B. Vieh füttern, Hausarbeiten erledigen, Wolle spinnen.

5 Wagners haben fünf Kinder – zwei Mädchen und drei Buben.

2 Der Großvater und die Großmutter leben in einer kleinen Stube des Bauernhauses.

9 Wagners sehen abends gerne fern, vor allem Spielfilme und Serien.

6 Der unverheiratete Bruder Gottlieb arbeitet und wohnt auf dem Hof.

3 Der kurze gemeinsame Feierabend wird für handwerkliche Arbeiten genutzt, z. B. Besen binden, Werkzeuge reparieren, stricken.

7 Herr Wagner hat eine ältere Schwester, die in Hamburg lebt.

10 Sonntags besuchen Wagners immer wieder die Großmutter, die in einem Altersheim wohnt.

92.3

Was sich bei der Familie verändert hat

In den letzten Jahrzehnten gab es in Deutschland im Bereich der Familie große Veränderungen:

- Bei uns wachsen immer weniger Kinder auf.
- Immer mehr Ehen bleiben kinderlos. Nur in etwa jedem vierten Haushalt leben heute Kinder.
- Die Zahl der Alleinstehenden ist stark angestiegen, vor allem, weil immer mehr Menschen freiwillig alleine leben.
- Familien mit mehr als drei Kindern sind heute seltener.
- Immer mehr Familien gehen auseinander. Heute wird im Durchschnitt jede dritte Ehe wieder geschieden.
- Der Anteil der Alleinerziehenden, also der Mütter oder Väter, die ohne einen Partner sich um ein Kind kümmern, hat zugenommen. Neun von zehn Alleinerziehenden sind Frauen.
- Für die meisten Frauen ist die Vereinbarkeit von Familie und Beruf wichtig.
- Immer mehr Paare leben zusammen, ohne zu heiraten.
- Die Zahl nicht-ehelicher Geburten nimmt zu.

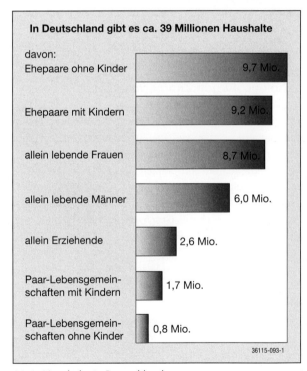

93.1 *Haushalte in Deutschland*

93.2 *Karikatur*

AUFGABEN >>

1. Welche fünf Aussagen aus dem Text 92.3 gehören zur Großfamilie früher, welche zur Kleinfamilie heute?
2. Wertet den Text S. 93 und Abb. 93.1 aus: Notiert in zwei, drei Sätzen, was euch dabei besonders auffällt.
3. Beschreibt, was die Karikatur 93.2 aussagen will.

Aufgabenverteilung in der Familie

Zeichnung: Marie Marcks

94.1 Karikatur

Meinungen zur Aufgabenver-
teilung in der Familie

1. Klar, dass Kinder und Jugendliche im Haushalt helfen müssen.
2. Schüler sollen ihr Zimmer aufräumen, mehr brauchen sie aber nicht zu tun.
3. Beim Geschirrspülen, beim Kochen und beim Wäschebügeln sollen nur Mädchen helfen. Die können das besser.
4. Kinder und Jugendliche sollen zu Hause nicht mithelfen, sonst haben sie ja keine Freizeit.
5. Autowaschen und Rasenmähen – das würde ich erledigen. Aber nur, wenn es dafür ein Extra-Taschengeld gibt.
6. Ich denke, dass ....

Der Diplom-Psychologe Jürgen Zimmermann-Höreth von der Familienberatungsstelle Köln meint:

Ab 2 Jahren kann man den Kindern schon kleine Handgriffe übertragen. In diesem Alter bereitet ihnen das Helfen viel Spaß und sie sind interessiert daran, an alltäglichen Verrichtungen beteiligt zu werden. Später lassen sich Aufgaben, die ständig wiederkehren und einfach zu erledigen sind, neu hinzufügen (zum Beispiel den eigenen Teller abräumen).

Im Vorschulalter können Kinder Spielsachen einsammeln und wegräumen, beim Tischdecken helfen, gemeinsam mit Geschwistern Wäsche zusammenlegen, den Papierkorb ausleeren.

Im Grundschulalter: Kinder können ihr Zimmer aufräumen, Schuhe putzen, die eigene schmutzige Wäsche in den Wäschekorb legen, ihr Bett machen, das Waschbecken sauber halten, staubsaugen, kurz auf jüngere Geschwister aufpassen.

Ab 12 Jahre: Frühstück zubereiten, Tisch decken oder abdecken und in die Spülmaschine einräumen, einfache Gerichte für die Familie zubereiten, einkaufen, bügeln ...

Ab 16 Jahre: Den Haushalt für einige Tage organisieren, jüngere Geschwister betreuen, größere Einkäufe erledigen.

AUFGABEN >>

1. Beschreibt die Karikatur (Abb 94.1). Auf welches Problem weist sie hin?
2. Notiert zu den geäußerten Meinungen, ob ihr zustimmt oder nicht. Formuliert dann eure eigene Meinung.
3. Diskutiert die Vorschläge des Diplompsychologen.

Methode: Wir führen eine Umfrage durch

Bei einer Umfrage geht es darum, von möglichst vielen Personen Informationen oder Meinungen zu einem bestimmten Thema zu bekommen.

Vorbereitung

Vor der Umfrage müsst ihr euch genau überlegen, welche Fragen ihr stellen wollt. Dabei gibt es zwei unterschiedliche Möglichkeiten:

1. Man kann die Fragen so stellen, dass nur mit „ja" oder „nein" geantwortet werden kann. (Beispiel: „Sollen Kinder im Haushalt mithelfen?")

   Vorteil: Man kann nachher leicht auszählen, welche Meinung die Befragten haben.

   Nachteil: Jeder Befragte kann nur zu den vorgegebenen Meinungen Stellung nehmen. Vielleicht hätte er jedoch etwas anderes zum Thema sagen wollen.

2. Man kann die Fragen so stellen, dass jeder seine eigene Antwort geben kann. (Beispiel: „Welche Arbeiten können Kinder im Haushalt übernehmen?")

   Vorteil: Die Befragten können frei antworten, was ihnen gerade einfällt.

   Nachteil: Es ist schwierig, die unterschiedlichen Antworten auszuwerten. Man kann nicht genau auszählen, wie viele der Befragten für eine bestimmte Meinung oder Maßnahme sind.

95.1 *Schüler bei der Umfrage*

Vor einer Umfrage müsst ihr überlegen, wie man diese organisiert: Fragen Einzelne oder fragt man in einer Zweier- oder Dreiergruppe? Wie sollen die Antworten festgehalten werden? Auf Fragebogen oder auf Kassette?

Durchführung

Führt die Befragung anonym durch, also ohne nach dem Namen zu fragen. Wenn es für die spätere Auswertung eine Rolle spielt, sollten Alter und / oder das Geschlecht der Befragten festgehalten werden.

95.2 *Präsentation der Ergebnisse*

Auswertung

Die Antworten werden durchgesehen. Dabei solltet ihr darauf achten, ob sich deutliche Häufungen bzw. Unterschiede in den Einschätzungen ergeben. Die Ergebnisse der Umfrage werden dann zusammengefasst. Wenn es für das Thema interessant ist, könnt ihr eine zusätzliche Auswertung nach dem Alter und/ oder Geschlecht der Befragten vornehmen.

Zum Schluss müsst ihr überlegen, wie ihr die Ergebnisse der Umfrage präsentieren könnt. Ihr könnt zum Beispiel eine Wandzeitung im Klassenzimmer gestalten oder einen Bericht für die Schülerzeitung schreiben.

AUFGABEN >>

1. Führt in der Schule eine Umfrage zum Thema „Mithilfe daheim" durch.
2. Überlegt euch, wie und wo ihr die Ergebnisse präsentieren könnt.
3. Stellt eure Ergebnisse mithilfe eines Computerprogramms (z. B. Works, Excel) grafisch dar.

Rollenverteilung in der Familie

Er ist doch ein Junge, oder?

Leonie, 15, schaut mir beim Bügeln zu. „Das würde ich meinem Mann nicht erlauben", sagt sie. „Dass er vor der Glotze sitzt, während ich bügle." Sie spricht natürlich nicht von ihrem Zukünftigen, sondern von ihrem Vater. Gerald verfolgt gerade in geheiligter Männerrunde die Champions League, während ich bügle.

„So wird das nie was. Ruben kriegt doch einen völlig falschen Eindruck, wie das ablaufen sollte zwischen Männern und Frauen." Damit ist sie bei ihrem Lieblingsthema. Bei ihrem zehnjährigen Bruder. Mit Argusaugen überwacht sie seine Erziehung. Das hat sie von ihren großen Schwestern Maximiliane und Paulina übernommen. Kaum konnte Ruben laufen, drückten sie ihm einen Putzeimer in die Hand. Ich fand ihn ja noch etwas zu klein, um das Klo zu putzen, aber ich wurde energisch zurechtgewiesen: „Willst du aus ihm etwa einen Macho machen?" Natürlich nicht, das stand auch erst mal gar nicht an. Noch schrubbte Ruben begeistert den Küchenboden, versuchte Kuchen zu backen und ließ sich widerstandslos von seinen Schwestern mit Ballett-Tutu und Faschingsperücke in ein kleines Mädchen namens „Rubina" verwandeln. Alle amüsierten sich ganz prächtig. Nur sein Vater nicht. „Ich weiß nicht, ob das richtig ist. Er ist doch ein Junge, oder?"

(aus: Xenia Frenkel: Jungen sind anders, Mädchen auch!, in: Eltern for family, Nr. 8/1999, S. 77)

Typisch Mädchen – typisch Junge?

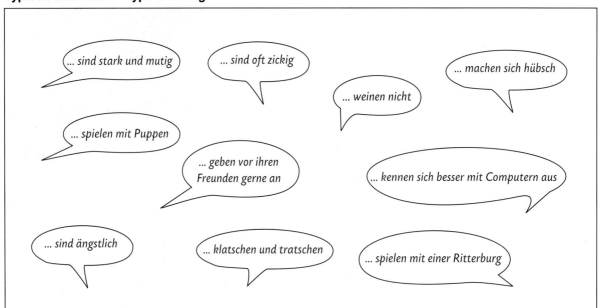

AUFGABEN >>

1. Spielt ein mögliches Gespräch von Leonie und ihrem Vater mit verteilten Rollen und sprecht anschließend über die Meinungen der beiden.

2. Vervollständigt die Sätze durch das Wort „Junge" oder das Wort „Mädchen" und übertragt sie geordnet (jeweils eine Spalte für Jungen und für Mädchen) in euer Heft. Ergänzt die Liste.

3. Vergleicht eure Ergebnisse: Welche Unterschiede, welche Gemeinsamkeiten stellt ihr fest? Wie könnt ihr euch eure Ergebnisse erklären?

Wenn die Männer Schürzen tragen

Hausarbeit ist für die meisten Männer immer noch etwas Peinliches. „Die Rollenverteilung zwischen Männern und Frauen im Haushalt scheint festgelegt wie ein ewiges Gesetz", so das Ergebnis einer aktuellen Untersuchung des Meinungsforschungsinstituts Allensbach. Doch es gibt „echte Hausmänner" und es werden sogar mehr. Während ihre Frauen das Geld verdienen, schmeißen sie den Haushalt und kümmern sich um die Kinder.

Im Internet geben sich die Hausmänner gegenseitig Tipps oder sprechen sich Mut zu bei Hausmänner-Stammtischen. Selbst die Industrie hat die Zielgruppe „Hausmann" entdeckt: Beim diesjährigen Wettbewerb „Hausmann des Jahres" hatten sich über 5 000 Teilnehmer angemeldet.

Fritz Burgbacher aus Köln ist gelernter Bankkaufmann und Jurist – und seit elf Jahren Hausmann. Seine Frau arbeitet Vollzeit, während er sich um die beiden Söhne (fünf und sieben Jahre), Haushalt, Garten und Garage kümmert. Die Entscheidung für den Rollentausch sei damals krankheitsbedingt gefallen, aber inzwischen hätten er und seine Familie sich damit gut arrangiert, sagt Burgbacher. Für die Söhne ist es völlig normal, mit Papa Hausaufgaben zu machen und auch vormittags – allein unter Frauen im Supermarkt – wird Burgbacher nicht mehr irritiert angeschaut. „Mann gewöhnt sich ganz gut dran", so das Fazit des 46-jährigen Rheinländers.

Noch nicht richtig an die Situation gewöhnt hat sich Ralph Becker, Elektroinstallateur aus Engelskirchen bei Köln. Seit er vor einem Jahr arbeitslos wurde, ist der zweifache Familienvater Hausmann. Da das Haus weiter abbezahlt werden muss, geht seine Frau wieder im Drei-Schicht-Wechsel als Krankenschwester arbeiten. Becker tut sich noch immer schwer mit dem Rollentausch. Seine Probleme im Alltag sind die „üblichen Männerprobleme": Er kauft hin und wieder die falschen Sachen ein, ist ein schlechter Bügler und kann Staubflocken unterm Schrank gut übersehen. Vor allem aber belasten ihn die Vorurteile und das Getuschel im Dorf.

Auch Dieter Zwick, 32, aus Düsseldorf kümmert sich um die drei K – Kinder, Küche, Kirche –, die traditionell eher den Frauen zugeschrieben werden. Doch ist die Rolle als Hausmann von ihm frei gewählt: Von Anfang an kümmerte sich Zwick um die Erziehung seiner inzwischen 18 Monate alten Tochter, während seine Frau eine 50-Stunden-Woche in einem Modeatelier zu bewältigen hat. Im Februar erwarten die beiden das zweite Kind.

(Nach: http://www.zdf.de/ZDFde/inhalt/9/0,1872,5553385,00.html)

97.1–3 Dieter Zwick und Ralph Becker (unten) als Hausmänner

AUFGABEN >>

1 Sprecht über die Beispiele: Was ist den drei Männern gemeinsam? Warum sind sie Hausmann geworden? Wie kommen sie mit ihrer neuen Rolle zurecht?

2 Diskutiert die neue Rollenverteilung: Was haltet ihr von Hausmännern? Warum gibt es immer noch so wenige Männer, die sich für den Beruf „Hausmann" entscheiden?

Konflikte in der Familie

98.1 Karikatur

Streit in der Familie ist oft ein Alptraum für die Kinder. Gründe für Streitigkeiten gibt es reichlich.

„Ich streite oft mit meiner Schwester", sagt ein 14-Jähriger. „Daran ist sie schuld. Sie ist so zickig!"

Die Eltern eines 12-jährigen Schülers streiten sich wegen der Kinder: „Sie werfen sich gegenseitig vor, uns nicht richtig zu erziehen. Aber wenn die Eltern nicht einige Fehler machen würden, könnten wir gleich einpacken. Das wäre kein Leben mehr."

„Ich habe mit meinen Eltern meist wegen meiner Schulnoten Streit", beklagt sich eine 13-Jährige. „Außerdem gefallen ihnen meine Freunde nicht. Ich kann es meinen Eltern nie recht machen!"

98.2 Aus einem Zeitungsbericht

AUFGABEN >>

1. Warum entsteht Streit in Familien? Die Bildergeschichte 98.2 und der Zeitungstext geben Hinweise.
2. Man hat festgestellt: An Sonn- und Feiertagen gibt es häufiger Streit in Familien als sonst. Warum wohl?
3. Gibt es bei euch zu Hause manchmal Streit? Warum?

Lösung von Familienkonflikten

Beispiel 1:

Vater (V): „Peter, mach dich bitte fertig. Wir gehen gleich spazieren."

Alexander (A): „Was? Muss ich da mit? Ich finde Spazierengehen schrecklich!"

V: „Was ist denn so schrecklich für dich?"

A: „Es ist langweilig, jeden Sonntag zum Buchenwäldchen zu gehen."

V: „Aber wir wollen doch auch etwas gemeinsam unternehmen – und das können wir schließlich nur am Sonntag."

A: „Muss es aber immer ein Spaziergang sein? Lars macht sich schon lustig über mich – ob ich denn mein „Verdauungsspaziergängchen" unternommen hätte und so ..."

V: „Geht es nur ums Spazierengehen oder hast du keine Lust, etwas mit uns zu machen?"

A: „Das schon, aber nicht immer dasselbe."

V: „Dann lass uns doch überlegen, was wir machen könnten. Wir könnten ja heute Nachmittag in den Stadtpark gehen, dort ist eine Boule-Bahn."

A: „Das hört sich gut an. Und nächsten Sonntag fahren wir mit den Rädern zum Silbersee. Und wenn ihr einmal zum Buchenwäldchen wollt – meinetwegen."

98.3

Beispiel 2:

V: „Peter, mach dich bitte fertig. Wir gehen spazieren."

A: „Was? Muss ich da mit? Ich habe keine Lust dazu."

V: „Dir tut es gut, wenn du auch mal an die frische Luft kommst."

A: „Ich bin doch gesund!"

V: „Wir müssen doch auch mal etwas gemeinsam machen, in der Woche bleibt da doch keine Zeit."

A: „Ich hab aber keine Lust auf das blöde Rumrennen!"

V: (ärgerlich) Ich geb's auf. Dann bleibst du eben da. Ich hab keine Lust, mich deswegen zu streiten."

Beispiel 3:

V: „Peter, mach dich bitte fertig. Wir gehen spazieren."

A: „Was? Muss ich da mit?"

V: „Was heißt da „müssen"? Als ich in deinem Alter war, bin ich immer am Sonntag mit meinen Eltern spazieren gegangen."

A: „Spazieren gehen ist doch doof."

V: „Du willst ja nur vorm Computer sitzen! Du gehst mit! Basta!"

A: (wütend) Schon gut, dann geh ich mit."

Drei Methoden zur Konfliktbewältigung

Methode 1: Kommt es zum Streit zwischen Eltern und Kind, setzen sich die Eltern durch. Sie setzen ihre Macht und Autorität ein und zwingen das Kind zum Gehorsam.

Methode 2: Kommt es zu einem Streit zwischen Eltern und Kind, versuchen die Eltern, ihr Kind zu überreden. Gelingt ihnen das nicht, geben sie nach. Sie lassen ihr Kind machen, was es will.

Methode 3: Kommt es zu einem Streit zwischen Eltern und Kind, reden die Eltern mit ihrem Kind. Im Gespräch wird nach einer Lösung gesucht. Dazu machen beide Seiten Vorschläge. Schließlich einigt man sich auf die Lösung, die für Eltern und Kind annehmbar ist.

Die Familienkonferenz

Eine Möglichkeit, Konflikte in der Familie friedlich auszutragen, ist die Familienkonferenz. Alle – Eltern und Kinder – setzen sich zusammen und sprechen über aufgetretene Probleme. Damit sie erfolgreich wird, sollten folgende Punkte beachtet werden:

• Die Familienkonferenz muss regelmäßig stattfinden. Es gibt feste Termine, zum Beispiel jeden zweiten Samstag nach dem Frühstück. Bei aktuellen Problemen kann sie auch kurzfristig angesetzt werden.

• Es kann über alles geredet werden: über Wünsche, Beschwerden, Vorhaben, Aufgaben, Taschengeld …

• Jeder hat das Recht zu sprechen, ohne unterbrochen zu werden. Neben Kritik sollen auch Verbesserungsvorschläge eingebracht werden.

• Abmachungen werden schriftlich festgehalten. Dadurch können Missverständnisse verhindert werden. Außerdem kann in folgenden Sitzungen überprüft werden, ob Vereinbarungen eingehalten wurden.

Fälle zum Nachspielen

Fall 1: Die Lieblingssendungen von Jens (12 Jahre) und Julia (11 Jahre) kommen in der Zeit, in der die Familie zu Abend isst. Vater möchte sich dann ungestört unterhalten können. Da kann man sich den Ärger vom Hals reden oder Gemeinsames planen. Mutter möchte das Essen nicht um 45 Minuten verschieben, weil sie nicht so lange in der Küche stehen will. Die Familie hat kein Gerät zum Aufnehmen der Sendungen, weil sie das Geld für andere Dinge braucht.

Fall 2: Frau Schulte und ihre Töchter Caro (11 Jahre) und Silke (13 Jahre) bewohnen eine Drei-Zimmer-Wohnung. Die Mutter hat das kleinste Zimmer, im größten leben die beiden Mädchen, das dritte Zimmer wird als Wohnzimmer genutzt. Im Kinderzimmer gibt es dauernd Streit: Silke ist ordentlich, Caro lässt alles herumliegen, auf dem Tisch, dem Boden, einfach überall. Der tägliche Streit soll nun ein Ende finden.

AUFGABEN >>

1. Welches Gespräch (Beispiele 1-3) und welche Methode der Konfliktbewältigung gehören zusammen?

2. Sprecht über die unterschiedlichen Methoden: Welche Vor- und Nachteile haben sie für wen? Welche Methode ist am besten geeignet, Konflikte zu lösen?

3. Spielt die Lösung der Konfliktfälle 1 und 2 in einer Familienkonferenz durch. Beachtet hierbei die Hinweise zum Rollenspiel auf S. 17.

Zusatzthema: Familien hier und anderswo

Alle Familien auf der Erde haben Gemeinsamkeiten. Ob sie in einem reichen oder in einem armen Land leben, ob sie in Europa, in Amerika oder in Afrika zu Hause sind, immer gilt:

- Familien versorgen die Familienmitglieder mit Nahrungsmitteln und sorgen so für das (Über-)Leben.
- Eine liebevolle Zuwendung gibt dem Kind das Gefühl, geliebt zu sein. Es spürt Sicherheit, Geborgenheit und Trost. So lernt es Vertrauen zu sich und zu anderen.
- Die Eltern sind wichtige Vorbilder beim Lernen der Sprache und Kultur.
- Die Eltern kümmern sich um das Erwachsen-Werden der Kinder.

Ob in der Großfamilie, in Kleinfamilien oder bei Alleinerziehenden mit Kindern – für alle Formen des Zusammenlebens gelten diese Grundsätze.

AUFGABEN >>

1. Der Text auf S. 100 nennt die wichtigsten Aufgaben einer Familie. Welche Bilder passen zu welchen Aussagen?
2. Sucht auf den anderen Seiten dieses Kapitels weitere Bilder, in denen ihr die Aufgaben der Familie erkennen könnt.
3. Vielleicht sind im Text nicht alle Aufgaben von Familien genannt. Findet in Gruppenarbeit weitere Beispiele.
4. Fasst die Ergebnisse zur Überschrift „Familien hier und anderswo" übersichtlich in Plakaten zusammen. Sucht dazu weitere Bilder aus Zeitschriften.

Wissen: Das große Rennen um die Welt – Spielanleitung

Im letzten Kapitel habt ihr viel erfahren über Kinder aus anderen Ländern, das Leben in der kalten und der heißen Zone, über Wüsten und tropische Regenwälder. Bei dem Spiel „Das große Rennen um die Welt" könnt ihr nun zeigen, was ihr behalten habt. Ihr benötigt zum Spielen Spielsteine, einen Würfel, Souvenirkarten, Fragekarten sowie den Spielplan 102.3. Spielt zu dritt oder zu viert.

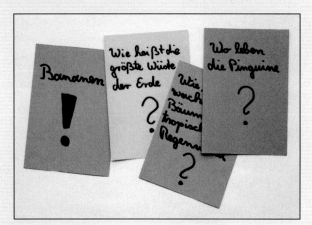

102.1 Fragekarten

102.2 Souvenirkarten

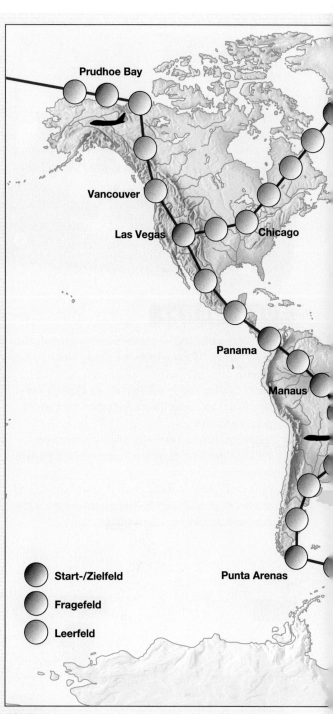

102.3

Zuerst müsst ihr die Spielkarten herstellen:

Die Fragekarten mit Fragen aus den vorangegangenen Kapiteln bastelt ihr aus farbigem Karton. Wenn ihr euch Fragen überlegt habt, dann schreibt ihr die Fragen auf die Vorderseite, die Antworten auf die Rückseite. Wählt zu einer Zone jeweils eine passende Kartonfarbe aus, zum Beispiel Wüste = gelb. Zu jeder Zone benötigt ihr acht bis zehn Fragekarten (Abb. 102.1).

Bastelt dann die Souvenirkarten, indem ihr typische Gegenstände, Pflanzen oder Tiere zeichnet. Ihr könnt auch Bilder auf die Karten kleben. Aus jeder Zone braucht ihr vier Souvenirkarten (Abb. 102.2)

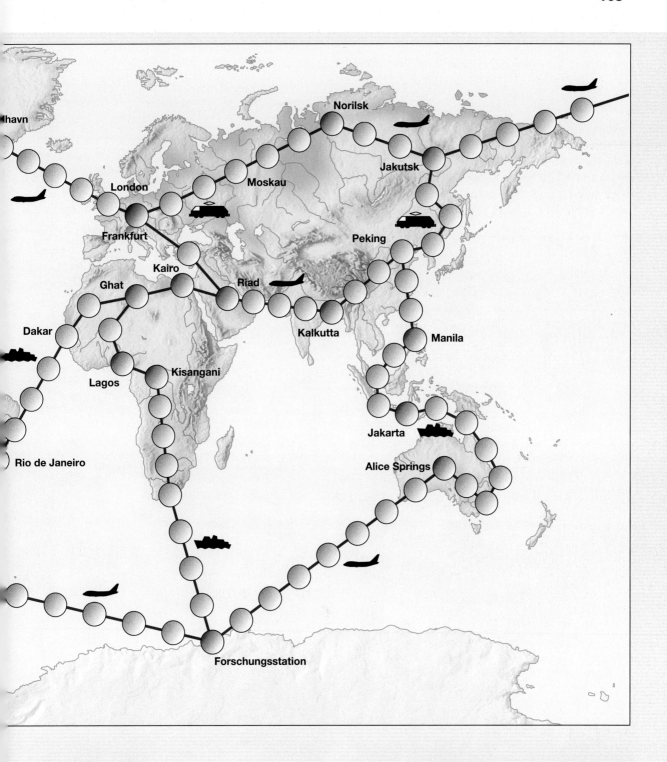

Und so geht's!

Jeder Spieler bekommt drei Souvenirkarten. Aufgabe ist es, von Frankfurt aus möglichst schnell in die Zonen zu gelangen, zu denen eure Souvenirkarten gehören. Wer die höchste Zahl würfelt, fängt an.

Wenn ihr auf das Feld einer extremen Zone gekommen

seid, stellt euch euer rechter Nachbar eine Frage aus dem entsprechenden Fragenkarten-Stapel. Wenn ihr sie richtig beantwortet, dürft ihr die Souvenirkarte ablegen und weiterwürfeln. Beantwortet ihr die Frage falsch, dürft ihr keine Souvenirkarte ablegen. Gewinner ist, wer als erster alle Karten ablegen konnte und wieder in Frankfurt zurück ist.

Unsere Stadt hat verschiedene Viertel

So leben die Wiegands in der Stadt

Familie Wiegand ist vor kurzem umgezogen. Sie wohnt jetzt am Stadtrand von Bad Hersfeld. Die Häuser in dem Stadtviertel sehen unterschiedlich aus. Es gibt Mehrfamilienhäuser, in denen viele Menschen wohnen und es gibt Einfamilienhäuser – so wie das, in dem die Wiegands wohnen. Aber alles sind Wohnhäuser. Darum nennt man so ein Gebiet auch **Wohngebiet**.

106.1 (A)

„Nicht weit von uns entfernt haben wir einen Supermarkt", erzählt Frau Wiegand. „Dahin können wir zu Fuß gehen. Nur wenn wir schwere Kisten tragen müssen, dann fahren wir mit dem Auto hin. Vor dem Supermarkt kann man auch gut parken", ergänzt Frau Wiegand. „Außerdem liegen dort in der Nähe ein Kinderspielplatz, die Kirche mit Gemeindezentrum sowie eine Tennishalle."

Wenn Frau Wiegand andere Dinge erledigen muss, fährt sie ins Stadtzentrum, in die **Altstadt**. Dort gibt es zahlreiche kleine Fachgeschäfte, Eisdielen und Cafes. Dann nimmt sie allerdings lieber den Bus, denn ein Großteil der Altstadt ist als Fußgängerzone ausgewiesen, wo keine Autos fahren dürfen.

106.2 (rechts)
*Stadtplan von
Bad Hersfeld*

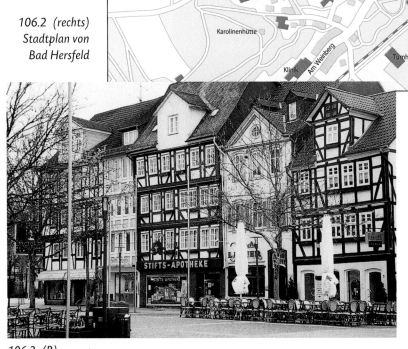

106.3 (B)

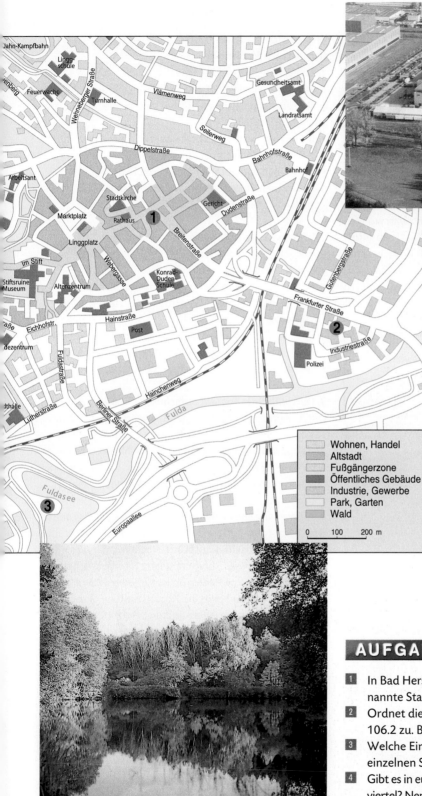

107.1 (D)

Herr Wiegand fährt an jedem Werktag mit dem Fahrrad zur Arbeit. Für die rund zwei Kilometer bis zu seiner Arbeitsstelle braucht er je nach Verkehrslage 10 bis 15 Minuten. Seine Firma liegt in einem **Gewerbegebiet** im Südosten der Stadt.

Am Wochenende joggen die Wiegands gerne oder sie gehen zusammen spazieren. Das machen sie am liebsten im Wald oder in den Grünanlagen an der Fulda. Solche Gebiete heißen Grünflächen. Sie werden auch **Naherholungsgebiete** genannt.

AUFGABEN >>

1. In Bad Hersfeld gibt es verschiedene Gebiete, sogenannte Stadtviertel. Zählt diese auf.
2. Ordnet die Bilder A–D den Nummern in der Karte 106.2 zu. Begründet eure Entscheidung.
3. Welche Einrichtungen finden die Wiegands in den einzelnen Stadtvierteln? Erstellt dazu eine Tabelle.
4. Gibt es in eurem Wohnort auch verschiedene Stadtviertel? Nennt Unterschiede gegenüber Bad Hersfeld und beschreibt diese.

107.2 (C)

Projekt: Welche Freizeitangebote bietet unsere Stadt?

Abb. 108.1 zeigt einen Ausschnitt einer Freizeitkarte für Jugendliche. Eine ähnliche Freizeitkarte gibt es möglicherweise auch für euren Wohnort. Erkundigt euch beim Jugendamt oder Kreisjugendring. Ihr könnt aber auch das Angebot am Wohnort prüfen, wenn ihr eine eigene Freizeitkarte erstellt.

Der Lehrer erklärt: „Eure Aufgabe ist es nun, eine Freizeitbroschüre für Jugendliche zu erstellen. Dabei solltet ihr zunächst eigene Berichte über eure Freizeitaktivitäten verfassen. In einem zweiten Schritt könnt ihr in Gruppenarbeit jene Aktivitäten bestimmen, die Aufnahme in der Broschüre finden sollten. Die Karte 108.1 sagt euch zwar, wo welche Freizeiteinrichtung zu finden ist. Ausführliche Informationen fehlen aber. Ebenso wisst ihr noch nicht, welches Angebot gut ist. Deshalb ist es lohnenswert, die Freizeitangebote in eurer Umgebung genauer unter die Lupe zu nehmen."

Wir erstellen eine Karte zu Freizeiteinrichtungen im Wohnort

1. Zielsetzung: Was wollen wir?

Die Klasse hatte das Ziel, alle Freizeitangebote für Jugendliche zusammenzustellen. Dabei unterschieden sie zwischen Möglichkeiten,

- die jedem jederzeit kostenlos zur Verfügung stehen (z.B. der Bolzplatz im Stadtpark);
- für die man was bezahlen muss (z.B. Eintrittspreise);
- für die man einem Verein angehören muss (z.B. Tennis spielen auf dem Platz des TC).

2. Lösungsplanung: Wie gehen wir vor?

Die Schüler einigten sich auf drei Erkundungsfragen:
- Was wird jeweils angeboten?
- Wann sind die Freizeitaktivitäten möglich?
- Was ist zu beachten? (Eintritt, Mindestalter, Mitgliedschaft usw.)

In Gruppen stellten die Schüler möglichst viele Angebote in einer Liste zusammen. Informationsquellen waren Broschüren, Telefonbuch, Stadtplan und eigene Erfahrungen.

3. Durchführung: Kontakt aufnehmen und erkunden

Durch Anrufe – z.B. im Jugendzentrum, bei der Musikschule, bei der Stadtbibliothek usw. – wurden Termine mit den Ansprechpartnern vereinbart. Anschließend zogen die Schüler zur Erkundung in Gruppen los. Sie hatten Block und Stift oder Kassettenrekorder für Interviews dabei.

4. Auswertung und Präsentation: Darstellen der Ergebnisse

Die Gruppen notierten ihre Ergebnisse auf Kärtchen und ordneten diese dem Stadtplan zu. Schüler, die diese Freizeitangebote bereits kannten, gaben ihre Beurteilung ab. Anschließend wurde bewertet: Ist für jeden was dabei? Ist alles gut erreichbar? Sind die Kosten für die Freizeitaktivitäten angemessen? In einem letzten Schritt stellte die Klasse das Gesamtergebnis fest. Gibt es in der Gemeinde genügend und gute Freizeitmöglichkeiten?

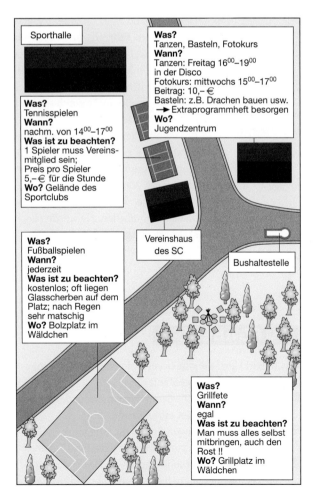

108.1 So könnte eine Freizeitkarte aussehen

AUFGABEN >>

1. Erstellt eine Freizeitkarte für euren Wohnort. Im Internet bekommt ihr ausführliche Informationen.
2. Veröffentlicht eure Karte z.B. im Schulhaus, in der Schülerzeitung, auf der Homepage der Schule.

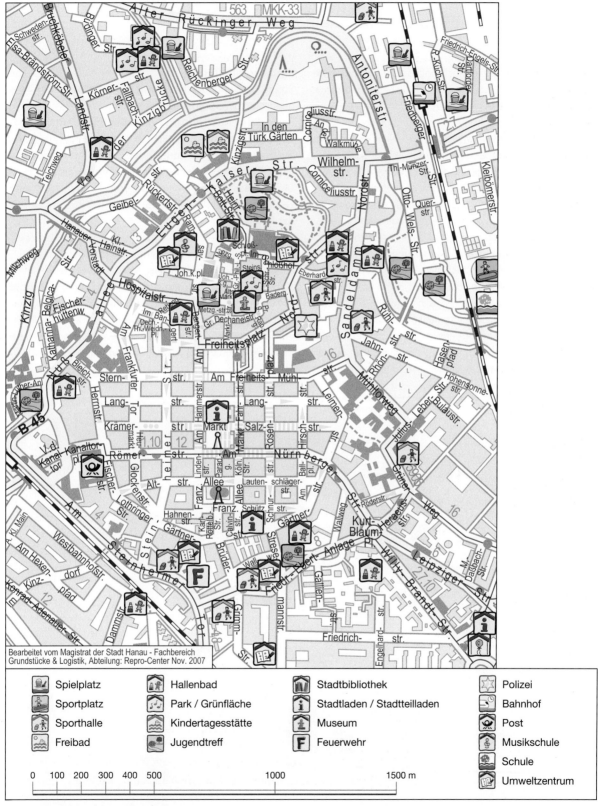

109.1 Kinder- und Jugendstadtplan Hanau

Methode: Stadtplan lesen – kein Geheimnis

In eurem Wohnort fällt es euch noch leicht, sich zurecht-zufinden. Viele Straßennamen und Gebäude kommen euch bekannt vor und helfen euch bei der Orientierung. Aber sicher wart ihr schon mal mit euren Eltern in einer fremden Stadt. Ihr wolltet vielleicht in ein Geschäft, ins Theater oder in den Zoo gehen. Ein eiliger Fußgänger antwortete auf die Frage nach dem richtigen Weg: „Da fahren Sie am besten da vorne links, dann die zweite Am-pel wieder links, und wenn Sie an der nächsten Ecke abbie-gen, dann fragen Sie am besten noch einmal nach."

Ohne Stadtplan ist das jedoch oft ein vergebliches Such-spiel. So ein Stadtplan ist zur Orientierung eine tolle Sache – vorausgesetzt man weiß auch, wie man ihn lesen soll.

Wenn ihr eine bestimmte Straße sucht, dann könnt ihr im Straßenverzeichnis des Stadtplans nachsehen. Dort steht der Straßenname und dahinter ein Buchstabe und eine Zahl. Am Rand der Karte findet ihr diese Zeichen wieder (Abb. 110.1). Ein Buchstabe bezeichnet zusammen mit einer Zahl ein bestimmtes Quadrat in einem Gitternetz, das über die Karte gelegt ist. So lässt sich die gesuchte Straße schnell finden. Ihr kennt das Prinzip mit den Plan-quadraten bereits von S. 80/81.

Sucht auf der Karte 110.1 den Grünen Weg (B 1) und die Ulmenstraße (A 3). In welchem Kästchen liegt die Schüt-zenstraße? Müsst ihr zum Theater, zum Rathaus oder zu einer Schule, so wird euch in dem Stadtplan die rote Farbe bei der Suche helfen. Denn die rote Flächenfarbe kenn-zeichnet öffentliche Gebäude. Wo findet ihr zum Beispiel das Rathaus?

Ein Waldgebiet ist durch grüne Farbe leicht zu entdecken. Welche Flächen sind außerdem grün gekennzeichnet?

Andere Besonderheiten einer Stadt sind oft durch Buch-staben oder Zeichen markiert (z. B. das Symbol für Muse-um beim Fridericianum im Quadrat B 2/3).

Beschreibt abschließend einem Besucher Kassels den Weg vom Bahnhof zur Documenta-Halle. Welchen Weg wählt ihr aus? Nennt jeweils die Straßennamen.

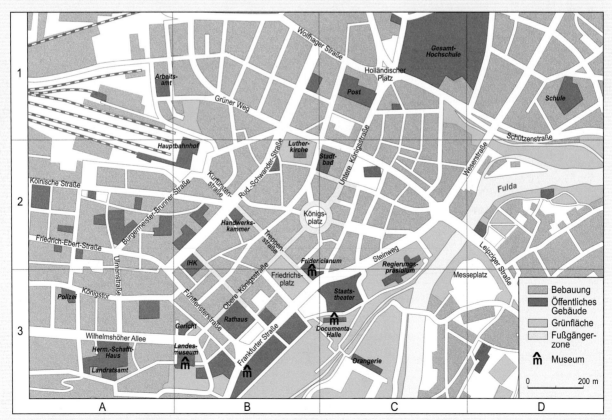

110.1 Stadtplan von Kassel (Ausschnitt)

Wir suchen Informationen über unsere Stadt

Ihr wollt mehr über eure Stadt wissen? Vielleicht auch einen kleinen Ausflug mit den Eltern planen?
Informationen könnt ihr im Internet finden. Inzwischen hat jede größere Gemeinde ihre eigene Homepage.

Kassel hat sogar drei Internetadressen:
www.kassel.de
www.stadt-kassel.de
www.kassel-online.net

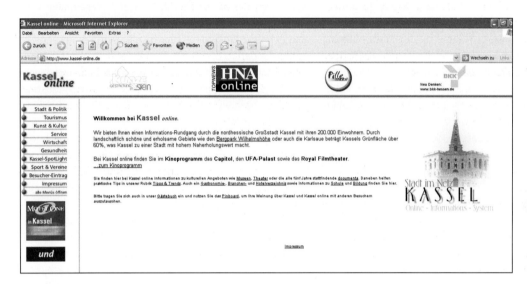

111.1

In den Menüleisten könnt ihr blättern und Bilder, Filme sowie Texte anschauen und über sogenannte LINKS (markierte Verknüpfungen) immer detailreicher in das gesuchte Thema eindringen. Ihr erhaltet häufig auch Anregungen für neue Ideen: Ihr möchtet mit euren Eltern eine „coole" Stadtführung planen und wählt z. B. www.kassel.de
LINK „TouristService"
LINK „Stadtführungen"
LINK „Kinder entdecken Kassel"
Mit einem Seitenblick seht ihr zufällig den
LINK „Deutsche Märchenstrasse"
Neugierig klickt ihr weiter:
LINK „Brüder Grimm Museum"
LINK „Willkommen im Märchenland der Brüder Grimm".

Nach wenigen Minuten seid ihr von der ursprünglichen Idee „Stadtrundgang" abgekommen und plant eine Route rund um Kassel auf den Spuren deutscher Märchen. Toll, nicht?

Steckbrief Kassel (Stand 2007)
- Einwohner: 198 959
- Fläche: 107 km^2
- Höhe: 166 m ü. NN (Innenstadt)
- Adresse der Stadtverwaltung: Obere Königsstraße 8, 34117 Kassel
- geographische Lage: 51° 19′ n. Br., 09° 30′ ö. L.

Kassel ist nach Frankfurt und Wiesbaden die drittgrößte Stadt Hessens und liegt relativ zentral in Deutschland.

Kassel wurde kurz nach 900 gegründet. Die Stadt gewann an Bedeutung, als sie 1277 Sitz der Landgrafen von Hessen wurde. Von den Landgrafen stammt auch das Wahrzeichen der Stadt, Schloss Wilhelmshöhe mit der Statue des Herkules.

Alle fünf Jahre findet hier die bedeutendste Weltausstellung der modernen Kunst statt, die documenta. Daneben beherbergt das Schloss Wilhelmshöhe eine der größten Rembrandt-Sammlungen. Außerdem gibt es hier das Brüder-Grimm-Museum. 30 Jahre ihres Lebens haben sie hier ihre Märchen und Sagen gesammelt. So gilt Kassel als die „Hauptstadt der Deutschen Märchenstraße".

Die günstige Lage an Autobahnen und ICE-Strecken hat Kassel als Kongressstandort sehr beliebt gemacht. Daneben ist Kassel auch ein bedeutender Industriestandort. Es überwiegen die Fahrzeug- und Zuliefer-Industrie. Volkswagen AG und Daimler AG sind bedeutende Arbeitgeber.

Die Stadt und ihr Umland

Die Städte – schon immer ein Magnet

Seit es Städte gibt, haben sie Menschen angezogen. Früher wie heute war die Stadt ein Zentrum des Handels. Von weit her kamen Händler und Bauern und boten ihre Waren auf dem Markt an. Es wurde gekauft, gehandelt und getauscht.

Dadurch, dass immer mehr Händler in der Stadt blieben, wuchsen die Städte. In unsicheren Zeiten boten die Städte hinter ihren Stadtmauern außerdem Schutz.

Auch heute kommen noch die Bewohner des Umlandes zum Einkaufen in die Stadt. Es gibt zwar nach wie vor Märkte, doch heute werden die Waren meist in Geschäften und Kaufhäusern angeboten.

Noch aus anderen Gründen kommen Menschen in die Stadt: In den Büros und Industriegebieten gibt es zahlreiche Arbeitsplätze. Nicht nur Städter arbeiten dort, sondern auch viele Bewohner des Umlandes. Auch die vielen Freizeiteinrichtungen, zum Beispiel Museen, Theater und Musikkneipen ziehen die Menschen an. Da es in der Stadt viele spezielle Schulen und Hochschulen gibt, kommen junge Menschen hierher, um eine Ausbildung zu machen.

Menschen, die aus einem dieser Gründe regelmäßig vom Land in die Stadt kommen, nennt man **Pendler**. Man kann also Arbeits-, Einkaufs-, Freizeit- und Ausbildungspendler unterscheiden.

Außer den Pendlern gab es immer Menschen, die dauerhaft in die Stadt zogen. Besonders während der Industrialisierung zogen viele Menschen auf der Suche nach Arbeit vom Land in die Städte.

Heute gibt es auch eine umgekehrte Umzugsbewegung: Viele Familien, die es sich leisten können, ziehen aus der Stadt ins Umland, um dort ein Haus zu bauen. So wachsen heute die Gemeinden im Umland der Städte und es gibt neue Pendler.

Befragung in der Innenstadt

Ihr könnt in der Fußgängerzone eurer Stadt Leute befragen. Hier sind einige mögliche Fragen:

- Woher kommen Sie (Stadt oder Umland)?
- Aus welchem Grund sind Sie in die Innenstadt gefahren (Text 112.2)?
- Wie oft kommen Sie in die Innenstadt?
- Wie sind Sie in die City gekommen (Abb. 112.1)?

Bei der Auswertung könnt ihr eure Ergebnisse anschließend mithilfe von Tabellenkalkulationsprogrammen (z. B. Works oder Excel) grafisch darstellen. Das macht eine Auswertung oft einfacher. Außerdem lassen sich die Ergebnisse dann in der Schule übersichtlich präsentieren.

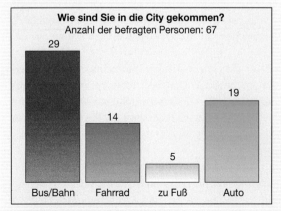

Wie sind Sie in die City gekommen?
Anzahl der befragten Personen: 67

Bus/Bahn	Fahrrad	zu Fuß	Auto
29	14	5	19

112.1 Umfrageergebnisse

Warum Landbewohner in die Stadt müssen

Frau Funk (52 Jahre, Hausfrau): „Mein Vater liegt nach einer Operation in der Klinik. Ich besuche ihn dort. Anschließend nutze ich das Angebot der Kaufhäuser, um einen neuen Wintermantel zu kaufen."

Eva (11 Jahre, Schülerin): „Bei uns im Ort gibt es nur eine Grundschule. Deshalb muss ich jeden Wochentag mit dem Bus in die Gesamtschule fahren. Heute besorge ich mir nach Schulschluss noch in der Stadt ein neues T-Shirt."

Herr Glöckner (45 Jahre, Elektroinstallateur): „Meine Firma hat im letzten Monat den Betrieb stillgelegt. Nun bin ich arbeitslos. Beim Arbeitsamt erkundige ich mich deshalb nach einem neuen Job."

Franz (26 Jahre, Bäcker): „Ich pendle jeden Tag in die Stadt. Ich arbeite bis 12 Uhr in einer Großbäckerei, nachmittags habe ich frei. Jetzt habe ich noch eine Stunde Zeit, bis mein Zug nach Hause fährt."

Habib (16 Jahre, Schüler): „Ich spiele in der ersten Jugendmannschaft der Eintracht Fußball. Viermal in der Woche haben wir Training."

Ehepaar Meine (66 und 64 Jahre, Rentner): „Wir müssen als Zeugen zum Amtsgericht. Wir verbinden das gleich mit einem Besuch im Stadttheater. "

Ayse (16 Jahre): „Ich möchte mir einen Fotoapparat kaufen. Dazu nutze ich die Auswahl in den Fachgeschäften der Stadt. Anschließend besuche ich mit meinem Freund Martin den Tanzkurs."

112.2

Warum Stadtbewohner aufs Land fahren

Bernds Tante wohnt in einem Dorf 30 km nördlich von
Wiesbaden. Bei einem Besuch fällt Bernd auf, dass viele
Autos aus Wiesbaden und Frankfurt auf den Parkplätzen
der Gaststätten stehen. Offensichtlich drängt es viele am
Wochenende zur Erholung aufs Land. Sie nutzen das Netz
von Wander- und Radwegen im Taunus.

Andere Stadtbewohner gehen ihrem Hobby auf den
Reiterhöfen nach. Sehr beliebt sind auch im Winter die
Langlaufloipen sowie die zugefrorenen Weiher, die zum
Eislaufen einladen.

113.1 *Freizeit auf dem Land*

Die Umlandbewohner versorgen die Städter

Aber nicht nur zur Erholung braucht der Städter das Umland. Er wird auch mit lebenswichtigen Nahrungsmitteln
versorgt. So stammt ein großer Teil des Trinkwassers der
Stadt Frankfurt aus dem Umland. Viele Grundnahrungs-
mittel wie Kartoffeln, Gemüse, Obst, frische Eier und Ge-
flügel werden von den Landwirten in die Stadt geliefert
oder auf dem Wochenmarkt im Stadtzentrum direkt angeboten. Immer mehr Städter fahren sogar selbst auf das
Land, um direkt auf dem Bauernhof möglichst frische und
ökologisch angebaute Nahrungsmittel einzukaufen.

113.2 *Bauernmarkt in der Stadt*

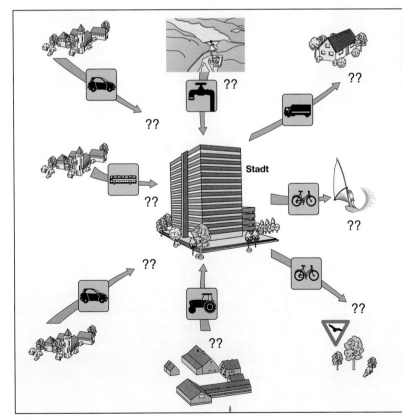

113.3

AUFGABEN >>

1 Nennt Gründe, warum Menschen in die Stadt fahren. Wann
fahren die Umlandbewohner
regelmäßig, wann fahren sie nur
ab und zu in die Stadt?

2 Notiert Gründe, warum Stadt-
bewohner auf das Land fahren.
Ordnet diese Gründe in zwei
Gruppen (> Abb.113.1 und 2).

3 Zeichnet das Schaubild 113.3
ab. Ergänzt anstelle der Bilder
folgende Begriffe: Versorgung
mit Trinkwasser – Naherholung
– Versorgung mit Lebensmitteln – Einkaufmöglichkeiten
wie Fachgeschäfte, Kaufhäuser
– Wohnen im Grünen – Be-
hörden, Ämter, Arbeitsplätze
– Freizeit.

4 Erklärt mithilfe des fertigen
Schaubildes an Beispielen die
vielfältigen Beziehungen zwischen
der Stadt und dem Umland.

Vom Acker in die Tüte

114.1

Mitte März beginnt der Weg des Zuckers vom Acker in die Tüte, dann wird das Saatgut in den Boden gelegt. So auch bei dem Vollerwerbslandwirt Michael Schneller vom Erlenhof aus Niddatal in der Wetterau.

Landwirt Schneller bewirtschaftet 60 ha besten Ackerboden, auf dem er Zuckerrüben, Weizen und Silomais im Fruchtwechsel anbaut. In seinem Stall stehen 40 Milchkühe, für die er noch Futterbau betreibt und Grünland bewirtschaftet. Herr Schneller baut auch Zuckerrüben an. Über die Arbeiten beim Anbau dieser anspruchsvollen Hackfrucht berichtet er:

„Die Aussaat der Zuckerrüben erfolgt im Frühjahr auf dem sorgfältig vorbereiteten Boden in Reihenweiten von 50 Zentimeter, der Abstand der Pflanzen beträgt ungefähr 20 Zentimeter. Das Saatgut ist schon gegen Schädlinge vorbehandelt, so dass keine weitere chemische Schädlingsbekämpfung erforderlich ist.

Bei gutem Wetter sind schon bald die ersten Pflänzchen zu sehen. Sie wachsen zu dicken Zuckerrüben heran. In diesen wird mithilfe der Bodennährstoffe, des Sonnenlichts und der Feuchtigkeit Zucker aufgebaut.

Wir unterstützen das Wachstum der Pflanzen, indem wir für einen lockeren und luftdurchlässigen Boden sorgen. Im Oktober beginnt dann die Rübenernte.

Die Ernte erledigen wir heutzutage mit dem sechsreihigen Zuckerrübenvollernter. Dieser gehört einer Maschinengemeinschaft. Wir haben mit 120 Landwirten zwei Erntemaschinen für etwa 1 000 ha Fläche. Die Rüben werden geköpft, gerodet, gereinigt und am Feldrand zwischengelagert. Dort werden sie dann von der ‚Rübenmaus' auf Lkws verladen, die mit Biodiesel aus heimischer Produktion betrieben werden.

Die besonders nährstoffreichen Rübenblätter verbleiben zu 90 % als Gründüngung auf dem Feld und stehen dem nachfolgenden Winterweizen zur Verfügung. Ich betreibe auch Zwischenfruchtanbau mit Senf und Ölrettich, die die Nährstoffe im Boden binden und die Felder vor Abtragung und Auswaschung schützen. Der Boden muss dann nicht gepflügt werden, sondern wird mit dem Grubber nur flach gelockert und die Zwischenfrüchte werden in die obere Bodenschicht eingemulcht.

114.2 Aussaat der Saatpillen

114.3 Zuckerrübe

114.4 Moderner Rübenernter

115.2 Zucker-
rübenschnitzel

115.1 Zuckerfabrik Groß-Gerau (2008 geschlossen)

Ich muss sehr darauf achten, dass die Zuckerüben möglichst kurz nach der Ernte zur Fabrik kommen. Denn der Zuckergehalt der Rüben nimmt mit jedem Tag der Lagerung ab. Damit wird natürlich auch der Verdienst immer geringer. Unsere Rüben kommen in die Zuckerfabrik Groß-Gerau. Dort werden sie gewogen und dort wird der Zuckergehalt, der den Rübenpreis bestimmt, festgelegt.
2008 wird allerdings die Zuckerfabrik Groß-Gerau geschlossen. Ich weiß deshalb noch nicht, wie es mit dem Zuckerrübenanbau weitergeht."

Weiterverarbeitung in der Zuckerfabrik

In der Zuckerfabrik zerkleinert ein Häcksler die Rüben in kleine Schnitzel. Diese werden mit 70 °C heißem Wasser ausgelaugt. Der hierbei gewonnene dunkle Rohsaft wird gereinigt und eingedickt (gekocht). Dadurch verdampft das Wasser und es bleibt der Rohzucker übrig. Nun wird dieser Sirup stark geschleudert, wodurch sich die Zuckerkristalle von der Flüssigkeit trennen.
Herr Schneller bezieht einen Teil der entzuckerten Rübenschnitzel als Futter für seine 40 Milchkühe.

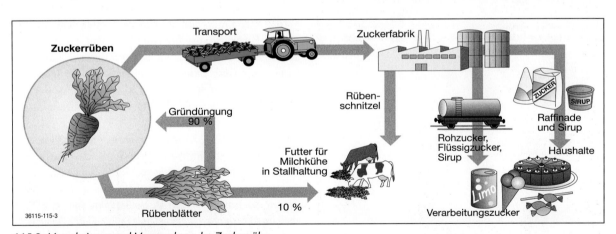

115.3 Verarbeitung und Verwendung der Zuckerrübe

AUFGABEN >>

1. Gebt die genaue Lage der Wetterau an.
2. Sucht auf S. 127 noch weitere Zuckerrübenanbaugebiete in Deutschland.
3. Beschreibt die Zuckerherstellung mit eigenen Worten.
4. Auch aus Zuckerrohr wird Zucker gewonnen. Nennt fünf Anbauländer (Atlas).

Zusatzthema: Ökologischer Landbau – der Dottenfelderhof

116.1 Der Dottenfelderhof

Der Dottenfelderhof liegt am Südrand der Wetterau, im Norden von Bad Vilbel. Im 10. Jahrhundert wurde er erstmals urkundlich erwähnt. Der Hof gehörte zum 10 km entfernten Kloster Ilbenstadt (Niddatal).
Herr Hollerbach, einer der Landwirte, berichtet:

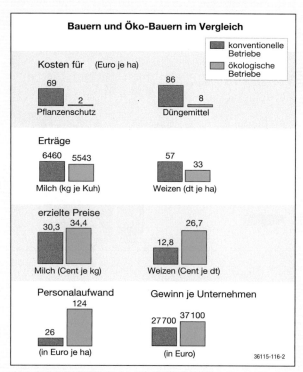

116.2 Landwirtschaft im Vergleich (2004)

„Der Hof wird seit rund 40 Jahren ökologisch bewirtschaftet. Zur Hofgemeinschaft gehören 6 Familien. Dazu kommen Auszubildende und Fachkräfte. Etwa 50 Personen betreiben Ackerbau, Viehhaltung, Obst- und Gemüseanbau und verarbeiten die landwirtschaftlichen Produkte in der Molkerei und Bäckerei. Die Erzeugnisse werden im Hofladen und auf Wochenmärkten verkauft. Zum Hof gehören eine Landbauschule und ein Forschungsinstitut. Dort wird Saatgut für Möhren, Rote Beete, Kraut und Getreide gezüchtet. Von unseren 150 ha landwirtschaftlicher Nutzfläche sind 120 ha Ackerland und 30 ha Grünland. Wir erzeugen Getreide, Kartoffeln, Gemüse und Obst. Unsere 80 Milchkühe sind im Sommer in der Nidda-Aue auf der Weide; im Winter haben sie viel Auslauf. Dazu kommen noch 450 Hühner, einige Schweine, Schafe und Gänse.
Die Milch unserer 80 Kühe wird in unserer Kleinmolkerei verarbeitet, u.a. zu Rohmilchkäse. Unser Getreide wird ausschließlich in der Hofbäckerei verarbeitet. Früher haben wir nur für den Eigenbedarf gebacken, heute haben wir drei Backöfen in Betrieb. Kontrolliert werden unsere Produkte von der EU und von unserem Verband für ökologischen Landbau, „Demeter". Verboten sind z.B. Konservierungsmittel. Man sieht, dass für den ökologischen Landbau viele Gründe sprechen. Der wichtigste Unterschied zur herkömmlichen Landwirtschaft liegt im Denkansatz. Diese Landwirtschaft hat immer die Vorgabe, z. B. Unkraut von den Pflanzen wegzuhalten bzw. Schädlinge sofort zu vernichten. In der ökologischen Landwirtschaft dagegen werden Pflanzen und Tiere so verbunden, dass sie sich wechselseitig fördern und mit der Natur zusammenleben."

117.1 und 2 Der Hofladen des Dottenfelderhofes

Direktvermarktung auf dem Dottenfelderhof

Herr Hollerbach zeigt uns auch den Hofladen und Käseverkauf neben der Molkerei. Auf die Frage nach den Kunden antwortet er:

„Unsere Kunden kommen aus einem Umkreis von ungefähr 30 Kilometer, zum Beispiel kommen sie aus Frankfurt, Bad Vilbel, Bad Homburg. Es sind viele Familien mit kleinen Kindern darunter, für die wir auch einen Spielplatz, einen Esel und ein Pferdchen haben. Alle unsere Kunden sind sehr geschmacks- und gesundheitsbewusst. Sie kommen ein- bis zweimal pro Woche und kaufen die frischen Hofprodukte. Da wir keine Rindermast betreiben und nicht alles selbst erzeugen, kaufen wir viele Biowaren hinzu.

Unsere Brotpreise sind etwas höher als beim herkömmlichen Bäcker. Bei Käse und Fleisch sind die Preise etwa doppelt so hoch wie im Supermarkt.

Der wichtigste Grund für den Erfolg bei unseren Stammkunden ist das große Vertrauen zu unseren Produkten. Außerdem ist der Hof Treffpunkt für Familien bei Hoffesten und bei kulturellen Veranstaltungen. Viele Lehrer nutzen den Dottenfelderhof als Ausflugsziel und kommen mit ihren Schulklassen zum Lernen hierher. Man kann uns deshalb fast als ‚Schulbauernhof' betrachten."

AUFGABEN >>

1 Beschreibt mithilfe des Textes, was ökologischer Landbau bedeutet.

2 Versucht zu erklären, weshalb Produkte vom Ökohof teurer sind als Produkte aus einem herkömmlich arbeitenden Betrieb.

3 Warum kaufen viele Leute auf dem Ökohof ein?

4 Überlegt, weshalb die meisten Leute nach wie vor in Supermärkten einkaufen.

117.3 Im Hofladen

Die Landwirtschaft hat sich verändert

Auf den vorhergehenden Seiten habt ihr zwei landwirtschaftliche Betriebe kennengelernt. Wie viele andere Bauernhöfe haben sich diese im Laufe der Zeit aber sehr stark verändert. Die wichtigsten Veränderungen sind auf dieser Doppelseite dargestellt.

AUFGABE >>>

Beschreibt mit eigenen Worten, wie sich viele landwirtschaftliche Betriebe im letzten Jahrhundert verändert haben (Abb. 118.1–10).

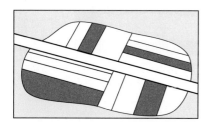

Die Felder der Höfe waren früher recht klein und weit verstreut. Heute sind die Ackerflächen zusammengelegt. Durch Zukauf und Pacht besitzen die meisten Bauern viel mehr Land.

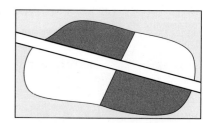

Früher gab es auf einem Bauernhof viele verschiedene Tiere, dafür aber nur in geringer Zahl. Moderne Betriebe haben häufig viele hundert Tiere in riesigen Ställen, oft aber nur eine Tierart.

Bei den Pflanzen ist es wie bei den Tieren: Statt auf viele unterschiedliche Arten konzentriert sich der Bauer auf wenige Sorten, die er in großen Mengen anbaut.

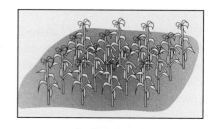

Wo früher Pferde einen kleinen Pflug gezogen haben, arbeiten heute PS-starke Schlepper. Mit den Maschinen schaffen die Bauern ihre Arbeit in viel kürzerer Zeit. Die Arbeit ist dadurch auch nicht mehr so anstrengend.

Durch den Maschineneinsatz müssen heute nicht mehr so viele Menschen auf den Feldern oder im Stall arbeiten. Oft sind nur ein oder zwei Menschen auf einem Hof beschäftigt.

118.1–5 Bauernhof früher

118.6–10 ... und heute

119.1 und 2 Feldarbeit früher und heute

Immer weniger Bauern ernähren immer mehr Menschen

Die Zahl der Menschen, die in der Landwirtschaft beschäftigt sind, ist stark zurückgegangen. Vor hundert Jahren arbeiteten von 100 Erwerbstätigen noch 33 in der Landwirtschaft. Heute sind es nur noch zwei (Abb. 119.4). Obwohl es immer weniger Beschäftigte in der Landwirtschaft gibt, werden aber immer mehr Lebensmittel erzeugt (Abb. 119.3). Wie kommt das?

Durch die **Mechanisierung**, das heißt durch den Einsatz von Maschinen und Geräten, können viel größere Flächen bearbeitet werden. Auch im Stall können z. B. durch Melk- und Futterautomaten viel mehr Tiere versorgt werden. Außerdem lassen besseres Futter und Kunstdünger die Tiere und Pflanzen schneller wachsen.

Die Erlöse für Getreide, Milch und Fleisch sind aber immer weiter gesunken. Durch die **Spezialisierung** auf wenige Pflanzen- und Tierarten können Landwirte größere Mengen produzieren und verkaufen.

Diese Entwicklung hat auch Nachteile: Bei der Tiermast entsteht viel Gülle. Sie wird auf die Felder als Dünger ausgebracht. Zu viel Gülle belastet aber die Umwelt, außerdem stinkt sie. Darum darf nur eine bestimmte Menge Gülle zu einer bestimmten Zeit (Februar bis Oktober) auf die Felder kommen.

Ein anderes Problem ist der Einsatz von Pflanzenschutzmitteln. Sie schützen die Pflanzen zwar vor Schädlingen, können aber auch den Boden und das Grundwasser verunreinigen.

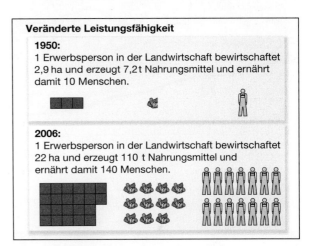

Veränderte Leistungsfähigkeit

1950:
1 Erwerbsperson in der Landwirtschaft bewirtschaftet 2,9 ha und erzeugt 7,2 t Nahrungsmittel und ernährt damit 10 Menschen.

2006:
1 Erwerbsperson in der Landwirtschaft bewirtschaftet 22 ha und erzeugt 110 t Nahrungsmittel und ernährt damit 140 Menschen.

119.3 Leistungsfähigkeit der Landwirtschaft

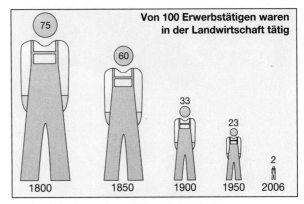

Von 100 Erwerbstätigen waren in der Landwirtschaft tätig

75 1800
60 1850
33 1900
23 1950
2 2006

119.4 Erwerbstätige in der Landwirtschaft

AUFGABEN >>

1 Beschreibt die Veränderungen in der Landwirtschaft mithilfe des Textes und der Abbildungen. Verwendet dazu die Begriffe Mechanisierung und Spezialisierung.

2 Welche Probleme ergeben sich durch diese Veränderungen?

3 Unterhaltet euch mit älteren Menschen über die Landwirtschaft früher. Notiert wichtige Dinge.

Unser Dorf verändert sich

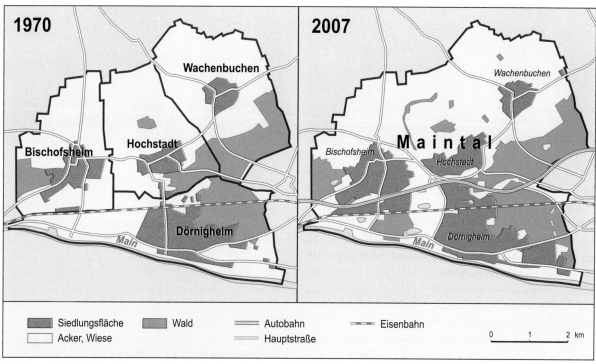

| Siedlungsfläche | Wald | ═══ Autobahn | ━╍━ Eisenbahn |
| Acker, Wiese | | ═══ Hauptstraße | 0   1   2 km |

120.1 und 2   Die Umgebung von Wachenbuchen um 1970 und heute

120.3   Jan und seine Oma

„Unser Dorf hat sich in den letzten Jahren ganz schön verändert." Mit diesem Einwurf am Mittagstisch überraschte Jans Oma die ganze Familie. Jans Familie wohnt in Wachenbuchen. Dieser Ort gehört heute zur Gemeinde Maintal im Main-Kinzig-Kreis.

„Meinst du, dass sich das Dorf verändert hat, weil der Supermarkt vor kurzem den Namen gewechselt hat und weil er sein Angebot reduziert hat?", konnte sich Jan einen Einwurf nicht verkneifen.

Nach einem kurzen, missbilligenden Blick stellte Jans Großmutter fest, dass es in ihrer Jugend noch überhaupt keinen Supermarkt gegeben hätte, dafür aber zwei Gemischtwarenläden sowie mehrere kleine Geschäfte.

„Waren das sogenannte Tante-Emma-Läden?", fragt Jan dazwischen und er ergänzt: „Der Supermarkt bei uns im Dorf ließ sich doch noch nie mit den großen, neuen Läden in der Stadt vergleichen! Die Bewohner unseres Dorfes kaufen in Wachenbuchen nur das Notwendigste ein!"

Oma fuhr fort: „Weißt du, wir haben viele Lebensmittel noch direkt vom Bauern gekauft, schließlich gab es 1939 noch 60 Bauernhöfe im Dorf."

Jan blickte auf. 60 Bauernhöfe! Als Kind, so erinnert er sich, hatte er ebenfalls noch Milch und Eier beim Bauern geholt. Und Jan dachte sich: „Wenn ich genau nachzähle,

121.1 und 2 Dorfstraße um 1970 und heute

dann hat unser Dorf jetzt nur noch drei Bauernhöfe. Einen im Dorf und zwei außerhalb des Dorfes."

Die Großmutter ließ Jan nicht viel Zeit zum Nachdenken, denn sie erzählte bereits weiter. „Fleisch und Wurst holten wir beim Metzger, die Kinder bekamen immer ein Stück Wurst. Erinnerst du dich überhaupt an einen Metzger hier im Ort?", fragte Oma, während Jan mit vollen Backen nur den Kopf schütteln konnte. Jan schluckte hastig runter und sagte:

„Nein, ich erinnere mich nicht einmal an die vier Bäckereien mehr, von denen Tante Elli immer erzählt, aber dafür haben wir heute immerhin noch zwei Bäckereien im Ort!"

„Ja", erwiderte ihm darauf Oma „aber die backen ja nicht einmal mehr selbst, sondern die werden von außerhalb beliefert. Die Post hat übrigens auch seit letzter Woche geschlossen. Im Supermarkt gibt es jetzt einen Schalter, der Pakete annimmt und Briefmarken verkauft."

„Sag mal Oma, wo bist du eigentlich in die Schule gegangen?", fragte Jan dann.

„Na, hier in Wachenbuchen. Die alte Schule steht am Bürgerhaus. Wir hatten insgesamt vier Klassen, mit jeweils zwei Jahrgängen zusammen. Nach der achten Klasse war Schluss."

„Wie, zwei Jahrgänge? Das kapier ich nicht!"

„Die erste und zweite Klasse war zusammen und so weiter. In einer Klasse saßen damals so zwischen 40 und 50 Kinder. Sport hatten wir nur im Sommer im Turngarten, dort wo jetzt der große Parkplatz ist. Dein Vater ging bereits in die neue Schule zwischen Wachenbuchen und Mittelbuchen."

„Ja, bis zur vierten Klasse war das ja auch meine Schule, seitdem muss ich mit dem Bus nach Bischofsheim in die Gesamtschule fahren."

„Oma, kannst du mich bitte zur Birte nach Mittelbuchen fahren?", platzte Corinna dazwischen. „Fahr lieber mit dem Fahrrad! Das geht schneller. Die Straße zwischen Mittelbuchen und Wachenbuchen ist nämlich zur Zeit gesperrt."

„Warum ist die Straße gesperrt?", fragte Jan.

„Hast du das noch nicht gesehen? Dort wird doch gebaut. Es entsteht ein völlig neues Wohngebiet, genau an der Drachenwiese."

Traurig dachte Jan daran, dass die riesengroße Wiese am Waldrand, auf der er noch im letzten Jahr Drachen steigen ließ, bald voller Häuser stehen wird.

AUFGABEN >>

1. Sucht auf beiden Karten (Abb. 120.1und 2) das Dorf Wachenbuchen. Was fällt euch auf?
2. Sucht aus dem Gespräch zwischen Jan und seiner Großmutter Veränderungen heraus und tragt dies in eine Tabelle ein (Muster Tabelle 121.3).
3. Was findet ihr an den Veränderungen in Wachenbuchen gut und was gefällt euch nicht?
4. Hat sich euer Wohngebiet in den letzten Jahren verändert? Befragt dazu auch eure Eltern. Wie beurteilt ihr die Veränderungen in eurem Heimatort?

	Früher	**Heute**
Einkaufen		
...		
...		

121.3

122.1

122.2 Obstplantage

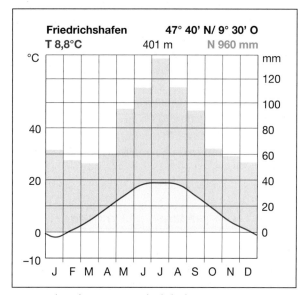

122.3

Friedrichshafen 47° 40' N/ 9° 30' O

Friedrichshafen **47° 40' N/ 9° 30' O**
T 8,8°C 401 m **N 960 mm**

122.4 Klimadiagramm Friedrichshafen

Äpfel vom Bodensee

Pro Kopf isst jeder Deutsche fast 40 Kilogramm Äpfel im Jahr. Etwas mehr als die Hälfte der verzehrten Äpfel wurde in Deutschland geerntet. Der Rest wird aus Italien, Frankreich, Neuseeland und den Niederlanden importiert.

Eines der wichtigsten Anbaugebiete für Äpfel in Deutschland liegt nördlich des Bodensees. Hier wurde bereits vor über 3000 Jahren Obst angebaut. Ortsnamen wie Apflau, Bonlanden (Baumlanden) oder Birndorf weisen auf die frühe Verbreitung des Obstbaus hin. Heute überwiegt beim Obstanbau der Apfel mit einem Anteil von rund 90 Prozent. Vom Bodensee kommen Apfelsorten wie Jonagold, Elstar, Boskop und Golden Delicious.

Neben Obst werden hier auch Gemüse, Wein und Hopfen angebaut. All diese **Sonderkulturen** erfordern viel Arbeit und Pflege, doch sie bringen beim Verkauf auch mehr Geld als landwirtschaftliche Kulturen wie Getreide.

Voraussetzung für den Anbau dieser Sonderkulturen sind gute Böden und günstige klimatische Bedingungen. Dabei spielt der Bodensee eine wichtige Rolle. Er wirkt wie ein Wärmespeicher: Er nimmt im Sommer Wärme auf und gibt sie im Winter langsam ab. Dies verringert auch die Frostgefahr während der Obstbaumblüte im Frühjahr. Außerdem gibt es am Bodensee genügend Wasser für die Bewässerung der Pflanzen.

123.1 Bei der Apfelernte

123.2 Lagerhaus einer Obstbauern-
genossenschaft

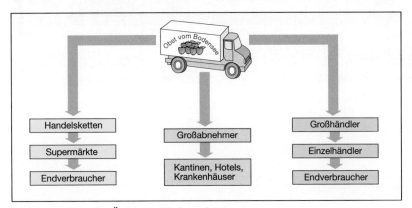

123.3 Der Weg der Äpfel zum Verbraucher

123.4 Beim Sortieren der Äpfel

Auf einer „Apfelplantage"

Nördlich von Überlingen bewirtschaftet Obstbauer Meier eine Fläche von 10 Hektar. Das entspricht etwa 20 Fußballfeldern. Auf einem Hektar stehen rund 3 000 Bäume.

Im Winter müssen die Bäume beschnitten werden. Besonders vor und während der Blüte wird gegen Pilzkrankheiten und gegen Schädlinge gespritzt. Wenn dies nicht genau zum richtigen Zeitpunkt geschieht, bekommen die Äpfel einen Schorf. Diese Äpfel können nicht mehr als Tafelobst verkauft werden.

Die Ernte wird mit der Hand vorgenommen, damit die Äpfel keine Druckstellen bekommen. Pro Hektar werden etwa 30 Tonnen geerntet. Der größte Teil davon wird als Tafelobst verkauft, der Rest zu Apfelsaft gepresst. Die Äpfel von Bauer Meier werden in einer **Genossenschaft** verkauft. In dieser haben sich viele Betriebe zusammengeschlossen, um die Äpfel besser vermarkten zu können. Die Genossenschaft übernimmt die Sortierung, die Verpackung, den Verkauf und den Versand der Äpfel. Pro Kilo erlösen sie 25 bis 40 Cent. Der Preis ist sehr unterschiedlich – je nach Sorte und Jahr. Die Preise sind dann hoch, wenn es wenig Äpfel gibt, zum Beispiel durch einen Frosteinbruch während der Apfelblüte. Private Vermarkter bekommen fast das Doppelte für ihre Äpfel, doch es ist nicht leicht, die Äpfel direkt an den Endverbraucher zu verkaufen.

AUFGABEN >>

1. Ermittelt im Supermarkt und in anderen Geschäften, wo die dort verkauften Äpfel herkommen.
2. Welche Ansprüche stellt der Obstanbau an Klima und Boden?
3. Erklärt den Begriff Sonderkultur und nennt Kennzeichen einer Sonderkultur.
4. Welche Arbeiten verrichtet Herr Meier in seiner Apfelplantage und welche übernimmt die Genossenschaft?
5. Informiert euch im Internet über Äpfel vom Bodensee. Findet heraus, warum Äpfel sehr gesund sind.

Stadt oder Land: Wo möchtet ihr wohnen?

Obwohl das Leben in der Stadt und auf dem Land sehr unterschiedlich ist, haben sich in den letzten Jahrzehnten immer mehr Verflechtungen und eine Vielzahl von Beziehungen herausgebildet (> S. 112).

In der Stadt oder im Umland wohnen? Was ist besser? Sicher hat jeder von euch dazu seine eigene Meinung. Die im Text 125.1 aufgezählten Kennzeichen und Merkmale zeigen deutlich die Unterschiede zwischen dem Wohnen im Dorf, dem Wohnen in einer Kleinstadt oder gar in einer Großstadt. Dabei ist es natürlich auch entscheidend, ob man zum Beispiel in der Innenstadt oder am Stadtrand lebt.

Verkehrsanbindung – ein Problem auf dem Land

So schön das Leben auf dem Land ist, es hat auch negative Seiten. Wer etwas in der Stadt erledigen muss oder Freizeitangebote sucht, ist meist auf das Auto angewiesen. Kinder müssen oft lange Schulwege mit dem Bus zurücklegen, sie müssen deshalb früh aufstehen und kommen erst spät wieder nach Hause.

Viele Dorfbewohner arbeiten in der Stadt. Sie pendeln täglich viele Kilometer. Selbstständige bleiben hingegen meist im Dorf. Ihre Büros und Werkstätten sind mit allem technischen Fortschritt ausgestattet: Telefon, Fax, Computer, Internet-Anschluss.

🚌 100 — Cleeberg > (Langgöns) > Butzbach — B L E

Butzbach-Licher Eisenbahn AG Tel. 06033 9615-0

S nur an Schultagen
F nur an Ferientagen

Montag - Freitag

Verkehrsbeschränkungen	S	S	F	S	S	S	S	F	S	F	S
Cleeberg Ort ab	5.36	6.45	6.45				8.00	9.00		12.05	12.05
- Forsthaus	5.37	6.46	6.46				8.01	9.01		12.06	12.06
- Friedhof	5.38	6.47	6.47				8.02	9.02		12.07	12.07
Oberkleen Forsthaus	5.41	6.50	6.50				8.05	9.05		12.10	12.10
- Kirche	5.42	6.51	6.51				8.06	9.06		12.11	12.11
- Am Friedhof	5.43	6.52	6.52		7.40		8.07	9.07		12.12	12.12
- Kirche					7.41						
- Alte Schule				7.35	7.42						

124.1 Fahrplan der BLE (Ausschnitt)

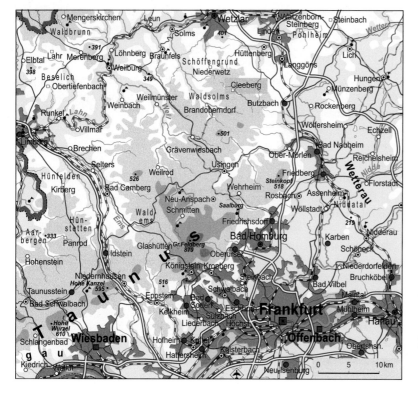

124.2 Lage von Cleeberg (links)

AUFGABEN >>

1. Stellt mithilfe des Fahrplanes (Abb. 124.1) fest, zu welchen Zeiten der Bus häufiger und zu welchen Zeiten er seltener fährt.
2. Sucht in der Karte 124.2 das Dorf Cleeberg. Stellt mithilfe der Karte 124.2 und eines Autoatlas fest, wie viele Kilometer die Städte Butzbach, Wetzlar und Frankfurt von Cleeberg entfernt liegen.
3. Beschreibt an Beispielen, wie die Technik die Lebensweise der Landbewohner verändert hat.
4. Untersucht und beurteilt, wie euer Heimatort verkehrsmäßig angebunden ist.

- Wohnen in größeren Wohneinheiten/Hochhäusern
- gute Luft zum Atmen
- viele Bewegungsmöglichkeiten bei wenig Verkehr
- wenig Lärm
- gute Verkehrserschließung durch Öffentlichen Nahverkehr
- Mangel an Einrichtungen zur täglichen Grundversorgung (Bäckerei, Lebensmittelladen, Metzgerei)
- vertrauter Personenkreis, viele Einwohner kennen sich
- geringe Anbindung an öffentliche Verkehrsmittel (keine Bahnstation, wenige Busverbindungen)
- vielfältiges Angebot an Dienstleistungen
- umfassende Bildungsangebote
- großes Kulturangebot (z.B. Theater, Museum)
- vielfältige Freizeiteinrichtungen (z.B. Erlebnispark, Schwimmbad, Zoo, Bibliothek)
- Einkaufsmöglichkeiten in vielen Bereichen (z.B. Fachgeschäft, Kaufhaus, Supermarkt)
- Wochenendhaussiedlungen, z.B. für die Erholung der Bewohner aus dem Ballungsraum
- geringes Arbeitsplatzangebot, fast alle Beschäftigten pendeln aus
- wenig Angebote zur Freizeitgestaltung (keine Disko, kein Café)
- größere Wohnungen bzw. Eigenheime, meistens mit großen Grundstücken
- gute soziale Bindungen, man hilft sich gegenseitig
- Auto als unverzichtbares Fortbewegungs- und Transportmittel
- Wohnen in Stadtvierteln
- hohe Verkehrsdichte und Verkehrsbelastung durch Abgase und Lärm
- zunehmende Angleichung an städtische Lebensweise
- Wohnungen mit kleineren Grundflächen
- großes Arbeitsplatzangebot
- gute medizinische Versorgung (z.B. Ärzte, Apotheken, Krankenhaus)
- geringe kulturelle Angebote (kein Kino)

125.1

AUFGABEN >>

1. Welche der Abb. 125.2-7. könnte in Cleeberg aufgenommen sein, welche nicht? Begründet eure Antwort.
2. Die Merkmale in Tab. 125.1 sind nicht geordnet. Ordnet sie nach „Wohnen in der Stadt"/„Wohnen auf dem Land" in einer Tabelle.

125.2–7

Wissen: Landwirtschaft in Deutschland

Nicht alle Pflanzen können überall gut wachsen. Vieles hängt vom Wetter und vom Boden ab. Auch die Viehhaltung ist in Deutschland unterschiedlich verteilt. Oft spezialisiert sich der Landwirt auf das, womit er am meisten verdienen kann. Diese Seiten geben dir eine Übersicht über die Landwirtschaft in Deutschland.

Zuckerrüben und Weizen mögen zum Wachsen gute Ackerböden. Die **Börden** gehören zu den besten Böden in Deutschland.

126.4 · 126.5

Um aus Weintrauben guten Wein zu erzeugen, ist viel Sonne wichtig. Darum findet ihr die meisten Rebflächen an sonnenbeschienenen Hängen von Flüssen.

126.1

Dort, wo es viel Grünland gibt, sind Rinder meistens nicht weit.

126.6

Auch Obst braucht viel Wärme. Es wird häufig entlang der großen Flüsse angebaut. Obst gehört wie der Wein und das Gemüse zu den Sonderkulturen.

126.2

Gemüseanbau findet ihr in vielen Gebieten Deutschlands. Als Sonderkultur machen die Pflanzen viel Arbeit, da sie viel Pflege brauchen.

Im Nordwesten Deutschlands haben sich viele Bauern auf Schweinemast spezialisiert.

126.3

126.7

AUFGABEN >>

1. Übertragt Tabelle Abb. 127.2 ins Heft und vervollständigt sie.
2. Ihr könnt auch eine selbst gemachte Deutschlandkarte erstellen: Sammelt Etiketten und Bilder von Nahrungsmitteln und klebt sie an die richtigen Stellen.

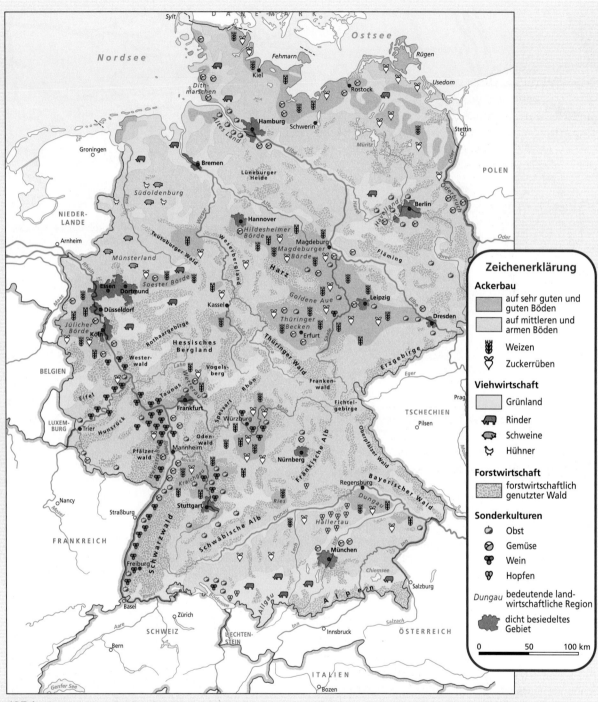

127.1

Produkt	Region	Produkt	Region	Produkt	Region
	Altes Land				Oderbruch
		Hopfen			Südoldenburg
		Schwein		Wein	

127.2

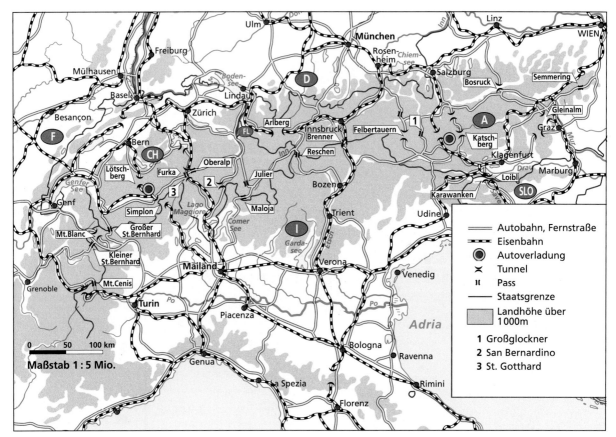

128.1 Wichtige Alpenübergänge

Menschen überqueren die Alpen

Im Unterschied zu den Mittelgebirgen sind die Alpen ein Hochgebirge. Die Berge eines Mittelgebirges erreichen bis zu 1500 Meter Höhe, im Hochgebirge hingegen mehr als 1 500 Meter. Der höchste Gipfel der Alpen ist der Montblanc in Frankreich (4807 m).

„Für mich sind die Alpen ein Hindernis ...", sagt ein LKW-Fahrer. Ein Blick auf eine Karte von Europa bestätigt dies: Zwar sind sie mit 140 bis 240 Kilometern nicht sehr breit, aber die großen Höhenunterschiede erschweren eine Überquerung. Früher war man zu Fuß mehrere Tage, bei schlechtem Wetter sogar mehrere Wochen unterwegs.

Schon vor tausenden von Jahren suchten Menschen, die Waren austauschen oder Kriege führen wollten, Wege über die Alpen. Vor über 5000 Jahren starb „Ötzi", als er die Alpen überwinden wollte (> S. 129). Hannibal, ein berühmter Feldherr aus Karthago, überquerte 200 v. Chr. mit seiner Armee die Alpen, als er Rom angreifen wollte.

Früher waren die Alpen kaum besiedelt. In engen Tälern lebten die Menschen sehr abgeschieden. Das raue Klima in der Höhe und wenig fruchtbare Böden machten das Leben

sehr beschwerlich. Noch um 1900 waren viele Bergbauernfamilien sehr arm. Viele mussten deshalb ihre Kinder den Sommer über als billige Arbeitskräfte zu reicheren Bauern nach Süddeutschland schicken.

Heute hat sich vieles verändert. Immer mehr Menschen überqueren die Alpen auf Autobahnen und Zugstrecken in wenigen Stunden. Viele besuchen die Alpen, um sich dort zu erholen. Die Bewohner der Alpen können heute vom Tourismus gut leben.

AUFGABEN >>

1. Schreibt auf, welche Länder Anteil an den Alpen haben (Abb. 128.1).
2. Vergleicht die Art und die Dauer der Überquerung der Alpen früher und heute.

Zusatzthema: „Ötzi" – der Mann aus dem Gletschereis

129.1 So könnte „Ötzi" ausgesehen haben

129.2 Die Fundstelle von Ötzi

In einem Gletscher der Ötztaler Alpen wurde 1991 eine Leiche entdeckt, die unter dem Namen „Ötzi" weltbekannt wurde. Man fand heraus, dass dieser Mann vor ungefähr 5 300 Jahren starb.

Vieles fanden die Forscher über diesen Toten heraus: Er war etwa 160 cm groß und 45 Jahre alt. Seine Kleidung bestand aus Fell und war mit Tiersehnen vernäht. Wegen der Dinge, die er bei sich führte, vermutet man, dass er ein Händler oder ein Hirte war.

Er hatte ein Beil mit Kupferklinge bei sich, das mit Lederriemen an einem Stiel aus Ebenholz befestigt war. In einer Scheide aus Baststreifen saß ein kleiner Dolch mit Feuersteinklinge. Griff und Klinge waren mit Tiersehnen und einer Grasschnur befestigt. Sein Bogen aus Eibenholz war 2 m lang. 14 Pfeile mit Feuersteinklingen wurden in einem Fellsackköcher aufbewahrt. Die ledernen Sandalen waren mit Stroh ausgestopft. Der Mann trug einen Mantel, der aus rund einen Meter langen Gräsern geflochten war. Eine halbkugelige Mütze aus Bärenfell bedeckte den Kopf.

Wie er sich ernährte, zeigten Reste in seinem Magen. Tätowierungen auf seinem Körper sollten wahrscheinlich heilende Wirkung haben.

Ötzi beweist auch, dass bereits damals die Menschen nördlich und südlich der Alpen in Kontakt waren.

Aber immer noch sind viele Fragen offen: Warum wollte er die Alpen überqueren? War er alleine? War er auf der Flucht? Wie kam er ums Leben?

AUFGABEN >>

1. Erklärt den Namen „Ötzi".
2. Was haben die Wissenschaftler über den „Ötzi" herausgefunden? Erstellt dazu eine Tabelle.

129.3 Die Sandalen von „Ötzi"

129.4 Die Waffen von „Ötzi"

Von Höhenstufen und Gletschern

130.1 *Höhenstufen in den Grajischen Alpen (Frankreich)*

Vor kurzem hat Ute gehört, dass man in einigen Alpenorten sogar im Sommer Ski fahren kann. Sie will deshalb mit der Seilbahn nach oben fahren und sich dort Skier ausleihen. Als sie jedoch bei der Talstation einsteigt und dort nur Blumenwiesen zu sehen sind, kann sie nicht glauben, dass oben Schnee liegen soll. Immerhin betragen die Temperaturen an der Seilbahnstation 20 °C!

Nach kurzer Fahrt sieht sie von der Seilbahn-Gondel aus das Dorf, um das sich Felder und Obstbaumwiesen ausdehnen. Am Fuße des Hanges grenzen diese an Nadelwälder. Für Laubwald ist es hier bereits zu kalt. Je weiter Ute mit der Seilbahn nach oben fährt, desto lichter wird der Baumbestand unter ihr. Schließlich sind überhaupt keine Bäume mehr zu erkennen, sondern nur noch Sträucher und Büsche. Ute hat gerade die **Baumgrenze** überquert. Zwischen den Büschen erkennt sie Almen, auf denen jetzt im Sommer Vieh weidet.

Immer höher geht die Fahrt, bis überhaupt keine Pflanzen mehr zu sehen sind. Ute befindet sich nun über der Felsregion. Von weitem ist endlich die Gipfelstation zu erkennen, um die sich weite Schneefelder ausbreiten. Ute hat die Eis- und Schneestufen, die oberste **Höhenstufe**, erreicht. Es ist hier oben deutlich kälter und Ute ist deshalb froh, dass sie eine Jacke mitgenommen hat.

Ute ist auf ihrer Fahrt von der Talstation zur Gipfelstation aus dem Staunen nicht herausgekommen. Als sie dies dem Seilbahnführer berichtet, erklärt er ihr: „Weißt du, die Veränderung der Landschaft hat mit der Höhe zu tun. Mit jeden hundert Metern Höhe nimmt die Temperatur um etwa ein Grad ab."

AUFGABEN >>

1. Ute ist unten im Tal auf 600 m Höhe bei 20 °C in die Seilbahn eingestiegen. Die Gipfelstation liegt ungefähr 2 200 m höher. Welche Temperatur herrscht dann dort oben?
2. Nennt die Höhenstufen in der Reihenfolge, wie Ute sie bei ihrer Seilbahnfahrt sieht.
3. Ordnet die im Text auf Seite 131 kursiv (= schräg) geschriebenen Begriffe den Zahlen 1–6 in der Abb. 131.2 zu.
4. Erklärt mithilfe des Textes auf Seite 131 und der Abb. 131.3 die Entstehung von Gletschereis.

Gletscher kommen in den Alpen ab einer Höhe von etwa 3 000 m vor. Hier fallen die Niederschläge oft sogar im Sommer als Schnee. Tägliches oberflächliches Auftauen und Gefrieren hat zur Folge, dass aus Schnee Firn (körniger Schnee) wird, der sich schließlich zu bläulichem Gletschereis verdichtet (Abb. 131.3). Das Eis verhält sich durch den Gewichtsdruck plastisch (verformbar) und bewegt sich langsam talwärts. Dabei reißen an der Eisoberfläche *Gletscherspalten* auf. Das Entstehungsgebiet eines Gletschers, wo sich der Schnee sammelt und verfestigt, heißt *Nährgebiet*. Unterhalb davon liegt das *Zehrgebiet*, in

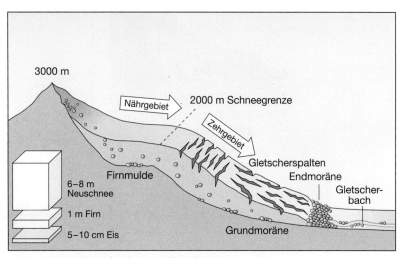

131.1 und 2 Gletscherwanderung am Tschierva-Gletscher

dem Schnee und Eis stetig abschmelzen. Zwischen Nähr- und Zehrgebiet liegt auf etwa 2 500 m die **Schneegrenze**. Das im Zehrgebiet entstehende Schmelzwasser sickert durch Spalten und Risse nach unten und tritt schließlich als milchiger Gletscherbach am Ende der *Gletscherzunge* aus dem *Gletschertor* hervor.

Auf seinem Weg ins Tal nimmt der Gletscher große Mengen an Schutt mit, die **Moränen**. Besonders auffällig sind die manchmal über 100 m hohen *Seitenmoränen*. An diesen Schotterwällen sieht man, wie weit der Gletscher früher ins Tal reichte.

131.3 Längsschnitt durch einen Gletscher

Menschen nutzen die Höhenstufen

Laura verbringt ihre Sommerferien auf einem Bauernhof in den Allgäuer Alpen. Gleich nachdem sie auf dem Hof angekommen ist, macht sich Laura neugierig auf den Weg in den Stall, um nachzuschauen, wie viele Tiere auf dem Bauernhof leben. Doch dort staunt sie nicht schlecht: *„Der Stall ist ja leer, wo sind denn die Kühe?"*

Martin, der 13-jährige Sohn des Bauern, erklärt ihr:

„Hier im Stall ist das Vieh eigentlich nur im Winter. Im Frühjahr beweiden die Jungrinder die Voralmen, im Sommer die Hochalmen. Das ist ganz oben, wo nur noch saftiges, grünes Gras wächst. Die Futterflächen der Talwiesen alleine würden nicht ausreichen. Für die Milchkühe gilt das nicht. Sie bleiben auf der Voralm, denn sie müssen ja jeden Tag gemolken werden. Ende September findet der festliche Almabtrieb statt. Das Vieh kommt zurück ins Tal in den Stall. Im Winter wird es mit Heu versorgt, das im Sommer auf den Talwiesen und den steilen Bergwiesen „geerntet" wurde. Wir nennen das alles Almwirtschaft."

132.1 Ein Stall ohne Kühe?

AUFGABEN >>

1. Erkennt ihr auf Abb. 130.1 die verschiedenen Höhenstufen? Ganz deutlich werden sie mit einer Skizze. Legt Transparentpapier über das Foto. Zeichnet darauf den Umriss des Gebirges.

2. Tragt die Vegetationsstufen in die Zeichnung ein und beschriftet sie mit folgenden Begriffen: Laubwaldstufe, Nadelwaldstufe, Mattenstufe, Fels- und Eisstufe.

3. Verfolgt den Weidegang der Jungrinder im Jahresverlauf (Text, Abb. 132.3).

4. Stellt den Merkmalen eines Hochgebirges Merkmale eines Mittelgebirges gegenüber. Beziet S. 128-133 mit ein.

132.2 Ein langer Aufstieg bis zu den Kühen

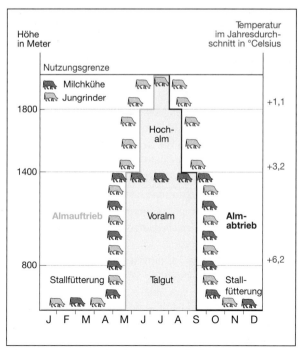

132.3 Nutzungsstufen der Almwirtschaft

Zusatzthema: Auch in der Rhön nutzen die Menschen Höhenstufen

133.1
In der Rhön

Die Rhön ist das höchste hessische Mittelgebirge. Von einem Mittelgebirge spricht man, wenn eine gewisse Höhe nicht überschritten wird – aber auch eine Mindesthöhe erreicht wird, um sich von der Umgebung abzuheben. Als Eingrenzung gilt eine Höhe von etwa 400-1 500 m. Im Gegensatz zum Hochgebirge (> S. 130/131) sind die Oberflächen abgerundet.

Die höchste Erhebung der Rhön ist die Wasserkuppe mit einer Höhe von 950 m über dem Meeresspiegel.

Die Rhön gliedert sich in drei Landschaftsbereiche: in das Rhönvorland, die Kuppenrhön und die Hohe Rhön. Ähnlich wie in den Alpen (> S. 132) ergeben sich aus den unterschiedlichen Höhenverhältnissen unterschiedliche landwirtschaftliche Nutzungsformen:

- Das Rhönvorland besteht aus lang gestreckten Höhenzügen, auf denen meist Ackerbau betrieben wird.
- Die Kuppenrhön prägen kuppenförmige Einzelberge, die teilweise forstwirtschaftlich genutzt werden.
- Die imposante Hohe Rhön besteht aus flachwelligen Hochflächen. Hier weidet z. B. das landschaftstypische Rhönschaf.

133.2 *Landwirtschaftliche Nutzung der Rhön*

AUFGABEN >>

1. Benennt mithilfe des Atlas die drei Bundesländer, in denen die Rhön liegt.
2. Versucht auf einer physischen Karte die im Text genannten drei Landschaftsbereiche abzugrenzen. (Nutzt dazu auch die Abb. 133.2).
3. Sucht auf einer Karte die drei höchsten Erhebungen der Kuppenrhön und schreibt Namen und Höhen auf. Nutzt Abb. 133.2 und 140.1.
4. Stellt Vermutungen an, warum die unterschiedlichen Landschaftsbereiche in der Rhön unterschiedlich genutzt werden.

134.1 Nach einem Lawinenabgang in Galtür (Österreich)

Lawinen gefährden den Lebensraum

Jeden Winter bedrohen Lawinenabgänge im gesamten Alpenraum Urlaubsgebiete. Oft sind Urlaubsorte tagelang von der Außenwelt abgeschnitten.

Wo liegen die Ursachen dieser Katastrophen?

Früher schützten in den meisten Tälern Bergwälder die Bewohner vor den Lawinen. Diese Wälder bezeichnet man auch als **Bannwälder** (Abb. 134.4). Durch den zunehmenden Tourismus in den Alpen werden immer mehr Hotels, Wohnraum und Skipisten benötigt. Diese Zersiedelung führte immer wieder zur *Abholzung des Bannwaldes*. Als Ersatz wurden dafür Lawinenverbauungen aus Holz und Stahl gebaut. Sie können jedoch die großen Schneemassen nicht immer festhalten.

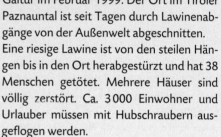

Galtür im Februar 1999: Der Ort im Tiroler Paznauntal ist seit Tagen durch Lawinenabgänge von der Außenwelt abgeschnitten. Eine riesige Lawine ist von den steilen Hängen bis in den Ort herabgestürzt und hat 38 Menschen getötet. Mehrere Häuser sind völlig zerstört. Ca. 3000 Einwohner und Urlauber müssen mit Hubschraubern ausgeflogen werden.

134.2 Zeitungsmeldung

Wegen der zunehmenden *Luftverschmutzung* werden die Wälder zusätzlich geschwächt. Die Bannwälder können den Lawinen manchmal nicht mehr standhalten und werden deshalb von den Schneemassen niedergerissen. Nach starken Schneefällen kann es im Winter zu *Schneelawinen* kommen, die durch Ski- und Snowboardfahrer ausgelöst werden.

134.3 Lawinenverbauung

134.4 Bannwald

Eine dritte Ursache für Lawinen sind *verdichtete Böden*: Schwere Pistenraupen pressen den Schnee und den darunter liegenden Boden zusammen. Oft werden die Schneepisten mit Schneekanonen bis in das späte Frühjahr für die Skifahrer nutzbar gehalten. In der kurzen Zeit des Sommers können dann die Pflanzen nicht mehr wachsen und sich erholen.

In die verdichteten Böden kann kaum noch Wasser versickern. Was passiert also bei starken Regenfällen? Da es auch keine stark verzweigten Pflanzenwurzeln mehr gibt, die ihn halten könnten, wird der Boden abgeschwemmt. Diesen Vorgang nennt man **Erosion**.

Auf den von zahlreichen Sommerurlaubern ausgetretenen Wanderwegen kann die Erosion besonders leicht wirken und den Boden ausschwemmen. Im Sommer bilden sich nach starken Regenfällen oft gefährliche *Schlammlawinen* (*Muren*), die ins Tal fließen und Menschen und Dörfer gefährden.

135.2 *Schlammlawine*

AUFGABEN >>

1. Zeichnet das Schaubild 135.1 vergrößert in euer Heft und füllt die richtigen Begriffe aus dem Text ein. Die kursiv gedruckten Begriffe helfen euch dabei. Ihr könnt aber auch die gefundenen Wörter auf Kärtchen schreiben und diese dann in einem Schaubild an der Tafel ordnen.

2. Bannwälder müssen streng geschützt und dürfen nicht genutzt werden (Abb. 134.4). Begründet diese Forderung.

Experiment

Damit ihr euch vorstellen könnt, wie die Wälder die Schneemassen an einem Berghang halten, könnt ihr folgenden Versuch machen: Nehmt eine Styroporplatte, steckt Zahnstocher hinein und streut feuchten Sand darauf. Drückt den Sand vorsichtig an und stellt die Platte schräg auf. Der Sand stellt den Schnee dar, die Korkplatte ist der Berghang und die Zahnstocher sind die Bäume. „Rodet den Wald" (nach ca. 15 Min.), indem ihr die Zahnstocher nacheinander herauszieht. Berichtet, was passiert.

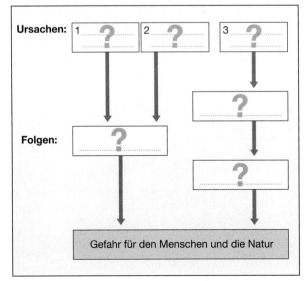

Ursachen: 1 ? 2 ? 3 ?

?

Folgen: ?

?

Gefahr für den Menschen und die Natur

135.1

136.1 Bergbauer Wenger

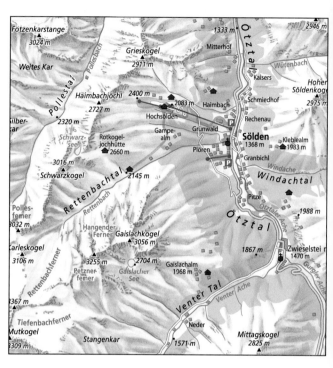

136.2 Sölden
im Jahr 1955

Ein Alpental im Wandel der Zeit

Bergbauer Wenger erzählt: „Als ich ein kleiner Bub war, kamen kaum Fremde ins Dorf. Wie mein Vater wurde ich Landwirt. Das war ein hartes Leben. Ein Sprichwort in Tirol lautet: Kein Bauer stirbt im Bett! Besonders anstrengend war das einsame Leben auf der **Alm**. Auf die Bergweiden wurden im Sommer die Kühe zum Grasen getrieben. So konnte sich unten im Tal der Boden erholen. Aus der Milch wurden auf den Almen Butter und Käse hergestellt.

Heute wollen die Jungen von diesen harten Lebensbedingungen nichts mehr wissen. Im Fremdenverkehr oder in der Stadt lässt sich einfacher Geld verdienen. Viele verlassen die Bergbauernhöfe. Die Leute nennen dies Bergflucht. Almen haben sich oft zu Berggasthöfen und Wanderstationen entwickelt. Hier kehren Touristen ein. Ja, ohne Touristen wäre wohl kaum noch eine Alm hier. Aber der Tourismus hat auch seine Nachteile: Denn heute ist es im Ort vorbei mit der Ruhe. Die zahllosen Wanderer, Mountainbiker und Gleitschirmspringer scheuchen im Sommer unser Vieh auf. Im Winter erschrecken die Skifahrer das Wild, das dann oft auf der Flucht vor Entkräftung stirbt.

Die Touristen bringen zwar Geld, aber sie hinterlassen auch Schäden in der Landschaft."

136.3 Skipiste im Winter

136.4 Skipiste im Sommer

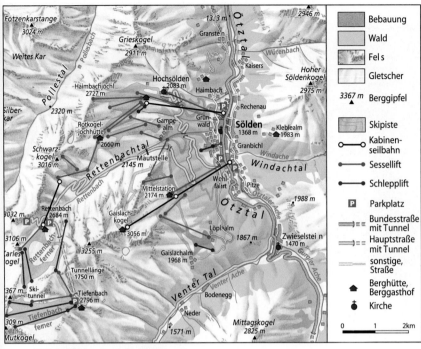

| Bebauung |
| Wald |
| Fels |
| Gletscher |
| 3367 m ▲ Berggipfel |
| Skipiste |
| ○—○ Kabinen-seilbahn |
| ●—● Sessellift |
| ●—● Schlepplift |
| P Parkplatz |
| Bundesstraße mit Tunnel |
| Hauptstraße mit Tunnel |
| sonstige, Straße |
| Berghütte, Berggasthof |
| Kirche |

137.1 Sölden im Jahr 2006

1950	450 000
1960	650 000
1970	1 050 000
1980	1 550 000
1990	1 800 000
2005	2 390 000

137.3 Entwicklung der Übernachtungszahlen in Sölden

Von 100 Touristen in Sölden kommen aus:	
Belgien	5
Deutschland	65
Großbritannien	3
Niederlande	10
Österreich	5
Schweiz	4
sonstigen Staaten	8

137.4 Übernachtungen nach Nationalitäten in Sölden

Arbeitsplatz im Bereich...	1971 arbeiteten von 100 Menschen in diesem Bereich:	2005 arbeiteten von 100 Menschen in diesem Bereich:
... Landwirtschaft	10	4
... Industrie und Handwerk	35	25
... Tourismus, Handel, Verwaltung	55	71

137.2 Veränderung der Arbeitsplätze in Sölden

Schon im Jahr 1971 arbeiteten die wenigsten Menschen in Sölden in der ...., aber bis zum Jahr........ hat sich ihre Zahl noch einmal halbiert. Die meisten Arbeitsplätze gab es schon 1971 im Bereich .... Dieser Bereich hat sich bis 2005 weiter deutlich ....

137.5

AUFGABEN >>

1. Vergleicht die Karten von Sölden 1955 (Abb. 136.2) und von 2006 (Abb. 137.1). Arbeitet mit der Legende. Beschreibt genau, was sich im Gebiet von Sölden verändert hat.
2. Warum können heute die meisten Almen noch bestehen?
3. Schreibt die Sätze in Text 137.5 ins Heft und füllt die Lücken mit passenden Wörtern.
4. Rundet die Übernachtungszahlen (Tab. 137.3) von Sölden auf volle Hunderttausender und zeichnet zu den Zahlen ein Säulendiagramm.
5. Zeichnet ein Säulendiagramm zu den Übernachtungen nach Nationalitäten (Tab. 137.4).

137.6 Massentourismus

Zusatzthema: Gespeicherte Energie aus den Bergen

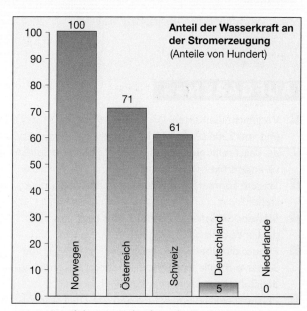

zweitstärkste
Freistrahlturbine
der Welt
270 MW = 367000PS

138.1 *Kapruner See*

Die hohen Niederschläge in den Alpen bleiben im Winter als Schnee und Eis liegen. Erst wenn Schnee und Eis wieder schmelzen, wird das Wasser freigesetzt. Dieses Wasser kann auf dem festen Gestein des Gebirges nicht versickern. Enge, dünn besiedelte Täler bieten die Möglichkeit, das schnell abfließende Wasser mit großen Staudämmen aufzustauen und zu speichern. Dieses gestaute Wasser wird zur Stromerzeugung genutzt. Wenn in den Haushalten und Fabriken viel Strom auf einmal benötigt wird, kann man im **Speicherkraftwerk** sofort Strom erzeugen. Dabei spielen die großen Höhenunterschiede zwischen Stausee und Kraftwerk die entscheidende Rolle.

Ein Teil des abgeleiteten Wassers wird nachts, wenn nicht mehr so viel Strom gebraucht wird, wieder in die Staudämme zurückgepumpt. Das macht man mit dem in dieser Zeit nicht gebrauchten Strom.

Eine der bekanntesten Kraftwerksgruppen sind die Tauernkraftwerke Glockner-Kaprun in Österreich.

Anteil der Wasserkraft an der Stromerzeugung
(Anteile von Hundert)

Land	Anteil
Norwegen	100
Österreich	71
Schweiz	61
Deutschland	5
Niederlande	0

138.2 *Anteil der Wasserkraft an der Stromerzeugung*

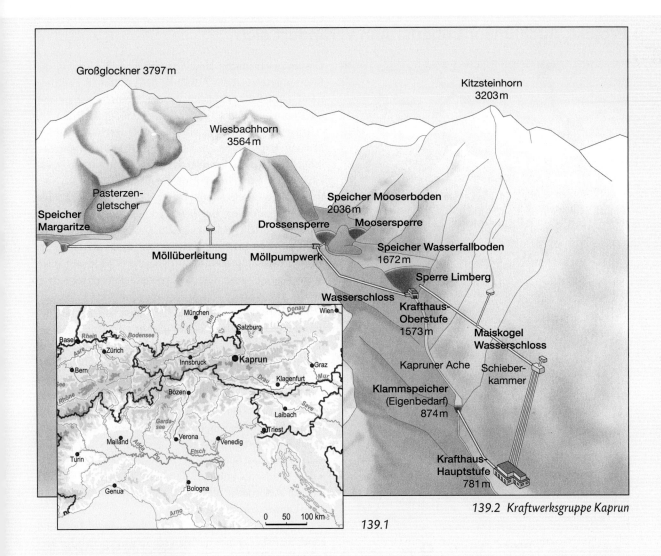

139.1

139.2 Kraftwerksgruppe Kaprun

AUFGABEN >>

1. Nennt die wichtigsten Voraussetzungen für den Bau von Speicherkraftwerken.

2. Welche Bedeutung hat die Wasserkraft für die Stromerzeugung in den angegebenen Ländern (Abb. 138.2)? Beschreibt das Schaubild. Überlegt, warum es in Holland keine Wasserkraftnutzung gibt und warum sie in Norwegen so hoch ist.

3. Schreibt mithilfe von Abb. 139.2 einen kurzen Text zum Thema: So funktioniert ein Speicherkraftwerk. Verwendet möglichst alle Begriffe in dieser Reihenfolge: Staumauer, Speichersee, Druckstollen, Fallleitung, Kraftwerk, Turbine.

4. Überdenkt euren Tagesablauf:
   a) Wann braucht ihr zu Hause besonders viel Strom?
   b) Wann liefert das Speicherkraftwerk Strom?
   c) Wann kann das Speicherkraftwerk das Wasser wieder hoch in den Stausee pumpen?

Wollt ihr noch mehr erfahren?

Geht ins Internet und beschafft euch weitere Informationen *www.verbund.at*

Oder schreibt an:
Tauernkraftwerke AG
Rainerstr. 28
A-5020 Salzburg

Projekt: Auch unser Lebensraum verändert sich

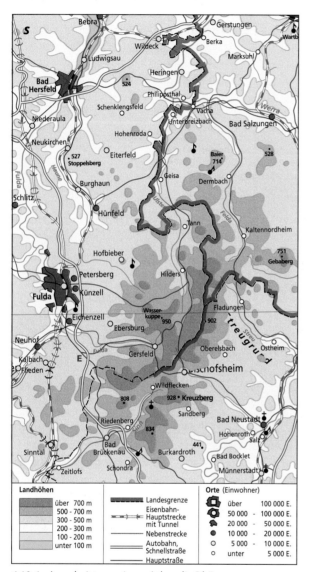

Landhöhen

	über 700 m
	500 - 700 m
	300 - 500 m
	200 - 300 m
	100 - 200 m
	unter 100 m

Landesgrenze
Eisenbahn-Hauptstrecke mit Tunnel
Nebenstrecke
Autobahn, Schnellstraße
Hauptstraße

Orte (Einwohner)

	über 100 000 E.
	50 000 - 100 000 E.
	20 000 - 50 000 E.
	10 000 - 20 000 E.
	5 000 - 10 000 E.
	unter 5 000 E.

140.1 Ausschnitt aus einem Atlas: die Rhön

Die unterschiedliche landwirtschaftliche Nutzung in der Rhön prägte auch das Aussehen der Landschaft entscheidend. (Auf Seite 133 habt ihr drei Landschaftsbereiche, das Rhönvorland, die Kuppenrhön und die Hohe Rhön, bereits kennen gelernt.) In jahrhundertelanger Auseinandersetzung mit der Natur wurden durch den Menschen schließlich **Kulturlandschaften** geformt. Doch diese Landschaften sind heute zunehmend gefährdet.

In den letzten Jahrzehnten nahm in der Rhön die Zahl der landwirtschaftlichen Betriebe stark ab. Auch die Viehhaltung ging zurück. Viele Äcker und Weiden wurden deshalb nicht mehr genutzt und verwilderten. Außerdem stieg die Umweltbelastung deutlich an. Vor allem Wälder wurden durch Abgase geschädigt. Stellenweise veränderte sich in den letzten Jahren deutlich das Landschaftsbild.

Um die Landschaft und den Lebensraum zu schützen, beantragten die Länder Hessen, Bayern und Thüringen bei der UNESCO, die Rhön als **„Biosphärenreservat"** anzuerkennen (UNESCO = **U**nited **N**ations **E**ducational, **S**cientific and **C**ultural **O**rganization = Organisation der Vereinten Nationen für Erziehung, Wissenschaft und Kultur). Nach der Anerkennung 1991 wurden in der Rhön zahlreiche Ideen entwickelt, um folgende Ziele zu erreichen:

• die Landschaft zu pflegen,
• die Natur zu schützen,
• den Tourismus und die Wirtschaft im Einklang mit der Natur zu fördern,
• die Umweltbildung zu stärken.

Nach und nach tauchen nun in der Rhön wieder Tiere und Landschaftsbilder auf, die man schon vergessen oder verloren geglaubt hatte.

Schüler einer 6. Klasse haben einige Beispiele für erfolgreiche Projekte im Biosphärenreservat Rhön zusammengestellt (Abb. 141.1–3).

140.2 Von der Homepage des Biosphärenreservats Rhön

Beispiel 1: Rhöner Fleckvieh

Landwirte aus der Rhön schlossen sich mit einer regionalen, auf Bio-Produkte spezialisierten Handelskette zusammen und gründeten den Verein „Rhöner Biosphärenrind". Ziel ist es, die Vermarktung von ökologisch erzeugtem Rindfleisch zu fördern. Gleichzeitig soll die traditionelle Rinderrasse „Rhöner Fleckvieh", die immer weniger gezüchtet wurde, erhalten werden. Die artgerechte Haltung der Rinder auf natürlichen Weiden erfüllt zugleich die Aufgabe der Landschaftspflege: Die Rinder grasen auf den Weiden und verhindern so, dass Büsche und Bäume die Wiesen verdrängen. Bei der Weidehaltung benötigt man keine Futtermitteltransporte.

Durch den Zusammenschluss sichern die Landwirte den Verkauf des ökologisch erzeugten Fleischs. Zudem werden Arbeitsplätze in Landwirtschaft, Handel und Handwerk geschaffen.

Seit 1998 wurden zahlreiche Zuchtbetriebe für Forellen gegründet. Die Teichwirtschaft soll gefördert und der Erhalt der Gewässer gesichert werden. Die Rhöner Bachforelle wird traditionell artgerecht in Erdteichen gehalten, in denen ausreichend Platz für die Fische ist. Außerdem werden ständig wild gefangene Forellen in den Teichen ausgesetzt. Gleichzeitig baute man Fischaufstiege, um den wild lebenden Forellen wieder den Aufstieg zu ihren Laichgründen zu ermöglichen. Zudem wurde die Wasserqualität verbessert. Der Verkauf der Fische unter dem Logo der Rhön fördert das touristische Image der Region, da die Fische der lebende Beweis für die hohe Wasserqualität der Region sind.

Beispiel 2: Rhöner Bachforelle

Beispiel 3: Die „Rhönholzveredler"

Früher gab es in der Rhön ausgedehnte Buchenwälder, die aber nach und nach vom Menschen abgeholzt wurden. Seit die Rhön Biosphärenreservat ist, sind die Buchen in nachhaltig bewirtschafteten Waldstücken wieder auf dem Vormarsch. (Nachhaltig heißt: Es wird nur so viel Holz geschlagen, wie nachwächst.) Der Wald bleibt in seiner Größe erhalten und kann seine natürlichen Aufgaben für Mensch und Umwelt erfüllen.

Die Rhönholzveredler sind ein Zusammenschluss von Holzarbeitern, Schreinern, der Forstverwaltung und dem Verein „Natur und Lebensraum Rhön". Sie verwenden ausschließlich Holz aus der Region und bauen daraus hochwertige Massivholzmöbel. Sie schonen so die Umwelt und sichern qualifizierte Arbeits- und Ausbildungsplätze.

141.1–3

AUFGABEN >>

1. Fasst zusammen, was sich in den letzten Jahrzehnten in der Rhön verändert hat.
2. Betrachtet eines der drei Beispiele von Seite 141. Benennt, welche der Ziele des Biosphärenreservates Rhön dort verwirklicht werden.
3. Welches Ziel verfolgen alle Beispiele?
4. Versucht die Beispiele den drei Landschaftsbereichen Rhönvorland, Kuppenrhön und Hohe Rhön zuzuordnen (> Karte 133.2). Diskutiert eure Überlegungen in der Klasse.
5. Startet ein eigenes Projekt zum Thema „Unser Lebensraum verändert sich". Bei der Auswahl des Themas und der Informationsbeschaffung kann euch zum Beispiel die Gemeindeverwaltung weiterhelfen. (Beachtet die Hinweise zur Durchführung eines Projektes, > S. 210.)

Menschen aus anderen Ländern bei uns

Ich heiße *Ümran*. Meine Groß-
eltern und meine Eltern sind als
Gastarbeiter aus der Türkei nach
Deutschland gekommen.

Ich bin *Ranko*. Ich komme mit
meiner Mutter aus Bosnien. Als
dort Bürgerkrieg herrschte, sind
wir nach Deutschland geflohen.

144.1

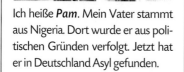

Ich heiße *Pam*. Mein Vater stammt
aus Nigeria. Dort wurde er aus politischen Gründen verfolgt. Jetzt hat
er in Deutschland Asyl gefunden.

Mein Name ist *Alexander*. Ich bin
in Kasachstan geboren. Unsere
Vorfahren waren Deutsche. Unsere Familie ist als Aussiedler nach
Deutschland zurückgekommen.

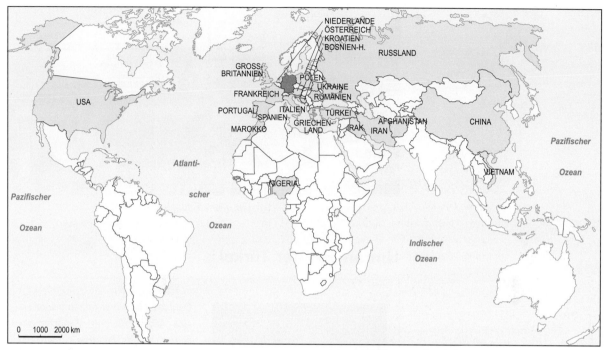

145.1 *Wichtige Herkunftsländer ausländischer Mitbürger*

Deutschland multikulturell

Deutschland hat über 82 Millionen Einwohner. Ende 2006 lebten 6,7 Millionen Ausländerinnen und Ausländer in Deutschland. Die wichtigsten Herkunftsländer sind:

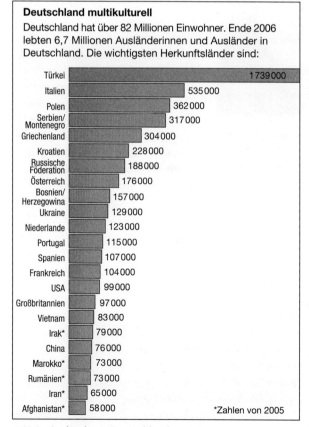

Türkei	1 739 000
Italien	535 000
Polen	362 000
Serbien/Montenegro	317 000
Griechenland	304 000
Kroatien	228 000
Russische Föderation	188 000
Österreich	176 000
Bosnien/Herzegowina	157 000
Ukraine	129 000
Niederlande	123 000
Portugal	115 000
Spanien	107 000
Frankreich	104 000
USA	99 000
Großbritannien	97 000
Vietnam	83 000
Irak*	79 000
China	76 000
Marokko*	73 000
Rumänien*	73 000
Iran*	65 000
Afghanistan*	58 000

*Zahlen von 2005

145.2 *Ausländer in Deutschland*

AUFGABEN >>

1. Sucht im Atlas die Länder, aus denen die vier Schüler stammen (Abb. 144.1).
2. Notiert die Gründe, warum die Familien der vier Schüler in Deutschland sind.
3. Sucht auf der Karte 145.1 die Herkunftsländer der Ausländer, die in Deutschland wohnen (Abb. 145.2). Was fällt euch auf?
4. Erkundigt euch im Sekretariat eurer Schule, wie viele ausländische Mitschülerinnen und Mitschüler es gibt. Notiert, aus welchen Ländern sie stammen.
5. Erfragt bei der Gemeindeverwaltung die Anzahl und die Nationalitäten der bei euch wohnenden Ausländer. Vergleicht dann mit den Angaben in Abb. 145.2.

146.1

146.2 Straße in der Nähe von Ümrans Wohnung

Ümran aus der Türkei

Ümran, 12 Jahre, erzählt:

„Mein Großvater kam 1968 nach Deutschland. Er fand Arbeit am Fließband in einer Fabrik. Eigentlich wollte er nur einige Jahre bleiben. Aber 1971 holte er seine Frau – meine Großmutter – und seinen Sohn nach. Mein Vater war damals 13 Jahre alt. Zunächst wurde er in die erste Klasse gesteckt, damit er Deutsch lernt. Mit 16 Jahren verließ er die Schule. Zuerst arbeitete er als Hilfsarbeiter. Dann machte er den Führerschein. Er ist bis heute Lkw-Fahrer. 1984 heirateten meine Eltern in der Türkei. Meine Mutter zog mit meinem Vater nach Hessen. Sie konnte anfangs kein Wort Deutsch. Nach drei Jahren bekam sie eine Arbeitserlaubnis. Zunächst arbeitete sie als Putzfrau, inzwischen schafft sie am Fließband.

Ich gehe gerne in die Schule. Meine beste Note habe ich im Fach Deutsch. Zu Hause spreche ich mit meinen Eltern türkisch. Mit meinen zwei Brüdern spreche ich deutsch. Die Türkei kenne ich nur vom Urlaub. Alle zwei Jahre besuchen wir Verwandte in Kütahya in Westanatolien. Aber dort kenne ich mich nicht aus und komme mir fremd vor. In der Türkei möchte ich später nicht leben, denn eigentlich fühle ich mich als Deutsche. In unserem Stadtteil wohnen zahlreiche Türken. Außerdem gibt es hier viele türkische Geschäfte, z. B. Lebensmittelgeschäfte, Reisebüros, Kneipen. Auch türkische Zeitungen kann man hier kaufen.

Das Haus, in dem wir wohnen, ist schon ziemlich alt. Dafür ist die Miete nicht so hoch. Mein Vater möchte nämlich Geld sparen, um sich in der Kütahya ein Haus zu kaufen und später dorthin zu ziehen. Aber wie gesagt: Ich möchte später mal in Deutschland wohnen bleiben."

146.3 Hier wohnt Ümran

146.4

147.1 Ümrans Mutter am Fließband

147.2 Plakat des DGB

Gastarbeiter in Deutschland

Vor 30 bis 40 Jahren hatte in Deutschland fast jeder einen Arbeitsplatz. Es gab kaum Arbeitslose und die freien Stellen konnten nicht besetzt werden. Vor allem in der Industrie wurden Arbeitskräfte gesucht. Daher warb die deutsche Regierung ausländische Arbeiter an. Sie kamen aus Spanien, Portugal, Griechenland, Italien und der Türkei. In diesen Ländern gab es arme Regionen, in denen es nicht genügend Arbeitsplätze gab.

Die ausländischen Arbeitskräfte sollten als „Gastarbeiter" die freien Arbeitsplätze in Deutschland besetzen und durch ihre Arbeit den Wohlstand in Deutschland sichern. Mit dem Begriff „Gastarbeiter" verband sich die Vorstellung, dass diese Menschen nach einigen Jahren Arbeit in Deutschland wieder in ihre Heimat zurückkehren würden. Im Laufe der Jahre holten viele Gastarbeiter ihre Familien nach Deutschland. Als dann die Anwerbung von ausländischen Arbeitskräften beendet wurde, blieben viele Gastarbeiter mit ihren Familien in Deutschland. Ihre Kinder sind hier geboren und leben zum Teil schon in der dritten Generation in Deutschland.

Ausländische Beschäftigte arbeiten vor allem in der Industrie, im Fahrzeugbau, im Handel oder im Dienstleistungsbereich, etwa als Reinigungskräfte.

147.3 Karikatur

AUFGABEN >>

1. Warum kamen viele Gastarbeiter nach Deutschland?
2. „Kinder von Gastarbeitern leben zwischen zwei Welten!" Vergleicht diese Aussage mit Ümrans Bericht.
3. Ümran sagt. „Ich möchte später in Deutschland wohnen bleiben." Diskutiert in der Klasse über Ümrans Auffassung.
4. Was will die Karikatur (Abb. 147.3) ausdrücken?

Pam aus Nigeria

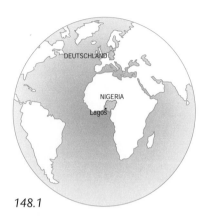

148.1

148.2

„Mein Vater ist Asylbewerber und kommt aus Nigeria" erzählt Pam. „Dort wurde er aus politischen Gründen verfolgt. Deswegen durfte er in Deutschland bleiben. Hier lernte er meine Mutter kennen, die damals Studentin war und aus Ghana stammt."

Pams Freundinnen Jennifer, Rany, Jean, Irene nennen sich „Sisters", denn sie haben eines gemeinsam: Haar und Haut sind ... *Sie lachen.* „Ja, was nun? Schwarz?", fragt Irene.

„Braun", widerspricht Rany und zeigt ihren Handrücken, „oder vielleicht creme?" „Afrikanisch", entscheidet Pam. Sie sind zwischen elf und dreizehn Jahre alt und besuchen die Gesamtschule. Sie sprechen deutsch, doch ihre Heimat, sagen alle, sei Afrika. „Man kann sich in Deutschland nur als Afrikanerin fühlen, weil man ja auch nur so behandelt wird", sagt Jean.

„Ich fühle mich immer misstrauisch beobachtet", sagt Pam. „Zum Beispiel, wenn ich ins Kaufhaus gehe. Als ob wir Schwarzen stehlen würden! Die Deutschen wissen wenig über die Afrikaner. Im Fernsehen werden immer nur zurückgebliebene Dörfer gezeigt. Gestern hat mir wieder eine Frau nachgekeift: „Geh doch zurück in den Busch. Ihr Neger habt doch sowieso nichts gelernt." Dabei legen wir Mädchen Wert auf gute Schulzeugnisse. Denn sie ermöglichen eine gute Ausbildung."

148.3

Politisch Verfolgte

Im Jahr 2005 stellten 42 900 Menschen in Deutschland einen Asylantrag. Sie müssen dann vor einem Gericht beweisen, dass sie in ihrem Heimatland verfolgt werden. Während des Gerichtsverfahrens leben die Asylbewerber in Sammelunterkünften. Das Leben dort ist sehr langweilig und beengt.

Sie können dann in Deutschland und in vielen anderen Ländern **Asyl** bekommen. Das heißt, sie dürfen in Deutschland bleiben, wenn ihr Leben und ihre Gesundheit in ihrem Heimatland gefährdet sind. Dieses Grundrecht steht im Grundgesetz der Bundesrepublik Deutschland (Text 148.2). Sie dürfen aber nur dann arbeiten, wenn für eine freie Stelle kein Deutscher oder EU-Bürger in Frage kommen.

148.4 *Asylbewerber in einem Heim*

Politische Verfolgung gibt es in vielen Staaten

In vielen Ländern der Erde werden Menschen verfolgt. Sie sind anderer Meinung als die Herrschenden und sie demonstrieren für ihre Rechte. Dafür werden sie eingesperrt, gefoltert oder sogar ermordet. Auch aus anderen Gründen werden Menschen verfolgt, zum Beispiel, weil sie ihre Religion ausüben wollen.

In vielen Ländern sind auch Kinder als Soldaten in Auseinandersetzungen verwickelt. Weltweit sind nach Schätzungen 300 000 Kindersoldaten im Einsatz (Abb. 149.2). Die meisten von ihnen werden von den beteiligten Gruppen entführt, misshandelt und zum Kämpfen gezwungen. Aime stammt aus der Republik Kongo. Als Zwölfjähriger wurde er auf dem Schulweg von Rebellen gestoppt. Sie verschleppten ihn mit anderen Jungen in ein Lager. Dort wurde ihnen der Umgang mit dem Gewehr beigebracht. Nach sechs Tagen musste er bereits in den Kampf ziehen. Man setzte ihn unter Drogen und drohte ihm ständig, ihn zu töten, wenn er nicht gehorchte. Bei einem Gefecht wurde er schwer verletzt. Es dauerte lange, bis die Wunden heilten, da es nicht genügend Medikamente gab. Aime war zwei Jahre Kindersoldat. Erst dann gelang ihm die Flucht.

Zwischen Kongo und Uganda droht wieder Krieg

Die Spannungen zwischen Uganda und Kongo verschärfen sich. Uganda wirft der Regierung in Kinshasa vor, im Krisengebiet Ostkongo der Rebellengruppe LRA (Widerstandsarmee des Herrn) seit deren Flucht aus dem Sudan Zuflucht zu gewähren. Die Entdeckung großer Öl- und Erdgasvorkommen im Westen Ugandas sowie unter dem Albertsee im direkten Grenzverlauf schürt den Konflikt. Außerdem sollen Regierungstruppen in jüngster Zeit mehrmals Vorstöße auf ugandisches Gebiet unternommen haben. Kongolesische Soldaten hätten auf dem Albertsee eine von beiden Ländern beanspruchte Insel besetzt.

(Nach: dpa vom 13. August 2007)

AUFGABEN >>

1. Sucht die Heimatländer von Pam und Aime im Atlas.
2. Was berichtet Pam über ihre negativen Erfahrungen in Deutschland? Was würdest du zu Pam sagen?
3. Könnt ihr euch vorstellen, eure Heimat zu verlassen? Welche Gründe könnte es geben?
4. Überlegt, inwiefern der Begriff „Misshandlung" auf die Kindersoldaten zutreffen könnte.
5. Informiert euch über aktuelle Konflikte und Kriege, die Menschen zur Flucht zwingen.

149.1 Ausschnitt aus einem Plakat

149.2 Kindersoldaten in Afrika

150.1

Ranko aus Bosnien

Ranko lebte mit seinen Eltern und Geschwistern in einem abgelegenen Dorf in den Bergen Bosniens, als der Krieg ausbrach. Wochen- und monatelang wurde ihr Dorf mit Granaten und Raketen beschossen. Rankos Vater und sein älterer Bruder versuchten, alles für das Überleben der Familie zu tun.

Eines Tages wurde die Siedlung jedoch von den Tschetniks, das sind Kampftruppen der Serben, überfallen. Sein Vater wurde dabei erschossen, sein Bruder kam nicht wieder. Seine Schwestern wurden vergewaltigt und verschleppt.

Mit seiner Mutter floh Ranko nach Sarajewo, in die Hauptstadt des Landes. Die Flucht über die Berge dauerte über einen Monat. Unterwegs gab es nur wenig zu essen und zu trinken. Hitze, Angst, Hunger und Durst waren kaum zu ertragen.

Aber auch in Sarajewo erreichte sie der Krieg. Mit dem Zug kamen Ranko und seine Mutter schließlich nach Deutschland. Eine hilfsbereite Familie nahm die beiden Flüchtlinge, die kein Wort verstanden, bei sich auf.

150.2

150.3 *Durch den Krieg zerstörtes Haus in Bosnien*

Aus welchen Ländern fliehen die meisten Menschen?
(2006, in Tausend)

Flucht in andere Staaten:

Afghanistan	2108
Irak	1451
Sudan	686
Somalia	464
Dem. Rep. Kongo	402
Burundi	397
Vietnam	374
Palästina	334
Türkei	227
Angola	207

Binnenflüchtlinge:

Kolumbien	3000
Irak	1834
Uganda	1586
Sudan	1325
Dem. Rep. Kongo	1075
Elfenbeinküste	709
Aserbaidschan	687
Sri Lanka	469
Somalia	400
Georgien	246

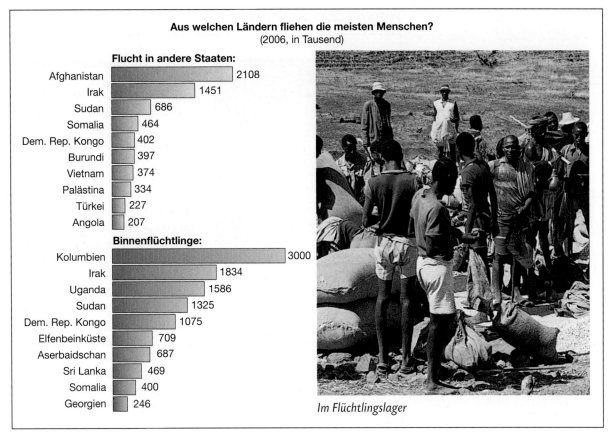

Im Flüchtlingslager

151.1 *Menschen auf der Flucht*

Menschen auf der Flucht

Bürgerkrieg, Verfolgung, Naturkatastrophen, Hunger und Elend sind Gründe, die weltweit Menschen zur Flucht treiben. Rund 12 Millionen Menschen sind nach Angaben der Vereinten Nationen im Jahr 2004 über die Grenzen ihres Heimatlandes geflüchtet. Dies führt zu großen Wanderungsbewegungen auf der Welt.

Dazu kommen noch 25 Millionen Menschen, die heimatlos im eigenen Land umherirren. Mindestens die Hälfte von ihnen sind Kinder und Jugendliche.

Flüchtlinge sind fast nirgends auf der Welt willkommen, denn mit ihnen muss man Nahrung, Wohnraum und Arbeit teilen. Manche Länder schließen ihre Grenzen für Flüchtlinge. So enden viele Fluchtwege im Niemandsland zwischen zwei Staaten, in Lagern, in Zeltstädten, in Sammelunterkünften oder am Straßenrand.

Deutschland gehört zu den über 120 Staaten, welche die Genfer Flüchtlingskonvention unterschrieben haben. Das ist ein internationaler Vertrag, in dem u. a. bestimmt wird: „Kein Flüchtling darf in Gebiete zurückgewiesen werden, in denen sein Leben oder seine Freiheit bedroht ist."

Bürgerkriegsflüchtlingen wie Ranko wird daher vorübergehend Schutz in Deutschland gewährt. Nach einiger Zeit müssen Kriegsflüchtlinge wieder zurück in ihr Heimatland, wenn sich dort die Lage wieder beruhigt hat.

AUFGABEN >>

1. Sucht die in Abb. 151.1 genannten Länder im Atlas. Aus welchen Regionen der Erde kommen besonders viele Flüchtlinge?
2. Was macht das Leben für Flüchtlinge besonders schwer?
3. Auch Ranko möchte nicht zurück nach Bosnien. Nennt mögliche Gründe.
4. Sammelt Meldungen aus Zeitungen, in denen von Flüchtlingen die Rede ist. Verfolgt auch die Nachrichten im Fernsehen.
5. Erkundigt euch im Internet nach aktuellen Flüchtlingszahlen (z. B.: www.unhcr.de oder www.amnesty.de). Gestaltet daraus eine eigene Grafik.

Alexander aus Kasachstan

152.1

Alexander ist 11 Jahre alt und kommt aus Kustanai, aus einer Stadt im Norden von Kasachstan. Bis 1991 gehörte dieses Land zur Sowjetunion, heute ist es selbstständig.
Alexander und seine Eltern sind Deutsche, obwohl sie alle in der Sowjetunion bzw. in Kasachstan

152.2

geboren sind. Ihre Vorfahren wanderten vor über 250 Jahren nach Russland aus.
Nach Deutschland zurück – davon träumte die Familie. Es bedeutete so viel wie in der Heimat zu sein.
Über Jahrzehnte war es in der Sowjetunion verboten, Deutsch zu sprechen. Alexander konnte nur gebrochen Deutsch, als er vor einem Jahr nach Deutschland kam. Er berichtet:
„In Kasachstan habe ich schon ein halbes Jahr Deutsch gelernt. In der 5. Klasse. Aber nur einzelne Worte. Richtig sprechen konnte ich noch nicht. Alles war in Kasachstan anders, zum Beispiel das Wetter. Im Sommer gab es nur wenig Regen, aber es wurde manchmal 40 Grad Celsius heiß. In Kustanai hatte ich gute Freunde. Die fehlen mir hier.“

Aussiedler suchen eine neue Heimat

Aussiedler wie Alexanders Familie kommen aus vielen Ländern Osteuropas, zum Beispiel aus Polen, Rumänien und aus den Ländern der früheren Sowjetunion. Sie sind Deutsche wie wir und haben daher auch die gleichen Rechte und Pflichten.
In Kustanai besaß die Familie ein Holzhaus mit Garten. Die Eltern hatten Arbeit als Mechaniker und als Technikerin. Ihre Nachbarn waren freundlich und hilfsbereit.
Doch Deutschland ist ganz anders, als es sich Alexander und seine Familie vorgestellt haben. Alles mussten sie neu lernen:

zum Beispiel das Einkaufen im Supermarkt, das Bedienen der öffentlichen Telefone, das Lesen von Fahrplänen. Alles ist der Familie fremd. Von den eingesessenen Deutschen bekommen sie nur sehr wenig Hilfe. Alles, was Eltern und Kinder bisher gelernt hatten, scheint nutzlos geworden zu sein.
Zu diesem Gefühl des Fremdseins und der Orientierungslosigkeit kommt die Ablehnung. Neulich hat ein Mitschüler hinter Alexander hergerufen: „Russen raus!" Als Alexander das zu Hause erzählt hat, wurde sein Vater ganz blass und seine Mutter fing an zu weinen. Sie sagte: „In Kasachstan waren wir Deutsche, hier sind wir Russen."

152.3 *Aussiedler bei einem Sprachkurs*

AUFGABEN >>

1. Sucht Kasachstan im Atlas. Messt mithilfe der Maßstabsleiste, wie viele Kilometer die Hauptstadt Astana von Frankfurt entfernt ist.
2. Beschreibt anhand des Textes das Schicksal der Deutschen in Russland.
3. Nennt Schwierigkeiten, die Alexander und seine Familie in Deutschland hatten.
4. „In Kasachstan waren wir Deutsche, hier sind wir Russen." Nehmt zu dieser Aussage Stellung.

Deutsche siedeln in Osteuropa

Um 1750 wanderten viele Deutsche nach Osteuropa aus. Sie fanden in Ungarn und im heutigen Rumänien eine Heimat, die sie über Jahrhunderte besiedelten. Auch die Zarin Katharina die Große warb deutsche Handwerker und Bauern an. Sie bot ihnen an, sich in Russland niederzulassen. Jeder sollte dort fruchtbares Land bekommen und 30 Jahre keine Steuern bezahlen müssen.

Viele Bauern aus Hessen und aus Südwestdeutschland wanderten wegen Missernten aus. Vor allem im Gebiet der Wolga siedelten sich deutsche Familien an (Abb. 153.1). Im Jahr 1897 wurden in Russland 1,3 Millionen Deutsche gezählt.

Ihre Lage änderte sich im Zweiten Weltkrieg (1939-1945). Alle Deutschstämmigen wurden gezwungen, ihre Dörfer und Städte zu verlassen. Sie wurden in die mittelasiatischen Republiken oder nach Sibirien umgesiedelt. Sie mussten Russisch lernen und sprechen. Sie hatten zwar die russische Staatsangehörigkeit, in ihrem Pass war aber unter Nationalität „deutsch" vermerkt.

Als Angehörige der deutschen Volksgruppe sind sie nach dem Grundgesetz Deutsche und haben das Recht auf Aufnahme in unser Land. Seit 1949 hat Deutschland mehr als vier Millionen deutschstämmige Aussiedler aus Osteuropa aufgenommen. Die Russlanddeutschen konnten erst seit den 1990er-Jahren in größerer Zahl ausreisen. Sie werden auch „Spätaussiedler" genannt.

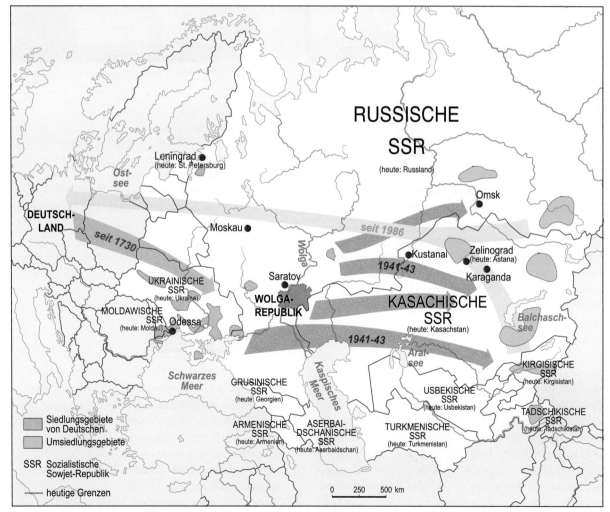

153.1 *Siedlungsgebiete der Deutschen in der ehemaligen Sowjetunion*

154.1 Kinderrechte

Kinderrechte sind Menschenrechte

Alle Menschen auf dieser Welt haben Rechte. Sie haben zum Beispiel das Recht zu sagen, was sie denken, das Recht, ihre eigene Sprache zu sprechen, das Recht, an ihren Gott oder auch an keinen Gott zu glauben, das Recht, nicht unmenschlich behandelt und gequält zu werden und viele Rechte mehr.

Diese Rechte wurden von der Generalversammlung der **Vereinten Nationen** (UNO) am 10. Dezember 1948 diskutiert, angenommen und schließlich aufgeschrieben. Nachlesen könnt ihr diese Rechte in der Allgemeinen Erklärung der Menschenrechte. Diese gelten für alle Menschen auf der Welt.

Im Laufe der Zeit hat man gemerkt, dass Kinder besonderen Schutz und deshalb auch besondere Rechte brauchen. So kam es, dass 1959 die Generalversammlung der UNO die Erklärung der Rechte des Kindes aufgeschrieben hat. Eine Erklärung ist eine Empfehlung, an die man sich halten sollte, aber nicht halten muss. Aus diesem Grunde beschloss man im Jahr 1979, aus der Erklärung eine Konvention zu machen. Das bedeutet, dass jedes Land, das die Konvention unterschrieben hat, sich auch an die aufgeschriebenen Rechte halten muss. Die Kinderrechtskonvention wurde dann schließlich am 20. November 1989 verabschiedet. Inzwischen haben alle Staaten der Welt – bis auf Somalia und die USA – dieses Vertragswerk unterschrieben.

Die Kinderrechtskonvention gilt für alle Kinder und Jugendlichen auf der ganzen Welt bis zum Alter von 18 Jahren. Sie umfasst 54 Artikel und enthält alle Rechte, die Kinder haben.

AUFGABEN >>

1. Auf den Plakaten der Kinder (Abb. 154.1) stehen wesentliche Kinderrechte. Wählt in Gruppen jeweils ein Recht aus und sprecht darüber:
   Was versteht ihr unter diesem Recht? Was bedeutet es für euch?
   Ist dieses Recht in eurem Alltag verwirklicht?
   Treffen diese Rechte auf die in diesem Kapitel vorgestellten Kinder (> S. 155) zu?
2. Berichtet anschließend in der Klasse von eurer Diskussion.

Projekt „JuniorBotschafter für Kinderrechte"

UNICEF („**U**nited **N**ations **I**nternational **C**hildren's **E**mergency **F**und") ist das Kinderhilfswerk der UNO. Es wurde 1946 gegründet, um nach dem Zweiten Weltkrieg den hungernden und kranken Kindern im verwüsteten Europa zu helfen. Heute hilft UNICEF Kindern in den Entwicklungsländern und Krisengebieten: In 160 Ländern setzt sich das Kinderhilfswerk dafür ein, dass die Kinderrechte eingehalten bzw. umgesetzt werden, dass Kinder vor Ausbeutung geschützt werden, dass sie die Schule besuchen können, medizinisch betreut werden, sauberes Trinkwasser sowie eine ausreichende Ernährung erhalten.

Viele prominente Politiker und Stars aus Fernsehen, Film, Musik und Sport sind Botschafter für UNICEF. Aber auch ihr könnt euch für UNICEF und die Kinderrechte einsetzen, indem ihr JuniorBotschafter werdet.

155.1

Materialien sowie weitere Themen (z. B. Straßenkinder, Aids, Gesundheit, Kinderhandel, Schulen anderswo, Kinder und Wasser) findet ihr auf der Homepage „UNICEF JuniorBotschafter": ***http://www. unicef.de/home1.html.*** Hier könnt ihr euch auch als Junior Botschafter anmelden, dann erhaltet ihr von UNICEF Buttons, Poster und Faltblätter.

Als JuniorBotschafter solltet ihr eure Beschäftigung mit den Themen öffentlich machen. Ihr könnt z. B. eine Ausstellung in der Schule organisieren, einen Elternabend veranstalten und eure Eltern informieren. Ihr könntet euch an die Zeitung wenden und zu einer Pressekonferenz einladen, auf der ihr über eure bearbeiteten Themen berichtet.

Welche Ideen andere Klassen umgesetzt haben („Klasse Aktionen") und eine Vielzahl zusätzlicher Ideen („Ideen von A – Z") findet ihr auch auf der Homepage „UNICEF JuniorBotschafter".

Mögliche Themen, die ihr in Gruppen bearbeiten könnt:

Kindararmut

Gleichberechtigung von Jungen und Mädchen

Kinder und Krieg

Kinderarbeit

156.1 Viktorias Geburtstagsgeschenk

Viktoria – das Schicksal einer behinderten Schülerin

Viktoria war eine beliebte Schülerin und hatte auch viele Freunde. In ihrer Freizeit spielte sie Basketball und fuhr gerne Rad. Ihr Leben veränderte sich schlagartig an ihrem 12. Geburtstag. Wie es dazu kam, schrieb Viktoria in ihrem Tagebuch auf.

> Endlich war der Tag gekommen, mein 12. Geburtstag. Wie oft hatte ich es mir schon in Gedanken ausgemalt, das Sechs-Gang-Sportrad, in meiner Lieblingsfarbe Pink. Würde ich es bekommen? Ich war schon gespannt. „Viktoria, hole doch meinen Einkaufskorb! Er steht noch unten vor der Haustüre", hatte mich meine Mutter gebeten. Ich ging hinaus und da stand es, ganz in Pink, genauso wie ich es mir vorgestellt hatte. „Herzlichen Glückwunsch zum Geburtstag" stand auf dem bunten Schild zu lesen. Ich war überglücklich. Doch dann …
> Ich wollte doch nur zu meiner Freundin Sabine flitzen und ihr mein neues Fahrrad vorführen. Den Lastwagen sehe ich noch genau vor mir, wie er zum Überholen ansetzte und gefährlich weit auf meine Straßenseite herüberkam. Vor Entsetzen verriss ich den Lenker und verlor das Gleichgewicht. Ich stürzte. Das schreckliche Quietschen der Bremsen höre ich immer noch. Mir wurde schwarz vor Augen. Zwei Tage lag ich bewusstlos auf der Intensivstation. Endlich wachte ich auf und sah in die verweinten Gesichter meiner Eltern.

156.2 Die Unfallstelle

AUFGABEN >>

1 Als Viktoria aus der Bewusstlosigkeit erwacht, versucht sie sich zu erinnern, was passiert ist. Erklärt, was geschehen sein könnte.

2 Beschreibt, welche möglichen Folgen der Unfall für Viktoria haben könnte.

Viktoria bleibt gelähmt
Im Krankenhaus

> ... wenn ich doch nur einschlafen könnte! Katrin, die mit mir das Zwei-Bett-Zimmer teilt, schläft schon längst. Warum ist das gerade mir passiert? Warum mir? Seit zwei Monaten liege ich schon hier und weiß immer noch nicht, wann ich aufstehen darf. Wirbelsäulenbruch haben die Ärzte gesagt. Für immer gelähmt, für immer im Rollstuhl.

Viele Wochen später

> ... Endlich muss mich Mama nicht mehr die Treppen hinauftragen. Wir sind umgezogen. Unsere neue Wohnung liegt jetzt im Erdgeschoss. Hier gibt es kein Hindernis mehr für meinen Rolli und mich.
>
> Heute Nachmittag kommen Sabine und Monika zu Besuch. Wir wollen zusammen Mathe und Englisch lernen. Da bin ich nämlich ganz gut.
>
> Vielleicht bleibt uns nach dem Lernen noch etwas Zeit, um im Park spazieren zu fahren. Moni schiebt mich und Sabine nimmt meine Hand und zieht mich. Nur schade, dass viele Spaziergänger gleich wieder wegschauen, wenn sie mich sehen. Moni und Sabine sind richtig nett zu mir und verhalten sich ganz normal.
>
> Moni meinte außerdem, dass alle in der Klasse wollen, dass ich wieder in meine alte Schule zurückkomme. Mir wäre das auch am liebsten. Aber wenn ich es recht bedenke: Das geht doch gar nicht!

157.1 Auf dem Weg ins Krankenhaus

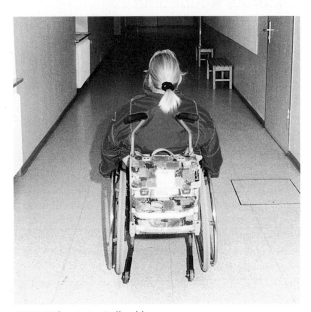

157.2 Viktoria im Rollstuhl

Viktorias letzter Satz gab ihren Mitschülern zu denken. Deshalb nahmen sie sich vor zu prüfen, ob Viktoria in ihre alte Klasse zurückkann. Sind das Schulhaus und der Schulweg überhaupt behindertengerecht ausgestattet?
Das Ergebnis haben die Schüler in einer Fotodokumentation festgehalten (> S. 163).

AUFGABEN >>

1. Worüber denkt Viktoria im Krankenhaus nach?
2. Überlegt, was sich für Viktoria ändern wird, wenn sie im Rollstuhl bleiben muss.
3. Was mussten Viktorias Eltern bei der Suche einer neuen Wohnung bedenken? Wie schaut eine behindertengerechte Wohnung aus?
4. Moni und Sabine verhalten sich ihr gegenüber ganz normal. Was meint Viktoria wohl damit?
5. Welche Gründe sprechen für den Verbleib Viktorias in ihrer alten Schule, welche dagegen?

158.1 Viktoria beim Reiten

158.2 Viktoria beim Basketballspiel

Viktorias Neubeginn

Die Mitschüler: „Viktoria gehört zu uns!"

Viktorias Mitschüler freuen sich, dass sie wieder in der Klasse ist. Peter: „Schön, dass Viktoria wieder in unserer Schule ist. Das klappt doch auch alles ganz gut!"

Anja: „Ja, sie holt ihre Lücken aus dem Unterricht auf. Der lange Krankenhausaufenthalt ... du verstehst. Der Umbau des Schulhauses ist kein großes Problem gewesen."

Robert: „Den Umbau hat die Stadt bezahlt. Aber ist Viktoria jetzt zufrieden?"

Anja: „Wieso fragst du?"

Monika: „Na, Viktoria ist doch Mitglied in unserem Basketballverein! Und dann die gemeinsamen Radtouren, die wir unternommen haben. Oder in den Sommerferien, der Badeurlaub in Italien ... Sie hat doch dort schon feste Freunde gefunden."

Peter: „Stimmt. Aber das ist ja jetzt wohl alles für sie vorbei."

Monika: „Was sagst du denn da? Natürlich haben Behinderte ein Handicap. Aber sollen sie deshalb für ihr ganzes Leben nur noch zu Hause sitzen? Neulich erzählte meine Schwester, dass sie auf einem Fest mit einem Rollstuhlfahrer getanzt hat. Beide hatten großen Spaß dabei. Man muss sich nur darauf einstellen."

Viktoria: „Den Sport gebe ich nicht auf"

Trotz ihrer körperlichen Behinderung spielt Viktoria heute wieder Basketball. Mit ihrem Sportrolli kann sie alle Ballsportarten, wie Basketball, Rugby und Tennis ausüben. Den Basketball legt sie vorne auf die kleine Ablage am Rolli. Oft haben Sportrollis auch vorne unten einen „Rammbügel".

Ihre Mutter bringt sie mit dem Auto zweimal in der Woche in die nächstgrößere Stadt. Nur dort kommen genügend Spieler im Rolli zusammen. Die Turnhalle ist mit behindertengerechten Waschräumen ausgestattet. Jetzt kämpft Viktoria in der neuen Mannschaft mit gleichem Eifer um den Sieg wie früher. Selbst Radtouren unternimmt sie weiterhin. Mit ihrem Handybike, das nur mit der Kraft der Arme fortbewegt wird, erreicht sie Geschwindigkeiten von 20 km/h! Auch zum Schwimmen trifft sie sich mit ihren Freundinnen regelmäßig. Im Wasser fühlt sie sich wohl, denn hier geht alles viel leichter für sie.

Inzwischen gehört Viktoria einem Freizeitclub an, in dem sich Behinderte und Nichtbehinderte treffen. In den nächsten Sommerferien möchte sie mit diesem Club in ein Jugendhaus fahren. Dort werden Musik-, Sport-, Koch-, Theaternachmittage sowie Disco-Abende angeboten.

AUFGABEN >>

1. In Viktorias Leben hat sich viel verändert. Ihre Freizeitgruppe ist für sie sehr wichtig. Zählt Gründe auf.
2. Informiert euch über Sportangebote für Behinderte. (Denkt an die Paralympics, die Olympiade für Sportler, die behindert sind.) Erstellt dazu aus Bildern und Texten eine Infostellwand.

Wie soll es mit Viktoria weitergehen ?

Viktoria ist in ihrem Heimatort sehr gut bekannt. Viele sind über ihren Unfall
bestürzt. Sie teilen die Sorgen der Eltern, doch wie es weitergehen soll, darüber
gehen die Meinungen weit auseinander:

Herr Wallner, ein Nachbar:
*Warum soll Viktoria aus ihrem Freundeskreis
herausgerissen werden? Sie denkt und fühlt
doch noch genauso wie vor dem Unfall?!
Lasst doch die Viktoria weiter mit ihren alten
Klassenkameraden beisammen!*

Frau Huber eine Nachbarin:
*Die Familie ist doch nirgends mehr
gern gesehen, wenn sie mit einer im
Rollstuhl kommt!*

Viktorias Mutter:
*Auch wenn ich jetzt stärker angebun-
den bin: Ich werde meine Tochter bei
mir behalten.*

**Herr Meier,
der Hausmeister:**
*Wozu gibt es denn solche speziellen
Schulen für Menschen mit Behinderung? Dort kann man gezielt gefördert werden.*

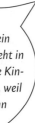

**Frau Weber,
die Taufpatin:** *Der Willi, ein
Junge aus der Nachbarschaft, geht in
eine Schule für körperbehinderte Kinder. Er fühlt sich dort sehr wohl, weil
er nicht will, dass man auf ihn
Rücksicht nehmen muss.*

**Frau Bauer,
Mutter einer Mitschülerin:**
*Der Umbau hat unglaublich viel
gekostet. Und das nur wegen einer
Schülerin?!*

Frau Schmidt, Pflegerin:
*Viktoria ist zu bewundern. Sie hat so
viel Lebensmut!*

AUFGABEN >>

1. Welche Vor- und Nachteile hat eine Heimunterbringung bzw. ein Verbleib in der Familie für
   Viktoria, für ihre Familie und für ihre Mitschüler? Stellt die geäußerten Meinungen gegenüber und wägt ab.
2. Würde es eure Meinung ändern, wenn
   a) eine Schule für Körperbehinderte in nächster Nähe wäre?
   b) Viktorias Mutter ihren Beruf aufgeben müsste, um mehr Zeit für Viktoria zu haben?
   c) Viktoria nach ihrem Unfall mehrfach, z. B. körperlich und geistig behindert wäre?

160.1 Stefan

160.2 Monika

Menschen meistern ihre Behinderung

Stefan und Monika besuchen zusammen eine 5. Klasse in Frankfurt. Beide kommen in Begleitung ihres Pflegers.

Stefan – viel im Rolli unterwegs

Stefan leidet unter einer Krankheit, bei der seine Beine immer bewegungsunfähiger werden. Er arbeitet in einem Büro und lebt alleine. Mit seinem Rolli erreicht er fast alle seine Ziele in Frankfurt. Doch heute verspätete er sich: Denn im U-Bahn-Untergeschoss war der Lift defekt. So musste er auf die Hilfe freundlicher Passanten warten. Er kann zwar mit dem Rolli auf die Rolltreppe fahren, doch er muss von hinten gestützt werden, damit er nicht rückwärts kippt.

Hat er größere Entfernungen zurückzulegen, so nimmt Stefan manchmal auch sein Auto. Es ist speziell für seine Behinderung ausgestattet: Statt Fußpedale hat er neben dem Steuerrad Hebel, mit denen er bremsen und Gas geben kann. Auf Abb. 160.1 seht ihr Stefan auf seinem Handy-bike. Er ist sehr sportlich und traut sich fast alles: Auf der Dippemess fährt er mit den tollsten Fahrgeschäften.

Monika – zuhause am Computer

Monika ist seit einem Unfall, einem schweren Sturz, gelähmt. Mit ihrer Tochter Bianca, 13 Jahre, lebt sie in einer rollstuhlgerechten Wohnung. In der Nacht ist ihre Lunge an ein Atemgerät angeschlossen. Arme und Beine kann sie nicht mehr bewegen. Monika muss 24 Stunden am Tag von einem ambulanten Pflegedienst betreut werden. Sie kennt das Team von fünf Leuten. Sie alle sind wie eine Familie.

In ihrer Freizeit sitzt sie viel am Computer (Abb. 160.2). Da sie Hände und Arme nicht bewegen kann, steuert sie den Cursor nicht mit der Maus, sondern mit einem Metallplättchen, das auf ihrer Stirn klebt. Dreht sie den Kopf, wandert der Cursor über den Bildschirm. Wie eine Art Brille trägt sie einen Sensor, der an ihre Wange reicht. Bläht sie mit der Zunge die Wange auf, berührt sie den Sensor, was dem Drücken der Entertaste entspricht.

Da sie aufgrund ihrer schweren Behinderung keinen Beruf oder Sport ausüben kann, ist der Computer für sie wichtig als Freizeitbeschäftigung und zur Selbstbestätigung.

AUFGABEN >>

1. Welche Hilfsmittel stehen Stefan und Monika zur Verfügung?
2. Beschreibt, welche Unterstützung Monika außerdem erfährt.
3. Mit ihren Betreuern lebt Monika wie in einer Familie. Begründet, warum ihr das so wichtig ist.
4. Welche Fragen würdet ihr an die Pfleger von Stefan und Monika stellen? (Wie ihr eine Befragung durchführt, könnt ihr auf Seite 95 nachlesen.)

Evi und Loli - Leben in einer lautlosen Welt

Eine 5. Klasse aus Frankfurt hat sich auf den Besuch von Evi und Loli vorbereitet. „Also", beginnt Loli, „ihr wisst ja bereits, wie ich heiße und dass ich schwerhörig bin. Wenn ihr besonders deutlich sprecht und ich mein Hörgerät lauter stelle, kann ich mich ganz gut mit euch unterhalten. Zusätzlich lese ich viel von den Lippen ab. Meine Begleiterin Evi hört allerdings gar nichts. Wir beide unterhalten uns in Gebärdensprache. Wenn ihr Fragen an Evi habt, übersetze ich diese mithilfe der Gebärdensprache. Diese besteht aus verschiedenen Handzeichen. Sie unterscheiden sich je nach Handform, Handstellung, Ausführungsstelle und Bewegung."

Evi ist seit Geburt taub. Loli hatte mit zwei Jahren eine Hirnhautentzündung. Diese Krankheit führte zu seiner Schwerhörigkeit.

161.1 Loli mit seinem Hörgerät

Loli: „Natürlich habe ich euch auch verschiedene Hilfsmittel mitgebracht, die Gehörlose im Alltag benützen. Mein Hörgerät (Abb. 161.1) trage ich zum Beispiel in meiner Hemdtasche. Es hat zwei Knöpfe, die durch Blinken anzeigen, wenn ständig das Telefon klingelt oder die Türglocke läutet. Ganz ähnlich funktioniert die Lichtsignalanlage für taube Mütter, denen der blinkende Knopf anzeigt, dass ihr Baby schreit."

Evi: „Wir können zwar nicht miteinander telefonieren, aber ihr könnt euch sicher denken, wie wir uns Nachrichten senden."

Viele Schüler fragen, ob ihre Gäste auch Sport betreiben können. „Natürlich können wir alle Sportarten ausüben", erklärt Loli. „Rad- und Autofahren ist für uns überhaupt kein Problem. Nur hat unser Auto einen zweiten Rückspiegel. Denn Hupen oder Sirenen hören wir nicht. Da müssen die Augen doppelt wachsam sein." „Problematisch wird es", fügt Evi hinzu, „wenn wir einen Unfall haben, denn wie sollen wir uns ohne Gebärdendolmetscher verständlich machen?"

161.2 Türglocke mit einem Blinkzeichen

Mithilfe der Gebärdensprache und technischer Geräte können Gehörlose mit der hörenden Umwelt in Kontakt treten.

AUFGABEN >>

1 Nennt Hilfsmittel für gehörlose Menschen.
2 Welches Nachrichtenmittel setzten Evi und Loli ein?
3 Könnt ihr euch weitere Lebenssituationen vorstellen, in denen ein Gebärdendolmetscher für Gehörlose wichtig wird?

161.3 Der Schüler Angelo aus der 5. Klasse übt Gebärdensprache: Knipsen der Finger bedeutet „Kapiert?"

Zusatzthema: Was gibt es für Behinderungen?

162.1– 3 Spastisch Behinderter, Blinde, geistig Behinderter

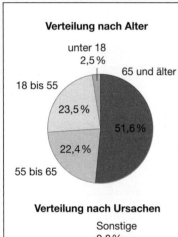

Verteilung nach Alter

unter 18
2,5 %

65 und älter

18 bis 55

23,5 %

51,6 %

22,4 %

55 bis 65

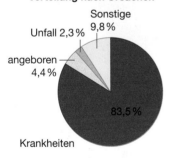

Verteilung nach Ursachen

Sonstige
9,8 %

Unfall 2,3 %

angeboren
4,4 %

83,5 %

Krankheiten

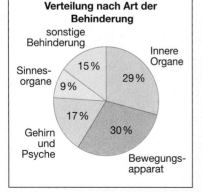

Verteilung nach Art der Behinderung

sonstige
Behinderung

Innere
Organe

Sinnes-
organe

15 %

29 %

9 %

17 %

30 %

Gehirn
und
Psyche

Bewegungs-
apparat

162.4 Statistik zu Behinderungen (2004)

Behindert – was versteht man darunter?

Auf der Straße siehst du behinderte Menschen nicht so häufig. Oft erkennst du sie auch nicht. Dennoch leben allein in Deutschland über 6 Millionen! Unter den behinderten Menschen sind rund die Hälfte 65 Jahre und älter.

Behinderte Menschen sind wie du und ich. Allerdings sind sie in verschiedenen Bereichen ihres Lebens eingeschränkt. Aus diesem Grund benötigen sie bestimmte Hilfen. Zu den Bereichen, in denen Behinderte kein völlig selbstständiges Leben führen können, gehören das Wohnen, die Arbeit, die Freizeit oder die Schule. Hilfen werden Behinderten in unterschiedlicher Art gewährt. Sie umfassen z. B. Fördermaßnahmen in der Schule oder während der Berufsausbildung oder finanzielle Unterstützung des Staates bei der Anschaffung von Hilfsmitteln, z. B. beim Kauf eines Rollstuhls für einen Körperbehinderten.

Ursachen und Erscheinungsformen von Behinderungen

Behinderungen können verschiedene Ursachen haben. So kann die Behinderung bereits von Geburt an vorhanden sein oder auch im späteren Leben durch einen Unfall oder Krankheit verursacht sein (Abb. 162.4). Grundsätzlich unterscheidet man körperliche, geistige und seelische Behinderungen. Jede Behinderung kann unterschiedlich stark ausgeprägt sein.

Am Beispiel der Sehfähigkeit soll dies verdeutlicht werden: Es gibt Menschen, denen das Augenlicht völlig fehlt. Bei anderen ist die Sehschärfe so gering, dass sie sich ohne fremde Hilfe nicht zurechtfinden können. Andere wiederum können hell und dunkel unterscheiden oder erkennen leuchtende Farben oder grobe Umrisse. In solchen Fällen spricht man von stark sehbehinderten Menschen.

AUFGABEN >>

1 Erläutert, was man unter Behinderung versteht.

2 Zählt Ursachen von Behinderungen auf.

3 Erklärt, wodurch sich Menschen mit Behinderungen unterscheiden (Abb. 162.4).

4 Sammelt Beispiele für Menschen mit Behinderung, bei denen die Behinderung nicht ohne Weiteres zu erkennen ist. Welche Probleme ergeben sich daraus?

Wir erkunden behindertengerechte Einrichtungen an unserem Ort

Behinderte Menschen treffen im Alltag auf viele Barrieren. Schüler einer Wiesbadener Gesamtschule versuchten herauszufinden, welche Maßnahmen die Stadt in ihrem Wohnviertel ergriffen hat, um behinderten Menschen mehr „Bewegungsfreiheit" zu geben. Einrichtungen, die den Behinderten ein weitgehend selbstständiges Leben ermöglichen, dokumentierten sie auf Fotos.
Alexander hat sich näher mit dem Thema befasst und erklärt, was eine Fotodokumentation ist.

Rampe für Rollstuhlfahrer

Was kann eine Fotodokumentation leisten?

Fotos und Bilder begegnen uns täglich: in Zeitschriften, Büchern, auf Plakaten oder im Fernsehen. Fotos wecken schnell unser Interesse – vor allem, wenn sie gut gemacht sind. Ein Foto drückt oft mehr aus als tausend Worte.
Viele kleben ihre Urlaubsfotos ins Fotoalbum. Möchte jemand was über den Urlaub erfahren, dann zeigen wir ihm oft unser Fotoalbum – z. B. mit Bildern der besuchten Sehenswürdigkeiten oder Schnappschüsse vom Strand. Urlaubsbilder zeigen also Augenblicke unseres Urlaubs und dokumentieren die Orte, wo wir waren oder auch unsere ausgelassene Stimmung. Unsere Freunde zu Hause können sich nun ein Bild von unserem Urlaub machen.
Bei einer Fotodokumentation ist wichtig, dass die Bilder das Thema der Fotodokumentation widerspiegeln und beim Betrachter Reaktionen auslösen sowie diesen betroffen, neugierig oder auch fröhlich machen.

Behindertenparkplatz

Für Behinderte reservierter Sitzplatz

Was ihr bei der Durchführung einer Fotodokumentation beachten müsst:

Vorüberlegungen
1. Wie heißt das Thema der Fotodokumentation?
2. Was soll fotografiert werden?
3. Wo können die Fotos gemacht werden?
4. Welche Wirkung erzielen die Fotos?

Vorbereitung
1. Korkplatte, Hartfaserplatte, Filzplatte oder Pappfläche zum Befestigen der Fotos besorgen.
2. Fotoapparat oder Foto-Handy mitbringen.
3. Klebstoff, Reißnägel zum Befestigen und Stifte zum Beschriften der Fotos besorgen.

Ausführung
1. Teilt euch in Gruppen auf. Macht die Aufnahmen an den abgesprochenen Orten.
2. Befestigt eure Bilder an der Korkplatte und fügt zusätzlich Informationstexte und weitere Zeichnungen hinzu.
Untersucht nun euren Stadtteil oder euren Heimatort nach ähnlichen Beispielen.

Behindertengerechte Telefonzelle

Orientierungsstreifen für Blinde

163.1 – 5
Aus der Fotodokumentation von Alexander

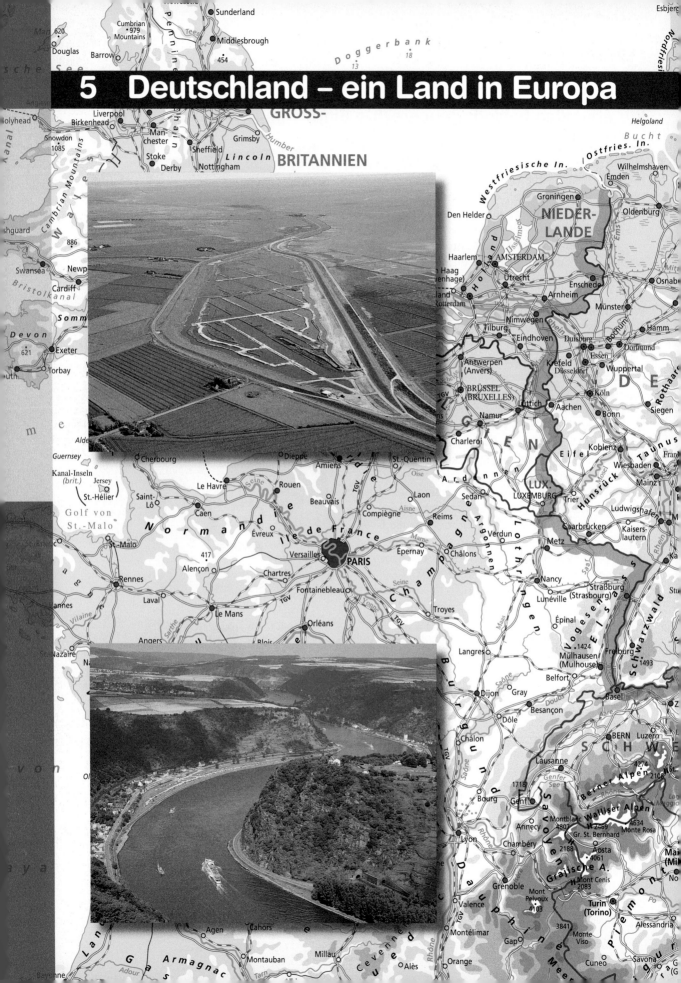

5   Deutschland – ein Land in Europa

Quer durch Deutschland

Auf Seite 31 habt ihr bereits erfahren, dass die Höhen in Karten mit Linien oder Farben dargestellt werden. Auch ein Profil habt ihr dort kennengelernt. Jetzt könnt ihr diese Technik auf ganz Deutschland übertragen: Stellt euch in Gedanken die Landschaft aus Karte 166.1 aufgeschnitten vor. Ihr erhaltet dann ein Nord-Süd-Profil von Deutschland (Abb. 166.2). Darin könnt ihr die Höhenunterschiede gut erkennen.

In Deutschland gibt es vier Großlandschaften. Damit ihr euch vorstellen könnt, wie es dort aussieht, sind sie auf Seite 167 beschrieben.

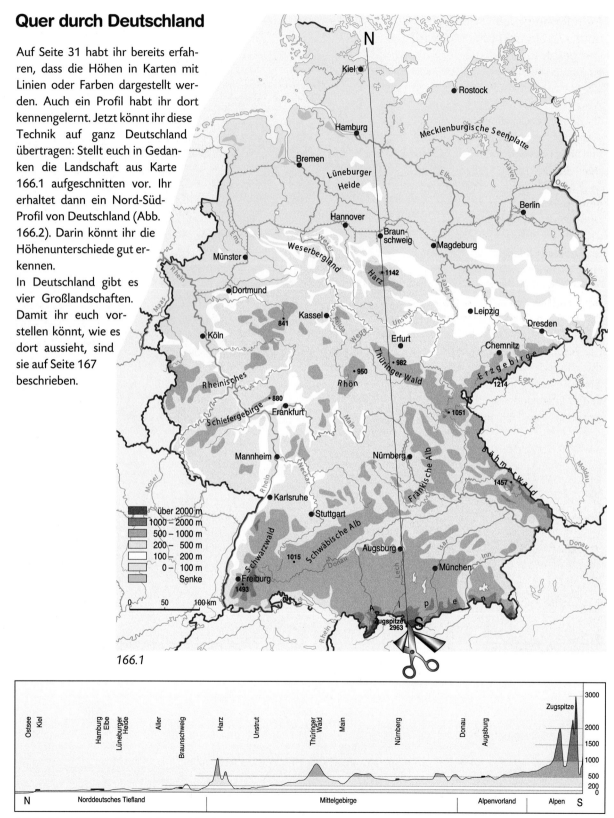

166.1

166.2 Nord-Süd-Profil durch Deutschland

Eine Reise durch Deutschland von Norden nach Süden

Von der deutsch-dänischen Grenze bis kurz vor den Harz erstreckt sich das **Norddeutsche Tiefland** in dem Profil 166.1. Das Landschaftsbild zeigt überwiegend weite, ebene oder flachwellige Flächen. Die wenigen Hügel sind nicht höher als 200 m.

Den flächenmäßig größten Teil Deutschlands nehmen die **Mittelgebirge** ein. Dort sind zahlreiche Höhenzüge und lang gestreckte Täler zu sehen. Die Berge sind von dichten Wäldern bedeckt. Sie sind aber nicht höher als 1 500 m.

Im Süden schließt sich das **Alpenvorland** an. Das Gelände wird wieder flacher. Viele Seen und große Wiesenflächen prägen das Bild.

Die Alpen bilden als **Hochgebirge** die natürliche Südgrenze Deutschlands. Dort liegt auch der höchste Berg Deutschlands, die Zugspitze mit einer Höhe von 2 963 m.

167.4

167.1–3

AUFGABEN >>

1. Ordnet die Bilder 167.1–3 und 4 den entsprechenden Abschnitten im Profil zu.
2. Bearbeitet folgende Aufgaben mithilfe des Atlas:
   a) Erstellt eine Tabelle mit den größten Städten des Norddeutschen Tieflands: an der Nordseeküste/an der Ostseeküste / im Hinterland.
   b) Nennt fünf Höhenzüge der Mittelgebirge und vier Seen des Alpenvorlandes.

Methode: Unsere Klassenkarte von Deutschland

Vorbereitung

Ihr habt bereits die Naturräume Deutschlands kennen gelernt. Auf dieser Doppelseite lernt ihr nun, wie man sich eine eigene Lernkarte erstellen kann. Diese hilft dabei, euch die Lage der Flüsse, Berge und Städte der Naturräume in Deutschland besser einzuprägen.

Bevor ihr mit der Arbeit beginnt, solltet ihr folgende Materialien besorgen:

- Atlas
- Transparentpapier
- vier Büroklammern
- Lineal
- Bleistift und Buntstifte

Durchführung

Arbeitsschritt 1:

Sucht im Atlas eine geeignete physische Karte von Deutschland.
Befestigt Transparentpapier mit den Büroklammern darauf.
Zeichnet mit Bleistift und Lineal den Kartenrahmen nach.

Arbeitsschritt 2:

Zeichnet nun das Flussnetz, die Küstenlinien und den Bodensee mit einem blauen Farbstift nach.
Die Abb. 168.1 zeigt euch die Auswahl.

Arbeitsschritt 3:

Umfahrt dann mit einem braunen Buntstift wichtige Gebirge und färbt sie vorsichtig ein (siehe Abb. 168.2).

Arbeitsschritt 4:

Fahrt jetzt die Staatsgrenze rot nach.
Vervollständigt eure Karte mit wichtigen Großstädten über 500 000 Einwohner. Aus der Legende des Atlas könnt ihr entnehmen, welche Städte dazuzählen.
Bringt zum Abschluss eure „stumme Karte" zum „Sprechen". Beschriftet mithilfe des Atlas Gebirge und Städte mit Schwarz, die Flüsse mit Blau.

Auswertung

Diese Karte kann euch nun immer wieder zur Orientierung dienen.
Ihr könnt noch die Karte mit den Großlandschaften von Seite 166 zu Hilfe nehmen und diese mit den entsprechenden Farben grün, gelb und braun in eure Lernkarte übertragen. (Achtet dabei darauf, dass sich das Braun der Gebirge von dem der Großlandschaften unterscheidet.)

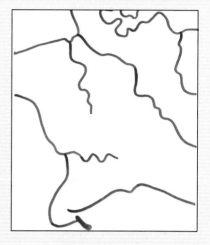

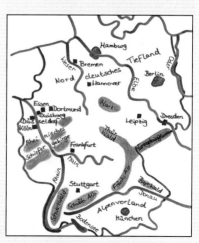

168.1–3 Arbeitsschritte 2–4

169.1 *Eine selbst gezeichnete Lernkarte*

AUFGABEN >>

1. Erstellt eine Tabelle der wichtigsten Flüsse Deutschlands. Schreibt auf, durch welche Landschaften und Bundesländer sie fließen (Abb. 166.1, 170.1, Atlas).
2. Zeichnet nach dem vorgegebenen Muster eine Lernkarte von Hessen. Tragt in die Karte die wichtigsten Landschaften, Städte und Flüsse Hessens ein.

170.1
Politische Karte

DÄNEMARK

Nordsee

Ostsee

Schleswig-
Kiel ●
Holstein

Mecklenburg-
Vorpommern
Schwerin ●

Hamburg ●

NIEDER-
LANDE

Bremen ●
Niedersachsen

POLEN

Potsdam ● ■ Berlin
Hannover ●

Sachsen-
Brandenburg

Magdeburg ●
Anhalt

Nordrhein-
Westfalen
● Düsseldorf

Dresden ●
Erfurt ●
Sachsen
Thüringen
Hessen

BEL-
GIEN

Wiesbaden ●
Rheinland-
Mainz ●
Prag ■

LUX.
Luxem-
burg ■
Saar-
land
Pfalz
Saarbrücken ●

TSCHECHIEN

Bayern

FRANKREICH

Stuttgart ●

Baden-
Württemberg
München ●
ÖSTERREICH

SCHWEIZ

0   50   100 km

16 Bundesländer = Deutschland

Auf der Karte 170.1 erkennt ihr, dass Hessen ein Bundesland von Deutschland
ist. Die Bundesrepublik Deutschland besteht aus insgesamt 16 Bundesländern (Tab. 171.1). Jedes Bundesland hat eine Hauptstadt, eine eigene Regierung und ein eigenes Wappen.

Das Wappen des Landes Hessen (seit 1946) geht im Wesentlichen aus dem
Wappen der Landgrafen von Hessen und Thüringen hervor. Es zeigt einen
silbern-roten, gestreiften Löwen im blauen Feld. Die auf dem Schild ruhende
Krone ist ein Gewinde aus goldenem Laubwerk mit blauen Perlen.

170.2

171.1 Die Wappen der 16 Bundesländer

Bundesland	Fläche in km²	Einwohner in Mio.	Bevölkerungsdichte in Ew. je km²	Hauptstadt
Flächenstaaten				
Baden-Württemberg	35 752	10,7	300	Stuttgart
Bayern	70 551	12,5	177	München
Brandenburg	29 479	2,6	87	Potsdam
Hessen	21 114	6,1	289	Wiesbaden
Mecklenburg-Vorpommern	23 170	1,7	74	Schwerin
Niedersachsen	47 611	8,0	168	Hannover
Nordrhein-Westfalen	34 078	18,1	530	Düsseldorf
Rheinland-Pfalz	19 847	4,1	204	Mainz
Saarland	2 570	1,1	409	Saarbrücken
Sachsen	18 413	4,3	232	Dresden
Sachsen-Anhalt	20 446	2,5	121	Magdeburg
Schleswig-Holstein	15 771	2,8	179	Kiel
Thüringen	16 171	2,3	144	Erfurt
Stadtstaaten				
Berlin	891	3,4	3 807	
Bremen	404	0,7	1 641	
Hamburg	755	1,7	2 309	
Deutschland gesamt	357 024	82,4	231	Berlin

171.2 Die Bundesländer im Überblick

AUFGABEN >>

1. Ordnet die Bundesländer mithilfe der Tabelle 171.2 nach Flächengrößen und Einwohnerzahlen. Vergleicht die Werte miteinander. Bildet dazu Sätze, z. B.: „Bayern ist flächenmäßig etwa doppelt so groß wie Baden-Württemberg."

2. Beschreibt die Lage der einzelnen Bundesländer. Beispiel: „Das Bundesland Mecklenburg-Vorpommern liegt im Nordosten Deutschlands. Im Norden grenzt es an die Ostsee, im Osten an Polen."

3. Abb. 171.1 zeigt die Wappen aller Bundesländer. Versucht diese den Ländern richtig zuzuordnen. Tipp: Auf den Kfz-Kennzeichen sind die jeweiligen Wappen zu finden. Ihr werdet auch im Internet (Suchbegriff: Bundesland + Wappen) fündig.

4. Ihr könnt auch eure Ergebnisse auf einem Plakat mit der Überschrift „Die 16 Bundesländer von Deutschland" zusammenstellen.

5. Ermittelt die Flächengrößen und Einwohnerzahlen der Nachbarstaaten Deutschlands (Lexikon, Internet).

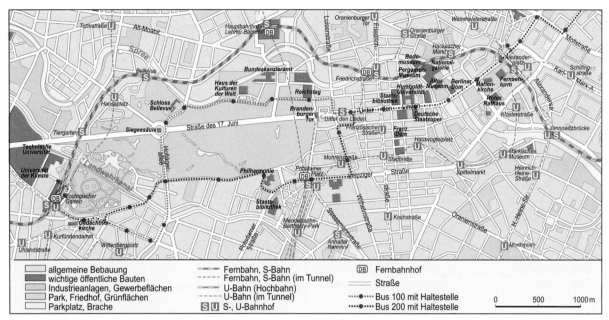

172.1 Die Buslinie 100 in Berlin

Eine Stadtrundfahrt in Berlin

Im Doppeldecker durch Berlin

Julian besucht seinen Cousin Lukas in Berlin. Sie wollen mit der Buslinie 100 Berlin erkunden. *„Zweimal Logenplatz erste Reihe"*, tönt Lukas, während er aufs Oberdeck stürmt, um die Plätze freizuhalten. Er erklärt: *„Unser guter alter Ku'damm ist die beste Adresse für edles Shopping – es gibt fast nichts, was es nicht gibt. Übrigens, der ‚Hohle Zahn' (1) da ist nur die Kriegsruine einer riesigen Kirche und der Zoo (2) dort soll der älteste Deutschlands sein."*

Eine scharfe Kurve, Julian wird gegen Lukas gepresst. *„Da vorne, da thront ‚Goldelse' (3) in 67 Metern Höhe auf ihrer Säule. Sie erinnert an siegreiche Preußenkriege. Dort hinten ist das Schloss Bellevue (4), da residiert der Bundespräsident. Und als nächstes kommen wir bei der ‚Schwangeren Auster' (5) vorbei, einer Kulturhalle für Künstler aus aller Welt.*

Schon sind die beiden mitten im Regierungsviertel angelangt. *„Manchmal"*, fährt Lukas fort, *„wimmelt es hier nur so von prominenten Politikern. Das neue Bundeskanzleramt (6) nennen wir Berliner liebevoll ‚Waschmaschine'. Seine Scheiben sind 8 cm dick. Auf der anderen Seite am Platz der Republik siehst du den Reichstag. In diesem Prunkbau tagt der Deutsche Bundestag. Von seiner Kuppel hat man eine spitzenmäßige Aussicht ... Schau, dort drüben, das Brandenburger Tor (7), das Symbol der Wiedervereinigung von Ost und West. Wir fahren später durch, aber erst geht's zum Potsdamer Platz (8), der neuen Mitte Berlins. Wie du siehst, konstruierten die Architekten eine moderne Welt aus Stein, Stahl und Glas."* Julian bestaunt das Sony-Center, das Daimler-Areal, das Hyatt-Hotel und das Musicaltheater.

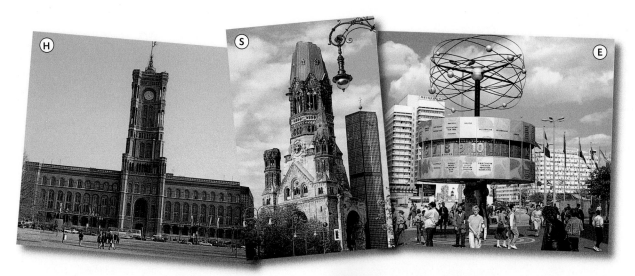

Schon erscheint das Brandenburger Tor ganz nah. *„Dahinter fahren wir über die Prachtstraße der Ost-City, das alte Herzstück Berlins. Hier ‚Unter den Linden' sind inzwischen alle berühmten Bauwerke restauriert, es entstehen immer mehr Straßencafés. Dort auf der Museumsinsel in der Spree (9) sind antike und moderne Kunstschätze zu bewundern. Im Hintergrund ist der 365 m hohe ‚Telespargel' zu sehen, es ist der dritthöchste Fernsehturm Europas. Gleich kommen wir näher noch dran vorbei, doch erst streifen wir noch das Rote Rathaus (10), den Sitz des Berliner Senats."*

Am Alexanderplatz ist Endstation für Lukas und Julian, sie steigen aus. Beim Blick auf die Weltzeituhr am Alexanderplatz (11) und auf das geschäftige Treiben zwischen S- und U-Bahnen wird Julian klar: *„Berlin ist eine der aufregendsten Städte."*

AUFGABE >>>

Verfolgt die Stadtrundfahrt auf der Karte. Ordnet dabei die Sehenswürdigkeiten (1–11) den Bildern zu. Die Buchstaben der Bilder ergeben in der richtigen Reihenfolge den Spitznamen für die Spreeinsel.

Sturmflut und Küstenschutz

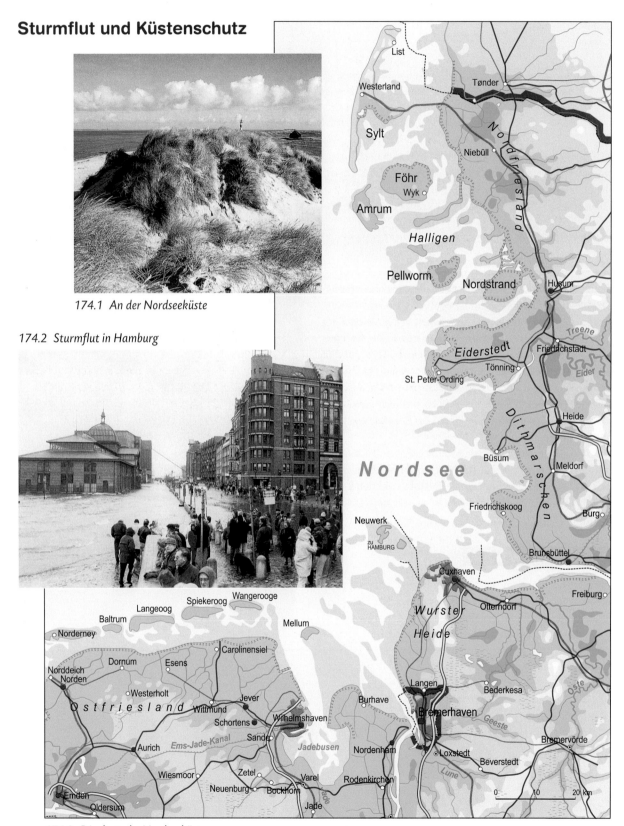

174.1 An der Nordseeküste

174.2 Sturmflut in Hamburg

174.3 Die deutsche Nordseeküste

Leben am Deich

„Achtung Sturmwarnung! Ein Orkan mit der Wind-
geschwindigkeit 12 weht aus nordwestlicher Richtung",
tönt es aus dem Radio. Diese Nachricht schreckt alle
Küstenbewohner auf. Die Menschen an der Nordseeküste
müssen mit der ständigen Gefahr einer Sturmflut leben.
Sie wissen, dass dann der starke Wind die Wassermassen
gegen die Nordseeküste treibt. In den letzten Jahrhunderten gab es immer wieder verheerende Überschwemmungen mit vielen Toten. Sogar der Verlauf der Küsten-
linie änderte sich bei schweren Sturmfluten (Abb. 175.2).
Ganze Siedlungen, Ackerland und Wiesen wurden weggespült.

Deshalb versuchen sich die Bewohner der Küstenregion
mit Deichen vor Sturmfluten zu schützen. Vor über 1 000
Jahren begannen sie mit dem Deichbau. Mit der Zeit ler-
ten die Menschen, dass steil ansteigende Deiche stark der
Brandung ausgesetzt sind und daher leichter zerstört werden. Sie begannen die dem Meer zugewandte Deichseite
flacher zu gestalten. Die Wellen sollten sich an der flachen
Böschung „totlaufen" (> S.179). Die Deichhöhe ist inzwischen bis auf 8,80 m gestiegen. Zusätzlich wird der Deich-
fuß an der Seeseite mit Steinen verstärkt und gesichert.
Hinter der steileren Innenböschung verläuft ein Deichver-
teidigungsweg. Auf ihm lässt sich im Ernstfall ein be-
drohter Deichabschnitt rasch erreichen.

175.1 Der Deich ist gebrochen

AUFGABEN >>

1. Beschreibt die Entwicklung der nordfriesischen
   Küste (Abb. 175.2)
2. Nennt die Gefahren, die bei einem Deichbruch drohen.
3. Beschreibt und begründet die Veränderungen der
   Deichform (> S. 179).
4. „De nit will dieken, muss wieken". Erklärt diesen
   friesischen Spruch.

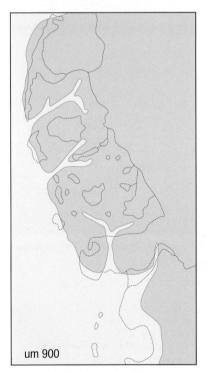

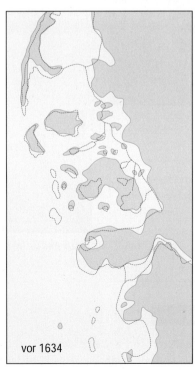

um 900

vor 1634

heute

175.2 Veränderung der Küste

Mit seinem kleinen Boot fährt Björn
aufs Meer hinaus..

Auf dem offenen Meer …

Plötzlich wacht Björn auf und sieht erschreckt, dass …

176.1

Der Wasserspiegel der Nordsee hebt und senkt sich
Tag für Tag. Wenn das Wasser den höchsten Stand
erreicht hat, wird dies als _____ bezeichnet.
Der niedrigste Wasserstand heißt _____. Das
Steigen des Wassers wird als _____ bezeichnet,
das Fallen als _____.

Ebbe und Flut

Was Björn erlebt hat (Abb. 176.1), wiederholt sich am
Wattenmeer jeden Tag zweimal. Die Höhe des Meeres-
spiegels verändert sich ständig (Abb. 176.2 und 3). Im
Laufe von 12 Stunden und 25 Minuten verschwindet das
Wasser aus dem Wattenmeer und kehrt wieder zurück.
Den Zeitpunkt, an dem das Wasser seinen niedrigsten
Stand erreicht hat, nennt man Niedrigwasser. Dann liegen
große Teile des Wattenmeerbodens trocken. Etwa sechs
Stunden später hat das Wasser seinen höchsten Stand
erreicht. Diesen Zeitpunkt nennt man Hochwasser.

Die sechs Stunden, in denen das Wasser steigt, nennt man
Flut. Nachdem das Wasser seinen höchsten Stand erreicht
hat, sinkt es wieder. Die sechs Stunden, in denen es sinkt,
nennt man Ebbe.

176.2 und 3 Im Hafen bei Hochwasser und bei Niedrigwasser

AUFGABEN >>

1. Schreibt zu den Bildern 176.1 a–c eine kleine Geschichte. Beachtet dabei, was Björn alles
   falsch gemacht hat und wie gefährlich seine Bootsfahrt war. Wie ist es richtig?
2. Übertragt den Lückentext ins Heft und füllt die Lücken aus. Der Text auf dieser Seite hilft euch.

Auswirkungen von Ebbe und Flut

Zusammen bezeichnet man Ebbe und Flut als **Tide** oder als **Gezeiten**. Der Tidenhub, das heißt, der Unterschied zwischen dem mittleren Hochwasser und dem mittleren Niedrigwasser, beträgt an der Nordsee stellenweise mehr als drei Meter.

Die Küstenschiffer müssen zum Beispiel ihre Fahrten nach den Gezeiten ausrichten, weil sie nur während der Flut in den Hafen ein- oder auslaufen können. Doch die Gezeiten beeinflussen nicht nur die Schifffahrt. Auch beim Baden im Wattenmeer muss auf die Tide geachtet werden. Wie ihr bereits gelernt habt, fließt das Wasser bei Ebbe ab. Die Strömung, die hierbei entsteht, ist so stark, dass sie einen Schwimmer aufs offene Meer hinausziehen würde. Aus diesem Grund ist das Baden nur bei Flut erlaubt, nämlich wenn das Wasser vom offenen Meer in das Wattenmeer fließt. An allen Badestränden der Nordsee gibt es bestimmte Zeichen, die den Badeurlaubern anzeigen, ob das Schwimmen gerade erlaubt oder verboten ist. Außerdem werden für jeden Ort die Gezeiten rechnerisch genau vorhergesagt und in sogenannten Gezeitenkalendern (Abb. 177.2) veröffentlicht. So kann jeder ablesen, wann Niedrigwasser oder Hochwasser ist.

Durch diesen ständigen Wechsel von Ebbe und Flut, Hoch- und Niedrigwasser ist im Laufe der Zeit eine einzigartige Naturlandschaft entstanden – das Wattenmeer (> S. 182). Viele Pflanzen und Tiere, die im Wattenmeer leben, gibt es nirgendwo sonst auf der Welt.

177.1 Baden im Meer

Datum			Zeit	Wasser-stand (m)
Mo	08.07.2002	NW	04:36	−1,3
Mo	08.07.2002	HW	10:49	1,1
Mo	08.07.2002	NW	17:08	−1,3
Mo	08.07.2002	HW	23:10	1,2
Di	09.07.2002	NW	05:28	−1,3
Di	09.07.2002	HW	11:35	1,2
Di	09.07.2002	NW	17:58	−1,3
Di	09.07.2002	HW	23:59	1,3
Mi	10.07.2002	NW	06:16	−1,3
Mi	10.07.2002	HW	12:19	1,3
Mi	10.07.2002	MW	18:46	−1,4

HW: Hochwasser, NW: Niedrigwasser

177.2 Aus dem Gezeitenkalender von Norderney

AUFGABEN >>

1. Erklärt, warum das Baden bei Ebbe so gefährlich ist.
2. Leitet mithilfe des Gezeitenkalenders (Abb. 177.2) und der Grafik Abb. 177.3 sowie des Textes ab, wann ihr am 9. Juli im Meer baden durftet.

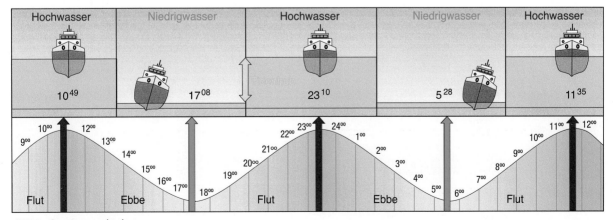

177.3 Gezeitenwechsel

Neues Land aus dem Meer

Im späten Mittelalter war das Nordfriesische Wattenmeer noch Festland. Doch zwei verheerende Sturmfluten (1362 und 1634) „verschlangen" die tief liegende **Marsch** und schufen die Nordfriesischen Inseln. Zu ihnen gehören auch die Halligen (> S. 179). Allein in der ersten Flut ertranken 100 000 Menschen. Über Nacht wurde z. B. Husum Hafenstadt. Seitdem ist nur wenig Land zurückgewonnen worden. Vor 1000 Jahren begannen die Küstenbewohner mit dem Deichbau. Ständig wurden die Deiche erhöht (> S. 175). Früher betrieben die Bauern Landgewinnung. In Gemeinschaftsarbeit entstanden neue Deiche und eingedeichtes Neuland, das man Koog nennt.

Heute dient der Deichbau allein dem Küstenschutz. Ältere Deiche werden verstärkt und erhöht. Wichtig für den Deichschutz ist das Vorland. Je höher es ist, umso mehr bremst es die Flut. Lahnungen, doppelte Pfahlreihen mit Buschwerk dazwischen, werden ins Watt hinausgebaut. Sie bremsen die Wasserbewegung und verstärken das Absetzen von Schlick. Bagger heben Grüppen aus. In diesen Gräben sammelt sich besonders viel Schlick an. Dieser wird dann auf Beete geworfen. Hier siedeln sich Pflanzen an, die auch in Salzwasser gedeihen, z. B. der Queller. Bei Ebbe fließt das Wasser in Rinnen, den Prielen, wieder ab. Wächst das Watt über die Hochwasserlinie, können sich Gräser ansiedeln und das Watt wird zur Marsch. Ist die entstandene Fläche groß genug, wird sie eingedeicht. Der entstandene Koog kann als fruchtbares Acker- und Weideland genutzt werden.

AUFGABEN >>

1. Ordnet die vier Fotos A-D den richtigen Begriffen zu. Erklärt die Fachbegriffe mit den entsprechenden Textstellen.
2. Beschreibt den Ablauf der Landgewinnung mithilfe der Abb. 178.1.

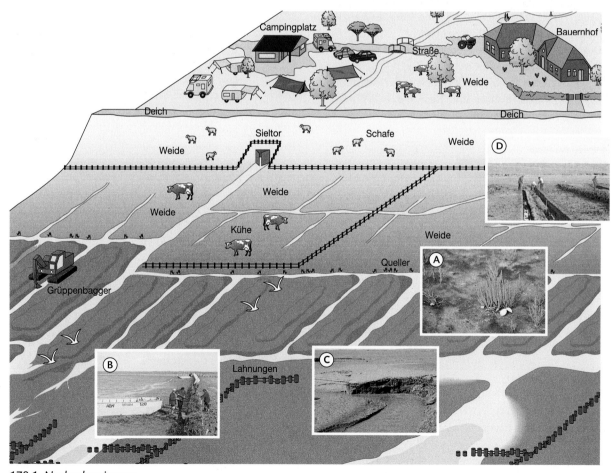

178.1 Neulandgewinnung

179.1 Hallig Habel bei Sturmflut

Halligen – Reste des Festlandes

Die zehn Halligen gehören zu den Nordfriesischen Inseln. Sie sind Reste des ehemaligen Festlandes, das durch verheerende Sturmfluten im 14. und 17. Jh. zerstört wurde (> S. 178). Die kleinste Hallig, Habel, hat lediglich eine Größe von 3,6 ha, die größte Hallig, Langeneß, 1 157 ha.

Die Häuser und Höfe auf den Halligen stehen auf 4 bis 6 m hoch aufgeschütteten Hügeln, den sogenannten Wurten (auch Warften genannt). Das schützt sie bei Sturmfluten. So ragt auf der Hallig Habel bei Sturmflut nur noch die einzige Warft aus dem Wasser (Abb. 179.1). Die Halligen selbst schützen wiederum das Festland vor den Sturmfluten, weil sich an ihnen die Wellen brechen.

Nach der verheerenden Sturmflut von 1962 hat man die Wurten erhöht, Betonschutzräume in die Häuser eingebaut und außen mit Steinpanzern gesichert. Die Halligbewohner leben vom Fremdenverkehr, von der Rinder- und Schafzucht und vom Krabbenfang. Kinder, die eine weiterführende Schule besuchen wollen, müssen auf das Festland fahren. Trotz der neuen Schutzmaßnahmen sind die Halligbewohner stets vom Wasser bedroht.

Unser Deichmodell

Das dargestellte Experiment veranschaulicht die kluge Konstruktion der Deiche. Sie hat sich in 1 000 Jahren Deichbaugeschichte entwickelt. Versucht nun, mit dem Modell das heutige Deichprofil zu verstehen. Zeigt auch, wie die Kraft des Meeres steil ansteigende Deiche zerstört bzw. wie sich die Wellen bei flachem Anstieg „totlaufen". Vergleicht eure Ergebnisse mit der Entwicklung des Deichbaus (Abb. 179.5).

Ihr braucht folgende Materialien: Holzbrett, Reißnägel, Butterbrotpapier, Glasmurmeln

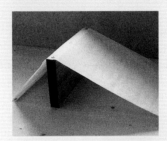

179.2
Stellt das Brett auf und „spannt" mit dem Papier darüber das Deichprofil. Befestigt das Papier auf der „Deichkrone".

179.3
Lasst die Murmeln (sie stellen die Meeresbrandung dar) die flache „Außenböschung" hinaufrollen. Ihr seht, wie sie sich „totlaufen".

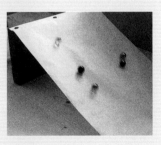

179.4
Wiederholt den Versuch auf der steilen Seite. Ihr werdet sicher die Folgen der Kraft der „Brandung" sehen.

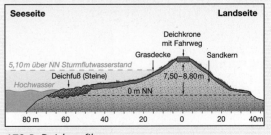

179.5 Deichprofil

Zusatzthema: Urlaub an der ostfriesischen Küste

Endlich sind Sommerferien! Der 11-jährige Marco aus Kassel hat mit seinen Eltern Urlaubspläne gemacht. Der Badeurlaub soll in diesem Jahr nicht im heißen Süden verbracht werden, sondern an der Nordseeküste. Marcos Familie hat sich für eine Bahnfahrt entschieden und für zwei Wochen im Juli eine Ferienwohnung in Norddeich/Ostfriesland gemietet. Marcos Vater hatte herausgefunden, dass die Angebote auf dem Festland preislich günstiger waren als auf den Ostfriesischen Inseln.

180.1 Marcos Urlaubsort

180.2 Windsurfer

Am Bahnhof Norddeich-Mole angekommen, ist Marco gleich auf die Deichkrone gerannt, um das Meer zu sehen. Windsurfer nutzen den starken Wind. Einer muss absteigen. Marco wundert sich, dass der Surfer noch im Wasser stehen kann. Er weiß vom Lesen der Karte, dass er sich am Wattenmeer befindet und dass die Häuser und Leuchttürme, die er am Horizont erkennt, zu den Inseln Juist und Norderney gehören.

Die ersten Urlaubstage haben Marco und seine Eltern auf dem Festland verbracht. Heute wollen sie endlich mal eine der beiden Inseln besuchen. Die Fährverbindungen nach Norderney sind günstiger als zur autofreien Insel Juist. Also entscheiden sie sich für Norderney. Marco nimmt mit seinen Eltern die Fähre um 8.00 Uhr. Nach 33 Minuten legen sie im Fährhafen von Norderney an. Dort entdeckt Marco eine Orientierungstafel dieses Nordseebades (Abb. 181.2).

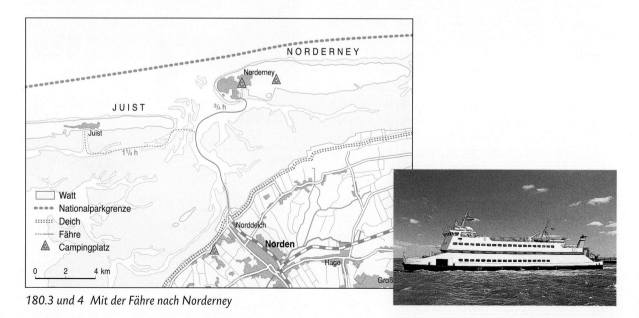

180.3 und 4 Mit der Fähre nach Norderney

181.1 Blick über Norddeich nach Norderney und Juist

AUFGABEN >>

1. Juist hat einen Tidehafen. Was bedeutet dies für die Fähren (> Text S. 177)?
2. Erarbeitet die Reiseroute Marcos. Wie weit ist es von Kassel nach Norddeich (Atlas)?
3. Welche Freizeitmöglichkeiten lassen sich auf dem Plan erkennen? Nennt diese und bestimmt ihre Lage mithilfe des Suchgitters.
4. Berechnet, wie lange Marco vom Fährhafen aus zu Fuß bis zum Nordbadestrand benötigen würde. Er ist ungefähr 5 km/h schnell. Verwendet die Maßstabsangabe.

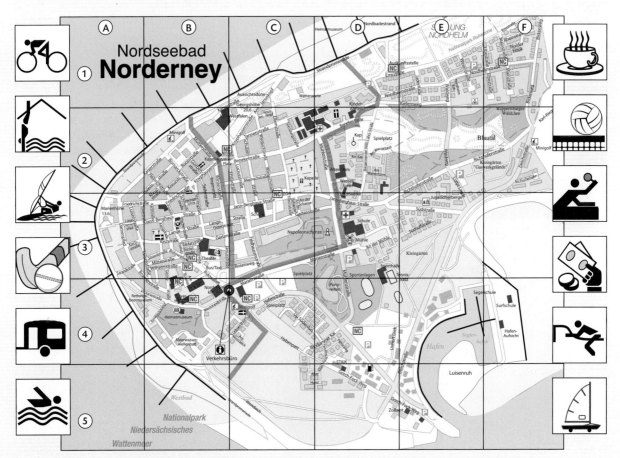

181.2 Orientierungstafel auf Norderney (Maßstab 1 : 15 000)

Im Nationalpark Wattenmeer

Jahr für Jahr besuchen Millionen Touristen die Nordsee. Diese Touristenmassen gefährden auch das Wattenmeer. Dabei ist diese Landschaft einzigartig auf der Welt. Sie wurde von Ebbe und Flut geschaffen (> S. 176). Die Flut führt in großen Mengen kleinste abgestorbene Teilchen von Pflanzen und Tieren und feinen Sand heran. Da der Ebbestrom schwächer als die Flut ist, sinken viele dieser Teilchen zu Boden. Sie bilden einen bläulich-schwarzen Schlick, der reich an organischen Stoffen ist: das **Watt**.

Um es zu schützen wurde das Wattenmeer zum **Nationalpark** erklärt. Bestimmte Zonen dürfen überhaupt nicht betreten werden. Dort sollen sich Pflanzen und Tiere ungestört entwickeln. Es bedarf großer Anstrengungen, um diesen einzigartigen Naturraum zu erhalten. Die Wattenküste, zu der auch die Salzwiesen, die Inseln und Dünen zählen, umfasst 7 500 km², das ist mehr als ein Drittel der Fläche Hessens.

Ruhezone/Zone 1: Hierzu gehören Salzwiesen, Seehundbänke und Brutgebiete der Vögel. Entenjagd ist verboten, gewerblicher Fisch- und Krebsfang ist nur in bestimmten Gebieten erlaubt.

Zwischenzone/Zone 2: Sie darf, mit Ausnahme der Brutgebiete der Vögel, betreten werden. Autoverkehr ist auf wenige Straßen beschränkt. Baden, Fischerei und Jagd sind erlaubt.

Erholungszone/Zone 3: Hier findet Ferien- und Kurbetrieb statt. Örtlich gelten verschiedene Einschränkungen. Häfen können errichtet und Erdöl darf gefördert werden.

182.1

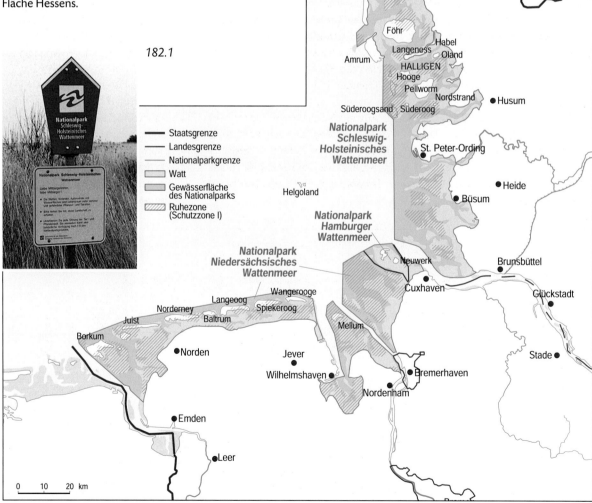

182.2 Nationalparks im Wattenmeer

183.1 Wattwanderung

183.2 Fußabdruck im Watt

Im Watt

Im breiigen Schlick des Watts leben unzählige Tiere. Muscheln, Schnecken, Krebse und Würmer haben sich den besonderen Lebensbedingungen angepasst. So sind überall die geringelten Kothäufchen der Wattwürmer zu sehen. Sie fressen sich durch den Schlick und scheiden Unverdauliches wieder aus. Gut angepasst an das salzhaltige Wasser sind auch die Pflanzen des deichnahen Vorlandes: Queller, Schlickgras sowie die blühenden Blumen und Gräser der Salzwiesen.

Für die Vögel ist der Tisch reich gedeckt. Austernfischer, Regenpfeifer und Strandläufer stochern mit ihren langen und dünnen Schnäbeln nach Nahrung im Watt. Das Wattenmeer ist nicht nur das vogelreichste Gebiet der Erde, es wird auch als Kinderstube der Fische bezeichnet. Hier wachsen Speisefische wie die Scholle und Seezunge auf. Außerdem ist das Watt ein wichtiger Lebensraum für die Seehunde.

AUFGABEN >>

1. Beschreibt die Entstehung und Bedeutung des Wattenmeeres.
2. Nennt die verschiedenen Zonen des Nationalparks und beschreibt ihre Bedeutung für den Naturschutz.
3. Erstellt eine Tafel, die das Verhalten im Watt regelt.
4. Informiert euch über die im Text und im Schaubild genannten Pflanzen und Tiere (Lexikon, Biologiebuch, ...).

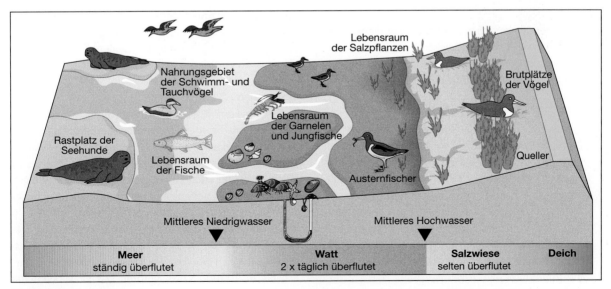

183.3 Leben im Watt

184.2 Förderplattform für Erdöl

184.1 Seehunde auf einer Sandbank im Watt

Der Fischer P. Ling: *„Die guten Fanggebiete für Scholle und Seezunge liegen in der Ruhezone. Weil wir weniger fischen dürfen, gehen seit der Einrichtung der Schutzzonen unsere Fangergebnisse immer weiter zurück."*

Feriengast H. Bauer: *„Ich komme jedes Jahr an die Nordseeküste. Die gute Luft, die schöne Landschaft und die artenreiche Vogelwelt sind beeindruckend. Seit es den Nationalpark gibt, darf man leider die schönsten Stellen nicht mehr betreten."*

Vogelwart K. Petersen: *„Wir müssen die Brutplätze der seltenen Vögel immer bewachen, damit die Tiere nicht gestört werden. Außerdem sind die Gebiete der Ruhezone zu klein. Wir können nur hoffen, dass die Urlauber und Fischer alle Verhaltensregeln für das Watt berücksichtigen. Große Angst haben wir vor einem Tankerunglück und einer damit verbundenen Ölpest. Unter der Nordsee lagern große Öl- und Gasvorkommen. Auch einem Unfall auf einer Ölplattform sehen wir mit Schrecken entgegen. Für das Wattenmeer würde eine solche Umweltkatastrophe verheerende Folgen haben."*

Nutzungskonflikte im Wattenmeer

Die Aussagen des Fischers, des Feriengastes und des Vogelwartes zeigen: Nicht alle Menschen sind mit den Auflagen und mit den Bestimmungen zum Schutz des Wattenmeeres zufrieden.

Trotz der Schutzmaßnahmen drohen dem Wattenmeer noch weitere Gefahren. Eine Bedrohung geht zum Beispiel von Industriebetrieben aus. Es können Gifte durch die Flüsse und den Wind in die Nordsee gelangen. Auch die Abwässer und Abfälle der Haushalte verschmutzen das Wattenmeer.

Außerdem kommt es durch Düngestoffe aus der Landwirtschaft zu einem explosionsartigen Wachstum von Algen und Kleinstlebewesen. Die Folgen: Große Wasserpflanzen bekommen durch die Trübung des Wassers zu wenig Licht und wachsen dadurch langsamer. Viele Algen sterben ab und verfaulen. Dabei wird lebenswichtiger Sauerstoff verbraucht und die Fische sterben.

An die Strände werden häufig schwarze Teerklumpen gespült. Sie stammen von Schiffen, die Altöl ins Meer ablassen. Allein durch die Verschmutzung mit Öl werden jährlich bis zu 100 000 Vögel getötet. Das Öl verklebt das Gefieder der Vögel und lässt sie qualvoll verenden.

185.1 Nutzungskonflikte im Watt

AUFGABEN >>

1. Nennt Gefahren für das Watt und die jeweiligen Verursacher dieser Bedrohungen.
2. Erklärt, warum hier von „Nutzungskonflikten" gesprochen wird: Versetzt euch in die Lage eines Nutzers des Wattenmeers. Was könnte er den andern Nutzern vorwerfen?
3. Sucht mithilfe von Atlas und Buch weitere Nationalparks in Deutschland.

Wissen: Orientierung in Deutschland

1. Stumme Karte

Wie gut kennt ihr euch nun in Deutschland aus? Ihr könnt nun euer Wissen mithilfe einer stummen Karte überprüfen.

Über stumme Karte (Abb. 186.1) wurde ein Raster gelegt. Es teilt Deutschland in vier Teile auf und hilft euch bei der Orientierung und der Lagebeschreibung eines Ortes. So könnt ihr euer Wissen in drei Schritten wiederholen und ordnen.

1. Schritt: Welcher Begriff ist mit der Zahl oder dem Buchstaben gemeint?

Die grünen Großbuchstaben A–D stehen für die Großlandschaften in Deutschland. Die schwarzen Großbuchstaben E–S bezeichnen die wichtigsten Mittelgebirgslandschaften. Die Kleinbuchstaben a–l stehen für die Flüsse und die Ziffern für die Städte, Ballungsräume und Industriegebiete.

Wenn ihr den gesuchten Begriff noch nicht auswendig kennt, sucht ihn in der Deutschland-Karte im Atlas.

Wenn ihr zum Beispiel das Mittelgebirge S unterhalb der waagrechten Mittellinie und links der senkrechten Mittellinie sucht, hilft euch bereits das Raster.

2. Schritt: Was wisst ihr über den gefundenen Begriff?

Habt ihr etwas in diesem Kapitel darüber erfahren?

Wusstet ihr bereits etwas dazu?

Das Beispiel Schwarzwald: Hier entspringen die Quellflüsse der Donau. Höchster Berg des Schwarzwaldes ist der Feldberg (1 493 m).

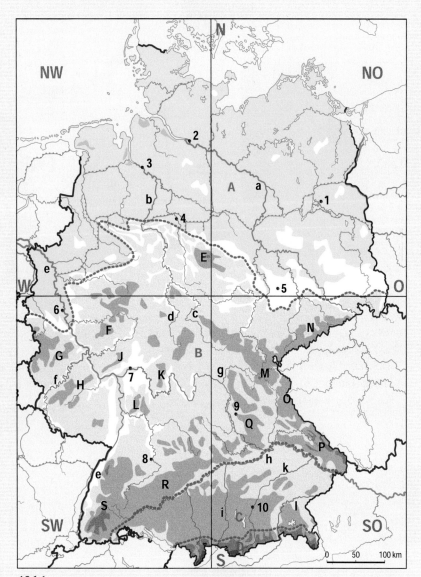

186.1

3. Schritt: Wie könnt ihr die Lage des gefundenen Begriffes genau beschreiben?

Beispiel: Wir beschreiben die Lage des Schwarzwaldes (S): Der Schwarzwald liegt südlich der waagrechten und östlich der senkrechten Mitte. Er befindet sich somit im Südosten Deutschlands und erstreckt sich in nord-südlicher Richtung. Im Süden und Westen grenzt der Schwarzwald an den Rhein.

Mit diesen drei beschriebenen Schritten könnt ihr nun alle gesuchten Mittelgebirge, Großlandschaften, Städte und Flüsse aus der stummen Karte genau beschreiben und verorten.

Verfahrt dann bei den Kartenausschnitten und den gesuchten Bundesländern der Aufgaben zu 2. und 3. (> Seite 187) genauso.

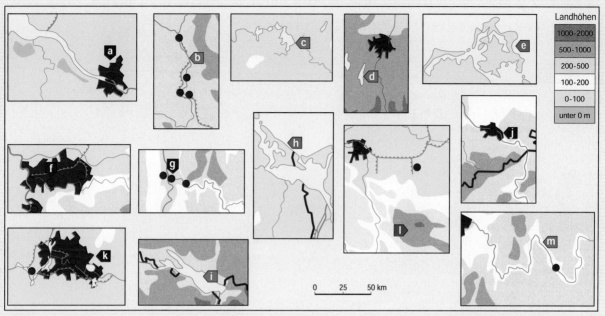

187.1

2. Kartenausschnitte

Bestimmt die jeweils farblich gekennzeichnete Stadt, den Fluss, die Insel, das Gebirge oder den See mit Hilfe der Deutschland-Karte. Beschreibt und verortet den gefundenen Begriff nach den drei Schritten (> S. 186).

Paust einen Kartenausschnitt aus der Atlaskarte ab und gebt sie eurem Partner zum Lösen. Damit das Suchspiel nicht zu schwierig wird, eignen sich Ausschnitte an der Küste, am Rand von Gebirgen oder an Flüssen! Gebt eurem Partner mit dem Raster eine Hilfestellung.

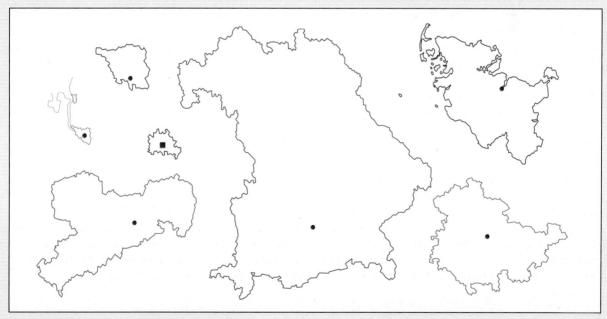

187.2

3. Bundesländer und ihre Hauptstädte

Welche Bundesländer und dazugehörigen Hauptstädte erkennt ihr auf den Karten? Beschreibt und verortet sie ebenfalls nach den drei Schritten.

6 Umweltschutz

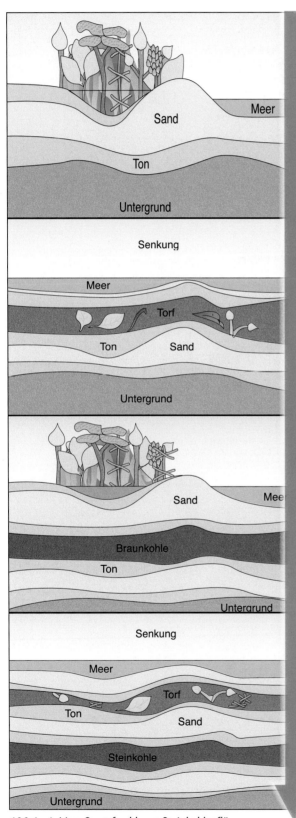

190.1– 4 Vom Sumpfwald zum Steinkohlenflöz

Sonnenenergie – gespeichert vor Millionen Jahren

Kohle – aus Sumpfwäldern entstanden

Was Bagger heute als Steinkohle oder als Braunkohle aus der Tiefe holen, waren früher Bäume, Sträucher, Farne und Gräser.

Vor vielen Millionen Jahren herrschte ein warmes und feuchtes Klima. Große Gebiete waren mit Sumpfwäldern bedeckt, in denen riesige Farne, Schuppenbäume oder Palmen wuchsen. Die abgestorbenen Pflanzen versanken im Schlamm. In den Sümpfen verfaulten die abgestorbenen Pflanzen jedoch nicht, weil sie luftdicht abgeschlossen waren. Mit der Zeit bildete sich eine feste Pflanzenmasse, der Torf. Auch heute noch kann dieser Vorgang in Mooren beobachtet werden.

Im Laufe der Zeit senkte sich das Land, das Meer drang ein und bedeckte die Torfschichten und überspülte alles mit Ton, Kies und Sand. Auf diesen Ablagerungen entwickelten sich dann neue Sumpfwälder. Auch sie wurden nach einiger Zeit wieder überflutet. Dieser Vorgang wiederholte sich viele Male. Es lagen nun viele Schichten aus Torf, Sand und Kies übereinander.

Das Gewicht der Gesteinsschichten presste den Torf zusammen. Nach einigen Millionen Jahren entstand aus dem Torf die **Braunkohle**. Durch weitere Ablagerungen von Kies, Ton und Sand gelangte sie in immer größere Tiefen. Dort wandelte sich die Braunkohle bei hohen Temperaturen und starkem Druck in **Steinkohle** um. Daher liegen die Steinkohlenflöze – so nennt man die Kohleschichten – tiefer als Braunkohlenflöze. Sie sind auch nur 1–2 m dick, Braunkohlenflöze dagegen 10–70 m. Aber Steinkohle enthält im Gegensatz zur Braunkohle fast kein Wasser mehr und besitzt daher einen besseren Brennwert.

Übrigens: Als vor etwa 350 Millionen Jahren die Bildung der Steinkohle begann, gab es noch keine Dinosaurier; als sich die heutige Braunkohle entwickelte (vor ca. 20 Millionen Jahren), waren die Dinosaurier schon ausgestorben. Menschen gab es noch nicht.

191.5 und 6   Farnpflanze und Farnabdruck in einem Kohlestück

AUFGABEN >>

1. Beschreibt mit eigenen Worten die Entstehungsgeschichte vom Sumpfwald bis zur Steinkohle.
2. Arbeitet mit der Karte 191.7. Legt eine Tabelle mit den Steinkohlen- und den Braunkohlengebieten an. Ordnet die Reviere nach der Menge der geförderten Kohle.
3. Informiert euch über den Steinkohlenabbau im Ruhrgebiet (Lexikon, Internet www.gvst.de).

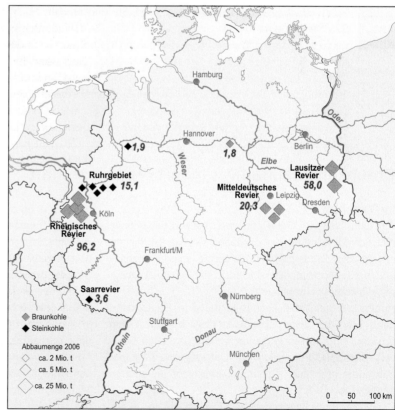

191.1–4   *191.7 Kohlefördergebiete in Deutschland*

Rekordverdächtig!

Schaufelradbagger sind riesige Maschinen. Sie sind mit bis zu 225 Metern etwa doppelt so lang wie ein Fußballfeld. Und mit bis zu 96 Metern sind sie höher als die meisten Kirchtürme! Ihre Schaufelräder haben einen Durchmesser von rund 22 Metern, damit sind sie so hoch wie ein siebenstöckiges Haus. Sie können pro Tag etwa 240 000 Tonnen Braunkohle fördern. (So viel wie in 10 000 Lkws passen würden!) Und dazu brauchen nur fünf Arbeiter den Bagger zu bedienen.

192.1 Bagger im Tagebau

Braunkohlenabbau verändert die Landschaft

Im Tagebau

Auf dem Weg von Düsseldorf nach Aachen tauchen sie plötzlich direkt neben der Autobahn auf: Riesige Bagger, die in die Landschaft ein mehrere kilometerlanges und -breites Loch gegraben haben. Es sind Schaufelradbagger, die Braunkohle abbauen.

Anders als Steinkohle liegt Braunkohle in Deutschland nahe der Oberfläche. Es müssen deshalb keine tiefen Schächte und Stollen gegraben werden, in denen Bergleute die Kohle fördern. Solch ein Untertagebau wäre sehr aufwändig und teuer. Die Braunkohle wird im offenen Tagebau abgebaut.

Zuerst tragen die Bagger die obere Deckschicht ab, die aus Löss, Kies, Sand und Ton besteht. Dieser sogenannte Abraum wird auf eine Halde oder auf die bereits abgebaute Seite des Tagebaus geschüttet. Nach 100 bis 400 m erreichen die Bagger die Kohleschichten. Diese Braunkohlenflöze sind 10-70 m dick. Mit den riesigen Schaufelrädern wird die Braunkohle nun abgebaut und auf kilometerlangen Förderbändern zum Kraftwerk gebracht. Dort wird die Braunkohle verbrannt und Strom gewonnen (> S. 193).

In Hambach, dem größten Tagebau, werden zur Zeit sieben Schaufelradbagger zum Abbau der Kohle und des Abraums eingesetzt. Außerdem gibt es fünf Absetzer, die den Abraum wieder aufschütten. Trotz der ungeheuren Mengen, die die Bagger abbauen, „wandert" der Tagebau pro Jahr nur ca. 500 m weiter. Der Abbau begann 1978 und wird wahrscheinlich bis 2020 fortgeführt werden.

Strom aus Kohle

Die meiste Braunkohle wird auf Transportbändern oder mit der Bahn zu nahe gelegenen Kraftwerken gebracht (Karte 193.2). Dort wird die Kohle verbrannt, um Wasser zu erhitzen. Der entstehende Wasserdampf treibt Turbinen an. Die Turbinen geben ihre Drehbewegung wiederum an Generatoren weiter. Diese erzeugen dann Strom, ähnlich wie bei einem Fahrraddynamo.

Bei der Verbrennung der Kohle entstehen riesige Mengen von CO_2. Gelangt dieses in die Atmosphäre, dann heizt es die Erde auf und gefährdet damit unser Klima. Es ist deshalb wichtig, bei der Verbrennung das CO_2 herauszufiltern.

193.1 Braunkohlenkraftwerk

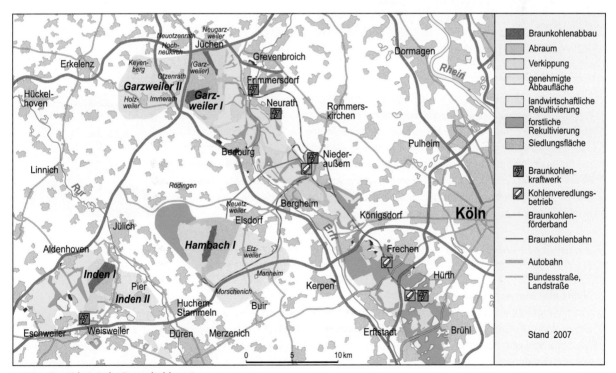

193.2 Das Rheinische Braunkohlerevier

AUFGABEN >>

1. Erklärt mit eigenen Worten, wie Braunkohle abgebaut wird.
2. Wozu wird die Braunkohle hauptsächlich genutzt?
3. Messt die Ausdehnungen der Abbaufelder und vergleicht sie mit Entfernungen in eurem Heimatraum (Karte 193.2).
4. Informiert euch über den Steinkohlen-Untertagebau im Ruhrgebiet (Lexika, Internet).
5. Nennt Unterschiede zwischen dem Steinkohlen- und Braunkohlenabbau in Deutschland.

194.1 Etzweiler vor der Umsiedlung

194.2 Neu-Etzweiler (nach der Umsiedlung)

Vor dem Abbau

Viele Vorbereitungen sind nötig, bevor die Schaufelradbagger mit ihrer Arbeit beginnen können. Denn wo Braunkohle abgebaut wird, haben vorher Menschen gewohnt, hat es Straßen und Autobahnen, Wiesen, Felder und Flüsse gegeben. Lange vor Beginn des Tagebaus mussten deshalb genaue Planungen getroffen werden.

Es müssen Wälder gerodet und Bäche und Flüsse um das Tagebaugebiet umgeleitet werden. Sogar die Autobahnen und die Eisenbahnlinien müssen verlegt werden. Zuletzt ist in vielen Pumpstationen rings um das Abbaugebiet das Grundwasser abzupumpen. Ohne diese Maßnahme würde der Tagebau rasch voll Wasser laufen.

Außer der Natur haben auch die Menschen, die dort leben, schwerwiegende Eingriffe durch den Tagebau zu verkraften. Damit sich der Abbau von Braunkohle lohnt, müssen nämlich auch Dörfer oder sogar kleine Städte weichen. Mehr als 40 000 Menschen mussten im Rheinischen Braunkohlenrevier bereits ihre Häuser verlassen und in ein neues Dorf umsiedeln.

Herr Kaiser, 72 Jahre alt, aus Alt-Etzweiler erzählt: *„Ich bin in Etzweiler geboren, genauso wie mein Vater und Großvater. Auch wenn das alte Dorf nur neun Kilometer entfernt liegt, vermisse ich mein Heimatdorf. Vor zwei Jahren bin ich mit meiner Familie nach Neu-Etzweiler gezogen. Die Firma Rheinbraun, die hier den Abbau durchführt, hat uns für unser Eigentum großzügig entschädigt. Etwa die Hälfte der ehemaligen Einwohner ist nach Neu-Etzweiler gezogen. Wir haben hier wieder fast alle unsere Vereine, die sich um das Dorfleben bemühen. Und schauen Sie sich die schönen Straßen und Häuser an. Aber – es ist halt doch nicht ganz wie früher: Irgendetwas fehlt!"*

194.3

Nicht alle Menschen sind für den Abbau

Viele Menschen sind gegen den weiteren Braunkohlenabbau und protestieren deshalb dagegen. Die einen befürchten eine weitere Umweltverschmutzung durch die Kohleverbrennung. Andere wollen ihre Heimat nicht verlassen und finden, dass es genügend Strom gibt. Ihrer Meinung nach sei der Braunkohlenabbau also gar nicht nötig. Außerdem sind durch die Absenkung des Grundwassers Pflanzen und Tiere der nahe gelegenen Feuchtgebiete gefährdet.

Wenn der Abbau – wie von der Firma Rheinbraun geplant – weitergeht, dann fallen bis zum Jahre 2050 14 weitere Dörfer und 40 km² Naturwald dem Tagebau zum Opfer.

194.4 Protestaktion im Rheinischen Revier

Nach dem Abbau: die Rekultivierung

Der Abbau der Braunkohle verändert die Landschaft sehr stark – darauf weisen schon die riesigen Abbaulöcher (S. 188/189 und Abb. 195.1) hin. Seit 1948 wurden bereits mehr als 50 Dörfer und insgesamt 400 000 Menschen umgesiedelt. Die Braunkohle abbauenden Firmen sind per Gesetz dazu verpflichtet, die zerstörte Landschaft nach der Kohleentnahme wiederherzustellen. Deshalb beginnt unmittelbar nach dem Abbau die sogenannte **Rekultivierung**.

Während die Schaufelradbagger in einem Teil des Tagebaus die Kohle noch abbauen, sind in den bereits ausgekohlten Stellen Absetzer tätig, welche die Löcher wieder mit Abraum füllen. Darauf wird als fruchtbarer Boden eine Schicht Löss aufgetragen. Da der Abraum nicht ausreicht, um den ganzen Tagebau zu füllen, bleiben Seen übrig.

Es werden Pflanzen gesät sowie Bäume angepflanzt. Auch Tiere werden angesiedelt, die zunächst gefüttert werden. Außerdem werden noch Wege und Straßen angelegt. So sind viele rekultivierte Landschaften zu Naherholungs- und Freizeitgebieten gestaltet worden.

Allerdings wird deutlich, dass der Mensch die Natur nicht einfach nachbauen kann: Die künstlich angelegten Landschaften sind weniger abwechslungsreich als die ursprünglichen Landschaften.

195.1 Frimmersdorf-Südfeld während des Kohleabbaus

195.2 Frimmersdorf-Südfeld nach der Rekultivierung

AUFGABEN >>

1. Zählt die Maßnahmen auf, die vor dem Abbau der Braunkohle notwendig sind.
2. Welche Veränderungen gibt es für die Menschen, die umsiedeln müssen?
3. Manche Menschen sind gegen den Abbau der Braunkohle. Nennt ihre Argumente.
4. Erklärt, was unter Rekultivierung verstanden wird.
5. Schaut euch die Abb. 195.1 und 2 an. Beschreibt die Maßnahmen der Rekultivierung.

196.1 und 2 Kinderzimmer mit und ohne Produkte aus Erdöl

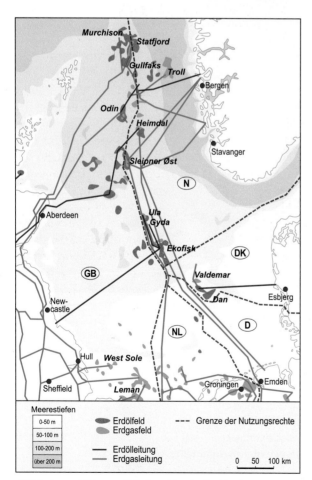

196.3 Lagerstätten und Fördergebiete in der Nordsee

Erdöl und Erdgas aus der Nordsee

Eine Welt ohne Erdöl!? Wenn ihr Abb. 196.1 und 2 vergleicht, könnt ihr euch vorstellen, wie schwer dies ist. Erdöl ist neben Erdgas einer der wichtigsten Rohstoffe auf der Erde. Man braucht Erdöl nicht nur als Brennstoff, sondern auch als Ausgangsstoff vieler weiterer Produkte wie Kunststoffe, Kleidung, Waschmittel, Dünger,...

Bevor man dies alles herstellen kann, muss erst das Erdöl gefördert werden. Das wichtigste Erdölfördergebiet Europas liegt unter dem Nordseegrund. Bereits Ende der 50er-Jahre wurden hier Lagerstätten vermutet. Nachdem die Nordsee unter den Anliegerstaaten aufgeteilt war, begann 1964 die Förderung des „schwarzen Goldes". Dazu musste erst die Ausdehnung der Ölfelder erforscht werden, bevor mit einer aufwändigen Bohr- und Fördertechnik die kostbare Flüssigkeit gewonnen werden konnte.

Land	Erdöl (Mio. t)	Erdgas (Mrd. m^3)
Norwegen	138	89
Großbritannien	85	93
Dänemark	19	8
Niederlande	3	79
Deutschland	4	19
Zum Vergleich: Weltförderung Erdöl 3 920 Mio. t und Erdgas 2 728 Mrd. m^3		

196.4 Erdöl- und Erdgasförderung 2005

197.2

197.1 Bohrinsel

Man nennt die Förderung im Meer „offshore". Bei den Arbeiten müssen Wassertiefen bis zu 300 m überwunden werden; hinzu kommen Wind, Wellen, Ebbe und Flut. Zur Förderung ist eine teure Förder- und Bohrtechnik nötig.

Das Erdöl wird mit Bohrinseln oder Förderplattformen an die Oberfläche gebracht. Diese künstlichen Inseln sind riesig. Manche sind mit über 230 m Höhe nur wenig niedriger als der Messeturm in Frankfurt. Über 200 Menschen arbeiten dort wochenlang unter schwersten Bedingungen. Heute gibt es in der Nordsee über 400 Förderinseln.

AUFGABEN >>

1. Stellt zusammen, was euch ohne Produkte aus Erdöl alles fehlen würde.
2. Nennt die Staaten, die Erdöl und Erdgas in der Nordsee fördern und vergleicht ihre Fördermengen (Tab. 196.4).
3. Warum wird im Text vom „schwarzen Gold" gesprochen?
4. Erklärt den Begriff „offshore" und beschreibt die Schwierigkeiten bei dieser Art der Förderung. Nennt Vor- und Nachteile dieser Förderungsart.

Förderleitung

Zurückpumpen von Erdgas und Wasser

undurchlässiges Gestein

Erdgas

undurchlässiges Gestein

Erdöl
(teilweise mit Erdgas und Wasser)

Vom Bohrloch zum Endprodukt

Das geförderte Erdöl und Erdgas wird hauptsächlich über Pipelines, das sind große Rohrleitungen auf dem Meeresgrund, an die Küsten gepumpt. Liegt die Förderplattform weit draußen auf dem Meer, wird das Rohöl von Großtankschiffen direkt aufgenommen und zu den Tanklagern in die Erdölhäfen (z. B. Rotterdam oder Wilhelmshaven) transportiert.

Auf dem Festland wird das Rohöl in großen Tanks gelagert und schließlich zu den **Raffinerien** gebracht. Hier wird es gereinigt und in seine Bestandteile zerlegt. Durch Erhitzen werden z. B. Benzin, Dieselkraftstoff, Gase und Heizöl gewonnen. Die Abnehmer für weitere Bestandteile sind die chemische Industrie und die Energiewirtschaft.

198.1 Der Weg des Erdöls

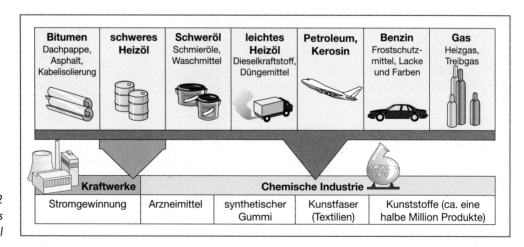

198.2 Produkte aus Erdöl

AUFGABEN >>

1. Erklärt die Aufgaben einer Raffinerie (Text und Abb. 198.2).
2. Ordnet folgende Silben und bringt die Stationen in die richtige Reihenfolge (Abb. 198.1):
   mi-för-ne-fi-werk-heiz-der-dust-pipe-che-form-rie-sel-ne-bohr-li-platt-rie-in-raf-kraft-sche-in.

Methode: Planspiel Ölförderung

Stellt euch vor, ihr seid Geschäftsführer einer Ölgesellschaft. Im Meer wurden neue Erdöllagerstätten gefunden. Ihr bekommt den Auftrag, diese zu erschließen. Ihr müsst die Förderung, Lagerung und die Verarbeitung des Erdöls ermöglichen.

Außerdem müssen die Erdölprodukte den Verbraucher erreichen können. Die Aufgabe ist jedoch schwierig: Ein Vogelschutzgebiet (> S. 184), Steilküste und internationale Fischfanggebiete sind zu berücksichtigen.

AUFGABE >>>

Bildet zunächst Gruppen und geht dann wie folgt vor:
– Diskutiert, welche Ölfelder ihr fördern wollt.
– Findet den günstigsten Standort des Ölhafens. Achtet dabei auf die Küstenformen und die Schutzgebiete.
– Baut Pipelines, Tanklager, Raffinerien und Verkehrswege, indem ihr die Symbole in eine Kopie der Karte 199.1 einzeichnet.
– Errechnet die Kosten der Förderung und der Verarbeitung.
– Vergleicht eure Lösungen hinsichtlich der finanziellen Kosten und der Rücksicht auf die Umwelt.

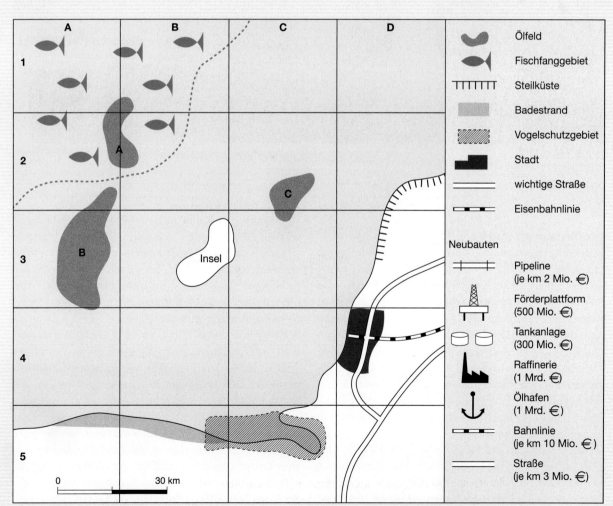

199.1 Planspiel Ölförderung

Zusatzthema: Kampf ums Öl

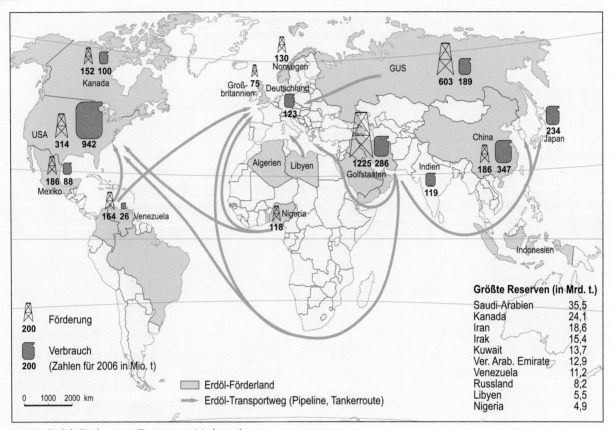

200.1 *Erdöl: Förderung – Transport – Verbrauch*

Erdölreserven und Erdölförderung

In der Erde lagern rund 175 Mrd. Tonnen Erdöl. Aufgrund des weltweit gestiegenen Ölpreises lohnt es sich heute, auch ehemals teure Öllagerstätten auszubeuten. Ein Beispiel hierfür sind die riesigen Ölsandvorkommen in Kanada, aus denen nur mit sehr viel Aufwand Öl gewonnen werden kann. Drei Viertel der Weltölreserven liegen im Nahen Osten. Saudi-Arabien, der Irak und Iran haben die größten Reserven (Abb. 200.1). In Europa wird hauptsächlich von Norwegen und von Großbritannien in Offshore-Anlagen (> S. 197) aus der Nordsee Erdöl gewonnen. Diese Vorkommen sind allerdings im Vergleich zum Nahen Osten eher bescheiden.

Hauptförderländer sind Saudi-Arabien, Russland und die USA. In Deutschland ist die Erdölförderung unbedeutend. In Schleswig-Holstein, Niedersachsen, Bayern und am Oberrhein werden geringe Mengen gefördert. 2007 wurden weltweit rund 4 Mrd. Tonnen Öl gefördert.

In den 1960er-Jahren wurden weltweit die meisten Ölquellen gefunden. Trotz moderner Suchtechnik gingen die Neufunde zurück. Seit über 20 Jahren decken die neu gefundenen Ölreserven nicht mehr den weltweiten Jahresverbrauch. Bis 2010 dürfte die Hälfte aller leicht förderbaren Erdölvorräte verbraucht sein.

Während früher das Erdgas an den Erdölfeldern abgefackelt wurde, ist es heute ein gefragter Energierohstoff. Die größten Lagerstätten liegen in Sibirien und am Arabisch-persischen Golf. Erdgas gilt als Energieträger der Zukunft. Es hat einen hohen Heizwert und verbraucht beim Abbau nur wenig Landschaft. Ebenso ist der CO_2-Ausstoß bei der Verbrennung geringer. Das Problem ist auch hier der teure Transport. 2005 haben Deutschland und Russland den Bau einer Ostsee-Gaspipeline beschlossen. Nach der Fertigstellung (2010) wird dann 40 % des deutschen Gasverbrauchs aus russischen Quellen stammen. Kritiker befürchten eine zu große einseitige Energieabhängigkeit.

201.1
Brennende Erdöl-
felder im Irak

Erdöl – ein umkämpfter Rohstoff

Erdöl war zunächst ein äußerst gewinnträchtiges Geschäft. Die Erdölgesellschaften, die meist in amerikanischem und in britischem Besitz waren, machten sich die leicht förderbaren Erdölquellen im Nahen und im Mittleren Osten sowie die niedrigen Kosten für die Bezahlung der Arbeitskräfte zunutze. Während in den USA für die Produktion von einem Barrel Erdöl 151 Cent aufgewendet werden mussten, so waren es im Irak nur 4 Cent. Die Förderländer erhielten lediglich ein Drittel von den erwirtschafteten Preisen.

1960 schlossen sich Entwicklungsländer, in denen viel Öl gefördert wird, zur OPEC zusammen. Ziel war es vor allem, höhere Preise durchzusetzen. Schließlich setzten die OPEC-Staaten Öl als politische Waffe ein: Als 1973 in westlichen Ländern aufgrund eines Lieferstopps der OPEC sogar Fahrverbote ausgesprochen werden mussten, versuchten die Industrieländer andernorts Ölquellen zu finden. Für viel Geld wurde Öl aus der Nordsee, aus Alaska und der damaligen Sowjetunion erschlossen.

Seither verfolgen die Industriestaaten, vor allem die USA, das Interesse, den freien Zugang zum Öl notfalls mit militärischer Gewalt durchzusetzen. Das Ziel, auf die Ölvorkommen in Kuweit und Irak Einfluss zu nehmen, war auch einer der Hintergründe für zwei Golfkriege.

Der Kampf um den ungehinderten Zugang zum Öl hat also längst begonnen. Fachleute gehen davon aus, dass in den nächsten Jahren das Barrel Öl statt 90 Dollar (November 2007) über 100 Dollar kosten wird. Ursache hierfür ist auch der Zuwachs des Energiebedarfs von China und Indien, die sinkenden Fördermengen in Amerika und Europa, sowie die Angst von Terroranschlägen auf Raffinerien und Pipelines im Mittleren Osten. Daneben steht aber auch, dass die Produktionskosten steigen, da in immer teureren Anlagen das Erdöl aus dem Boden gewonnen werden muss. Der Markt erkennt, dass das Erdöl knapp wird.

AUFGABEN >>

1. Berechnet, wie lange die Erdölreserven bei gleich bleibender Weltförderung noch reichen.
2. Nennt die größten Hauptförderer von Erdöl und erstellt ein Balkendiagramm.
3. Wo befinden sich die großen Erdgasvorkommen der Erde? Sucht mithilfe des Atlas und erstellt eine Tabelle: Kontinent/Land/Ort.
4. Nennt Ursachen für die Verteuerung des Erdöls in der Vergangenheit und heute.
5. Wie versuchen Staaten, sich den ungehinderten Zugang zum Öl zu sichern?
6. Wann fanden die Golfkriege statt? Informiert euch über Ursache und Ausgang dieser Kriege.

Erneuerbare Energien

Was sind erneuerbare Energien?

Alle erneuerbaren Energiequellen haben ihren Ursprung in der Sonne und der Wärme aus dem Erdinnern. Sie sind in unterschiedlicher Menge überall verfügbar und werden von der Natur ständig erneuert.

Diese Energiequellen sollen die Abhängigkeit von Energieeinfuhren und von Energieträgern wie Öl und Kohle verringern. Die Vorräte an Kohle oder Öl sind in einigen Jahrzehnten erschöpft. Erneuerbare Energien sind zukunftssicher und schützen die natürlichen Lebensgrundlagen.

202.1

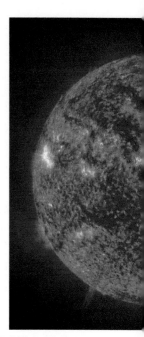

Wasserkraft: Die Kraft des fließenden Wassers nutzten bereits unsere Ahnen zum Antrieb von Mühlen, Säge- und Hammerwerken. Die Wasserkraft wird fast ausschließlich zur Stromproduktion verwendet. Dabei treibt das fließende Wasser eine Turbine an, die dann Strom liefert. Man unterscheidet Speicherkraftwerke und Laufwasserkraftwerke an Flüssen.

In Deutschland gibt es 5500 Wasserkraftanlagen. Diese liefern 4,5 % des Stroms in Deutschland. Die Wasserkraft kann in Deutschland kaum noch ausgebaut werden.

Eine weitere Form der Stromgewinnung ist an Küsten mit großem Tidenhub das Gezeitenkraftwerk (Abb. 202.1). Die neueste Erfindung ist das Wellenkraftwerk. Mit einem Trichter werden Wellen aufgefangen, die die Luft in einer Kammer zusammendrücken. Dabei werden Turbinen und Generatoren zur Stromerzeugung angetrieben.

202.3 *Die Sonne, Ursprung aller erneuerbaren Energie*

202.2

Erdwärme: Die Erdwärme nutzt den Umstand, dass in 20 m Tiefe Temperaturen von 8–12 °C herrschen. Pro 100 m Tiefe steigt die Temperatur um etwa 3 °C an. Um diese Energie zu verwerten, werden Wärmesonden gebohrt. Die Energie wird dann mithilfe von Wärmepumpen als Heizwärme gewonnen. Etwa 30 % des deutschen Stromverbrauchs könnte mit diesem Verfahren abgedeckt werden.

In Island (Abb. 202.2) ist die Erdwärme weit verbreitet.

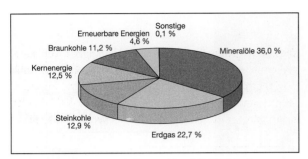

203.1 *Energienutzung in Deutschland (2005) in Prozent*

AUFGABEN >>

1. Welche Vorteile bieten erneuerbare Energieträger? (Beziehet das Ergebnis von Aufgabe 2 mit ein.)
2. Informiert euch im Internet, woher die in Deutschland verbrauchten Energierohstoffe (Abb. 203.1) stammen.
3. Informiert euch näher über die auf dieser Seite dargestellten Energieträger. Erstellt zu jedem Energieträger ein Plakat. Stellt die Plakate anderen Schülern vor.

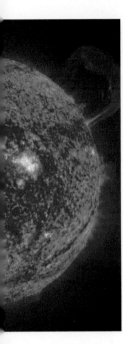

Sonnenenergie: Die Strahlung der Sonne setzt nicht nur Licht, sondern auch Wärme frei. Diese Eigenschaft nutzen Sonnenkollektoren. Die Sonnenstrahlung wird in Wärme umgewandelt, um Wasser oder Gebäude zu heizen. So lassen sich rund 20 % der Heizkosten eines Hauses einsparen. Solarkraftwerke können auch Strom erzeugen. Solarzellen wandeln Sonnenlicht direkt in Elektrizität um. Dieses Verfahren kann in einem einzelnen Haus, aber auch in Kraftwerken eingesetzt werden. Mit staatlichen Zuschüssen sollen Hausbesitzer dazu bewegt werden, solche Anlagen in ihre Häuser einzubauen.

Windenergie: Die Kraft des Windes haben die Menschen schon immer genutzt – z. B. für Segelschiffe, Windräder und Windmühlen.
Moderne Windkraftanlagen besitzen heute eine Leistung, die dem Stromverbrauch von 1 800 Haushalten entspricht. Deutschland ist führend bei der Nutzung der Windenergie: In keinem Land der Erde stehen mehr Windkraftanlagen als in Deutschland.

Biomasse: Die Verfeuerung von Holz und anderen pflanzlichen Stoffen ist die älteste Art der Energiegewinnung.
Biomasse kann auch als Gas genutzt werden. Der Brennstoff wird bei diesem Vorgang in ein brennbares Gas umgewandelt. Dieses Holzgas kann in Heizkraftwerken, Gasturbinen oder Brennstoffzellen in Strom und Wärme verwandelt werden.

204.1 Alles in den Hausmüll?

Müll belastet die Natur

Zu Hause fällt ganz schön viel Müll an!

Stefanie staunt zu Hause, wie viel Müll Tag für Tag zusammenkommt. Sie weiß zwar, dass man den Müll nicht einfach wegwerfen darf. Aber was genau muss sie tun, um den Müll umweltschonend zu entsorgen? Darüber will sie sich informieren. Nur gut, dass sich ihr Schulfreund Peter bereits auskennt.

Wohin kommt welcher Müll?

So weiß Peter, dass viele Müllarten in verschiedene Müllentsorgungsanlagen gebracht werden. Dazu gehören der Restmüll und Problemmüll. Beide sind nicht mehr verwertbar. Doch nicht jeder Müll ist wertlos. Viele darin enthaltene Stoffe sind wieder verwertbar.

Um den Müll richtig ordnen bzw. trennen zu können, muss man also die verschiedenen Müllarten kennen. Außerdem muss man wissen, wie und wohin die verschiedenen Müllarten entsorgt werden können.

Die Klasse von Stefanie und Peter informiert sich deshalb beim Abfallberatungszentrum des Landkreises. Ihre Informationen fassen sie im Klassenzimmer auf einer Wandzeitung zusammen (Abb. 204.2). Ihr Thema lautet „Mitmachen – Müll umweltschonend entsorgen!"

AUFGABEN >>

1 Schreibt eine Woche lang auf, welche Art und Menge von Abfall bei euch zu Hause ungefähr anfällt. Ordnet diese Müllarten entsprechend der Tabelle

Art des Mülls	Glas	Papier	Kunststoff	Bio-Abfall	Sperrmüll	Restmüll	sonstiges
Montag							
Dienstag							
Mittwoch							
...							

2 Besorgt euch einen Abfallkalender. Findet damit heraus, wie, wann und wo ihr die verschiedenen Müllarten entsorgen könnt.

Wieder verwertbare Stoffe, Wertstoffe

z. B.
Papier / Pappe,
Glas / Flaschen
Weißblech, Aluminium
Kunststoffe, Textilien,
Küchenabfälle,
Pflanzen- / Gartenabfälle,
sonstige organische Stoffe

Papiertonne, gelber Wertstoffsack, Biomülltonne, Wertstoffcontainer im Ort, Wertstoffhöfe, Grüngutannahmestellen

Wertstoffhof

Müllarten

Nicht verwertbare Stoffe	
Restmüll	**Problem-/Sondermüll**
z. B. **Hausmüll**, z. B. Babywindeln, Zigarettenreste, Porzellan, Tapeten, Gummi, Lederteile, kleine Holzreste, Teppichreste, Fotopapier, z. T. Speisereste **Sperrmüll**, z. B. Möbel, Lampen, Elektrogeräte	**z. B.** Lacke, Arzneimittel, Reinigungsmittel, Öle/Fette, Batterien, Holzschutzmittel, Pflanzenschutzmittel, Säuren, Laugen, Abbeizer

Müllentsorgungsmöglichkeiten
Müllentsorgungsanlagen

Hausmüll/Restmülltonne
Sperrmüll/Abholung

Abgabe beim Umweltmobil

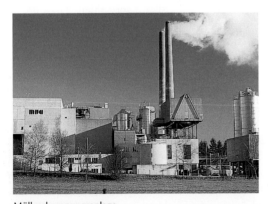

Müllverbrennungsanlage

Anlage zur Entsorgung von Sondermüll

Zusatzthema: Umweltgerechte Abfallbeseitigung

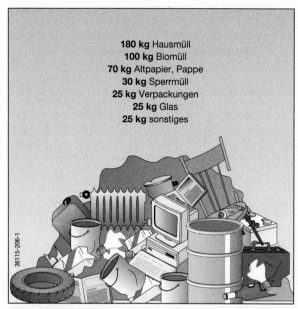

180 kg Hausmüll
100 kg Biomüll
70 kg Altpapier, Pappe
30 kg Sperrmüll
25 kg Verpackungen
25 kg Glas
25 kg sonstiges

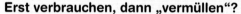

206.1 Müllmenge pro Kopf und Jahr

206.2 Einkaufen ohne Verpackung

Erst verbrauchen, dann „vermüllen"?

Das meiste, was wir kaufen und verbrauchen, endet als Müll. Doch der muss entsorgt oder wieder verwertet werden. Das kostet viel Geld. Die billigste Lösung wäre es, Abfall völlig zu vermeiden. Dies ist allerdings nicht möglich. Es muss deshalb auch nach umweltfreundlichen Entsorgungsmöglichkeiten gesucht werden. Letztlich gibt es drei Lösungen:

1. Müll/Abfall vermeiden.
2. Müll/Abfall (Wertstoffe) verwerten.
3. Müll/Abfall (Rest-, Sperr-, Problemmüll) umweltschonend entsorgen.

Nur wenn wir alle drei Wege nutzen, lässt sich der Müllberg verringern und der verbleibende Müll umweltschonend entsorgen.

AUFGABEN >>

1. Berechnet, wie viel Müll durchschnittlich durch dich – beziehungsweise durch deine Familie – täglich, in der Woche und im Monat anfällt (Abb. 206.1).

2. Errechnet mithilfe der Abb. 206.1, wie viel Müll in eurer Heimatgemeinde pro Tag und pro Jahr anfällt. (Die Einwohnerzahl eurer Gemeinde erfahrt ihr bei der Gemeindeverwaltung.)

1. Müll vermeiden – immer der beste Weg

Bereits beim Einkaufen kann man Abfall vermeiden. Vieles ist aufwändig verpackt und hinterlässt somit Müll. Wir sollten, wo immer möglich, auf unnötige Verpackungen verzichten. Viele offene Waren lassen sich in Taschen oder Körben, Flüssigkeiten in Flaschen transportieren. Wir können auch Nachfüllpackungen nutzen. Außerdem können stabile Verpackungsmaterialien, z. B. Kartons oder gepolsterte Umschläge, mehrfach verwendet werden. Auch Großpackungen sparen Verpackungsmaterial.

Beim Kaufen sollten wir überlegen, welche Menge wir tatsächlich benötigen. So lässt sich vermeiden, dass am Ende schadstoffhaltige Abfälle wie Lacke, Reinigungsmittel, Pflanzenschutzmittel, Arzneimittel übrig bleiben.

Auf Einwegverpackungen, z. B. auf Dosen oder Einwegflaschen, solltet ihr verzichten. Greift, wo immer möglich, zur Mehrwegflasche! Einwegfeuerzeuge oder -schreibgeräte sind Wegwerfprodukte. Sie verursachen viel Müll. Dagegen könnt ihr durch aufladbare Elektrogeräte, Akkus, wieder befüllbare Farbkassetten oder einen Füller mit einem Nachfüllkolben den Müllberg verkleinern.

Waren mit überflüssigen Kunststoffteilen erhöhen die schwer oder nicht verwertbare Kunststoffmenge.

Um Müll zu vermeiden, gibt es viele Gelegenheiten. Gefragt sind dabei „Einfälle statt Abfälle" und das Überwinden der eigenen Bequemlichkeit. Die Natur wird es danken!

207.1 Sammelcontainer

207.2 Problemabfall: ausgediente Kühlschränke

2. Abfall wieder verwerten

Müll ist nicht völlig zu vermeiden. Ein Teil davon sind aber Wertstoffe. Sie können recycelt, das heißt wieder verwertet werden. Dazu gehören:

- Papier/Pappe (z.B. Zeitungen, Hefte, Bücher, Kartons),
- Kunststoffe (z.B. Kunststoffbecher, -flaschen, -folien),
- Glas (z.B. Einwegflaschen, Konservengläser),
- Metall (z.B. Dosen, Nägel, Schrauben, Töpfe),
- Aluminium (z.B. Deckel von Milchprodukten, Fischdosen, Aufreißdeckel, Backformen),
- Textilien (z.B. Altkleider, Stoffe, Altschuhe),
- Küchen- und Pflanzenabfälle (z. B. Eierschalen, Teebeutel, Kaffeesatz, Blumen, Gartenabfälle).

Diese verschiedenen Wertstoffe sollten möglichst sortenrein und sauber gesammelt werden. Sie sind getrennt in dafür vorhandenen Behältern zu entsorgen. Gut erhaltene Textilien können auch direkt an Bedürftige oder an karitative Verbände weitergegeben werden. Dies gilt auch für ausgediente Geräte oder Einrichtungsgegenstände.

Garten- und Küchenabfälle können in manchen Städten und Landkreisen in einer Bio-Tonne entsorgt werden. Hat man die Möglichkeit, kann man sie im eigenen Garten kompostieren. So lässt sich guter Humus gewinnen.

Zum richtigen Sortieren der verschiedenen Wertstoffe bieten viele Städte und Landkreise Informationsblätter an. Sie beschreiben, was, wie, wo, wann entsorgt werden kann.

3. Nicht verwertbarer Abfall – umweltschonend entsorgen

Trotz der Wege 1 und 2 bleibt ein großer Teil unseres Mülls übrig. Dieser wird meist in Müllverbrennungsanlagen und auf Deponien entsorgt. Er setzt sich zusammen aus:

- *Restmüll* (z.B. Windeln, Papiertaschentücher, Zigarettenreste, Porzellan, Tapeten, Gummi, Leder, Holzreste, Asche, Filzstifte, Glühbirnen, Kosmetikartikel, bestimmte Speisereste, Wachse, Stoff- und Wollreste),
- *Sperrmüll* (z.B. Möbel, Elektrogeräte, Staubsauger, Matratzen, Fahrräder, Bodenbeläge Spielzeug, Autofelgen, Gartengeräte, Körbe, Koffer),
- *Problemabfälle/Sondermüll* (z.B. Lacke, Arzneimittel, Reinigungsmittel, Pflanzenschutzmittel, Batterien, Säuren und Laugen, Öle, Fette, Leuchtstoffröhren).

Um Deponien und Verbrennungsanlagen nicht zusätzlich mit Giftstoffen zu belasten, dürfen Problemabfälle keinesfalls im Hausmüll landen. Sie dürfen auch nicht in die Toilette gekippt werden, sie müssen gesondert entsorgt werden. Dazu bieten die Städte und Landkreise Sondermüllaufnahmestellen an, z.B. „Umweltmobile"oder örtliche Wertstoffhöfe. Altreifen und Altöl kann man häufig in Kraftfahrzeugwerkstätten abgeben. Unverbrauchte Arzneimittel nehmen die Apotheken an.

Mit Problemabfällen sollte jeder vorsichtig umgehen, sie gut kennzeichnen und sicher vor Kindern aufbewahren.

Umweltbewusstes Verhalten in der Schule

Wie können sich Schüler umweltbewusst verhalten? Die Umwelt-AG einer Gesamtschule in Kassel hat dazu diese Hinweise zusammengestellt.

1. Hefte, Schreibblöcke, Ringbucheinlagen, Notizpapier aus Umweltschutz- bzw. Altpapier verwenden, denn diese werden ganz oder teilweise aus Altpapier hergestellt. So wird der Rohstoff Holz gespart.
2. Ordner und Schnellhefter sollen ausschließlich aus Karton sein; denn Einbände (z. B. aus gebrauchtem Geschenkpapier) helfen Plastikmüll vermeiden.
3. Plastikeinbände durch umweltfreundliches Material ersetzen, denn Plastik muss später verbrannt werden und hinterlässt dabei giftige Gase.
4. Füllhalter mit stabilem Metallschaft verwenden, die lange haltbar sind und für die es Ersatzteile zu kaufen gibt; dazu Tinte in Vorratsflaschen benutzen, denn sie halten länger als Kugelschreiber. Es wird Plastikmüll vermieden, auch weil keine Patronen gebraucht werden.
5. Wenn Kugelschreiber zusätzlich noch eingesetzt werden, dann solche mit auswechselbarer Mine verwenden, denn sonst werden sie zu einem Schreibgerät mit noch kürzerer Lebenszeit.
6. Auf Tintenkiller unbedingt verzichten, sauberes Durchstreichen genügt. Tintenkiller enthalten das gesundheitsschädigende Formaldehyd.
7. Leim oder Papierkleber statt Alleskleber verwenden, denn von Allesklebern, Kontaktklebern usw. können gesundheitsschädliche Dämpfe ausgehen.
8. Pausenbrot in Vesperdose verpacken, denn so werden Alufolien, Butterbrotpapier oder Plastiktüten und damit Müll gespart.
9. Getränke in Freizeit-Trinkflaschen oder Mehrweg-Pfandflaschen mitbringen.
10. Auf richtige Benutzung der aufgestellten Behälter zur Müllsortierung im Klassenzimmer, im Schulgebäude und auf dem Schulgelände achten. So kann möglichst viel Müll recycelt werden.
11. Darauf achten, dass das Licht nur bei Bedarf eingeschaltet, in der großen Pause und nach Unterrichtsschluss ausgeschaltet wird. So wird Energie gespart.
12. Bei Neuanschaffungen von Schulranzen, -tasche, Mäppchen, Turnbeutel auf Naturmaterialien zurückgreifen, denn Naturmaterialien entstehen aus nachwachsenden Rohstoffen.
13. Solarrechner anstelle von batteriebetriebenen Taschenrechnern anschaffen, denn Batterien enthalten umweltgefährdende Stoffe, z. B. Schwermetalle.

AUFGABEN >>

1 Lest die Hinweise der Umwelt-AG durch. Seid ihr mit allem einverstanden?

2 Welche dieser Hinweise sind leicht, welche weniger leicht zu beachten?

Methode: Wir erstellen eine Wandzeitung

Wandzeitungen oder Plakate dienen dazu, andere zu informieren – über einen bestimmten Sachverhalt, ein Problem oder Ergebnisse eines Projektes. Die Fläche kann die Pinnwand im Klassenzimmer sein, das „Schwarze Brett" im Schulhaus, eine oder mehrere Stellwände oder zusammengeklebte Tonpapiere, die man an einer Wandfläche befestigt.

Vorbereitung

Zur Vorbereitung müssen zunächst diese Fragen geklärt werden:
- Was ist unser Ziel? Welches Thema hat unsere Wandzeitung?
- Wer soll angesprochen werden?
- Wo soll die Wandzeitung ausgehängt werden?
- Wie bekommen wir das benötigte Material, z. B. Packpapier, Tonpapiere, Farbstifte, Klebstoff?

Dann wird der Inhalt der Wandzeitung erarbeitet, am besten in Gruppenarbeit. Plant vorher gemeinsam, z. B. wer welche Informationen beschafft, wer Fotos macht, wer Zeichnungen erstellt.

209.1 Gestaltung einer Wandzeitung

Durchführung

Wenn ihr den Inhalt erarbeitet habt, dann muss die Wandzeitung gestaltet werden. Damit die Wandzeitung von möglichst vielen beachtet wird, solltet ihr an Folgendes denken:
- auffallende Überschrift,
- nicht zu viel schriftliches Informationsmaterial,
- übersichtliche Anordnung der Materialien,
- Texte müssen noch aus einem Abstand von zwei, drei Metern lesbar sein.

Vor dem Aufkleben wird das Material zunächst zur Probe auf die Fläche gelegt. Durch Hin- und Herschieben könnt ihr die beste Gestaltung herausfinden. Dann erst die Materialien aufkleben.

Auswertung

Beobachtet, wie die Betrachter auf eure Wandzeitung reagieren. Ihr könnt sie auch nach ihrer Meinung fragen. Abschließend solltet ihr gemeinsam besprechen, was gut war und was ihr bei der nächsten Wandzeitung noch besser machen könntet.

Projekt Recycling: Wir bauen CD-Sammelständer

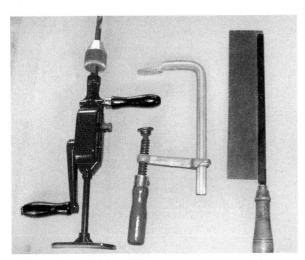

210.1 Werkzeuge

210.2 Beim Bau des CD-Ständers

210.3 Arbeitsschritte beim Bau des CD-Ständers

Da muss man doch was tun!

Giovanni arbeitet mit seiner Klasse oft im Computerraum der Schule – zum Beispiel in den Fächern Deutsch und Gesellschaftslehre. Dabei ist ihm irgendwann aufgefallen, dass sich im Computerraum zahllose CDs angesammelt haben. Viele davon sind einfach liegen geblieben. Schüler hatten sie in den Unterricht mitgebracht und dann vergessen oder als Kopie zur Verfügung gestellt. Sandra wollte sie beim Aufräumen in den Papierkorb werfen. Da protestierte Admir sehr heftig: „Du kannst doch nicht einfach alle CDs in den Abfall schmeißen! Die kann bestimmt noch jemand brauchen!" Nach einer kurzen Diskussion meinte Giovanni: „Ich habe zu Hause auch noch eine Menge CDs, die ich loswerden will. Wir sollten uns mal zusammensetzen und überlegen, was man mit den CDs machen könnte!"

Schließlich entscheiden sich die Schüler, ein Projekt zum Thema Recycling (= Wiederverwertung) durchzuführen.

Organisation und Ablauf eines Projektes

Vorbereitung (Planung): Ein Projekt sollte von Lehrern und Schülern gemeinsam geplant werden.

Sammelt und ordnet zuerst euer Vorwissen: Notiert in einer Ideensammlung, was euch zum Thema einfällt. Legt ein gemeinsames Ziel fest und erstellt einen Zeit- und einen Materialplan. Bildet dann entsprechend der Schwerpunkte und Zielsetzungen Arbeitsgruppen.

Durchführung: Die Arbeitsgruppen sammeln dann Informationen und erstellen einen Arbeitsplan. Die einzelnen Aufgaben könnt ihr auf einem Plakat festhalten. Anschließend werden eure Ergebnisse geordnet und ausgewertet. Bei der Gewinnung von Informationen können eine Erkundung oder ein Expertengespräch hilfreich sein.

Präsentation: Am Ende des Projektes liegt natürlich ein konkretes Ergebnis vor. Dies kann z. B. eine Darstellung in der Schülerzeitung, eine Ausstellung, ein Kräuterbeet oder ein Film sein. Bevor ihr eure Ergebnisse in der Öffentlichkeit vorführt, sollten die Arbeitsgruppen ihre Ergebnisse zunächst intern präsentieren und aufeinander abstimmen.

Reflexion: Nach der Präsentation in der Öffentlichkeit sollte noch eine Reflexion erfolgen. Ihr solltet nämlich überprüfen, ob die Präsentation ihr Ziel erreicht hat und ob euer Projektergebnis angenommen wurde.

Zum Ablauf des Projektes „CD-Ständer"

Nachdem sich die Klasse auf das Thema geeinigt und erste Ideen zur Durchführung zusammengetragen hat, folgt ein Gespräch mit Experten vom Abfall- und Umweltamt. Dort erhalten die Schüler viele Informationen. So erfahren sie, dass CDs wertvolle Rohstoffe enthalten. Das konkrete Handlungsziel der Schülerinnen und Schüler lautet deshalb: Wir bauen einen CD-Ständer, um die nicht mehr gebrauchten CDs zu recyceln.

Es werden drei Arbeitsgruppen gebildet:

- Gruppe 1 konstruiert einen Sammelständer.
- Gruppe 2 erstellt eine Informationsbroschüre.
- Gruppe 3 richtet an der Schule ein Sammelsystem für CDs ein und macht dieses publik.

211.1 Beim Erstellen der Broschüre

Gruppe 1: Der CD-Ständer soll mit einfachen Mitteln und Materialien gebaut werden. Ein Rundholz mit einem Durchmesser von 10 mm, eine 20 mm dicke quadratische Holzplatte, eventuell etwas Farbe und Aufkleber sind die benötigten Materialien. Als Werkzeug (Abb. 210.1) werden eine Feinsäge, eine Schraubzwinge, ein Zehner-Holzbohrer und eine Handbohrmaschine benötigt. (Soll der Ständer angemalt werden, so braucht man natürlich noch einen Pinsel.)

Die Mitte der quadratischen Platte wird mit zwei Diagonalen ermittelt. Dann wird die Platte mit einer Schraubzwinge fixiert und mit dem Handbohrer ein etwa 15 mm tiefes Loch gebohrt (Abb. 210.2). Nun muss nur noch der Rundstab in das Loch gesteckt werden und fertig ist der CD-Sammelständer. Wer will, kann ihn noch mit Farbe und Aufklebern verschönern. Das Ergebnis der Gruppe 1 ist auf Abb. 210.3 zu sehen.

211.2
Handzettel

Gruppe 2: Die notwendigen Informationen für die Broschüre erhalten die Schüler und Schülerinnen der Arbeitsgruppe 2 vom Umweltamt. Auf dieser Basis können sie ein leicht verständliches Plakat und einen Handzettel am PC erstellen (Abb. 211.1 und 2).

Die Leitfragen für das Plakat sind: Woraus besteht eine CD? Welche Schäden können sie verursachen, wenn sie in die Umwelt gelangen? Wie lassen sich die Rohstoffe der CD recyceln? Wie funktioniert das Einsammeln der CDs am besten?

Gruppe 3: Die dritte Arbeitsgruppe ist für die eigentliche Öffentlichkeitsarbeit zuständig. Sie hängt die Plakate aus, besucht die einzelnen Klassen und erläutert den Mitschülern das Projekt. Außerdem besucht sie in regelmäßigen Abständen die einzelnen Klassen, sammelt übrig gebliebene CDs ein und bringt sie zum Umweltamt.

211.3 Schüler der Klasse mit Ergebnissen des Projektes „CD-Ständer"

Methode: Wir untersuchen einen Nutzungskonflikt vor Ort

212.1 und 2 Abbildungen von der Homepage der Bürgerinitiative gegen das Kohlenkraftwerk

Kohlenkraftwerk – ja bitte! Kohlenkraftwerk – nein danke!

Die Alpen und die Nordseeküste sind mit ihren Problemen Beispiele für Nutzungskonflikte. Auch in unserer Umgebung gibt es immer wieder Auseinandersetzungen, bei denen unterschiedliche Interessen eine Rolle spielen. Ob es um eine Umgehungsstraße, ein neues Naturschutzgebiet, den Bau von Kohlenkraftwerken, einen Golfplatz, ein neues Wohngebiet, einen Bolzplatz oder eine Halfpipe für Jugendliche geht: Häufig treffen unterschiedliche Vorstellungen, Meinungen und Wünsche aufeinander.

Bürgerinitiative gegen den Kraftwerksausbau in Großkotzenburg

212.3

Binnenschiffer: Das neue Kohlenkraftwerk bringt mehr Transportaufträge für die Schifffahrt.

Firmenbesitzer: Der Bau des Kohlenkraftwerks bringt Arbeitsplätze für die Region.

Umweltschützer: Die Herstellung von Strom durch Wind ist viel umweltfreundlicher als durch Kohlenkraftwerke mit ihren Abgasen.

Industrie- und Handelskammer: Die Industrie braucht mehr Strom.

Anwohner: Der neue Kühlturm ist riesig und verschandelt den Ausblick auf die Landschaft.

Bürgermeister: Die Besitzer des Kohlenkraftwerks zahlen Steuern, die auch unserer Gemeinde zugute kommen.

Einwohner: Die Staubbelastung steigt durch den Kraftwerkausbau stark an. Dann muss ich jedes Wochenende mein Auto waschen.

Einzelhändler: Der Ausbau des Kraftwerks bringt neue Kunden, die nach Feierabend bei uns im Ort einkaufen.

Ingenieur: Durch den Einbau modernster Rauchgastechnik steigt die Menge der Schadstoffe nicht an.

Informationsbeschaffung

Es gibt meist unterschiedliche Gründe, die für oder gegen eine Sache oder ein Vorhaben sprechen. Informiert euch über die Argumente (> S. 212) und sammelt eure Informationen. Stellt die verschiedenen Vorteile und Nachteile gegenüber, die es eurer Meinung nach gibt.

Meinungsbildung

Jeder hat eigene Interessen oder Standpunkte. Deshalb werden manche Gründe für oder gegen eine Sache unterschiedlich beurteilt.

Arbeitet die Argumente auf Seite 212 durch und bildet euch eine eigene Meinung. Sucht Gleichgesinnte, die eure Sichtweise unterstützen, tauscht die Argumente aus und ergänzt diese.

Diskussion und Abstimmung

Tragt nun eure Gründe den anderen vor und diskutiert. Hört die Gründe der anderen an, versucht diese zu widerlegen oder lasst euch von deren Argumenten überzeugen. Nachdem alle Gründe dafür und dagegen ausgetauscht sind, kann eine Abstimmung zeigen, wie die Mehrheit denkt.

Spielt die Auseinandersetzung um die Errichtung eines Windparks in eurer Klasse nach. Geht dabei in den beschriebenen Einzelschritten vor.

Erkundigt euch, welche Nutzungskonflikte in eurer Umgebung bestehen. Übertragt die Auseinandersetzung auf ein Beispiel aus eurer Umgebung. Die Abbildungen in der rechten Spalte geben euch Hinweise auf weitere Themen.

213.1 Schüler bei der Diskussion

213.2 – 4 Beispiele für Nutzungskonflikte

Zusatzthema: Umweltprobleme – gab es die früher nicht?

Auf dem Land gab es im Mittelalter für nahezu alles Verwendung. Man benutzte überwiegend natürliche Produkte: Gemüse, Obst, Getreide, Fleisch, Holz, Leder oder Stoffe. Die wenigen Abfälle wurden an das Vieh verfüttert oder sie verrotteten auf dem Misthaufen. Die Dörfer oder Ansiedlungen lagen nahe einer Quelle oder eines Wasserlaufes. Trink-, Brauch- oder Löschwasser waren meist schnell herangeschafft.

Anders war es hingegen in den Städten. Zwischen 1200 und 1400 wurden in Deutschland zahlreiche Städte gegründet. Auch wenn diese Städte nur selten mehr als 2000 bis 3000 Einwohner hatten, lebten dort die Menschen auf engstem Raum zusammen.

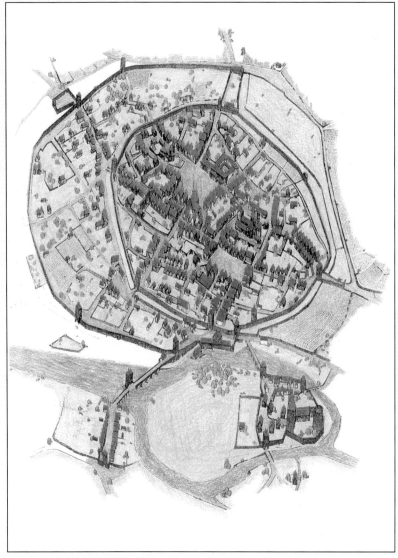

214.1 Gelnhausen im Mittelalter

Wasserversorgung und Abwasserentsorgung in den mittelalterlichen Städten

In den Städten benötigte man für die dicht zusammen lebenden Menschen viel mehr Wasser als in den Dörfern – unter anderem auch für die neuen wirtschaftlichen Tätigkeiten der Stadtbürger (z. B. für Schmieden oder für Färbereien, > S. 215).

In der Regel verwendeten die Stadtbewohner zur Wasserversorgung die natürlichen Gegebenheiten. Deshalb bauten die Menschen ihre Städte oft auf Hanglagen, um das natürliche Gefälle von Bächen für die Wasserversorgung zu nutzen. Genauso wichtig war es natürlich, eine Stadt dort zu errichten, wo das ganze Jahr über ausreichend Wasser fließt.

Ein gutes Beispiel für die Wasserversorgung im Mittelalter stellt die Stadt Gelnhausen im Kinzigtal dar. Die Stadt wurde an einem Hang errichtet, der zu den Randgebieten des Vogelberges gehört. Im steinigen Untergrund fließt das Wasser den Hang hinunter. Teils ist es Regenwasser, teils Quellwasser.

In nahezu allen mittelalterlichen Häusern gab es einen Brunnen im Keller. Hier schöpften die Menschen ihr Trink- und Brauchwasser.

Zur Entsorgung des gebrauchten Wassers führten künstlich angelegte Rinnen außerhalb der Häuser den Hang hinab (sogenannte Schwemmkanalisation). Die Abwässer der Häuser – einschließlich der Fäkalien – leerte man bisweilen direkt auf der Straße aus. Regnete es, so wurde der Großteil des Unrats weggespült. Das genutzte Wasser floss also aufgrund des natürlichen Gefälles in den talwärts gelegenen Fluss, in die Kinzig.

Doch nicht überall waren die Bedingungen so günstig – vor allem in den Städten, in denen Handwerker mit hohem Wasserverbrauch lebten. Dazu gehörten Färbereien oder Gerbereien, die sich direkt am Wasser ansiedelten. Die Handwerker leiteten dann das mit Abbeize oder Farben verschmutzte, übel riechende Wasser direkt in den Fluss. Schwierig war die Wasserversorgung für ärmere Stadtbewohner ohne eigenen Brunnen. Wenn die Einwohnerzahl der Städte zunahm und die Bebauung immer dichter wurde, dann wurden auch die Probleme bei der Entsorgung immer größer. Unrat, Fäkalien und Abwasser sammelten sich auf den Straßen und führten zu katastrophalen hygienischen Verhältnissen. Krankheiten und Seuchen rafften immer wieder viele Menschen dahin.

Heute besitzen die Städte eine geregelte Wasserversorgung und Abwasserentsorgung (Abb. 215.2).

AUFGABEN >>

1 Beschreibt die Wasserversorgung und Abwasserentsorgung in einer mittelalterlichen Stadt.

2 Erläutert die Wasserversorgung und Abwasserentsorgung von heute anhand des Schaubildes 215.2. Verwendet dabei folgende Begriffe: Brunnen, Abwasserkanal, Haushalt, Klärwerk, Wasserwerk, Rohrleitungen, Auslauf.

Die Heidenmauer in Wiesbaden war ein Teilstück eines Aquäduktes, einer römischen Wasserleitung. Sie versorgte das Kastell auf dem Heidenberg mit frischem Quellwasser aus dem Taunus. Das Bauwerk wurde im 4. Jahrhundert errichtet. Ursprünglich reichte die Wasserleitung bis Mainz-Kastel.

215.1 Römische Wasserversorgung

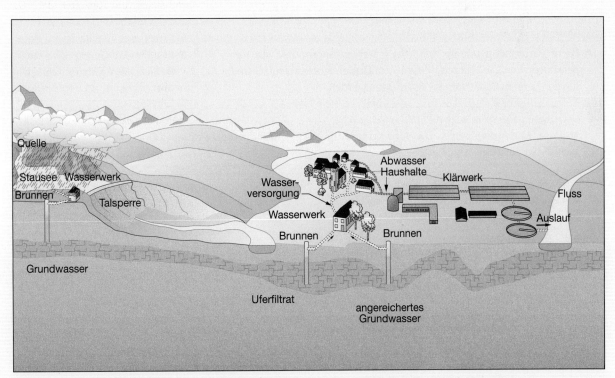

215.2 Wasserversorgung und Abwasserentsorgung heute

Wissen: Energie und Umweltschutz

Umweltschutzgesetze sichern unsere Lebensgrundlagen

Grundgesetz Artikel 20 a:

„Der Staat schützt auch in Verantwortung für die künftigen Generationen die natürlichen Lebensgrundlagen im Rahmen der verfassungsmäßigen Ordnung durch die Gesetzgebung und nach Maßgabe von Recht und Gesetz durch die vollziehende Gewalt und die Rechtsprechung."

Bereiche des Umweltschutzes	Gesetze und Verordnungen

Schutz des Wassers

Schutz der Luft

Schutz von Land-schaft, Natur, Boden

Lärmschutz

Strahlenschutz

Vermeidung von Abfall und Abfallentsorgung

Bundesnaturschutzgesetz

Atomgesetz

Verpackungsverordnung

Abwasserabgabengesetz

Fluglärmgesetz

Großfeuerungs-anlagen-Verordnung

Waschmittelgesetz

A Diese Verordnung schreibt bestimmte Verwertungsquoten für Verpackungen vor. Die Quoten müssen vom Dualen System Deutschland, das den Grünen Punkt vergibt, eingehalten werden.

E Mit diesem Gesetz wird der Betrieb von Atomkraftwerken überwacht.

B Nach diesem Gesetz müssen die Einleiter schädlicher Abwässer eine Abgabe zahlen. Die Höhe richtet sich nach der Schädlichkeit des Abwassers.

F Diese Verordnung bestimmt, dass beim Betrieb von Kraftwerken bestimmte Grenzwerte für Luftschadstoffe (z. B. CO_2) einzuhalten sind.

C In diesem Gesetz werden für Flughäfen Lärmschutzbereiche festgelegt. Außerdem wird der Flugverkehr auf bestimmte Tageszeiten beschränkt.

G Durch dieses Gesetz können bestimmte Gewässer schädigende Stoffe in Waschmitteln verboten werden.

D Dieses Gesetz sieht die Einrichtung von Landschaftsschutzgebieten und Nationalparks vor. Dadurch soll die Natur geschützt werden.

AUFGABEN >>

1. Ordnet die Gesetze und Verordnungen ihren Beschreibungen zu. Notiert außerdem, welcher Bereich des Umweltschutzes durch diese Regelung betroffen ist.
2. Überlegt, warum der Staat Gesetze und Verordnungen zum Schutz der Umwelt erlässt.

217.1

Übertragt den Rätselkasten 217.1 in euer Heft. Sucht die richtigen Begriffe für die Erklärungen 1-12. (Ö = OE, Ä = AE)
Die gelb hervorgehobene Spalte nennt eine wichtige Aufgabe für das Überleben der Erde.

1. Wird im Tagebau gewonnen.
2. Wird aus Küchen- und Gartenabfällen gewonnen
3. Gegenteil von Einwegflasche
4. Erneuerbare Energie, die auch für Licht sorgt
5. Energieträger, der auch Autos bewegt
6. Behälter für Küchen- und Gartenabfälle
7. Anderes Wort für Rohstoffe aus der Erde
8. Bekanntes Wort für „Wiederverwertung"
9. Hier bohrt man im Meer nach Öl
10. Erst gräbt man die Erde um, dann ordnet man alles wieder
11. Findet man überall und wird aus Erdöl hergestellt
12 Verwendet man zum Erwärmen der Wohnung

217.2 und 3 Recycling

(6)

(9)

(7)

(10)

(8)

Geschichte gibt es überall

AUFGABEN >>

1.   Zwei Bilder auf dieser Doppelseite gehören immer zusammen. Ordnet die Bilder jeweils richtig zu.
2.   Beschreibt die Bildpaare genau. Was hat sich verändert?
3.   Erstellt eine eigene Bildcollage mit Bildpaaren: Wo „sehen" wir Geschichte? Verdeutlicht die Veränderungen von früher zu heute, z.B. durch Pfeile und Jahreszahlen.

Zeit – was ist das?

„Das ist doch Zeitverschwendung!"
„Die Zeit vergeht ja wie im Fluge!"
„Zeit ist kostbar!"

Solche oder ähnliche Sprüche gibt es viele über die Zeit. Jeder von uns benutzt sie, ohne über deren Bedeutung nachzudenken. Doch was ist das eigentlich – Zeit? Dass man sie messen kann, weiß jedes Kind. Dazu gibt es unterschiedliche Einheiten: Sekunden, Minuten, Stunden, Tage, Monate, Jahre. Und trotzdem: Nicht für jeden Menschen ist die „Zeit" gleich.

An Sinas 11. Geburtstag:

„Mama, kann ich endlich meine Geschenke auspacken?" „Aber Sina, warte doch noch eine Stunde, dann ist auch deine Oma da und wir beginnen gemeinsam dein Geburtstagsfest!" „Was? Das ist ja noch eine Ewigkeit! Eine Stunde, so lange warten! Das halte ich ja nicht aus." „Hilf mir lieber, Sina, ich muss noch so viel vorbereiten. Es bleibt nur noch eine Stunde Zeit dafür, das schaffe ich doch kaum!" ...

„ Oma, Oma, endlich bist du da!" „Hallo Sina, warum bist du denn so ungeduldig? Du hast doch noch den ganzen Tag Zeit! Wenn du erst einmal 71 bist wie ich, hast du es auch nicht mehr so eilig." „Aber Oma!" „Ach Kind, ich musste an meinem 11. Geburtstag meinem Vater bei der Arbeit auf den Feldern helfen. Da gab es keine große Feier und die Geschenke waren auch nicht so toll." „Lass sie doch, Mutter, heute soll doch Sinas großer Tag sein!" ...

„Kinder, wie schnell doch die Zeit vergeht, ich kann mich noch genau an deine Geburt erinnern, schließlich ist das ja erst 11 Jahre her." „Oma, jetzt spinnst du aber völlig! 11 Jahre! Das ist doch eine Ewigkeit."

AUFGABEN >>

1. Erklärt die Sprüche über die Zeit. Vielleicht findet ihr noch weitere.
2. Gebt Beispiele an, wann welche Zeiteinheit sinnvoll verwendet wird.
3. Erstellt eine Tabelle und tragt eigene Beispiele für „lange Stunden" und für „kurze Stunden" ein. Vergleicht eure Ergebnisse in der Klasse.
4. Erklärt, weshalb Sina und ihre Oma völlig anders über die Zeit denken.

Zeit darstellen – aber wie?

Der Alltag von uns Menschen wird von der Zeit bestimmt: Aufstehen, Beginn der Schule, Schulpause, usw. Um uns an der Zeit zu orientieren, haben wir Uhren in unterschiedlichster Form entwickelt. Auf einer Uhr kann man die Zeit am übersichtlichsten darstellen: Man sieht, wie viel Zeit schon vergangen ist und wie viel Zeit noch bleibt.

Mithilfe einer Uhr kann man aber nicht nur die Stunden und Minuten eines Tages darstellen, sondern auch die gesamte Lebenszeit eines Menschen oder auch die Lebenszeit unserer Erde.

Lebensuhr von Sinas Opa (* 1931 / † 2004):

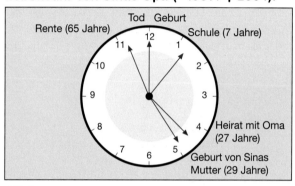

220.1

Lebensuhr der Erde (* vor 4,6 Milliarden Jahren / † ?) :

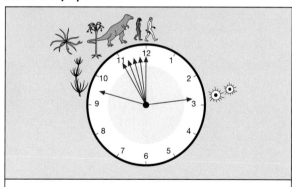

0.00 Uhr:	Entstehung der Erde
2.50 Uhr:	einzellige Algen und Bakterien im Wasser
9.36 Uhr:	Lebewesen, die Sauerstoff atmen
10.55 Uhr:	erste Landtiere
11.25 Uhr:	erste Säugetiere
11.53 Uhr:	Affen und erste Menschenaffen
11.59 Uhr:	die ersten Menschen

220.2

Der Zeitstrahl

Die Lebensuhr ist leider nicht genau. Wenn man versucht, die Lebensuhr von Sina zu erstellen, weiß man nicht, wie man die Uhr richtig einteilen muss. Schließlich kann niemand sagen, wie lange die Lebenszeit von Sina dauern wird und was alles in ihrem Leben noch passiert.

So ist das auch mit der Lebensuhr unserer Erde. Deshalb haben sich die Historiker (das sind Forscher, die sich mit der vergangenen Zeit beschäftigen) dazu entschlossen, die Lebensuhr abzuwickeln und die Zeit als Strahl darzustellen. Man nennt diesen Strahl den Zeitstrahl.

Der Zeitstrahl ist ähnlich wie der Zahlenstrahl aufgebaut, den ihr aus der Mathematik kennt: Er hat einen Anfang (Geburt oder Entstehung der Erde), aber noch kein festes Ende, da man nicht weiß, wie lange das Leben auf der Erde dauern wird.

AUFGABEN >>

1. Zeichnet einen Teil des großen Zeitstrahles in euer Heft: 1910 bis 2010. (Nehmt dabei 2 cm für 10 Jahre.)

2. Tragt nun Ereignisse aus dieser Zeit in euren Zeitstrahl ein: dein Geburtsjahr, dein erstes Schuljahr, Geburtsjahre deiner Eltern, erster Computer (1937), erstes Düsenflugzeug (1939), die Olympischen Spiele von München (1972), ... (Findet selbst weitere Ereignisse und tragt sie ein. Ein Lexikon kann euch dabei helfen.)

Zeit darstellen auf dem Schulhof

Versucht einmal die Geschichte der Erde in einem Zeitstrahl auf eurem Schulhof darzustellen:

Ihr braucht:
- Maßband :   um die Abstände zu messen,
- Kreide: um den Zeitstrahl aufzumalen,
- Schilder/Schüler: um die Ereignisse zu markieren.

Das müsst ihr tun:
- Benutzt für 1 Mrd. Jahre einen Meter auf dem Schulhof
- Berechnet, wie lange ihr 100 Mio., 10 Mio. und 1 Mio. Jahre darstellen müsst (vielleicht kann euch euer Mathematiklehrer helfen).
- Zeichnet dann einen 12 m langen Strahl.
- Tragt nun folgende Ereignisse auf eurem Riesenzeitstrahl ein:
  * vor 12 Mrd. Jahren: Urknall
  * vor 4,6 Mrd. Jahren: Entstehung der Erde
  * vor 3,5 Mrd. Jahren: einzellige Algen, Bakterien
  * vor 900 Mio. Jahren: tierische Lebewesen, die Sauerstoff atmen
  * vor 400 Mio. Jahren: erste Landtiere
  * vor 200 Mio. Jahren: erste Säugetiere
  * vor 40 Mio. Jahren: Affen und erste Menschenaffen
  * vor 1,5 Mio. Jahren: erste Menschen

Beobachtet genau, was euch an eurem Zeitstrahl auffällt und besprecht es in der Klasse.

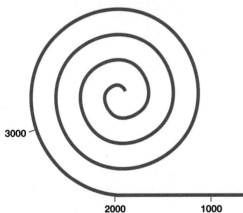

3000

Christi Geburt

| 2000 | 1000 | vor | nach | 1000 | 2000 |

Menschen in der christlichen Welt teilten Ereignisse in zwei Abschnitte ein: In Ereignisse, die vor und die nach Christi Geburt lagen. Christi Geburt war für diese Menschen das Jahr 0. Noch heute wird diese Zählweise bei uns verwendet.

v. Chr.: Bis zu Christi Geburt (Jahr 0) zählt man rückwärts.
n. Chr.: Nach Christi Geburt zählt man vorwärts (bis heute 2008 Jahre!).

Woher wissen wir etwas über die Vergangenheit?

Leichenfund bei Bauarbeiten

Bei den Bauarbeiten für die neue Tiefgarage im Stadtzentrum wurde gestern eine schreckliche Entdeckung gemacht. Als die Bauarbeiter eine Grube zur Verschalung der Stützwand gruben, stießen sie auf die Knochen eines menschlichen Skeletts. Sofort wurden die Arbeiten eingestellt und die Polizei herbeigerufen. Nach kurzen Untersuchungen gaben die Polizisten jedoch Entwarnung.

Es handle sich nicht um einen Fall für die Polizei, so der Sprecher, sondern um eine Aufgabe für Historiker. Fundort, Fundtiefe und weitere Funde zeigen, dass es sich um die Überreste eines Menschen handelt, der hier vor Tausenden Jahren lebte. Nun untersuchen die Historiker den Fund. Dies kann lange dauern, denn alle Spuren müssen gesichert werden.

(Zeitungsbericht)

222.1 Fundstelle mit Tiefenangaben

Der Fundort

Die **Archäologen** – das sind Altertumsforscher – müssen nun die Fundstelle genau untersuchen. Dabei gehen sie wie die Polizei bei der Spurensicherung vor: Mit kleinen Pinseln, Spachteln und Ministaubsaugern werden die Funde von Erdklumpen und Staub befreit. Dann wird alles vermessen, fotografiert und nummeriert. So weiß man später genau, wo die verschiedenen Fundstücke gelegen haben. Erst jetzt werden diese Stücke abtransportiert. Die Forscher haben nun die Aufgabe, aus den Fundstücken eine möglichst genaue Rekonstruktion (Nachbildung) herzustellen.

AUFGABEN >>

1. Wie müssen Archäologen bei der Sicherung eines Fundes vorgehen? Erstellt eine Anleitung.
2. Erklärt, warum die Archäologen bei ihrer Arbeit vorsichtig sein sollten.
3. Erstellt eine Tabelle mit den Fundstücken (Abb. 222.1):

Tiefe	Fundstücke

4. Gehören alle Fundstücke zum Leichenfund? Begründet eure Ansicht.

Quellen erzählen uns etwas über die Vergangenheit

Eine Quelle ist eigentlich der Ausgangspunkt (Ursprung) eines Flusses oder Baches. Doch auch Geschichtsforscher arbeiten mit Quellen. Solche Quellen sind für die Historiker der Anfang ihres Wissens über die vergangene Zeit. Man kann auch sagen, dass die historischen Quellen der Ausgangspunkt für eine Rekonstruktion sind, das heißt für eine Nachbildung des früheren Lebens.

Auf der vorhergehenden Seite habt ihr gesehen, wie die Archäologen die Fundstelle genau untersucht und die Fundstücke freigelegt haben. Diese Fundstücke sind für die Forscher nun die Quellen, mit denen sie versuchen, Genaueres über den Leichenfund herauszufinden. Nur wenn sie diese Quellen exakt untersuchen, können sie vielleicht bestimmen, in welcher Zeit der gefundene Mensch gelebt hat und wie er damals lebte.

Bei den Quellen unterscheidet man drei verschiedene Quellenarten: **Sachquellen** (Werkzeuge, Töpfe, Münzen usw.), **Bildquellen** (Höhlenmalerei, Fotografien usw.) und **Schriftquellen** (Briefe, Bücher usw.).

Bei unserer Ausgrabung wurden z. B. die Quellen 223.1–3 entdeckt.

223.3 Römische Münze. Mit den Römern trieben die Kelten Handel.

Die gesicherten Fundstücke können ihre Geschichte nicht selbst erzählen. Deshalb müssen die Geschichtsforscher versuchen, aus diesen Quellen abzuleiten, wie das Leben der Menschen zu dieser Zeit aussah. Dazu untersuchen sie die Gegenstände ganz genau. Sie achten besonders auf folgende Fragen:

• Um was für einen Gegenstand handelt es sich?
• Aus welchem Material ist der Gegenstand?
• Welche Form hat er und welche Muster sind zu erkennen?
• Sind Bilder oder Zeichen zu sehen?
• Zu was wurde der Gegenstand möglicherweise benutzt?

Bei vielen Untersuchungen oder Analysen helfen heute auch Computer und Messgeräte. Oft müssen jedoch die Historiker ihre Fantasie und ihre Erfahrung zu Hilfe nehmen, um ein Bild vom Leben der Menschen zu erhalten.

In unserem Fall haben die Forscher festgestellt, dass es sich bei der Leiche um einen Angehörigen des Volkes der Kelten handelt, die schon 600 v. Chr. in unserer Gegend zu Hause waren.

223.1 Tongefäß aus der frühen Keltenzeit

223.2 Goldschmuck der Kelten

AUFGABEN >>

1 Erklärt, zu welcher Quellenart die hier abgebildeten Funde gehören.
2 Nennt für jede Quellenart weitere Beispiele.
3 Das Leben der Kelten: Untersucht dazu die abgebildeten Quellen mit Hilfe der Forschungsfragen.
4 Schildert in einem kleinen Forschungsbericht, wie ihr euch nun das Leben der Kelten vorstellt.
5 Überlegt: Reichen eure Informationen schon aus? Braucht ihr noch weitere Informationen?

*224.1 Keltischer
Kessel aus Silber*

Viele Puzzleteile ergeben ein Gesamtbild

Meist sind Fundstücke für den Geschichtsforscher wertvolle Puzzlesteine, die es ihm ermöglichen, das frühere Leben zu erklären. Ein genaues Bild ergibt sich aber erst dann, wenn möglichst viele Puzzleteile zu einem Gesamtbild zusammengetragen werden können.

Die Sachquellen des Keltenfundes reichen daher nicht aus für eine genaue Rekonstruktion, sie ergeben nur ein unvollständiges Bild. Um genau zu verstehen, welche Bedeutung die Fundstücke haben könnten, muss man daher möglichst viele unterschiedliche Quellen untersuchen. Hierzu können frühere Funde hilfreich sein, die man in Museen und Archiven aufbewahrt.

Vielleicht helfen euch die hier abgebildeten Bild- und Schriftquellen dabei, ein genaueres Bild von den Kelten zu erhalten.

AUFGABEN >>

1. Überlegt euch selbst wichtige Fragen, die man an eine Bildquelle stellen kann und beantwortet diese für die abgebildete Bildquelle 224.1
2. Bringt von zu Hause Bildquellen mit und stellt sie der Klasse vor.

Kelten konnten nicht lesen und nicht schreiben – trotzdem eine Schriftquelle?

Die Kelten konnten weder lesen noch schreiben und trotzdem gibt es schriftliche Quellen über dieses Volk. Diodor, ein Römer, der zur Zeit der Kelten im Süden Italiens lebte, schrieb über sie, was er so gehört hatte. Er selbst reiste jedoch niemals zu den Kelten:

(27) Um die Handgelenke und Arme tragen sie Spangen, um den Nacken dicke Ketten aus Gold, dazu noch Fingerringe und sogar goldene Panzer.

(30) Ihre Art, sich zu kleiden, ist sehr auffallend: Sie tragen nämlich farbige Röcke, die sehr bunt geblümt sind, und Hosen, die sie Braken nennen.

(31) In Gesprächen machen sie nicht viele Worte ... dagegen sprechen sie viel ..., um sich selbst zu erheben und andere herabzusetzen.

... Sie trinken in ihrer Gier Wein aus Italien so reichlich, dass sie durch Trunkenheit in Schlaf oder in wahnsinnsähnliche Zustände verfallen.

AUFGABEN >>

3. Versucht mithilfe von Diodors Beschreibung einen typischen Kelten zu zeichnen. Vergleicht eure Ergebnisse in der Klasse.
4. Ist Diodor ein glaubhafter Zeuge? Begründet eure Meinung. (Tipp: Beachtet auch alle anderen Quellen, die ihr von S. 223 schon kennt!)

Menschen berichten von Ereignissen

Will man Genaueres über ein zurückliegendes Ereignis erfahren, kann man auch Zeitzeugen befragen, die dieses Ereignis miterlebt haben (> S. 227). So erfährt man Einzelheiten und kann sogar nachfragen, wenn man noch mehr wissen möchte. Schwierig wird dies jedoch bei Ereignissen, die schon Hunderte oder Tausende von Jahren zurückliegen: Schließlich gibt es hierfür keine lebenden Zeitzeugen mehr.

Sina soll über die Ausgrabungen der Archäologen (> S. 222) einen Aufsatz schreiben. Dazu hat sie zwei Zeugen befragt.

„Es war so aufregend, sage ich dir! Als ich an der Fundstelle ankam und sah, was dort halb ausgegraben vor mir lag, bekam ich richtig Herzklopfen. Ein echter Knochenfund! Und das bei uns! Du musst nämlich wissen, dass wir uns sonst nur mit Scherben und Versteinerungen beschäftigen. Doch das waren die Überreste eines wirklichen Menschen. Ganz vorsichtig haben wir das Skelett freigelegt, mit Spachteln und kleinen Staubsaugern. Jedes noch so kleine Teil haben wir in Tüten verpackt und nummeriert. Natürlich hat das lange gedauert. Wir vermuteten neben dem Grabfund noch weitere Fundstücke; das ist oft so. Also mussten wir die ganze Baustelle untersuchen. Das war die spannendste Arbeit meines Lebens."

225.1 Bauunternehmer

225.2 Archäologen bei der Arbeit

„Sei mir bloß ruhig mit dieser Ausgrabung, Sina. Fünf Monate konnten wir nicht weiterbauen! Als der Fund gemeldet wurde, mussten wir sämtliche Arbeiten sofort einstellen. Es gibt nämlich ein Gesetz, das uns zur Einstellung zwingt. Dadurch wurde die Tiefgarage ein halbes Jahr später fertig. Es hat mich knapp eine Million Euro mehr gekostet; und das wegen den paar Knochen. Mein Baggerfahrer hätte das in ein paar Minuten rausgeholt. Ich musste während dieser Zeit sogar fünf Bauarbeiter entlassen! Was glaubst du, was deren Familien über die Ausgrabung denken? Ich hoffe, so etwas werde ich nicht wieder erleben."

AUFGABEN >>

1. Spielt zu zweit die Befragung zwischen Sina und den „Zeugen" nach.
2. Wie denken beide über die Ausgrabung? Erklärt, warum sie so denken.

226.1

Geschichte lässt sich auch erzählen

Ein indianischer Geschichtenerzähler

Abb. 226.1 zeigt eine Tonfigur aus dem Jahr 1989. Sie stammt aus Amerika. Genauer gesagt kommt sie aus dem US-Staat New Mexico von den Navaho-Indianern.

Was geschieht hier? Die kleinen Kinder krabbeln auf diesem Mann herum. Es ist der Geschichtenerzähler, der Storyteller des Stammes. Er erzählt den Kindern Geschichten von früher – aus der Zeit ihrer Eltern und Großeltern oder aus noch viel älteren Zeiten über ihre Vorfahren.

Der Geschichtenerzähler ist zugleich der Lehrer. Was ihr hier seht, ist eine Indianerschule, die keinen Klassenraum, keinen Stundenplan und keine Bücher braucht.

Man kann also Geschichte auch einfach erzählen.

Es ging früher auch ohne Bücher

Als es noch keine Schrift und keine Bücher gab, da erzählten ältere Menschen den jüngeren die Ereignisse, die früher geschehen waren. Man hörte ihnen zu, wenn und wie sie erzählten.

Als die Menschen noch nicht zur Schule gingen und noch keinen Geschichtsunterricht hatten, waren die Älteren die Einzigen, die etwas aus der Vergangenheit berichten konnten. Das war bei allen Völkern und Kulturen so.

Auch heute erzählen uns Ältere von Ereignissen, die vor unserer Geburt lagen. Das mündliche Weitergeben von Geschichte gibt es also auch heute noch. Menschen erzählen, wie sie früher spielten und arbeiteten oder was sie aßen. Beim Einkaufen gab es zum Beispiel keine Scannerkassen, sondern der Verkäufer rechnete alles auf dem Papier aus.

AUFGABEN >>

1 Macht ein Brainstorming zu dem Thema: „Bei welchen Gelegenheiten erzähle ich etwas oder höre zu? – Wann benutze ich Schrift?"

2 Überlegt, ob und wie ihr Schrift durch Erzählen ersetzen könntet.

226.2 Ein Geschichtenerzähler auf dem Marktplatz von Marrakesch in Marokko. Obwohl hier Fernsehen und Zeitung weit verbreitet sind, hören die Menschen wie früher gerne Geschichtenerzählern zu.

Die Menschen hatten ein gutes Gedächtnis

Die alten Leute erzählten aber nicht nur ihre eigenen Er-
lebnisse, sondern auch das, was sie von ihren Großeltern
gehört hatten. So wurde das, was sie erzählen konnten,
immer mehr. Meistens besaßen die Geschichtenerzähler
ein gutes Gedächtnis. Weil sie die Ereignisse mehrmals erzählten, prägten sich diese immer besser in ihrem Gedächtnis ein. Damit sie sich die Geschichten gut merken
konnten, ließen die Menschen manches Unwichtige weg
und betonten wichtige Einzelheiten.

Die erzählten Geschichten besaßen aber meistens noch
eine wichtige Eigenschaft: Sie waren spannend – so spannend, wie eurer Geschichtsunterricht eigentlich immer
sein sollte.

227.1 *Großvater erzählt. Stahlstich aus dem 19. Jahrhundert*

Geschichten werden aufgeschrieben

Damit die Menschen nicht allzu viel vergessen, haben sie
viele Geschichten aus vergangenen Zeiten aufgeschrieben.
Immer mehr Bibliotheken voller Bücher gibt es inzwischen.
Jetzt wird nichts mehr vergessen. Viele Bücher von früher
werden in den letzten Jahren auch in digitalen Bibliotheken abgespeichert. Aber wer soll das alles lesen? Wir
brauchen also wieder eine Schule, die uns sagt, was in den
vielen Büchern steht.

Manches Wichtige wird häufig gelesen und erinnert. Andere spannende Geschichten geraten allerdings in Verges-
senheit – vielleicht bis jemand nach langer Zeit ein Buch
mit solch einer Geschichte wieder aufschlägt und sie wieder entdeckt.

227.2 *Schüler interviewen eine Nachbarin über früher*

AUFGABEN >>

1. Könnt ihr auch Geschichten erzählen, die ihr von älteren Menschen gehört habt? Berichtet
    darüber in der Klasse.
2. Besorgt euch einen Kassettenrekorder mit Mikrofon. Zieht zu zweit los und befragt ältere
    Frauen und Männer. Fragt zum Beispiel nach einschneidenden Begebenheiten aus der Ver-
    gangenheit, nach ihren Erlebnissen, wie sie früher spielten, was sie damals aßen, wie es in
    ihrem Beruf zuging, was sie noch vom Zweiten Weltkrieg (1939-1945) wissen. Notiert euch
    wichtige Fragen.
3. Spielt die Gespräche in der Klasse vor. Zeichnet dann einen Zeitstrahl (> S. 221) und tragt ein,
    vor wie vielen Jahren das alles geschehen ist und was ihr in euren Befragungen erfahren habt.
4. In der Abb. 227.1 erzählt ein Großvater seinem Enkel Geschichten, die er selbst miterlebt hat. In
    der Hand hält er eine kleine Figur. Sie stellt Napoleon, einen Feldherren der Franzosen, dar. Was
    wird dieser Großvater seinem Enkel wohl erzählen?

Projekt: Wir stellen unsere eigene „Geschichte" dar

Nicht nur die Erde (> S. 220) oder der Volksstamm der Kelten (> S. 224) haben eine Vergangenheit (Geschichte), sondern auch jeder einzelne Mensch hat seine eigene, seine persönliche Geschichte.

Diese Geschichte kann man ebenfalls auf einem Zeitstrahl darstellen und einzelne Ereignisse aus dieser Geschichte können mit Bildquellen, Sachquellen und Textquellen bewiesen werden.

Eure eigene Geschichte ist zwar erst 11 oder 12 Jahre alt, da ihr ja noch nicht so alt seid. Bestimmt habt ihr aber schon so viel erlebt, dass es sich lohnt, eure Geschichte aufzumalen und Quellen für euer Leben zu suchen.

Auf diesen Seiten seht ihr, wie ihr dabei vorgehen könnt. Wenn ihr eigene Ideen habt, um die Darstellung eurer Geschichte noch interessanter zu machen, könnt ihr diese natürlich nutzen. Und nun viel Spaß.

228.1 Schüler beim Zeichnen eines Zeitstrahls

Ihr braucht:
- ein großes Plakat für jeden Schüler
- Farbstifte, Lineal und Kleber
- eigene Quellen (Kopien, Gegenstände, Berichte, Fotos)

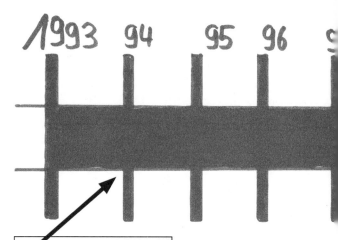

TIPP:
Welche Ereignisse ihr bei eurem Geschichtsstrahl genauer beschreibt, müsst ihr natürlich selbst auswählen. Nehmt nur Ereignisse, die euch auch wirklich wichtig waren, und achtet darauf, dass ihr nicht zu viele auswählt, denn dann ist vielleicht kein Platz mehr für eure Quellen.

Abstammungsurkunde

(Standesamt II) Stuttgart

Nr. 1755/1998

Julia Dorothea Schmidt, weiblichen Geschlechts

ist am 11. Mai 1998
in Stuttgart

geboren.

Eltern Matthias Schmidt und Angelika Franziska Traub-Schmidt, geb. Traub, beide wohnhaft in Stuttgart.

Änderungen des Geburtseintrags:

Stuttgart, den 16. Mai 1998

Der Standesbeamte

Schweiger

36115-228-1   Schweiger

Geburt: Als Quelle für die Geburt hat Julia eine Kopie ihrer Geburtsurkunde verwendet. Auf dieser Urkunde steht, wann und wo sie geboren ist und wer ihre Eltern sind. Ihr könnt aber auch ein Bild oder einen Bericht von euren Eltern verwenden.

Erster Schultag: Sina hat ein Interview mit ihrem Vater gemacht, der sich noch gut an die Einschulung von Julia erinnern kann. Diesen Zeugenbericht hat sie hier verwendet.

Frage: Was passierte am ersten Schultag?

Papa: Also am Morgen warst du sehr aufgeregt. Mama wollte, dass du dir dein schönes Kleid anziehst, doch du wolltest das nicht.

...

Urlaub in Frankreich: Für Julia war der Urlaub in Frankreich ein tolles Erlebnis. Deshalb will sie den Urlaub in ihrer Geschichte erwähnen. Sie nimmt als Beweis eine Sachquelle: einen Fahrschein.

TICKET **t** optile ◯ RATP ⚡ SNCF
(M) (BUS) (T) (RER) dans Paris
01815217   2109 B1

98   99   2000   2001   2002   2003   2004

Geburtstag von Opa: Zwar kann sich Julia an den Geburtstag kaum noch erinnern, aber sie hat schon viele schöne Photos davon gesehen. Also benutzt sie als Quelle ein Foto.

Erster Schultag in der Gesamtschule: Da dieses Ereignis für Julia noch nicht so weit weg liegt, schreibt sie selbst einen Zeugenbericht, wie sie ihren ersten Schultag erlebt hat. Man könnte aber auch Fotos oder die Einladung zur Begrüßungsfeier aufkleben.

Mein erster Tag in der Gesamtschule

Als ich in das neue Schulgebäude kam, war ich sehr nervös. Mir hat das alles gar nicht gefallen. Alles war so groß und ich wusste gar nicht, wo ich hingehen musste. Doch dann kam zum Glück Frau ...

Geschichte begegnet uns im Heimatort

Auch eure Stadt hat bestimmt eine spannende Geschichte. Ihr könnt sie im Unterricht – zum Beispiel in kleinen Arbeitsgruppen – selbst erkunden. Wie man eine Erkundung durchführt, das habt ihr bereits auf den Seiten 32/33 erfahren.

Abschließend könnt ihr die Ergebnisse eurer Erkundungen zum Beispiel auf einer Wandzeitung (> S. 209) dokumentieren.

Tipps für eine Erkundung
- Seit wann leben Menschen in eurem Heimatraum?
- Wann und warum wurde die Stadt gegründet?
- Wie entwickelte sich die Einwohnerzahl?
- Wurde die Stadt durch eine Stadtmauer geschützt, wo waren die Stadttore?
- Gab es hier bestimmte Berufsgruppen und Industrieansiedlungen?
- Lebten hier bedeutende Künstler, Musiker oder Schriftsteller?
- Wurde die Stadt im Zweiten Weltkrieg (teilweise) zerstört?
- Welche Bedeutung hat heute eure Stadt und auf welche Weise versucht sie, um Touristen zu werben?

Wie und wo erhaltet ihr Informationen für eure Erkundung?
Informationen findet ihr vor allem in der Schul- oder Stadtbücherei, im Touristeninformationszentrum, bei der Stadtverwaltung, im Heimatmuseum oder im Stadtarchiv. Erkundigt euch z. B. nach Schriftstücken, die dort aufbewahrt werden.

Ergiebig sind oft auch Befragungen älterer Bürger. Sie können euch bestimmt von früher erzählen (> S. 226/227). Vielleicht zeigen sie euch auch alte Bilder und andere Quellen (> S. 223).

Interessant sind auch die Straßennamen: In der Goldgasse lebten zum Beispiel alle Goldschmiede, in der Metzgerstraße alle Metzger, in der Webergasse die Weber usw. Die reichsten Bürger wohnten in der Stadtmitte, die ärmeren am Rand.

Beispiel: Aus der Geschichte Wiesbadens	
1. Jh. n. Chr.:	Römer siedeln hier und errichten ein Kastell
Völkerwanderungszeit:	Zerstörung der Stadt durch die Alemannen
Um 1232:	Stadt wird kurzzeitig Reichsstadt
1242:	Zerstörung durch den Mainzer Erzbischof
15. Jh.:	Badewirte gehören zu den reichsten Bürgern
1543:	Wiesbaden wird evangelisch
1547:	13. Feb. kleiner Stadtbrand, 25. April großer Stadtbrand, fast die gesamte Stadt brennt
1635:	schwedische Truppen besetzen die Stadt
1644:	im 30-jährigen Krieg flüchten alle Einwohner
ab 1701:	Bau des Biebricher Schlosses
1806:	Wiesbaden wird Hauptstadt des Herzogtums Nassau
im 19. Jh.:	Wiesbaden wird berühmter Badeort
1866:	Preußen besetzt Wiesbaden
1919:	Französische Truppen besetzen die Stadt
1945:	ein Bombenangriff zerstört Teile der Innenstadt
seit 1945:	Bundesbehörden werden in Wiesbaden angesiedelt

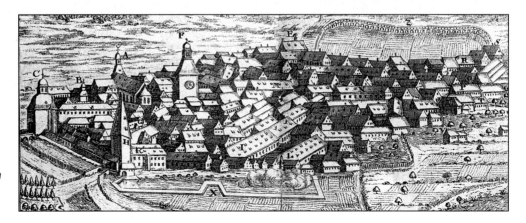

230.1 Historische Ansicht von Wiesbaden. Stich aus dem 17. Jh.

231.1

231.4

231.2

231.5

231.3

231.6

AUFGABEN >>

1 Die Fotos 231.1– 6 zeigen bekannte Gebäude und Plätze in hessischen Städten. Ordnet die Bilder folgenden Städten zu: Bad Hersfeld, Frankfurt, Fulda, Limburg, Kassel, Wiesbaden.

2 Versucht herauszufinden, um welches Gebäude es sich handelt.

232.1
Ägypter beim Bohren (ca. 2300 v. Chr.)

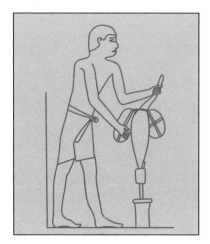

232.2 (unten)
moderne Bohr-maschine heute

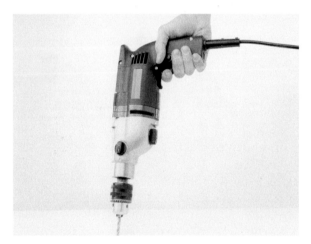

232.3 *Feuer machen durch Bohren*

Auch Technik hat Geschichte: Thema Bohren

Es war ein gewaltiger Schritt, als die Menschen vor über einer Million Jahren anfingen, einfache Werkzeuge zu entwickeln. Besonders folgenreich war dabei die Technik des Bohrens. Mit einem Holz- oder Steinbohrer kann man zum Beispiel Löcher in Stoffe bohren – aber auch in Hölzer, um daraus Waffen wie Steinäxte herzustellen. Schließlich gelang es den Menschen sogar, Löcher in Steine zu bohren (> S. 240/241 und Abb. 245.3).

Dabei erkannten die Menschen auch, dass beim Bohren durch die Reibung Wärme erzeugt wird. Das merkt man nicht nur, wenn man die Hände kräftig reibt. Dass Reibung extreme Hitze erzeugen kann, spürt man, wenn man versehentlich die Bohrspitze einer Schlagbohrmaschine berührt, mit der gerade ein Loch in Beton gebohrt wurde ...

Feuer machen durch Bohren

Die Hitze, welche die Menschen durch rasche und kräftige Reibungen erzeugten, konnten sie auch zum Feuermachen einsetzen. So wird durch das rasche Drehen eines harten Holzes (Esche, Platane, Weißbuche, Eibe, Kornelkirsche) auf einem weichen Holz (Linde, Weide, Birke, Tanne oder Kiefer) eine hohe Temperatur erzeugt. Durch das Drehen lösen sich zunächst von dem weicheren Material kleine Späne, die extrem erhitzt werden. Durch behutsames Blasen (also durch die Sauerstoffzufuhr) kann dann ein Feuer entfacht werden. Einige Naturvölker (> S. 246) erzeugen bis heute auf ähnliche Weise Feuer. Es gibt Hinweise, dass Menschen erstmals vor rund 800 000 Jahren das Feuer nutzten. Die ersten eindeutigen Hinweise, dass die Menschen das Feuer selbst erzeugen konnten, sind hingegen „nur" 15 000 Jahre alt.

Mit der Technik des Feuermachens konnte man außerdem viele andere Technologien entwickeln, zum Beispiel Kochen, Wärme erzeugen, Erze und Metalle schmelzen oder Ton brennen.

Aus der Bohrtechnik werden Schrauben entwickelt

Vor allem die aus der Bohrtechnik entwickelten Schrauben erwiesen sich als technologische Wunderdinger: Mit Schrauben kann man nicht nur verschiedene Gegenstände miteinander verbinden und befestigen, sondern auch Wasser oder später Erdöl emporpumpen (> S. 197), Turbinen zur Energiegewinnung herstellen, Schiffe durch Schiffsschrauben antreiben, Flugzeuge durch Propeller antreiben und vieles andere mehr.

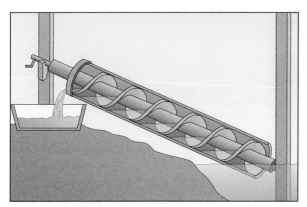

233.1 Funktionsweise der Archimedischen Schraube

233.2 Archimedische Schraube im heutigen Ägypten

Wir wissen nicht, wann und wo die Schraube erfunden wurde, vermutlich wurde sie an unterschiedlichen Orten zu verschiedenen Zeiten immer wieder neu entdeckt.

Die Erfindung des genialen griechischen Mathematikers und Mechanikers Archimedes (um 285-212 v. Chr.), die Archimedische Schraube, diente vor allem der Bewässerung (Abb. 233.1). In Ägypten wird die Archimedische Schraube teilweise bis heute zum Hochpumpen von Wasser genutzt (Abb. 233.2).

Mit Schrauben kann man aber auch etwas zusammenpressen. Diese Technik konnte bei vielen mechanischen Geräten genutzt werden, z. B. bei Most-, Öl- oder Weinpressen (Abb. 233.3). Später wurde die Obstpresse Vorbild für die Druckerpresse (Abb. 233.4). Für viele Handwerker und vor allem für Schreiner wurde der Schraubstock unverzichtbar. Und in Folterkammern kamen Würgbirnen und Daumenschrauben zum Einsatz.

Die Schraube diente bereits den Römern als Befestigungsmittel etwa für edlen Schmuck. Dass man mit Schrauben etwas befestigen kann, wurde im ausgehenden Mittelalter wieder entdeckt: Ritter wurden in ihre wertvollen Rüstungen buchstäblich hineingeschraubt. In der Industrialisierung, im Maschinenzeitalter, erlebte die Schraube eine steile Karriere als vielseitiges Instrument, um verschiedenartigste Metallteile locker oder fest miteinander zu verbinden.

AUFGABEN >>

1. Erklärt die auf der Seite 232 abgebildeten Tätigkeiten.
2. Heute werden Bohrer und Schrauben genau normiert. Überlegt, warum das sinnvoll ist.

233.3 (links) Weinpresse aus Kroatien

233.4 (rechts) Druckpresse um 1800

234.1 Landschaft am Rande des Eises

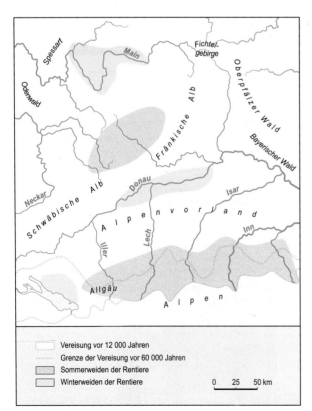

234.2 Wanderrouten der Tierherden

Menschen in der Frühzeit

Während der letzten **Eiszeit** bedeckten mächtige Gletscher die Hochgebirge und Nordeuropa. Zu dieser Zeit lag die Temperatur bis zu 10 °C niedriger als heute. Die Landschaft in Süddeutschland ähnelte der im heutigen Skandinavien: Es gediehen vor allem kleine Birken und Erlen, Heidekraut, Beerensträucher sowie Moose und Flechten.

Große Hirsch-, Rentier- und Wildpferdherden zogen damals durch Süddeutschland. Im Winter weideten die Herden an der Donau, am Main und Rhein sowie an den grossen Seen. Hier lag nur wenig Schnee. Deshalb konnten sich die Tiere ihr Futter unter der dünnen Schneedecke freischarren. Im Sommer dagegen wurden die Tiere an den Gewässern von Schwärmen von Insekten geplagt. So wanderten die Herden in die Höhenlagen der Mittelgebirge oder in die Voralpen. Dort weideten sie auf saftigen Hängen und brachten ihre Jungen zur Welt. Auch die Menschen mussten sich auf dieses Klima einstellen.

Vor etwa 12 000 Jahren endete dann die letzte Eiszeit. Die großen Gletscher zogen sich auf die höchsten Alpengipfel zurück. Es dauerte noch Hunderte von Jahren, bis sich das Klima erwärmte. Aufgrund der gestiegenen Temperaturen konnten langsam Wälder heranwachsen, weite Flächen waren aber nach wie vor von Steppen bedeckt.

235.1 Jägerhorde. Felsmalerei um 6000 v. Chr.

235.2 Rekonstruktion eines Zeltes

Menschen leben als Jäger und Sammler

Wo sich die Menschen aufhielten, war im Wesentlichen durch das Nahrungsangebot bestimmt. Sie lebten in einer Horde, einer Gruppe von etwa zehn bis zwanzig Menschen. Gemeinsam durchstreiften sie große Gebiete auf der Suche nach Nahrung.

Vorwiegend die Frauen und Kinder sammelten Früchte, Körner von Wildgetreide, Beeren, Pilze und Salz. Sie legten auch immer einen kleinen Vorrat an. Damit sicherten sie die Lebensgrundlage der Horde.

Die Männer versorgten die Horde mit Fleisch. Sie folgten den Wanderrouten der Tiere und zogen oft tagelang ihrer Jagdbeute hinterher. Daher besaßen die Jäger der Steinzeit mehrere Lagerstätten: Entweder sie errichteten Zelte aus Holz, Zweigen und Fellen an sonnigen, windgeschützten Plätzen oder die Horde bewohnte eine große Höhle, wo sie Schutz vor kalten Winterstürmen fand.

Menschen, die den Tieren folgen und die somit häufig den Wohnplatz wechseln, bezeichnet man auch als Nomaden (> S. 62). Die Jäger wendeten verschiedene Jagdtechniken an. So erlegten sie einzelne Tiere mit Pfeil und Bogen oder fingen sie in Fallgruben. Sie verfolgten die Tiere und hetzten sie über Abgründe oder in Sümpfe.

Aber nicht nur das Fleisch, sondern das ganze Tier wurde ausgebeutet. Aus den Fellen und den Häuten stellten die Menschen Kleider und Zelte her. Die Knochen, Zähne und Geweihe wurden zu Jagdwaffen und Werkzeugen, die Därme zu Schnüren verarbeitet. So lieferten ihnen die Tiere alles, was sie zum Überleben brauchten.

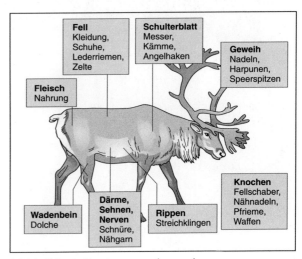

235.3 Wie ein Rentier verwendet wurde

AUFGABEN >>

1. Beschreibt, wie sich das Klima in Süddeutschland veränderte (Text und Abb. 234.1).
2. Erklärt die Tierwanderungen mithilfe des Textes und Abb. 234.2.
3. Erläutert, warum die Menschen gezwungen waren, den Tieren zu folgen. Wie nennt man sie deshalb?
4. Beschreibt, wie vielfältig die Menschen ihre Beute verarbeiteten (Abb. 235.3).
5. Begründet, warum für die Menschen die Tiere so wertvoll waren.

Menschen nutzen Steinwerkzeuge

Die Menschen der **Altsteinzeit** lebten hauptsächlich von der Jagd. Deshalb strebten sie danach, ihre Jagdwaffen und Werkzeuge zu verbessern. Immer wieder bauten sie neue Geräte, die ihnen das Leben erleichterten.

Das älteste Werkzeug ist der Faustkeil. Er diente zum Ausgraben von Wurzeln, Töten von Beutetieren und Verarbeiten der Beute. Wichtigste Technik bei der Herstellung war das Abspalten von Feuersteinklingen (Abb. 236.2): Schlugen sie den Feuerstein in einem bestimmten Winkel gegen einen harten Stein, so sprang eine scharfe, dünne Kante ab. Damit konnten sie mühelos Tierhäute schneiden. Auch andere Geräte konnten so hergestellt werden.

Außerdem gebrauchten sie den Feuerstein – wie sein Name sagt – zum Feuermachen. Sie fanden heraus, dass der Stein beim Schlagen einen Funken schlug. Diesen Funken fingen sie mit einem getrockneten Baumschwamm auf, dem Zunderschwamm. Begann er zu glühen, konnte er trockenes, harzhaltiges Holz zum Brennen bringen. Damit beherrschten die Menschen das Feuer. Sie konnten sich Essen kochen, sich wärmen und wilde Tiere vertreiben. Der Winter wurde erträglicher. All ihr erworbenes Wissen gaben die Menschen an ihre Kinder weiter.

AUFGABEN >>

1. Nennt die wichtigsten Erfindungen der Altsteinzeit. Erklärt, wie die Steinzeitmenschen diese nutzten.
2. Beschreibt, wie die Menschen Faustkeile und Feuersteinklingen anfertigten (Abb. 236.2).
3. Erklärt, warum Wissenschaftler diese Zeitspanne Steinzeit nennen.
4. Erläutert, wie sich das Wissen der Menschen vergrößerte.

236.1 Verwendung von Werkzeugen

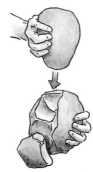
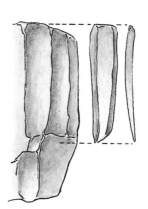

236.2 Steingeräteherstellung: a) direkter Schlag (Technik für Faustkeil), b) indirekter Schlag (Klingentechnik)

237.1 Leben am Ende der Altsteinzeit

Die Menschen werden sesshaft

Vor rund 7000 Jahren veränderte sich die Lebensweise der Menschen grundlegend: Mit Ende der letzten Kaltzeit schmolzen allmählich die Gletscher. Ausgedehnte Wälder breiteten sich aus, auf fruchtbaren Böden wuchsen verschiedenste Gräser und Blumen. Viele Großwildarten starben aus, die Rentierherden verschwanden aus Mitteleuropa. Die Jagd bot daher den Menschen nicht mehr genug Lebensgrundlage. So benötigten sie neue Nahrungsquellen.

Die Menschen fanden Plätze, wo sie das ganze Jahr leben konnten. Am Bodensee lebten sie z. B. im Winter von den Tieren, die zur Winterweide aus den Bergen kamen. Im Sommer zogen diese Tiere in die Berge. Daher ernährten sich die Menschen im Sommer vom Fischfang und dem Sammeln von Früchten und Gräsersamen. So blieben sie an einem Ort und bauten sich festere Wohnstätten.

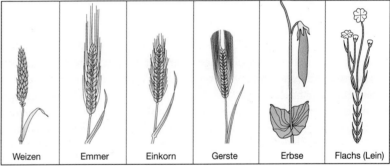

237.2 Kulturpflanzen der Jungsteinzeit

(Weizen, Emmer, Einkorn, Gerste, Erbse, Flachs (Lein))

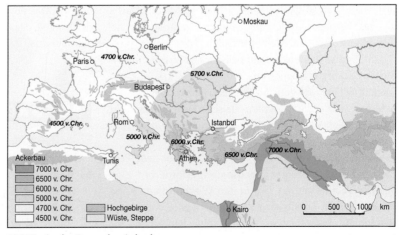

237.3 Ausbreitung des Ackerbaus

238.1 Bau eines Langhauses in der Jungsteinzeit

Um 5000 vor Christus: Der Mensch wird Bauer

Den Menschen im Zweistromland zwischen Euphrat und Tigris war es gelungen, Wildsamen zu Getreide zu züchten und auf Feldern anzubauen. Um für die Zeit bis zur nächsten Ernte Nahrung zu haben, legten sie sich Vorräte an. Außerdem zähmten sie Tiere, gewöhnten sie an den Menschen und hielten sie als Haustiere, für die sie Futter beschafften.

Abhängig von den Klimabedingungen verbreitete sich diese Wirtschaftsweise vom Zweistromland aus allmählich in ganz Europa (Abb. 237.3).

Die Ackerbauern und Viehzüchter waren nicht mehr darauf angewiesen, jeden Tag Beute zu erlegen. Sie konnten an einem Ort bleiben und mussten nicht mehr den Tierherden hinterherziehen.

Mit Grabstöcken und mit einfachen steinzeitlichen Pflügen bearbeiteten sie mühsam kleine Ackerflächen. Dort bauten sie Gerste, Weizen, Dinkel, Hirse, Erbsen, Linsen und Flachs an. Das Getreide wurde nach der Ernte gedroschen und mit Mahlsteinen zu Mehl gemahlen. Mit Wasser vermischt, backte man daraus auf heißen Steinen oder in einfachen Backöfen Fladenbrote.

Rinder, Schafe, Ziegen, Schweine, Hühner und Gänse lieferten jetzt Milch, Wolle, Fleisch, Eier, Häute und Knochen. Von Wölfen abstammende Hunde wurden zum Hüten und Wachen abgerichtet.

Die neue Lebensweise stellte die Menschen vor neue Probleme. Selbst erzeugte Lebensmittel erforderten eine gezielte Vorratshaltung. Um in den Wintermonaten und bei Missernten überleben zu können, musste vorgesorgt werden. Besonders galt es, Getreide zum Backen und für die neue Saat trocken aufzubewahren.

Bau von winterfesten Häusern

Die Menschen der **Jungsteinzeit** bauten große Langhäuser und wohnten mit ihren Familien in Siedlungen zusammen. Ihre Häuser waren ca. 30 m lang und 5 bis 7 m breit.

Mit Steinbeilen fällten die Menschen Bäume für die Holzkonstruktion des Hauses. Die angespitzten, tragenden Pfosten wurden in regelmäßigen Abständen in den Boden gerammt. Sie bildeten die Stützen für das Dach und die Wände. Querhölzer, mit Naturfasern gebunden, gaben dem Grundgerüst Festigkeit. Das Dach wurde mit Schilfbüscheln gedeckt. Zwischen die Außenpfosten wurden dünne Stäbe gesteckt und mit Weidenruten durchflochten. Um die Wände abzudichten, verschmierte man sie mit einem Lehmbrei. Die Häuser hatten einen niedrigen Eingang, Fenster gab es noch nicht. Der Fußboden bestand aus gestampftem Lehm. Durch ein Loch an der Giebelspitze konnte der Rauch der Feuerstelle oder des Backofens abziehen. Eine Flechtwand trennte die Tiere vom Wohnbereich. Das enge Zusammenleben mit den Tieren hatte den Vorteil, dass es während der kalten Jahreszeit im Haus warm wurde.

AUFGABEN >>

1. Nennt Gründe, die dazu führten, dass die Menschen ihre Lebensweise veränderten.
2. Erklärt, wie die Menschen vorgingen, um sich ihre Nahrung, Kleidung und Wohnung zu erarbeiten.
3. Beschreibt die neue Lebens- und Wirtschaftsweise und stellt Unterschiede zur Altsteinzeit fest.
4. Bewertet die Bedeutung der Sesshaftigkeit.

239.1
Bäuerinnen und
Bauern in einer
Siedlung

Die Dorfgemeinschaft: Zusammenleben in der Sippe

In den einzelnen Langhäusern wohnten Großeltern, Eltern und Kinder als Großfamilie. Mehrere Häuser bildeten eine Siedlung, in der meist verwandte Familien als Sippe zusammenlebten.

Das Leben im Dorf verlangte von den Bewohnern enge Zusammenarbeit. Die Bauern mussten Acker- und Weideflächen friedlich verteilen. Viele Arbeiten konnten sie nur gemeinsam schaffen. So errichteten sie Flechtzäune, die Schutz vor Raubtieren boten und verhinderten, dass Vieh davonlief.

Mit der **Sesshaftigkeit** bekamen Eigentum und Besitz des Einzelnen eine andere Bedeutung. Nahrungsvorräte, Vieh und Hausrat lagerten die Bauern in ihren Langhäusern. Gefahr drohte den Bauern von weiterhin umherziehenden Jägern, die sich von den Haustieren und Getreidevorräten gute Beute versprachen.

Fortschritt durch Arbeitsteilung

Die neuen Herstellungstechniken erforderten zunehmend eine Arbeitsteilung. Einzelne Menschen in den Dörfern entwickelten besonderes Geschick bei der Herstellung von Geräten. Sie fertigten ihre Produkte schnell und besonders gut. Die Menschen fingen an, untereinander diese Waren zu tauschen. Es brachte jedem den Vorteil, dass er gute Werkzeuge erhielt. Außerdem sparte er die Zeit, die er allein zur Herstellung gebraucht hätte. So entstanden Berufe und Werkstätten.

Die Lebensmittel oder Werkzeuge, welche die Bauern nicht selbst benötigten, benutzten sie als Tauschmittel. So brauchten Werkzeugmacher als Rohmaterial Feuerstein, weil er sich gut bearbeiten ließ. Den tauschten sie gegen fertige Klingen oder Bohrer. Der Stein war aber nicht überall zu finden. Geeignete Feuersteine wurden oft über Hunderte von Kilometern von Händlern auf dem Landweg herangeschafft.

Ein lebensnotwendiges Handelsgut war auch das Salz. Dieses gab es nur in bestimmten Landstrichen. Die Ackerbauern und Viehzüchter brauchten mehr Salz, weil sie sich anders ernährten. Die Menschen legten Fleisch in Salzlake ein. So blieb das Fleisch haltbar. Das war besonders wichtig, wenn man große Tiere wie Rinder schlachtete. Sie benutzten Salz auch zum Gerben von Leder. So wurde es weich, roch gut und konnte besser weiterverarbeitet werden. Das Salz brachte Würze und Abwechslung in die eintönig schmeckenden Speisen. So wurde es bald zu einem der teuersten Handelsgüter.

AUFGABEN >>

1. Nennt Gründe, die die Menschen in der Sippe eng miteinander verband.
2. Die Menschen teilten sich die Arbeit. Erklärt, warum dies geschah und welche Vorteile sie daraus zogen. (Abb. 239.1)
3. Nennt Güter, mit denen sie handelten. Erklärt, welche Vorteile sie durch den Handel hatten.
4. Erklärt, welche neuen Probleme die Sesshaftigkeit mit sich brachte.

Zusatzthema: Neue Erfindungen erleichtern das Leben der Menschen

240.1 Steinbeil

240.2 Mahlstein mit Reiber

240.3 Tongefäß

Ihre neue Lebensweise verlangte von den Menschen andere Arbeiten und Werkzeuge. Im Laufe vieler tausend Jahre erfanden sie verschiedene neue Techniken zur Arbeitserleichterung.

Werkzeugbearbeitung: Stein war auch für die Menschen der Jungsteinzeit das wichtigste Material zur Herstellung von Arbeitsgeräten. Aber sie benötigten für die Landwirtschaft und den Hausbau andere Werkzeuge als für die Jagd. Sie lernten Steine zu schleifen und zu durchbohren (Abb. 241.2). Dadurch konnten schärfere und stabilere Werkzeuge hergestellt werden. Außerdem war es nun einfacher, Griffe an den Beilen anzubringen. Steinbeile waren sehr widerstandsfähig. Sie eigneten sich zum Baumfällen und als Hacke bei der Feldbestellung oder als Waffe.

Töpferei: Vermutlich durch Zufall entdeckten die Menschen, dass Lehm oder Ton im Feuer hart wird. Sie formten Gefäße (Abb. 241.3), ließen sie erst einige Zeit trocknen und brannten sie dann im Feuer. Eine weitere Erfindung war die Töpferscheibe. Mit ihr gelang es, gleichmäßigere und dünnwandigere Tongefäße herzustellen.
Die Töpferware eignete sich vorzüglich, um darin Fleisch und Gemüse zu kochen. Wertvolles Getreide konnte trocken gelagert werden. So blieb es den Winter über genießbar und man konnte es im Frühjahr als Saatgut verwenden. Auch Mäuse gelangten nicht an das Getreide.

Spinnen und Weben: Auf eine wichtige Erfindung der sesshaften Bauern deuten Funde von Spinnwirteln (Abb. 241.1) und Webgewichten aus Ton hin. Die Menschen hatten herausgefunden, dass man die Tierhaare von Ziegen und Schafen sowie Pflanzenfasern zu Fäden zusammendrehen und zu warmen Stoffen weiterverarbeiten konnte. Gewebte Stoffkleider verdrängten nun die Fell- und Lederkleidung der Altsteinzeit.

Erste Räderwagen: Waren transportierten die Menschen bislang mit Rückentragen zu Fuß, auf einfachen Ziehschlitten oder auf Tieren. Als Transportmittel auf dem Wasser und zum Fischfang dienten Einbäume.
Eine wesentliche Erleichterung bedeutete die Erfindung des Rades. Mit Verfeinerung der Holzbearbeitung ließen sich große Baumscheiben als Räder durchbohren und auf Holzachsen stecken. Mit ihnen ließen sich Frachten leichter über weite Strecken transportieren (Abb. 241.4).

241.1 *Spinnwirtel und Webstuhl*

241.2 *Steinbohrer*

AUFGABEN >>

1. Überlegt Ursachen, durch welche die Menschen in der Jungsteinzeit zur Entwicklung neuer Techniken und Erfindungen herausgefordert wurden. (Bezieht auch die Seiten 237–239 ein.)
2. Nennt einige der neuen Techniken und Erfindungen.
3. Beschreibt an Beispielen die neuen Techniken und Erfindungen.
4. Erklärt, wie sich durch die Erfindungen das Arbeitsleben und Zusammenleben der Menschen veränderte.

241.3 *Töpfern*

241.4 *Räderwagen*

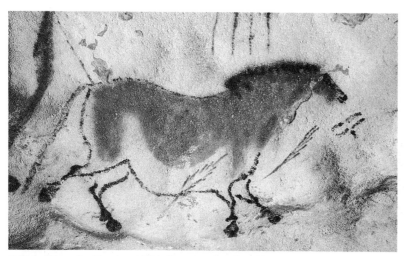

242.1 Felsmalerei in einer Höhle (Lascaux, Frankreich)

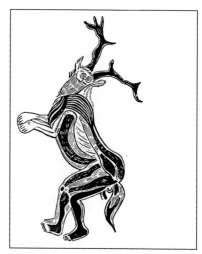

242.2 Höhlenzeichnung (Frankreich)

Höhlenbilder, Gräber und Totenkult

Geheimnisvolle Höhlenbilder

Höhlenmalereien gehören zu den wichtigsten Funden aus der Steinzeit. Vor allem in Südfrankreich und Spanien entdeckte man weiträumige Höhlen mit Bildern von Tieren und Jagdszenen an den Felswänden. Die Höhlenmaler schufen mit einfachen Mitteln erstaunliche Kunstwerke. Doch die 10 000 bis 30 000 Jahre alten Bilder geben viele Rätsel auf. Wollten die Künstler die Höhlenwände verschönern oder ihr Wissen der Nachwelt weitergeben?

Viele Geschichtsforscher glauben, dass die Bilder einem religiösen Brauch dienten, um die Tiere zu verehren oder zu beschwören. Abb. 242.2 zeigt einen verkleideten Mann, der eine Maske sowie das Geweih und Fell eines erlegten Tieres trägt. Vielleicht stellt er einen tanzenden Zauberer bei einer Jagdzeremonie dar. Sollten Tanz und Verkleidung eine Wirkung auf die Jäger ausüben und ihnen eine erfolgreiche Jagd bescheren?

Totenkult

Schon in der Altsteinzeit bestatteten die Menschen ihre Toten feierlich. Offensichtlich glaubten sie auch an ein Leben nach dem Tod. In den Gräbern fand man beim Ausgraben rot verfärbte Erde. Wahrscheinlich wurden die Leichen mit roter Farbe als Symbol des Blutes und damit des Lebens bemalt.

Außerdem gaben die Steinzeitmenschen ihren Verstorbenen vieles für das Leben im Jenseits mit ins Grab. Zu diesen Grabbeigaben gehörten zunächst die Waffen und Werkzeuge sowie andere persönliche Gegenstände der Toten. In der Jungsteinzeit erhielten die Verstorbenen auch Tongefäße für das Essen und Trinken mit ins Grab.

In den Frauengräbern fanden die Archäologen oft Schmuck aus durchbohrten Tierzähnen, Muscheln, Knochen oder Elfenbein. Dagegen waren in den Männergräbern meist Axt-, Beil- und Dolchklingen sowie Pfeilspitzen aus Fels- oder Feuerstein zu finden.

242.3 Bestattung in der Altsteinzeit (Rekonstruktion)

243.1 Hügel eines Großsteingrabes

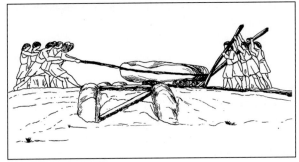

243.2 Bau eines Großsteingrabes

243.3 Überreste eines Großsteingrabes

Grabstätten

Sehr viele Skelette wurden in ihren Gräbern in seitlicher Lage mit angezogenen Beinen gefunden. Manche Geschichtsforscher vermuten, dass die Toten gefesselt waren. Häufig lagen sie mit dem Gesicht nach Osten.

In manchen Gegenden bestatteten die Menschen der Jungsteinzeit ihre Toten in Großsteingräbern. Vor allem in Norddeutschland findet man noch Reste dieser gewaltigen Grabstätten. Man nennt sie Hünengräber, weil die Menschen in späterer Zeit glaubten, dass Hünen (Riesen) diese mächtigen Steinblöcke herbeigeschafft und die Gräber errichtet hätten. Ursprünglich waren die Hünengräber von einem Erdhügel überdeckt. Ein schmaler Gang führte zur Grabkammer, die mit einer schweren Steinplatte abgedeckt war. Dennoch wurden viele Hünengräber ausgeraubt und zerstört.

243.4 Skelett in Hockerstellung

AUFGABEN >>

1. Stellt Vermutungen an, weshalb viele Skelette in Hockerstellung und mit dem Gesicht nach Osten in den Gräbern zu finden waren.
2. Warum erhielten die Verstorbenen Grabbeigaben?
3. Sucht auf einer Wanderkarte oder einer topografischen Karte, ob in eurer Gegend Großgrabstätten eingezeichnet sind. Erkundigt euch darüber beim Heimatverein oder im Heimatmuseum.
4. Überlegt, wie die Menschen solche Großsteingräber gebaut haben. Welche Hilfsmittel hatten sie?
5. Vergleicht Totenkult und Bestattungsformen in der Steinzeit mit der von heute.

Projekt: Wir experimentieren – leben wie in der Steinzeit

Experimentelle Archäologie

Frühgeschichtliche Funde von Gebrauchsgegenständen verraten nur begrenzt etwas über das Leben der Menschen in der Steinzeit. Nicht beantworten lassen sich Fragen wie zum Beispiel: Wie lange dauerte es, bis ein Faustkeil aus einem Felsblock geschlagen war? Welche Arbeiten ließen sich damit verrichten? Wie lange blieben die Steinwerkzeuge scharf?

Archäologen versuchen dies anhand von Experimenten herauszufinden. Sie bauen zuerst die Werkzeuge originalgetreu nach und erproben sie dann beim Gebrauch in der Natur. Oft stellt man überrascht fest, wie gut die Werkzeuge zu benutzen sind und wie schnell ein geschickter Handwerker ein Steinwerkzeug herstellen kann. Zum Zuschlagen eines scharfen Faustkeils benötigen Könner beispielsweise nur 15 Minuten.

In der Klasse oder mit Freunden könnt ihr ausprobieren, wie die Menschen in der Steinzeit lebten.
Die Seiten 244 und 245 bieten euch einige Anregungen dazu.

Herstellung von Töpferwaren

- Besorgt euch vom Töpfer oder von einer Ziegelei Ton. Knetet ihn sorgfältig durch, bis er geschmeidig ist und keine Luftblasen mehr enthält.
- Aus einer platt gedrückten Tonkugel könnt ihr als erstes einen flachen Gefäßboden formen.
- Formt dann Tonklumpen durch Ausrollen mit den Handballen zu ca. 1,5 cm dicken „Würsten". Setzt die einzelnen „Tonwürste" auf dem Gefäßboden, Ring für Ring, spiralförmig aufeinander. Formt so einen Becher, eine Schale oder Vase.
- Streicht die Gefäße innen und außen mit angefeuchteten Fingern oder einem Holzspatel glatt. Haltet dabei vorsichtig die andere Hand dagegen, damit die Schale ihre Form behält.
- Verziert das Gefäß durch Einritzen von Mustern oder durch Eindrücken von selbst geschnitzten Stempeln oder Schnüren.
- Trocknet die Gefäße vorsichtig an der Luft, damit sie keine Risse bekommen.
- Brennt eure selbst hergestellten Tonwaren im Brennofen im Werkraum eurer Schule. Nach 1–2 Stunden sind die Gefäße hart gebrannt. Vorsicht heiß!

244.1 Herstellen eines Gefäßes

244.2 Fertige Gefäße beim Trocknen in der Sonne

Selbst gebackenes Fladenbrot

- Besorgt euch Getreide (Gerste, Weizen), einen großen flachen und einen handlichen runden Stein zum Mehlmahlen sowie einige weitere Steine zum Erhitzen.
- Sucht euch einen Platz, wo ihr gefahrlos Feuer machen könnt. Erhitzt darin Steine mit glatter Oberfläche. Nehmt dafür keine Kalksteine! Denkt daran: Ein Feuer im Freien kann gefährlich sein. Arbeitet nur unter Anleitung Erwachsener. Bei hoher Brandgefahr (Trockenheit, Wind) dürft ihr auf keinen Fall ein Feuer im Freien machen!
- Zerreibt die Getreidekörner wie auf Abb. 245.1 mit dem kleinen Stein auf dem großen.
- Mischt das gewonnene Mehl mit Wasser, knetet den Teig gut durch und formt flache Fladen.
- Legt die Fladen auf die erhitzten Steine, bis sie schön braun gebacken sind. Guten Appetit!

245.1 *Korn mahlen auf der Steinmühle*

Weitere Anregungen

- Baut anhand der Abbildungen auf S. 241 einen funktionstüchtigen Steinbohrer oder die Modelle eines Webstuhls oder Wagens nach.
- Fertigt im Klassensandkasten mit Naturmaterialien das Modell eines Langhauses aus der Jungsteinzeit. Die Konstruktion könnt ihr aus Abb. 238.1 ersehen.
- Erkundigt euch bei eurem Schulleiter, ob ihr im Schulgarten einen jungsteinzeitlichen Backofen wie in Abb. 245.2 aufbauen dürft.
- Über eine Grube (Durchmesser ca. 1 m), die mit Kieselsteinen ausgelegt ist, wird eine ca. 80 cm hohe Kuppel aus frischen Weidenzweigen geflochten. Diese verschmiert man sorgfältig mit Lehm. Oben sind drei mit Rundhölzern verschließbare Rauchöffnungen auszusparen. Auftretende Risse müssen sorgfältig nachgebessert werden. Zum Beheizen wird im Ofen ein kräftiges Feuer geschürt. Wenn es niedergebrannt ist, wird die restliche Glut herausgeräumt und die Brotlaibe werden bei verschlossenen Kuppelöffnungen zum Backen eingeschoben.
- Stellt aus Weiden- oder Haselnusszweigen und einer Hanfschnur Pfeil und Bogen her. Verwendet scharfkantige Steine oder Steinsplitter zum Entrinden und Einkerben der Hölzer. Vorsicht bei Zielübungen!
- Sucht Pflanzen, Früchte, Kohle und verschieden getönten Lehm zur Herstellung von Naturfarben. Verreibt sie und mischt sie mit etwas Wasser oder Öl an. Versucht, mit zerfaserten Holzstäbchen ein eigenes Höhlenbild zu malen.
- Fertigt eine Kette aus kleinen Muscheln, Schneckenhäusern oder selbst gebrannten Tonperlen.

245.2 *Bau eines steinzeitlichen Backofens*

245.3 *Steinbeile und -bohrer, von Schülern gefertigt*

Zusatzthema: Naturvölker heute

246.1
Baumhaus bei
den Papuas

Noch heute gibt es auf der Erde Naturvölker, deren Lebensweise an die Menschen in der Steinzeit erinnert. Die heutigen Naturvölker leben vor allem in den tropischen Regenwäldern (> S. 64 f.) von Südamerika und Afrika sowie auf Neuguinea. Am Beispiel der Papuas auf Neuguinea wollen wir uns einen Einblick in die Lebensweise eines Naturvolkes verschaffen.

Bei den Papuas auf Neuguinea

Manche Papuastämme wurden erst vor einigen Jahrzehnten entdeckt. Meist wohnen sie in kleinen Siedlungsgemeinschaften. Bei den Papuas ist der Mann das Oberhaupt der Familie. Alle wichtigen Fragen werden im Männerhaus besprochen. Zusammen bilden sie eine Lebens- und Kampfgemeinschaft. Aus Stein, Knochen, Holz oder Bambus stellen sie Werkzeuge und Waffen her. Sie fällen Bäume im Urwald, bauen die Hütten und verteidigen den Stamm.

Die Frauen sind für die Erziehung der Kinder zuständig. Außerdem versorgen sie die Haustiere (Schweine, Hühner) und verrichten die tägliche Feld- und Gartenarbeit. Zum Pflügen der Äcker benutzen sie ein spatenförmiges Stück Holz als Grabstock.

Die Frauen knüpfen auch Bastmatten und Tragenetze, in denen sie die geernteten oder gesammelten Früchte transportieren. Hauptnahrungsmittel sind Süßkartoffeln und Fleisch. Daneben gehören Ingwer, Yamswurzeln, Gurken, Bananen, Bohnen und Zuckerrohr zur Küche der Papuas. Kleintiere, von den Männern auf der Jagd erbeutet, bieten weitere Abwechslung auf dem Speiseplan. Die Jagdbeute ist allerdings gering, da in den Regenwäldern nur wenig Wild lebt.

Die Papuas beherrschen die Kunst des „Feuersägens" (Abb. 247.1): Zuerst wird ein Ast gespalten. In den Riss wird das Mark einer Pflanze als Zunder gesteckt. Der Zunder wird dann über ein Häufchen mit dürren Zweigen und trockenem Laub gelegt. Nun wird unter dem Ast eine Schnur aus Kokosfasern durchgezogen und der Ast mit den Füßen festgehalten. Durch die schnellen Bewegungen fegt die Schnur über Holz und Zunder hin und her, bis

246.2 Schleifen einer Steinaxt

246.3 Papua-Frau mit Kind

durch die Reibungshitze der Zunder zu glimmen anfängt und die trockenen Zweige und das Laub in Brand setzt (> S. 232).

Die Papuastämme betreiben untereinander auch Tauschhandel mit Naturwaren. Einige Stämme pflegen noch ihre ursprünglichen Sitten und Bräuche, zum Beispiel den Fruchtbarkeitskult: Mit großen Festen wird die Wiedergeburt der Natur und der Fortbestand des Lebens gefeiert. Hierzu bemalen sich die Menschen festlich und tragen farbenprächtigen Kopfschmuck aus Blättern, Federn und Pelzen.

Naturvölker und die moderne Welt

Die Wissenschaftler erforschen das Leben der Naturvölker, um herauszufinden, wie die Menschen in der Steinzeit bei uns gelebt haben könnten. Es gibt sicher Ähnlichkeiten, aber auch deutliche Unterschiede.

Der Vergleich ist aber schwierig, weil die Lebensbedingungen in den Lebensräumen der heutigen Naturvölker anders sind als in Europa während der Steinzeit. Außerdem können wir durch den Vergleich nur Vermutungen, keine Tatsachen herausfinden.

247.1 Papua beim „Feuersägen"

Doch es gibt noch weitere Probleme für die Forscher. Die moderne Welt bedroht die Naturvölker. Durch den Kontakt mit Forschern und Geschäftsleuten verändert sich die ursprüngliche Lebensweise rasch. Der technische Fortschritt erreicht auch die abseits lebenden Naturvölker. Dort bauten die Industrieländer bereits Straßen und Flugplätze, um an die Bodenschätze dieser Gebiete heranzukommen.

Die Reisebüros in den Industrieländern bieten Abenteuerexpeditionen zu den exotischen „wilden Urvölkern" an. Innerhalb weniger Generationen machen die Naturvölker eine Entwicklung von der Steinzeit in das Industriezeitalter. So verlieren sie ihre ursprünglichen Lebensformen. Man kann heute sogar bei einem Papuastamm Reisen online buchen (Abb. 247.2)

AUFGABEN >>

1. Vergleicht das Leben der Papuas mit dem Leben der Menschen in der Steinzeit.
2. Stellt fest, welche Arbeiten von Frauen und welche Aufgaben von Männern ausgeübt wurden.
3. Erklärt, warum das Leben der Naturvölker für die Geschichtsforscher so interessant ist.
4. Sucht Informationen über das Leben von Naturvölkern (Bücherei, Internet). Ermittelt die entsprechenden Gebiete auf einer Weltkarte. Berichtet in der Klasse über eure Nachforschungen.

247.2 und 3 Papuas begegnen der modernen Welt

*248.1 Metall-
schmuck*

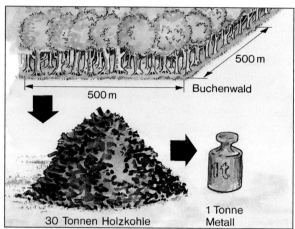

248.4 Zum Schmelzen von Erz zu Metall braucht der Schmied große Mengen Holz

Metalle verändern die Welt

In der Steinzeit benutzten die Menschen Tiersehnen, Knochen, Holz und Stein als Rohstoffe zur Herstellung ihrer Werkzeuge, Waffen und Schmuckstücke.

Dann entdeckten die Menschen, dass in Steinen Metalle vorkommen. Diese metallhaltigen Steine nennt man Erz. Sie zerkleinerten die Steine und erhitzten sie. So schmolz das darin vorhandene Metall. Es wurde aufgefangen und konnte nun in Formen gegossen werden.

Händler brachten Kenntnisse über die Metallbearbeitung vom östlichen Mittelmeerraum auch zu uns. Zuerst verarbeiteten die Menschen Kupfer. Da es sehr weich ist, verbogen sich die Werkstücke leicht. Da waren die Stein- und Holzwerkzeuge wesentlich stabiler.

Kupfer + Zinn = Bronze

Um 2000 v. Chr. entdeckten die Menschen im östlichen Mittelmeerraum, dass Kupfer härter wird, wenn man Zinn zugibt. So entstand Bronze. Aus diesem Metall wurden nun Werkzeuge, Waffen und Schmuck hergestellt. Da Zinn nur an wenigen Orten in Europa zu finden war, war Bronze sehr wertvoll. Die Bronze brachte viele Vorteile:
- Sie schmilzt bei niedrigerer Temperatur als Kupfer.
- Man kann sie in Formen gießen.
- Man kann sie wieder einschmelzen und zu etwas Neuem verarbeiten.

Eisen

Eisenerz findet man häufiger. Um Eisen zu schmelzen, braucht man jedoch sehr hohe Temperaturen, die man mit einem einfachen Feuer nicht erreichen kann. Um 800 v. Chr. gelang es den Menschen, Öfen zu bauen, in denen man Eisen schmelzen konnte. Sie benutzten Holzkohle, um die große Hitze zu erreichen. Jetzt wurde die Bronze durch das härtere und billigere Eisen abgelöst.

AUFGABEN >>

1. Erstellt eine Tabelle und überlegt euch Vor- und Nachteile der Steinzeitwerkzeuge. Vergleicht diese mit den Vor- und Nachteilen der Bronze- und Eisenwerkzeuge. (Begriffe, die euch helfen, sind: Beschaffung, Preis, Haltbarkeit, Verfügbarkeit.)
2. Erklärt die Arbeitsschritte nach Abb. 248.3.
3. Zum Schmelzen von Eisen braucht man viel Holzkohle (Abb. 248.4). Was bedeutet dies für die Umwelt?
4. Ermittelt auf einer Geschichtskarte die Rohstoffvorkommen und Handelswege in der frühen Geschichte.

248.2 und 3 Bronzelegierung und Bronzeguss

249.1 Metallgewinnung aus Eisenerz

Das Zusammenleben verändert sich

Durch die Metallbearbeitung veränderte sich das Zusammenleben der Menschen. In der Jungsteinzeit lebten die Menschen als Bauern in großen Familien, den Stämmen, zusammen.

Durch die Entdeckung des Metalls entstanden neue Berufe, zum Beispiel der Bergmann, der das Erz abbaute. Außerdem entwickelten sich Handwerksberufe. Der Köhler stellte die Holzkohle her und schmolz das Erz zu Metall, der Schmied verarbeitete es zu Werkzeugen und Schmuck. Händler tauschten Erze, Werkzeuge, Salz und Schmuck. Manche von ihnen legten auf ihren Handelsreisen bereits weite Strecken zurück.

Die Menschen teilten sich also die Arbeit unter sich auf. Dies bezeichnet man auch als Arbeitsteilung (> S. 239 und 255). Manche Bauern konnten mehr ernten, als sie und ihre Familien verbrauchten. Dadurch konnten die Handwerker ernährt werden, ohne dass sie selbst Ackerbau betrieben. Einzelne Händler, Bergwerksbesitzer und Handwerker machten gute Geschäfte und erwarben so großen Reichtum.

Durch Funde konnten Forscher feststellen, dass die Menschen in der **Metallzeit** in größeren Gemeinschaften, die man „Völker" nennt, zusammenlebten. In unserem Raum waren das vor allem die Kelten (> S. 224).

AUFGABEN >>

1. Der Junge auf Abb. 249.1 will das Schmiedehandwerk lernen. Stellt euch vor, ihr seid der Schmied und erklärt dem Jungen genau die Eisenherstellung.
2. Was bedeutet Arbeitsteilung? Erklärt den Begriff mit Beispielen aus dem Text.

Ägypten – ein Geschenk des Nils

Mit 6671 Kilometer ist der Nil der längste Fluss der Erde. In seinem Unterlauf fließt er von Süden nach Norden durch Ober- und Unterägypten. Über 1000 km zieht sich hier das Niltal wie eine Oase (> S. 60) durch das Land. Begrenzt wird das Niltal durch die Arabische und die Libysche Wüste (Abb. 250.1 und Abb. 253.2) – also durch ein Gebiet, in dem nahezu kein Niederschlag fällt. Dennoch wachsen hier Palmen, Getreide, Gemüse und Früchte.

Wie kommt das Wasser in die Wüste?

Dass der Nil nicht im Wüstensand versickert, verdankt der Fluss den starken Regenfällen in seinen Quellgebieten. Besonders im Hochland von Äthiopien, wo der Blaue Nil entspringt, regnet es im Sommer sehr viel. Diese Regenfälle lassen den Wasserstand des Nils einmal im Jahr um mehrere Meter ansteigen. Dann ist das Niltal von Mitte Juli bis Mitte Oktober überschwemmt und wirkt wie ein großer lang gestreckter See.

Seit dem Bau des Assuan-Staudammes (> S. 252) gibt es allerdings diese starken Hochwässer nicht mehr.

Der Nil hinterlässt fruchtbaren Schlamm

Wenn das Hochwasser abfließt, dann sind die beiden Flussufer mit einem schwarzen und fruchtbaren Schlamm bedeckt. Auf diesen Uferstreifen legen die Ägypter seit 6000 Jahren ihre Felder an. Die Ägypter sind dankbar für den Schlamm, denn er bringt Nährstoffe mit, die für das Pflanzenwachstum unentbehrlich sind.

Im alten Ägypten verehrten die Menschen den Nil wie einen Gott.

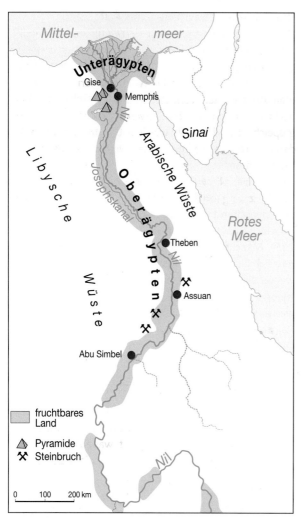

250.1 *Ägypten – Land am Nil (um 1500 v. Chr.)*

Lob auf den Nil

Heil dir, o Nil, der du der Erde entspringst und nach Ägypten kommst, um es am Leben zu erhalten, der die Wüste tränkt und den Ort, der dem Wasser fern ist.
Generationen deiner Kinder jubeln dir zu und entbieten dir Grüße als König, der du beständig bist in Gesetzen und zu deiner Zeit hervorkommst und Ober- und Unterägypten füllst.
Wenn dein Wasser über die Ufer tritt, wird dir geopfert, und große Geschenke werden dir dargebracht. Vögel werden für dich gemästet, Löwen werden für dich in der Wüste erlegt, und Feuer werden für dich angezündet.
So ist es, o Nil. Grün bist du, der du es möglich machst, dass Mensch und Rind leben.
(aus: Adolf Erman:
Die Literatur der Ägypter,
1923, S. 193 f.)

250.2

AUFGABEN >>

1. Beschreibt mithilfe der Textquelle, auf welche Weise die Ägypter den Nil verehren.
2. Erklärt, warum die Ägypter den Nil verehren.
3. Wo können die Ägypter etwas anbauen? Wertet die Karte aus.

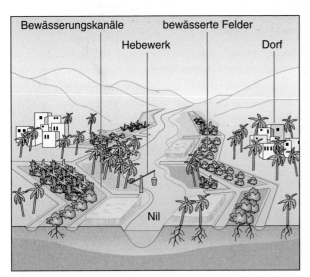

251.1 Bewässerungssystem am Nil

251.2 Modell eines Getreidespeichers

Der Nil stellt die Menschen vor Aufgaben

Der Nil war jedoch nicht nur ein Geschenk für die Menschen, sondern der Nil stellte sie auch vor schwierige Aufgaben.

- Wie ließ sich der Zeitpunkt der Überschwemmung bestimmen, um darauf vorbereitet zu sein?
- Wie sollte der einzelne Nilbauer nach der Flut wissen, welches sein Feld gewesen war?
- Und vor allem: Wie konnte man mit der Flut fertig werden? Blieb das Wasser nämlich niedrig, so konnte nur wenig Land bebaut werden und es drohten Dürre und Hungersnot. War das Wasser höher als normal, riss es die Hütten der Menschen weg und zerstörte die Dörfer.

Die Ägypter bewältigen die Aufgaben

Die Ägypter meisterten diese Schwierigkeiten. So beobachteten ägyptische Priester die Sterne und entwickelten einen Kalender. Damit ließ sich der Beginn der Nilüberschwemmung berechnen. Die Menschen lernten auch, wie man Ackerflächen vermessen kann. Mithilfe von Staubecken, Kanälen und Schöpfwerken konnte das Wasser gespeichert und verteilt werden. Dämme schützten vor den Fluten. Einen Teil der Ernte brachten die Nilbauern in Vorratshäuser.

Ein einzelner Nilbauer hätte dies alles nicht erreichen können. So zwang der Nil die Menschen, gemeinsam zu handeln.

251.3 Landwirtschaftliche Arbeiten, Ausschnitt aus einer Wandmalerei

AUFGABEN >>

1. Nennt Probleme, vor die der Nil die Menschen stellte.
2. Beschreibt, was auf den einzelnen Bildern der Seite 251 zu sehen ist.
3. Erklärt anhand der Bilder, welches Problem dabei jeweils gelöst wurde.

Zusatzthema: Ägypten und der Nil heute

Steckbrief des Assuan-Staudamms

Staumauer:	Länge 3,6 km, Höhe 110 m, Breite 980 m
Baumaterial:	ca. 17 x soviel wie 1 Pyramide
Stausee:	10 x die Fläche des Bodensees, 650 km lang, 160 Mrd. m³ Wasser
Baukosten:	ca. 2 Milliarden Euro

252.1 Assuan-Staudamm

Auf den Seiten 250 und 251 habt ihr erfahren, wie der Nil im alten Ägypten das Leben der Fellachen, der Bauern, bestimmte. Brachte der Nil in einem Jahr zu wenig Wasser, dann drohten der Bevölkerung Hungersnöte, brachte er hingegen zu viel Wasser, dann wurden auch die höher gelegenen Dörfer überflutet.

Deshalb bauten die Menschen Kanäle (Abb. 251.1) oder sie sammelten das Wasser in verschieden hoch gelegenen Auffangbecken. Das Wasser sollte also so gut wie möglich genutzt werden.

Doch immer wieder überlegten sich die Menschen in Ägypten, wie man das Wasser des Nils noch besser und noch länger nutzen konnte.

Der Assuan-Staudamm

Heute endet jede Nilkreuzfahrt flussaufwärts an der Staumauer bei Assuan. Dieses riesige Bauwerk, der Sadd-El-Ali (arabisch = hoher Damm), wurde von 1960 bis 1971 gebaut. Was wollte man mit diesem Projekt erreichen? Die Staumauer sollte die jährliche Nilflut aufhalten. Das in dem riesigen Stausee aufgestaute Wasser sollte über das ganze Jahr gleichmäßig verteilt in den Nil geschickt werden.

Heute kann man die Felder am Nil das ganze Jahr bewässern. Aus diesem Grund können ägyptische Bauern jetzt zwei-, dreimal im Jahr Getreide und Gemüse ernten. Seit es den Staudamm gibt, können die Ägypter durch gezielte Bewässerung ein Fünftel mehr Ackerfläche bebauen. Außerdem gibt es keine Überschwemmungen mehr.

253.1 Der Fellache Kemal beim Düngen

Kemal, ein ägyptischer Fellache, berichtet:
„Ich wohne mit meiner Familie in einem kleinen Dorf am Nil-ufer. Seit vielen Generationen lebt meine Familie von der Land-wirtschaft. Wie zu Zeiten unserer Vorfahren bestimmt der Nil auch heute noch unser Leben.

Seit dem Bau des Assuan-Staudamms hat sich für uns Fellachen jedoch einiges verändert. Das Nilwasser wird jetzt in einem riesigen Stausee aufgestaut. Unterhalb des Stausees wird es dann gleichmäßig verteilt in den Nil geschickt. Das bringt uns viele Vorteile.

Der Nil führt immer gleich viel Wasser mit sich. Wir brauchen also keine Angst vor Überschwemmungen zu haben. Wir Fellachen können seit dem Bau des Staudamms mehr Felder bewässern. Wir können Gebiete in der Wüste bewässern und so aus ihnen Ackerland machen. So haben wir jetzt mehr Anbau-fläche. Außerdem ernten wir jetzt mehr Getreide und Gemüse, da wir mehr Wasser für unsere Pflanzen haben. Dadurch ver-diene ich besser und meine Familie kann sich mehr leisten.

Allerdings brachte der Staudamm auch Nachteile. Früher brachte der Nil mit der Überschwemmung den fruchtbaren Nilschlamm. Dieser Schlamm düngte unsere Felder. Jetzt lagert sich der Schlamm im Stausee ab. Uns fehlt der natürliche Dünger auf den Feldern. Um gute Ernten zu bekommen, müssen wir jetzt teuren Kunstdünger kaufen. Der Nilschlamm lagert sich vor allem am Zufluss des Stausees ab. Sollte er den Weg des Nilwassers blockieren, kann das Wasser nicht mehr in den Stausee fließen.

Ägypten liegt in der Wüste. Wenn wir die Felder bewässern, verdunstet viel Wasser, weil es so heiß ist. Im Wasser sind ver-schiedene Stoffe gelöst, vor allem Salz. Das Salz verdunstet nicht, es bleibt im Boden und versalzt unsere Felder."

253.2 Kemals Dorf am Ufer des Nil

AUFGABEN >>

1. Nennt Erwartungen, die die Menschen an das Staudamm-projekt hatten.
2. Welche Erwartungen an das Staudammprojekt wurden er-füllt, welche nicht?
3. Können aus Vorteilen auch Nachteile entstehen? Erklärt dies am Beispiel des Staudamm-projektes.

Alle dienen dem Pharao

Wer regiert im alten Ägypten?

Ägypten wurde fast 3 000 Jahre lang von verschiedenen Königen und Königinnen regiert. Von Wandmalereien und Inschriften kennen wir ihre Namen. Sie hießen z. B. Tut-ench-Amun, Echnaton oder Ramses.

Die Ägypter nannten ihren König nie beim Namen. Für sie war er nur der Pharao. Übersetzt heißt das „Großes Haus". Nach dem Glauben der Menschen war er kein normaler Mensch. Er war Sohn des Sonnengottes „Re" und herrschte im Auftrag der Götter. Die Ägypter verehrten ihn wie einen Gott, daher kommt auch die Bezeichnung Gott-König.

Zeichen der königlichen Macht

Der Pharao lebte in einem gut bewachten, prunkvollen Palast. Nur wenige Auserwählte durften zu ihm in den Thronsaal des Palastes kommen. Bei solchen Empfängen saß der Pharao auf seinem Thron. Auf dem Kopf trug er entweder eine Krone oder ein Kopftuch mit einer Schlange und einem Geierkopf. Am Kinn trug er einen geflochtenen Bart. Diesen Knebelbart durfte nur der König tragen. In den Händen hielt er Krummstab und Wedel. Um den Körper trug er einen kurzen Königsschurz. All diese Dinge sollten dem Pharao Kraft und Schutz verleihen.

254.1 Goldmaske des Pharao Tut-ench-Amun

254.2 Landwirtschaftliche Arbeiten. Wandgemälde im Grab eines Oberbeamten (1400 v. Chr.)

Beamte dienen dem Pharao

Im alten Ägypten lebten ungefähr ein bis zwei Millionen Menschen. Die Bewohner, das Land, der Nil und die Ernte gehörten dem Pharao. Dieser hatte die Pflicht, alle seine Untertanen vor Bedrohungen wie Kriegen und Hungersnöten zu beschützen.

Wichtige Entscheidungen traf der Pharao selbst. Seine Beamten wachten darüber, ob die Entscheidungen des Königs ausgeführt wurden. Der höchste Beamte war der Wesir. Er musste täglich in den königlichen Palast kommen und dem Pharao berichten. Die Ägypter nannten ihn deshalb auch „Gefährte des Königs beim Beraten" und „Vorsteher der Aufträge".

Woher bekam er seine Informationen über die Geschehnisse im Land? Ägypten war in Bezirke aufgeteilt, die man Gaue nannte. In jedem Gau herrschte ein vom Pharao ausgesuchter Gaufürst.

Der Gaufürst hatte viele Unterbeamte, die Schreiber. Sie kontrollierten die Arbeit auf dem Feld sowie in den Werkstätten der Handwerker und schrieben alles genau auf. Sie wussten, wie viele Tiere ein Bauer hatte, wie gut die Ernte war, was ein Handwerker produzierte und wie viele Abgaben jeder zu entrichten hatte. Die Schreiber sorgten auch dafür, dass die Befehle des Pharaos von den Ägyptern befolgt werden. Die Beamten waren in der Bevölkerung sehr angesehen.

255.2 *Handwerker: Lederarbeiter*

Bauern und Handwerker tragen den Staat

Die Menschen im alten Ägypten teilten sich die Arbeit (> Arbeitsteilung, S. 239). Auf diese Weise entstanden verschiedene Berufsgruppen. Die Aufgaben der Beamten habt ihr oben schon kennen gelernt. Die meisten Menschen arbeiteten aber in der Landwirtschaft, als Handwerker oder Kaufleute.

Die Bauern hatten die Aufgabe, für die Ernährung der Bevölkerung zu sorgen. Die Handwerker stellten Geschirr, Stoffe, Schmuck oder Werkzeuge her. Viele arbeiteten auch in den Palastwerkstätten des Pharaos.

Kaufleute reisten in die Nachbarländer und tauschten Stoffe, Getreide und Papyrus gegen Gold, Holz und Weihrauch ein. Geld kannten die Ägypter noch nicht.

AUFGABEN >>

1. Zeigt am Bild von Tut-ench-Amun (Abb. 254.1) die Zeichen der Macht.
2. Erklärt, was die Beamten, was die Bauern und was die Handwerker für die ägyptische Gesellschaft leisteten.
3. Übertragt die Tabelle 255.3 in euer Heft und vervollständigt sie.
4. Spielt im Klassenzimmer einen Empfang beim Pharao nach. Was kann der Wesir berichten? Welche Aufträge gibt ihm der Pharao?

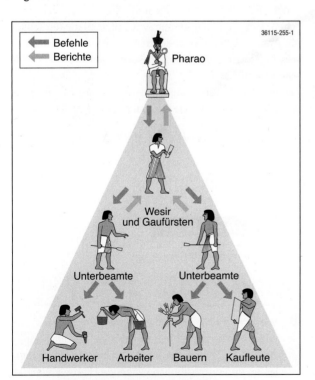

255.1 *Aufbau der ägyptischen Gesellschaft*

	Ihm gehörte Ägypten. Er hatte die Pflicht, seine Untertanen vor Bedrohungen zu beschützen.
	Gefährte des Königs beim Beraten
Schreiber	
	Sie sorgten für die Ernährung der Bevölkerung
Handwerker	

255.3

Hieroglyphen und Papyrus

Hieroglyphen und ihre Bedeutung

Hieroglyphe	Bild-bedeutung	ägyptologische Bedeutung
	Geier	a
	zwei Schilf-blätter	i
	Haarlocke	u und o
	Bein	b
	Strick	ch
	Hand	d
	Viper	f
	Krugständer	g
	Hof	h
	Kobra	dj wie in Englisch „journal"
	Sandböschung	k
	Löwe	l
	Eule	m
	Wasser	n
	Hocker	p
	Mund	r
	Türriegel	weiches s
	gefalteter Stoff	scharfes s
	Teich (Grundriss)	sch
	Brotlaib	t
	Wachtelküken	w

256.1 Aus dem ägyptischen Alphabet

Die Entstehung der Hieroglyphen

Die Beamten im Reich des Pharaos mussten die Ernten überwachen und kontrollieren, die Einhaltung der Gesetze beaufsichtigen und wichtige Ereignisse festhalten. Dazu brauchten sie Hilfe: die Schrift.

Sie entwickelten um 3 000 v. Chr. ihre eigene Schrift aus Bildern, die es sonst nirgendwo auf der Welt gab, die Hieroglyphen.

Das Geheimnis der Hieroglyphen

Fast 4000 Jahre lang konnte niemand die Papyrusrollen oder die Inschriften in Grabkammern lesen. Die Kunst, die Schriftzeichen zu entziffern, war verloren gegangen. 1799 fanden Soldaten des französischen Generals Napoleon im Nildelta einen schwarzen Stein. In diesem Stein war in drei verschiedenen Schriften etwas eingeritzt, in Hieroglyphen, in demotischer (einer späteren ägyptischen) Schrift und in Griechisch.

1822 fand der Franzose Jean Francois Champollion heraus, dass alle drei Inschriften des Steins den gleichen Inhalt hatten. So konnte er das Geheimnis der Hieroglyphen lüften. Er fand heraus, dass die Hieroglyphen nicht nur Bilder und Begriffe darstellten, sondern auch einzelne Laute.

Die Ägypter kannten keine Rechtschreibung. Richtig war, was gut aussah. Sie schrieben senkrecht von oben nach unten oder waagrecht von rechts nach links oder links nach rechts. Man erkennt die Richtung daran, dass die Menschen oder Tierbilder immer zum Zeilenanfang hin schauen. Ans Ende eines männlichen Namens schreibt man einen sitzenden Mann, ans Ende eines weiblichen Namens eine sitzende Frau.

Namen der Pharaonen umrandete man immer mit einer Kartusche, die aussah wie ein ovaler Ring (Abb. 257.1).

AUFGABEN >>

1 Könnt ihr diese Namen lesen?

2 Versucht mithilfe des Hieroglyphen-Alphabetes euren Namen zu schreiben. Fehlt im Hieroglyphen-Alphabet oben ein Buchstabe, so müsst ihr ihn weglassen und durch ähnlich klingende Hieroglyphen ersetzen.

Deutzeichen:
es ist der Name einer Frau

Deutzeichen:
es muss ein Königsname sein

D O K

A R P L

Wenn wir von rechts nach links lesen, lautet der Name:

KL(E)*OP(A)*DRA

* Das E und A müssen wir in der Hieroglyphenschrift oft ergänzen.

257.1 Name einer ägyptischen Königin

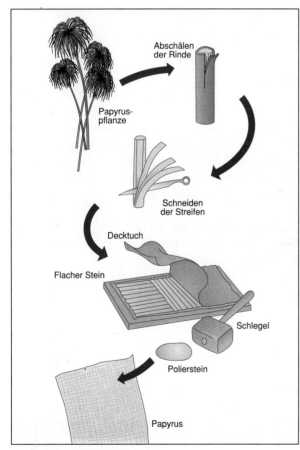

Abschälen
der Rinde

Papyrus-
pflanze

Schneiden
der Streifen

Decktuch

Flacher Stein

Schlegel

Polierstein

Papyrus

257.2 Herstellung von Papyrus

Die Ägypter schrieben mit Schilfrohr und roter und schwarzer Tusche auf Papyrus. Papyrus war eine Art Papier, das aus einer Schilfpflanze hergestellt wurde, die am Nilufer wuchs. Heute gibt es diese Pflanze allerdings kaum noch. Sie wurde nicht nur zu Papier, sondern auch zu Seilen, Matten, Booten oder Mumienhüllen verarbeitet.

Ein Hieroglyphen-Fries mit eurem Namen

Ein Hieroglyphen-Fries ist ein waagrechter gemalter oder eingemeißelter Zierstreifen, wie er viele ägyptische Bauten schmückt. Einen Fries könnt ihr aus Gips herstellen, indem ihr, ähnlich wie die alten Ägypter, eure Namen in Hieroglyphen „meißelt".

Was benötigt ihr dazu?
- Papier und Bleistift
- eine längliche Schachtel
- Modellgips
- ein Ritzmesser o. Ä.
- einen Haarpinsel
- Deckfarben

Arbeitsanleitung
1. Übertragt die Grundfläche der Schachtel auf ein Blatt Papier.
2. Stellt aus 1 Teil Wasser und 2 Teilen Gips einen flüssigen Gipsbrei her.
3. Gießt diesen in die abgedichtete Schachtel. Rüttelt die Form, bis der Gips eine glatte Oberfläche hat.
4. Reinigt sofort die benutzten Gefäße mit Wasser.
5. Der Gips trocknet nun ca. eine halbe Stunde. Erarbeitet euch in dieser Zeit anhand des Hieroglyphen-Alphabets euren Namen. übertragt ihn auf das Papier.
6. Prüft vorsichtig nach, ob der Gips fest geworden ist, nehmt ihn aus der Form und legt ihn mit der glatten Seite nach oben.
7. Legt das Blatt Papier mit den Hieroglyphen eures Namens auf die Gipsfläche, zeichnet sie mit dem Bleistift nach, so dass sie auf den Gips übertragen werden.
8. Nehmt das Ritzmesser und ritzt die Hieroglyphen ein (nicht zu tief, sonst bricht der Gips).
9. Säubert anschließend die Vertiefung mit dem Haarpinsel.
10. Malt die Hieroglyphen mit Deckfarben aus.
11. Wenn ihr die Gipstafeln nebeneinander anordnet, habt ihr euren Hieroglyphen-Fries.

257.3 Herstellung eines Hieroglyphen-Frieses

Anubis:	**Thot:**	**Krokodil:**	**Horus:**	**Osiris:**	**Isis:**
schakalköpfiger Gott der Balsamierung, Friedhofsgott.	ibisköpfiger Schreibergott, protokolliert das Totengericht.	Totenfresserin, „Herrin" der Stromschnellen und Sandbänke.	falkenköpfiger Gott der Welt der Lebenden.	mumiengestaltiger Fruchtbarkeitsgott, Herrscher der Unterwelt.	Mutter- und Schutzgöttin, dem Osiris verwandt

258.1 Altägyptische Götter

Glaube und Totenkult

Die Ägypter verehren viele Götter

Tag für Tag erlebten die Ägypter die Kraft der Sonne. Sie ließ die Früchte auf den Feldern wachsen. Ihre Hitze konnte allerdings auch Tod und Verderben bringen. Diese Kraft schrieben die Ägypter dem Sonnengott Re (Text 258.2) zu. Sie bildeten ihn mit der Sonnenscheibe auf dem Kopf ab.

Aber nicht nur in der Sonne, auch im Wind, im Regen, in Erdbeben, im Wachsen der Pflanzen, in bestimmten Eigenschaften von Tieren (Kraft, Schnelligkeit, Flugkünste) – überall sahen die Ägypter Götter wirken. So vielfältig wie die Erscheinungen in der Welt waren auch die Götter, die die Ägypter verehrten.

Das ägyptische Wort für Gott war „netjer" und wurde durch eine Hieroglyphe > S. 256) wiedergegeben. Sie sieht wie ein umwickelter, beilförmiger Stab aus.

Schön erscheinst du im Horizont des Himmels, du lebendige Sonne, die vom Anbeginn lebt! Schön bist du, groß und strahlend, hoch über allem Land ... Du bist Re ...

(Aus dem „Sonnengesang" Echnatons)

258.2

Viele Götter wurden mit dem Körper eines Menschen und dem Kopf oder Körperteil eines Tieres dargestellt (Abb. 258.1). Dies sollte eine Eigenschaft des Gottes verdeutlichen. Mit dem Aussehen des Gottes hat das nichts zu tun, denn die wahre Gestalt blieb den Lebenden verborgen. Erst nach dem Tod konnten die Menschen sie anschauen.

Tempel – Bauten für die Götter

Zu Ehren der Götter errichteten die Ägypter hunderte von Tempelanlagen. Sie waren aus Stein gebaut, denn sie sollten ewig halten. Tief im Inneren des Tempels wurde die Statue der Gottheit aufgestellt. Dort konnte der Gott wohnen. Nur ein Priester durfte dieses Allerheiligste besuchen und den Gott wecken. Zu jedem Tempel gehörte ein Tempelbrunnen und ein Heiliger See. Auf ihm konnte die Gottheit Spazierfahrten machen. Eine gerade Straße führte vom Tempel zum Nil. Auf ihr wurde an Festtagen die Statue des Gottes in einer Prozession zur Anlegestelle der Heiligen Barke (= Ruderschiff) getragen. Die Tempel von Karnak, Luxor oder Abu Simbel geben noch heute Zeugnis vom Götterglauben der Ägypter.

AUFGABEN >>

1. In Abb. 258.1 seht ihr verschiedene Götter mit Tierköpfen. Welcher Gott wird dargestellt als Ibis (Vogelart), Schakal (wilder Hund), Falke, Kuh?
2. Versucht zu erklären, was damit jeweils ausgedrückt werden sollte.

Glauben an ein Weiterleben nach dem Tod

Für die Ägypter gehörten das Leben im Diesseits (= in der Welt) und das Leben im Jenseits (= im Reich der Toten) eng zusammen. Für beides hatten sie nur ein Wort: „anch". Wenn ein Mensch starb, so musste er nur von einem Leben ins andere wechseln. Allerdings waren dafür einige Voraussetzungen nötig. Nur reiche Ägypter konnten sich eine aufwändige Bestattung für die Wanderung in das Totenreich leisten.

Einbalsamierung und Mundöffnung: Für das Leben nach dem Tod musste der Körper erhalten bleiben. Ausgebildete Einbalsamierer sorgten dafür: Sie nahmen das Gehirn und die Eingeweide heraus, reinigten die leere Körperhülle mit Palmwein, füllten sie mit Gewürzen und Harz, umwickelten den Körper mit Leinen und strichen ihn mit einer gummiartigen Masse ein.

Die Mumie, d. h. die einbalsamierte Leiche, wurde in einen Sarg gelegt und auf eine Barke zur Überfahrt über den Nil gehoben. Wenn der Leichenzug am Grab ankam, öffnete ein Priester der Mumie Mund und Augen, damit der Tote atmen und sehen konnte.

Totengericht: Auf den Toten wartete nun das Totengericht. In der Vorstellung der Ägypter wog der Gott Anubis dabei das Herz des Toten. Hatte dieser kein ordentliches Leben geführt, wurde sein Herz vom Totenfresser vernichtet. Bestand er die Prüfung, wurde er von Osiris im Reich der Toten aufgenommen (Abb. 259.2).

Grabbeigaben: Das Grab wurde wie ein richtiges Haus als Wohnhaus mit verschiedenen Räumen eingerichtet. Besonders wichtig waren die Grabbeigaben. Sie wurden in der Vorkammer abgelegt und sollten dem Toten ein unbeschwertes Leben sichern: Nahrungsmittel, Möbel, Waffen, Schmuck, Tiere. Manchmal wurden auch Diener des Verstorbenen mit bestattet.

259.1 Bestattungszeremonie: Einbalsamierung, Leichenzug und Mundöffnungsritual

AUFGABEN >>

1. Erläutert, wie sich die Ägypter das Weiterleben nach dem Tode vorstellten.
2. Welchen Sinn hatte die Einbalsamierung? Erklärt mithilfe des Textes.
3. Erklärt die Bedeutung des Totengerichts (Abb. 259.2).

259.2 Totengericht

260.1 *Cheops-Pyramide*

Pyramiden – Häuser für die Ewigkeit

Wenn ihr an das alte Ägypten denkt, dann fallen euch wahrscheinlich als erstes die Pyramiden ein. Pyramide heißt übersetzt *Haus für die Ewigkeit*.

Noch heute wissen die Forscher nicht alles über die Bedeutung der Pyramiden. Es ist auch noch nicht völlig klar, wie sie genau erbaut wurden. Wir wollen diesem Geheimnis auf die Spur gehen.

Wozu wurden die Pyramiden gebaut?

Die alten Ägypter glaubten an ein neues, ewiges Leben nach dem Tod. Das Totenreich vermuteten sie im Westen des Landes, weil dort der Sonnengott Re (> S. 258) jeden Abend hinabsteigt. Alle Gräber befinden sich deshalb am westlichen Nilufer (Abb. 250.1). Insgesamt wurden fast 100 dieser riesigen Grabstätten errichtet. Nur Pharaoninnen und Pharaonen durften sich eine Pyramide als Grabmal bauen.

Der Pharao Cheops gab zu Beginn etwa 2 500 v. Chr. seiner Regierungszeit folgenden Befehl:

„Ich will mir ein riesiges Grabmal errichten, hoch und fest wie die Felsen im Süden meines Landes. Es soll meinen Leib schützen vor Räubern und Feinden. In ihm will ich weiterleben bis in alle Ewigkeiten. Das Denkmal soll den Ruhm meiner Herrschaft verkünden Jahrtausende lang."

Wie wurde die Cheops-Pyramiden gebaut?

Als erstes wurde ein Bauplatz nahe des Nil gesucht. So konnten die schweren Steinblöcke mit Schiffen zur Baustelle transportiert werden. Der Baugrund wurde so vermessen, dass die vier Seiten nach den vier Himmelsrichtungen ausgerichtet waren. Die Cheopspyramide hat eine quadratische Grundfläche von 230 m x 230 m. (Zum Vergleich: Ein Fußballfeld ist ca. 100 m x 60 m groß.)

Alleine für die Cheopspyramide wurden in 20 Jahren etwa 2,3 Millionen Steinblöcke mit einem durchschnittlichen Gewicht von 2,5 Tonnen verbaut. Würde man alle Steine der Cheopspyramide auf einen Güterzug laden, so wäre dieser Zug etwa 2 000 km lang.

261.1

In zum Teil weit entfernten Steinbrüchen schlugen die Arbeiter mit Hämmern, Bohrern und Meißeln aus Kupfer die Steinblöcke aus den Felsen. Diese Steine wurden mühevoll auf Schlitten zum Nil gezogen und dort auf Schiffe verladen, die sie zur Baustelle brachten.

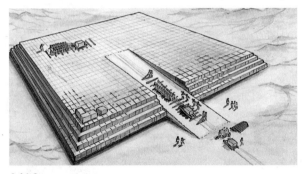

261.2

Dort wurden Rampen aus Schutt und Ziegeln gebaut, auf denen die Steinblöcke mit Hilfe von Tauen nach oben gezogen wurden.

261.3

Die Außenfläche des Bauwerks wurde mit Kalksteinplatten verhängt. Die Pyramide bekam so eine glatte Oberfläche.

Man vermutet, dass etwa 1000 Facharbeiter ganzjährig fest angestellt waren als Maurer, Steinmetze, Zimmerleute, Geometer und Kunsthandwerker. Sie wohnten in Siedlungen nahe der Baustelle. Hinzu kamen Zehntausende Bauern, die während der Nilüberschwemmung 3 Monate lang für ihren Pharao arbeiteten.

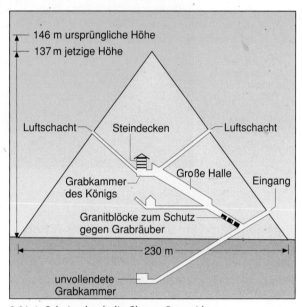

261.4 Schnitt durch die Cheops-Pyramide

Im Inneren der Pyramide

Der Steinsarg des Pharao Cheops muss bereits während des Baus der Pyramide in die Grabkammer gebracht worden sein. Er war so groß, dass er nicht mehr durch die Gänge der fertigen Pyramide gepasst hätte.

Die Grabkammer wurde mit Wandbemalungen verziert, die die Taten des Pharaos priesen. Sie hatte eine Decke aus 9 Granitblöcken, die zusammen 400 Tonnen wogen und von weiter Entfernung hergeschafft werden mussten.

Neben der Cheopspyramide wurden ein Totentempel sowie Grabanlagen für die Familie des Pharao errichtet. Der Sphinx, ein steinerner Löwe mit einem Menschenkopf, bewachte die Toten.

AUFGABEN >>

1. Wie viele Fußballfelder passen in die Grundfläche einer Pyramide?
2. Erklärt, warum sich der Pharao so ein gewaltiges Grabmal bauen ließ.
3. Vergleicht die Höhe der Cheopspyramide (Abb. 261.4) mit Bauwerken aus eurer Umgebung.

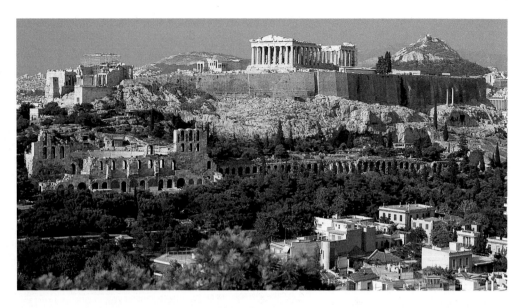

262.1 Akropolis und Parthenon-Tempel heute

Das antike Athen – eine eindrucksvolle Stadt

Eine Stadt und ihr Umland: die Polis Athen

Zwischen 600 und 400 v. Chr. wurde Athen weltberühmt. Dabei war es damals nur die Hauptstadt eines kleinen Staates. Dieser umfasste die Halbinsel Attika, auf der etwa 230 000 Menschen lebten. Die Bauern- und Fischerdörfer im Umland und der Hafen Piräus bildeten zusammen mit der Stadt eine Einheit – die „Polis Athen". Die Stadt selbst lag am Fuße der „Akropolis", dem Burgberg.

Von den Athenern waren etwa 100 000 reine „Stadtbewohner". Der Rest siedelte auf dem Lande um Athen herum. Viele Athener lebten am Rande der Stadt in recht armseligen Hütten.

Ein Reisender von damals ist zunächst auch enttäuscht:

„Die Stadt ist ganz trocken, gar nicht gut mit Wasser versorgt und von winkligen Straßen unschön durchschnitten, da in alter Zeit erbaut. Die meisten Häuser sind geringwertig, nur wenige entsprechen höheren Anforderungen. Kaum dürfte ein Fremder beim ersten Anblick glauben, dass dies die Stadt der Athena sei".

(Aus: J. Travlos: Bildlexikon zur Topographie des antiken Athens, 1971)

Eine Kanalisation gab es im klassischen Athen nicht. Die Häuser waren an kein Kanalnetz angeschlossen. Daher hatten sie auch keine Toiletten, nicht mal ein „Plumps-Klo". Man nahm einen Topf und entleerte den Inhalt einfach auf die Straße. Vor allem nachts traten Fußgänger leicht in Unrat. Oft stolperten sie über Unebenheiten oder Steine, denn nur wenige Straßen Athens waren gepflastert.

Doch in der Stadtmitte von Athen schaute es ganz anders aus. Das Zentrum lag um die Akropolis. Wie leuchtende Sterne hoben sich hier die Prachtbauten der Agora und der Akropolis von den einfachen Wohnhäusern ab. Unser Reisender beginnt zu schwärmen:

„Nach kurzer Zeit wird er es wohl glauben. So ist dort das Schönste auf Erden: ein Theater, der Beachtung wert, groß und bewunderungswürdig; ein prachtvolles Heiligtum der Athena, der Welt entrückt, sehenswert, der Parthenon, über dem Theater gelegen. Großen Eindruck macht er auf die Beschauer."

(Aus: J. Travlos: Bildlexikon zur Topographie des antiken Athens, 1971)

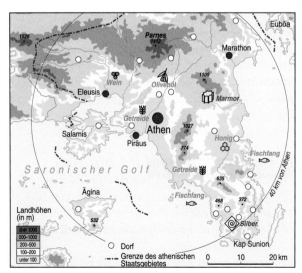

262.2 Die Stadt Athen und ihr Umland

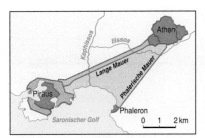

263.1 Athen mit Hafen Piräus

Athen – Handelszentrum der damaligen Welt

Im Umland von Athen betrieben die Bauern Landwirtschaft. Sie konnten einen großen Teil von dem erzeugen, was die Bewohner der gesamten Polis Athen täglich benötigten: Fleisch, Fisch, Olivenöl, Wein, Wolle und Brennstoff.

Doch lebenswichtig war für die vielen Städter in Athen vor allem Brotgetreide. Zwei Drittel des Bedarfs, nämlich über 3 Millionen Zentner, musste die Stadt jährlich einführen.

Neben der Landwirtschaft bauten die Athener deshalb auf das Gewerbe und den Handel.

In Athen hergestellte handwerkliche Produkte waren im gesamten Mittelmeerraum sehr begehrt. Auch Wein und Honig sowie kostbare Olivenöle und wertvolle Salböle wurden in andere Städte ausgeführt. Im Austausch erhielten dafür die Athener, was sie sonst zum Leben brauchten. Piräus, der Hafen von Athen, war ein riesiger Umschlagplatz für Waren aus der gesamten damaligen Welt.

263.2 Athen, wie es um 450 v. Chr. vermutlich ausgesehen hat

In einem Lustspiel macht ein Kaufmann einem Bauern deutlich, welche Waren mit dem Schiff eingeführt werden:

„Aus Kyrene bringen uns die Schiffe ... Rindshäute, vom Hellespont Thunfisch und gepökelte Fischwaren aller Art, aus Italien Graupen und Rippenstücke vom Rind. Syrakus liefert Schweine und Käse, Ägypten Segel und Papyrusrollen, Syrien Weihrauch, Kreta Zypressenholz für die Götter, in Libyen gibt es viel Elfenbein zu kaufen, aus Rhodos kommen Rosinen und getrocknete Feigen, von Euböa Birnen und feiste Schafe, aus Phrygien Sklaven, Söldner aus Arkadien ..., Kastanien und Mandeln liefert Paphlagonien (Nord-Anatolien), Phönikien Datteln und feines Weizenmehl, Karthago Teppiche und bunte Kopfkissen.“

(Aus: H. Bengtson: Griechische Geschichte von den Anfängen bis in die Römische Kaiserzeit; 1977, S. 207)

Der Handel füllte die Staatskassen und vermehrte den Reichtum der Bürger. Mit den Handelsbeziehungen ergaben sich auch wissenschaftliche, kulturelle und politische Kontakte. Diese wiederum befruchteten den weiteren wirtschaftlichen Prozess. So wurde Athen zur beherrschenden Handelsmacht.

AUFGABEN >>

1. Stellt mithilfe der Abb. 262.2 die „Polis Athen" dar: Aussehen, Flächengröße, Bodenschätze, Erzeugnisse.
2. Begründet, warum das antike Athen so eine eindrucksvolle Stadt war. Verwendet dazu auch die Abbildungen 262.1 und 263.2.
3. Sucht im Atlas, aus welchen Ländern der Antike welche Waren nach Athen eingeführt werden.
4. Erstellt eine Kartenskizze zum Thema „Handel im antiken Athen". Überlegt euch Symbole, unterscheidet und veranschaulicht Einfuhr und Ausfuhr (Importgüter und Exportgüter).
5. Erklärt, inwiefern Gewerbe und Handel die Lebensbedingungen der Athener verbesserten und zum Reichtum der Stadt beitrugen.

264.1 *Viele Gebäude – wie hier in Kassel – erinnern an griechische Tempel*

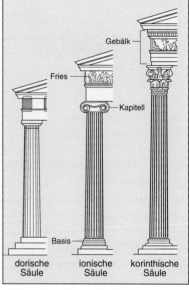

264.2 *Griechische Säulen*

Die Griechen – „Erfinder" der klassischen Kunst

Architekten bauen prachtvolle Tempel

Zu Ehren ihrer Götter bauten die Griechen aus dem festen und hell leuchtenden Marmor prachtvolle Tempel. Der berühmteste ist der Parthenon-Tempel auf dem Burgberg von Athen, der Akropolis (Abb. 263.2). Er wurde zu Ehren von Athena, der Göttin der Weisheit und der Handwerkskunst gebaut. Der Tempel ist 70 m lang und 31 m breit. Über zehn Meter hohe Säulen tragen das mächtige Dach. An der Außenwand beschreiben Bildwerke den Festzug der Bevölkerung Athens auf die Akropolis (Abb. 264.4).

Dieser Tempel galt wegen seiner harmonischen Schönheit als Vorbild für die Architekten des Altertums.

So entwickelte sich die Form des griechischen Tempels: Um Schutz vor der Sonne zu bekommen, wurden an das Rechteckhaus Vordächer angefügt und mit mächtigen Säulen abgestützt (Abb. 264.3). Diese Säulen waren fein gemeißelt und aufwändig gestaltet. Im Laufe der Zeit bildeten sich ionische, dorische und korinthische Säulen heraus (Abb. 264.2).

264.3 und 4 *Grundriss und Fries des Parthenon-Tempels*

Bildhauer und Maler gestalten Standbilder und Vasen

Für Gottheiten und Menschen, die sich besondere Verdienste erworben hatten, wurden Statuen aufgestellt. Diese waren aus Holz, Stein oder Bronze gefertigt und meist bunt bemalt. Eines der berühmtesten Standbilder stammt von dem Bildhauer Myron (Abb. 265.1). Die Vollkommenheit in der Darstellung des Körpers wird bis heute bewundert und gilt als ein wesentliches Merkmal „klassischer Kunst".

Auf Tausenden von Vasen können wir die Kunst der Maler bestaunen. Bildgeschichten und Alltagsszenen sind mit erstaunlicher Genauigkeit in die Vasen eingebrannt. Auch diese Darstellungen drücken die Verbindung von idealer Schönheit und lebendiger Natur aus.

265.1 Statue eines Diskuswerfers von Myron

265.2 Ein Maler bemalt ein Mischgefäß für Wein und Wasser

Dichter erzählen von Göttern und Helden

Die Griechen glaubten, dass ihr ganzes Leben von göttlichen Wesen bestimmt werde. Die einzelnen Götter und Göttinnen stellten sie sich in menschlicher Gestalt vor (> S. 268). Die Griechen hielten sie für unsterblich und sprachen ihnen ewige Jugend und unvergängliche Schönheit zu. Ihrer Meinung nach mischten sich die Götter unter die Menschen und beteiligten sich an allem, was auf der Erde und am Himmel geschah.

Zu den bekanntesten Dichtern zählt Homer. Er hat um 800 v. Chr. aufgeschrieben, was Jahrhunderte lang weitererzählt worden war. In der „Odyssee" schildert er zum Beispiel die abenteuerliche Heimfahrt des Helden Odysseus, der 10 Jahre auf den Meeren umherirrte. Auch die „Ilias" (> S. 271) wurde von Homer erzählt.

Niemand kann heute mehr sagen, was von diesen Sagen Wirklichkeit und was hinzugedichtete Phantasie ist.

Die Geschichten der Götter und Schicksale der Menschen wurden nicht nur vorgelesen, sondern auch gespielt (Abb. 265.3). Dichter verfassten dazu Texte für Tänze und Lieder, die von Schauspielern in Form von Tänzen und Liedern umgesetzt wurden.

Bis zu 30 000 athenische Bürger kamen am Tag zu den dramatischen Schauspielen ins Theater (Drama = griechisch: Handlung). Für ihre Tragödien (Trauerspiele) und Komödien (Lustspiele) erhielten die Dichter hohe Auszeichnungen.

265.3 Schauspieler in einer Komödie

AUFGABEN >>

1. Zeigt an Beispielen auf, in welchen Bereichen der Kunst griechische Schöpfungen heute noch bewundert und nachgeahmt werden.
2. Nennt Merkmale des griechischen Tempels. Vergleicht die unterschiedlichen Säulen (Abb. 264.2).
3. Betrachtet den Diskuswerfer. Versucht den Augenblick der Bewegung nachzustellen, den der Künstler für seine Darstellung gewählt hat.
4. Vasenbilder geben Auskunft über das antike Griechenland. Erstellt eine Übersicht, welche Themen in diesem Schulbuch auf Vasen dargestellt sind (> S. 265-268).

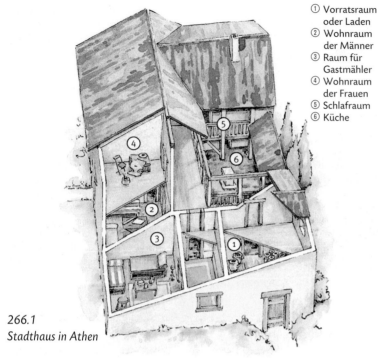

266.1
Stadthaus in Athen

① Vorratsraum
   oder Laden
② Wohnraum
   der Männer
③ Raum für
   Gastmähler
④ Wohnraum
   der Frauen
⑤ Schlafraum
⑥ Küche

Alltagsleben in Athen

Zu Hause bei Familie Amos

Wie lebten die Menschen in Athen in den Jahren um 450 v. Chr.? Um eine Vorstellung zu bekommen, schauen wir uns den Alltag eines durchschnittlichen Bürgers an. Nennen wir ihn einfach Amos.

Amos wohnt am Stadtrand von Athen. In dem einfach gebauten Haus gibt es je nach Zweck verschiedene Räume: Vorrat, Handwerk, Stall, Wohn- und Schlafraum (Abb. 266.1). Für Amos ist der Speiseraum sehr wichtig. Hier trifft er sich am Abend mit seinen Freunden, um Wein zu trinken, sich zu unterhalten und Lieder zu singen.

Seine Frau Kallia bewohnt im zweiten Stock einen eigenen Raum. Männer dürfen ihn nicht betreten. Kallia ist für Haus und Hof zuständig. Sie überwacht die Arbeit der Sklaven, holt Wasser vom öffentlichen Brunnen, sorgt für das Essen, kümmert sich um die Vorräte, stellt Stoffe her, näht Kleidungsstücke und erzieht die Kinder.

Amos ist sehr stolz darauf, dass er seiner Frau ein Leben zu Hause ermöglichen kann. In vielen Familien müssen die Frauen auf dem Feld mitarbeiten oder auf dem Markt Waren verkaufen. Seine Frau hat ihm zwei Kinder geboren: Lysia, das Mädchen, ist zehn Jahre alt. Der Sohn Kritias wird bald sieben Jahre.

Im Haus leben auch noch ein Sklave und eine Sklavin: Steiros und Herma. Sie sind das Eigentum von Amos. Er hat sie auf dem Markt gekauft. Wenn im Haus oder Garten nicht viel zu tun ist, nimmt Steiros eine Arbeit im Hafen von Piräus an. Den Lohn muss er Amos abgeben. Steiros fühlt sich recht wohl. Andere **Sklaven** haben es schwerer, insbesondere die „Staatssklaven", die dem Wohle des Gemeinwesens dienen. Sie müssen bei sengender Sonne auf den Feldern arbeiten oder in den Silberbergwerken bei schweißtreibender Hitze und schwül feuchter Luft in gebückter Haltung zehn Stunden am Tage schuften. Steiros hat sogar die Aussicht, eines Tages von seinem Herrn freigelassen zu werden.

Amos ist nur selten zu Hause. Nach der Arbeit treibt er Sport oder schließt sich einer Gruppe an, die unter den Säulenhallen am Marktplatz oder vor einer Weinstube im Freien zusammensteht. Dort diskutieren die Männer über Politik, unterhalten sich über Fragen des Glaubens und der Wissenschaft oder werden von dem Philosophen Sokrates in nachdenkliche Gespräche verwickelt.

266.2 Männer beim Gelage

267.1 *Arbeiten in einer Schmiede*

267.2 *Sklaven in einer Tongrube*

Beruf und Arbeit von Amos

Amos ist Handwerker. Seine Werkstatt ist nicht im Haus, er muss ein ganzes Stück gehen, bis er zur Erzgießerei von Dimitrios kommt. Dort ist er als Gießmeister beschäftigt. Wenn der Schmelzofen angeheizt ist und das Metall flüssig wird, dann herrscht dort drückende Hitze. Dimitrios, der Besitzer der Gießerei, kommt jeden Tag vorbei, um die Arbeit zu kontrollieren. Denn nur mit erstklassiger Qualität kann er die anspruchsvolle Kundschaft halten.

Zur Zeit arbeiten Amos und seine fünf Mitarbeiter an einem besonderen Auftrag. Auf Beschluss der Volksversammlung (> S. 276) soll er eine große Figur aus Bronze fertigen. Amos ist voll bei der Sache. Die flüssige Bronze muss exakt die richtige Temperatur haben, damit er sie mit gleichbleibender Geschwindigkeit aus dem Schmelztiegel in die Form gießen kann. Amos weiß, dass die Figur ein Geschenk sein soll. Die Athener wollen sie dem Gott Apollon in Delphi schenken. Dort wird sie mit anderen Geschenken ausgestellt. Tausende von Griechen aus vielen Städten werden dann die Figur bestaunen. Und sie sollen – nicht ohne Neid – sagen: „Die Athener machen halt doch die schönsten Bronzefiguren." Amos ist stolz auf seine Arbeit. Sie ist zwar hart und schmutzig; doch es gibt nichts Schöneres, als auf seinem Gebiet der Beste zu sein.

Von den reichen und vornehmen Athenern freilich werden die Handwerker verachtet, denn Arbeiten schwächt den Körper. Und wenn der Körper nicht trainiert wird, leidet darunter auch der Geist. Doch die Athener brauchen eine Menge an Waren und Gegenständen, z.B. feine Lederwaren, kunstvoll verzierte Tongefäße, Musikinstrumente, Öllampen, Waffen. Um diese herzustellen, werden viele Arbeitskräfte benötigt. Darüber berichtet der Schriftsteller Plutarch:

„Vielerlei Materialien wurden benötigt. Steine, Erz, Elfenbein, Gold, Eben- und Zypressenholz. Zu ihrer Bearbeitung brauchte es mancherlei Handwerker, so Zimmerleute, Bildhauer, Kupferschmiede, Steinmetzen, Färber, Goldarbeiter, Elfenbeinschnitzer, Maler, Graveure. Die Transporte zur See brachten den Reedern, den Matrosen und Steuerleuten Beschäftigung, die Transporte zu Land den Wagenbauern, Pferdehaltern und Fuhrleuten, den Seilern, Leinewebern, Sattlern und Straßenbauern und Bergknappen. Jedes Handwerk verfügte über eine Masse von ungelernten Hilfsarbeitern, welche als Handlanger dienten."

(Aus: Ziegler, Große Griechen und Römer, Band 2, Stuttgart 1954)

AUFGABEN >>

1. Beschreibt, wie es in einer Bronzegießerei zugeht. Betrachtet dazu Abb. 267.1.
2. Stellt zusammen, welche Gegenstände die Athener für ihr Leben brauchten, wer sie fertigte und welche Materialien dazu benötigt wurden. Vergleicht die Übersicht mit dem Bericht von Plutarch.
3. Zeigt am Beispiel von Amos auf, welche Einstellung viele Athener zu Beruf und Arbeit hatten.
4. Welche Einstellung hatten die vornehmen Athener zur Arbeit? Nehmt Stellung dazu.

Methode: Auswerten von Texten und Bildern

268.1 Ausschnitt aus der „Schulschale" des Malers Duris (um 480 v.Chr.). Viele Athener legten Wert auf eine gute Bildung. Sie schickten ihre Jungen bereits vom 7. Lebensjahr an zum Unterricht. Bei Privatlehrern lernten die Jungen Lesen und Schrei-ben, Rechnen und Musik, ferner lernten sie literarische Texte auswendig. Der „Pädagoge" rechts im Bild war meist ein Sklave, er begleitete den Knaben zum Unterricht und hatte auf sein einwandfreies Betragen in der Öffentlichkeit zu achten. Mädchen lernten nur gelegentlich zu Hause Lesen und Schreiben.
Die „Schulschale" wird heute in der Antikensammlung in Berlin aufbewahrt.

Es gibt viele Möglichkeiten, etwas über unsere Geschichte in Erfahrung zu bringen, denn unsere Vorfahren haben Vieles hinterlassen. Man nennt diese Informationsmöglich-keiten „Quellen" (> S. 222-225). Solche Quellen können Bruchstücke sein, die aus archäologischen Grabungen stammen, historische Gebäude, Kleidungsstücke, Waffen, Beigaben in Gräbern, Kirchenbücher, Gerichtsakten und Ähnliches. Die wichtigsten Quellen sind Schriftstücke und Bilder.

Allerdings kann man die Informationen aus diesen Quel-len, diese Beweisstücke aus früheren Zeiten, nicht unge-prüft übernehmen. Wir müssen untersuchen, wer diese Bilder und Texte angefertigt hat und ob der Autor mit ihnen eine bestimmte Absicht verfolgt hat. Wenn zum Bei-spiel ein König einen Bericht über seine Taten verfassen lässt, wird in diesem Text etwas anderes stehen, als wenn ein Feind oder ein Untergebener des Königs über dessen Politik erzählt. Denn wenn man bei einem Streit beide davon betroffenen Seiten berichten lässt, dann wird jeder den Tathergang anders darstellen als sein Gegner. Historiker müssen also – ähnlich wie Kriminalisten – nach den Motiven fragen, wenn sie ein Bild oder einen Text unter-suchen. Was wollte der Textautor oder der Künstler in den Vordergrund stellen, was verschweigt er, was will er im günstigen Licht darstellen?

Außerdem ist zu bedenken, dass jahrhundertelang nur sehr wenige Menschen schreiben oder ein Bild malen bzw. in Auftrag geben konnten. Was hätten wohl diejenigen erzählt, die nicht schreiben konnten, zum Beispiel die Skla-ven, Bauern und Frauen?

Handwerkliche Arbeit verdirbt den Charakter

Der wohlhabende Politiker, Schriftsteller und Feldherr Xenophon (426-355 v. Chr.) aus Athen schreibt über handwerkliche Arbeit:

„... die sogenannten handwerklichen Beschäftigungen sind verschrien und werden ... mit Recht sehr verachtet. Sie schwächen nämlich den Körper des Arbeiters, da sie ihn zu einer sitzenden Lebensweise und zum Stubenhocken zwingen, oder sogar dazu, den Tag am Feuer zuzubringen. Wenn aber der Körper verweichlicht wird, leidet auch die Seele. Auch halten diese sogenannten spießbürgerlichen Beschäftigungen am meisten davon ab, sich um die Freunde und um den Staat zu kümmern. Daher sind solche Leute ungeeignet für den Verkehr mit Freunden und die Verteidigung des Vaterlandes. Deshalb ist es in einigen Städten ... keinem Bürger erlaubt, sich einer handwerklichen Beschäftigung zu widmen."

(Aus: Xenophon: Die sokratischen Schriften. Hrsg. von Ernst Bux, Stuttgart 1956, S. 249)

269.1 Xenophon (Kreis) im Gespräch mit dem griechischen Philosophen Sokrates, Ausschnitt aus dem Gemälde „Die Schule von Athen" von Raffael (1483-1520)

AUFGABEN >>

1 Wertet mithilfe der methodischen Arbeitsschritte die Textquelle und die Abb. 268.1 aus. Bezieht dabei auch die Informationen der Seiten 262-267 mit ein.

2 Erläutert anhand der Abb. 269.1 die Aussage, dass Bilder bisweilen Geschichte „erfinden". Bedenkt dabei, wann Raffael dieses Bild gemalt hat.

Methodische Arbeitsschritte bei der Arbeit mit Textquellen:

- Was für eine Textsorte ist es? (z. B. Gedicht, Brief, Urkunde, Geschichtsschreibung)
- Lest den Text genau durch. Um welche Sache, um welches Thema geht es?
- Klärt Begriffe, die ihr nicht versteht.
- Wer hat den Text verfasst? Informiert euch in einem Lexikon über den Autor.
- Wann wurde der Text geschrieben? (z. B. Jahrhundert, Jahr)
- Wo „spielt" dieser Text? (z. B. Land, Stadt)
- An wen könnte der Text gerichtet sein?
- Überlegt, welches Ziel der Autor mit seinem Text verfolgt haben könnte.
- Wie begründet der Autor diese Absicht?
- Was war gerade los, als der Text geschrieben wurde? (z. B. Gab es Krieg? Mussten die Menschen hungern?)

Methodische Arbeitsschritte bei der Arbeit mit Bildern:

- Um was für eine Art von Bild handelt es sich? (z. B. Wandmalerei, Gemälde, Fotografie)
- Betrachtet das Bild genau, auch die Einzelheiten. Geht, um nichts zu übersehen, nach einer bestimmten Reihenfolge vor (z. B. von links nach rechts, vom Vordergrund zum Hintergrund).
- Wer ist der Künstler? Informiert euch über ihn im Lexikon.
- Wann wurde das Bild geschaffen oder gemalt? (z. B. Jahrhundert, Jahr)
- Mit welchem Thema befasst sich sein Bild?
- Was könnte uns das Bild über die Lebensumstände der Zeit verraten? Versucht Zusammenhänge zwischen dem Bild und dem, was ihr über die Zeit wisst, herauszufinden.
- Will der Künstler die von ihm dargestellte Sache in einem bestimmten Licht erscheinen lassen?

270.1–5 wichtige griechische Götter und Gottheiten: Zeus, Poseidon, Apollon, Ares, Demeter

Glaube an viele Götter

„Der Sturm dauerte drei Tage. Endlich stillten die Priester mit Opfern für die Meeresgöttin am vierten Tag den Sturm. Es kann aber auch sein, er legte sich von selbst …"
So können wir es bei dem griechischen Geschichtsschreiber Herodot über Naturgewalten lesen.
Die Griechen waren sehr mit der Natur verbunden. Sie fragten sich darum, woher eigentlich Regen, Donner, Stürme und Überschwemmungen kommen. Bei all den Naturereignissen, die die Griechen nicht so recht verstanden, glaubten sie, dass sie aus den Launen guter und böser Götter entstehen.

270.6 Ein König befragt das Orakel von Delphi. Schale aus dem 5. Jh. v. Chr.

Nach Auffassung der Griechen waren die Götter jedoch nicht nur an den Naturereignissen maßgeblich beteiligt, sondern zum Beispiel auch dann, wenn sich Menschen bekämpften. So verehrten und feierten die Griechen viele verschiedene Gottheiten. Sie stellten sie sich als Menschen vor, die jedoch immer jung, schön, vollkommen und unsterblich waren.
Als Vater der Götterfamilie betrachteten die Griechen Zeus. Er wohnte auf dem höchsten Berg Griechenlands, dem Olymp (> S. 272). Er schleuderte Donner und Blitze gegen die Feinde und sandte Regen und Sonnenschein. Seine Gattin Hera beschützte das Haus und die Familie. Ares, ein Sohn von Zeus und Hera, war der Gott des Krieges. Über das Meer und über alle Gewässer herrschte Poseidon, ein Bruder des Zeus. Mit seinem Dreizack wühlte er das Meer auf. Athene galt als Göttin der Weisheit und der Wissenschaft. Apollon verkörperte das Geistige: Er war Gott der Dichtung, Musik, Heilkunde und Weissagung. Demeter, die Schwester des Zeus, die Göttin des Ackerbaues, sorgte für Wachstum und für gute Ernten auf den Feldern.
Um die Gunst der Götter zu gewinnen, betete und opferte man in prachtvoll gebauten Tempeln (> S. 264). Vor wichtigen Entscheidungen wurden die Götter um Rat gefragt. Die Menschen kamen von weit her, um zum Beispiel in Delphi den Gott Apollon zu befragen. Im Allerheiligsten des Tempelbezirks gab eine Priesterin Antwort auf die Fragen, die dem Gott gestellt wurden (Abb. 270.6).
Ihre Weissagungen (Orakel) waren aber oft sehr zweideutig oder wie ein Rätsel formuliert. Dadurch wurden die Menschen zu ernsthaftem Nachdenken angeregt. So bekam einmal der König der Lyder folgende Antwort: „Wenn du den Fluss Halys überschreitest, wirst du ein großes Reich zerstören." Er wagte den Krieg, verlor ihn und damit auch sein eigenes Reich.

Griechische Heldensagen erzählen von Göttern und Menschen

Homer ist der erste namentlich bekannte Dichter der griechischen Antike. Vermutlich lebte er gegen Ende des 8. Jahrhunderts v. Chr. Er sammelte alte Erzählungen und setzte sie dann in Versform um, zum Beispiel in der „Ilias" sowie in der „Odyssee".

In der „Ilias" geht es um den Kampf um Troja. Paris, der Sohn des Königs von Troja, entführte Helena, die schönste Frau Griechenlands und Gattin des Königs von Sparta. Unter der Führung des Königs Agamemnon schlossen sich daraufhin viele griechische Stadtstaaten zusammen und segelten nach Troja, um Helena zurückzuholen. Es begann ein zehnjähriger Kampf. Die Stadt Troja wurde zunächst erfolglos belagert.

Bei den Kämpfen siegten mal die Griechen, dann die Trojaner. Die Götter mischten sich immer wieder in den Kampf ein und unterstützten ihre Lieblingshelden. Schließlich griff Odysseus zu einer List. Er ließ ein großes, hohles Holzpferd bauen. Mit seinen besten griechischen Kämpfern versteckte sich Odysseus im Bauch des Pferdes. Die anderen Griechen segelten zum Schein ab. Als die Trojaner das sahen, glaubten sie, die Griechen hätten die Belagerung aufgegeben. Trotz der Warnung eines Priesters zerrten sie das Holzpferd in die Stadt und begannen, ein großes Siegesfest zu feiern.

Nachts, als alle schliefen, kletterten die Soldaten aus dem Pferd und töteten die betrunkenen Trojaner. Mithilfe von Feuerzeichen hatte inzwischen Odysseus die Schiffe zurückgeholt. Auch die Soldaten dieser Schiffe griffen in die Kämpfe ein. Troja wurde in Brand gesetzt. Mit Helena, einer Menge Beute und den trojanischen Frauen kehrten die Griechen in ihre Heimat zurück.

271.1 Seit rund 140 Jahren graben Archäologen in Troja aus. Hier ein Vorratskeller. Aufnahme von 1880

Ausgrabungen belegen, dass es Troja gab

Noch zu Beginn des 19. Jahrhunderts glaubten viele Wissenschaftler nicht, dass an den Erzählungen von Homer etwas Wahres dran sei.

Mit der „Ilias" im Gepäck und im Kopf reiste der reiche Kaufmann Heinrich Schliemann nach Griechenland, um Troja zu finden. Nach langem Suchen stieß er 1873 an der Küste Kleinasiens auf einen Hügel, unter dem er Brandreste, Mauern und einen Goldschatz fand. Es waren allerdings ältere Reste als aus der Zeit des Trojanischen Krieges.

Inzwischen wurden weitere Reste ausgegraben. Aufgrund der Funde der letzten Jahre sind heute viele Fachleute davon überzeugt, dass Troja der Schauplatz des von Homer beschriebenen Krieges ist. Die Dichtung Homers ist wohl Sage und wahre Geschichte zugleich.

AUFGABEN >>

1. Schildert, wie sich die Griechen die Götter vorstellten.
2. Betrachtet die Abb. 270.1-5. Welche der im Text beschriebenen Erkennungszeichen der Götter erkennt ihr auf den Bildern?
3. Versetzt euch in einen Griechen aus der Antike. Für welchen Gott würdet ihr in diesem Fall wohl opfern? Welche Bitte an den Gott könntet ihr vortragen?
4. Vergleicht die Götter und die Religion der Griechen mit den Göttern der Ägypter (> S. 258).
5. Lest in einer Sammlung klassischer Sagen, zum Beispiel über ein Abenteuer von Odysseus. Stellt dann die Sage in eurer Klasse vor.
6. Informiert euch genauer über die Ausgrabungen von Troja (Bücher, Internet).

272.1 Modell der Spielstätten der antiken Olympischen Spiele

Die Griechen – Begründer der Olympischen Spiele

Gemeinsames Fest zu Ehren von Zeus

Die Griechen glaubten an viele Götter. Nach ihren Vorstellungen war Zeus der Vater der Götter und Herrscher über die Welt. Er lebte auf dem Olymp (> S. 270). Ihn zu verehren, einte alle Griechen, auch wenn sie noch so verstreut wohnten und siedelten. In Olympia, einem Heiligtum im Nordwesten der Peloponnes, kamen sie zusammen. Dort brachten sie Opfer dar, beteten gemeinsam, trieben Sport, sangen und tanzten zu seinen Ehren. Daraus erwuchsen Wettbewerbe nicht nur auf sportlichem Gebiet, sondern auch im Chorgesang, Instrumentenspiel, in Tanz, Dichtung und Theater.

Die Athleten kamen aus allen Regionen, in denen Griechen lebten. Sie verstanden sich als Vertreter ihrer Polis. Diese waren zwar oft miteinander verfeindet und führten sogar Kriege gegeneinander. Aber während der Spiele einte sie der friedliche Wettbewerb. Für diese Zeit herrschte Waffenstillstand, der sogenannte „Olympische Friede".

Wettkämpfe in verschiedenen Disziplinen

Die erste olympische Disziplin war der Form, dem Aussehen und der Größe des Stadions angepasst: der einfache Stadionlauf auf einer Bahn von 191 m Länge. Bald kamen als neue Disziplinen der doppelte Stadionlauf und der Langstreckenlauf über 24 Stadien hinzu. Bei den Spielen im Jahr 708 v. Chr. wurde der Fünfkampf (Pentathlon) eingeführt. Er umfasste Laufen, Springen, Ringen, Diskus- und Speerwerfen. Schließlich wurden auch der Faustkampf und das Wagenrennen olympische Disziplinen.

An den Sportwettkämpfen durften nur Griechen männlichen Geschlechts teilnehmen. Frauen waren noch nicht einmal als Zuschauer zugelassen. Die Sportler kämpften immer nackt. Einmal gelang es der Mutter eines Athleten, sich einzuschleichen. Sie hatte sich als Sportlehrerin verkleidet. Seit 402 v. Chr. mussten deshalb auch die Trainer nackt erscheinen. Auf Vasen sind die Sportidole der Antike ohne Hüllen dargestellt.

272.2 Ringer

272.3 Wettläufer

Das Ende der antiken olympischen Epoche

Die frühesten olympischen Spiele, von denen wir wissen, fanden 776 v. Chr. statt. Über den langen Zeitraum von 1 200 Jahren feierten die Griechen ihre Olympischen Spiele. Dies war im Jahre 393 n. Chr. ein letztes Mal.

Der römische Kaiser Theodosius hatte ein Gesetz erlassen, das die christliche Religion als einzig wahre anerkannte und das alles heidnische Brauchtum unter Strafe stellte. Es gibt aber Hinweise, dass die Wettkämpfe auch dann noch heimlich fortgesetzt wurden – bis ein Erdbeben im 6. Jahrhundert schließlich viele Bauten der antiken Kultstätte zerstörte.

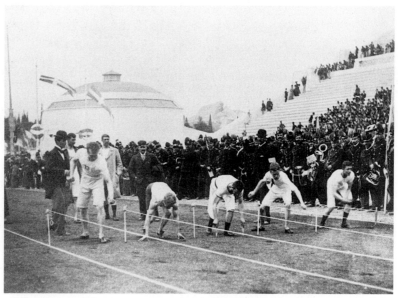

273.1 *Olympische Spiele 1896: Start zum 100-Meter-Lauf*

Welche Bedeutung die Spiele für die Griechen hatten, beschreibt ein Gelehrter:

„Unseren Vorfahren verdanken wir es, dass wir uns alle an einem Ort versammeln, nachdem wir einen Waffenstillstand geschlossen und alle Feindseligkeiten eingestellt haben. Während des Festes bringen wir gemeinsam unsere Opfer dar, verrichten gemeinsam Gebete und werden uns dabei unseres gemeinsamen Ursprungs bewusst. Alte Freundschaften werden erneuert, neue geschlossen…"

(Aus: Drees: Olympia, Stuttgart 1967, S. 67)

Wiederbelebung der Olympischen Spiele

Dem französischen Baron Pierre de Coubertin gelang es, die Olympischen Spiele der Neuzeit ins Leben zu rufen. Er glaubte, dass Sport die guten Eigenschaften der Menschen fördere. Als Fest der Jugend der Welt sollten die Spiele zur friedlichen Verständigung unter den Völkern beitragen. Im Jahre 1896 wurden sie erstmals ausgetragen, und zwar in Athen.

Seitdem finden alle vier Jahre diese Spiele statt und locken Millionen von Menschen vor die Bildschirme. Alle Sportlerinnen und Sportler, gleichgültig welcher Nation oder Religion sie angehören, sind gleichberechtigt. „Schneller, höher, weiter" – das waren die einzigen Maßstäbe. Doch schon bald ging es bei den Wettkämpfen nicht nur um Medaillen, sondern auch um viel Geld. Immer neue Disziplinen kamen hinzu; seit 1924 gibt es auch die Olympischen Winterspiele.

Seit dem Jahr 1900 sind auch Frauen als Teilnehmer bei den Olympischen Spielen zugelassen.

Olympisches Zeremoniell als Huldigung

Alle vier Jahre entzünden in einem als „heilig" bezeichneten Hain bei Olympia Frauen eine Flamme. Zu dieser Feierlichkeit sind sie als Priesterinnen verkleidet. Sie verwenden dazu einen Hohlspiegel, der das Sonnenlicht bündelt. Staffelläufer tragen dieses Feuer mit Fackeln an den Ort auf der Welt, wo die Olympischen Spiele stattfinden. Dort brennt das „olympische Feuer" so lange, wie die Spiele dauern. Diese Zeremonie verbindet die modernen mit den antiken Olympischen Spielen.

AUFGABEN >>

1. Erzählt mit eigenen Worten über die Olympischen Spiele der Griechen, z. B. Anlass und Grund für die Spiele, sportliche Wettkämpfe, Teilnehmer, Dauer der antiken Epoche, Ende, Sinn und Bedeutung.

2. Nach vielen Jahrhunderten Pause wurden die Olympischen Spiele der Neuzeit ins Leben gerufen. Berichtet.

3. Die Olympischen Spiele der Neuzeit – ein interessantes und spannendes Thema. Ihr könnt dazu ein Projekt durchführen. Als Bereiche bieten sich z. B. an:
   - Wo fanden die Spiele jeweils statt? Wann und warum fielen Spiele aus?
   - Wie viele Athleten nahmen teil? Aus welchen Ländern kamen sie? Warum nahmen Länder nicht teil?
   - Welche Wettbewerbe werden durchgeführt?
   - Wer sind die erfolgreichsten Teilnehmer? Wie haben sich die Leistungen entwickelt?
   - Welche Kuriositäten gab es bei den Spielen?

Zusatzthema: Sparta – sterben für den Staat?

Mädchen und Jungen sollen sich anpassen

Schon mit der Geburt begann die Ausbildung der Spartaner zum Krieger. Nur gesunde und kräftige Kinder durften auf Beschluss des Ältestenrates leben. Die anderen setzten die Eltern in der Wildnis aus oder überließen sie wilden Tieren oder dem Hungertod. Die Kinder wurden zu Unterordnung und gefühlloser Härte erzogen.

Die Jungen lebten außerhalb des Elternhauses in Gruppen zusammen. Die Arbeit überließen sie den Helotenjungen. Als Heloten bezeichneten die Spartaner Völker wie die Messenier, die sie unterworfen hatten und die ihnen Abgaben zahlen mussten. Die Heloten waren Staatssklaven, das heißt, sie waren Eigentum des Staates.

Die Spartanerinnen überließen die Hausarbeit den Helotinnen. Sie trieben viel Sport, um sich gesund zu erhalten für das Gebären von Kindern. Die hohe Ehre, die den Müttern zukam, wird aus Grabinschriften deutlich. Solche Inschriften standen nur Männern zu, die im Kampf umkamen oder Frauen, die bei der Geburt starben.

Den Mittelpunkt des spartanischen Lebens bildeten Männerbünde: Je 15 Männer gründeten eine Tischgesellschaft. Sie lebten zusammen, widmeten sich der Jagd sowie Kampfspielen und erzogen die Heranwachsenden. Diese Männer gehörten zu den Spartiaten, den Vollbürgern in der Polis. Wenn man den Legenden (= fantasievoll ausgeschmückte Erzählungen) glaubt, trugen sie lange Haare und aßen täglich eine schwarze Blutsuppe. Ihre Ideale sollen Wachsamkeit, Gemeinschaft, Unterordnung, Kampf und Tod gewesen sein.

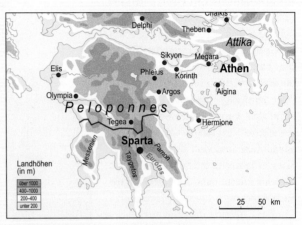

274.1 *Sparta und seine Nachbargebiete*

Ständig im Kriegszustand mit den Heloten

Die meisten griechischen Staaten sendeten Siedler aus, die Tochterstädte gründeten. Sparta dagegen unterwarf in langen Kriegen seine Nachbarn. Sie raubten ihnen das Land und machten die Bauern zu Sklaven (Heloten). Deren Zahl überstieg die der freien Bürger um ein Vielfaches. Den etwa 9000 Bürgern Spartas standen 150000 versklavte Bauern gegenüber. Die Spartaner fürchteten den Freiheitsdrang dieser Heloten und übten deshalb ständig für den Krieg. Sparta glich einem Soldatenlager. Damit sie trotzdem ihre Familien ernähren konnten, bestimmten die Spartaner, dass die Heloten ihnen die Hälfte der Ernte abgeben mussten. Jeder Spartiat erhielt so viel Land und Heloten zugeteilt, dass seine Familie davon leben konnte.

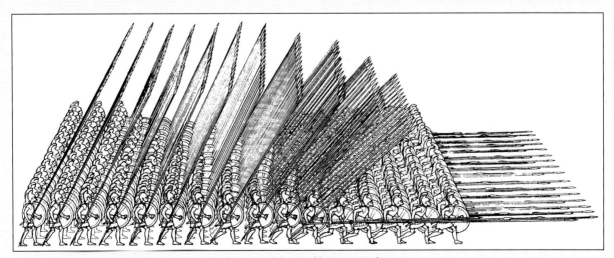

274.2 *Die Spartaner kämpften in einer „Phalanx", in dicht geschlossenen Reihen*

Die Regierung der Spartaner

In Sparta herrschten Könige. Deren Macht war aber eingeschränkt. Auf Volksversammlungen entschieden die Spartiaten über Gesetze, Krieg und Frieden. Jährlich wählten sie fünf Ephoren (Aufseher). Sie kontrollierten die Einhaltung der Gesetze. Jedes Jahr erklärten die Ephoren den Heloten formell den Krieg. Bei wichtigen Rechtsstreitigkeiten urteilte der Rat der Dreißig Adligen. Er wurde auf Lebenszeit gewählt. In dem Rat hatten auch zwei Könige Sitz und Stimme. Sie waren oberste Priester und im Kriegsfall die Heerführer.

Über die Erziehung zur Zeit des sagenumwobenen Königs Lykurg (7. Jh. v. Chr.) schreibt der Geschichtsschreiber Plutarch (50-125 n. Chr.):

„(Die Jungen wurden) dazu erzogen, nicht eklig und wählerisch beim Essen zu sein, keine Angst zu haben im Dunkeln oder wenn sie allein waren, und frei zu sein von Übellaunigkeit und Weinerlichkeit ...

Niemand durfte seinen Sohn halten und erziehen, wie er wollte, sondern der König nahm selbst alle, sobald sie sieben Jahre alt waren, zu sich und teilte sie in Gruppen, in denen sie miteinander aufwuchsen ... Als Führer der Gruppe wählten sie denjenigen, der sich durch Klugheit und Kampfesmut auszeichnete. Auf ihn blickten sie, hörten auf seine Befehle und unterwarfen sich seinen Strafen, sodass die Erziehung wesentlich in der Übung im Gehorsam bestand ... Lesen und Schreiben lernten sie nur so viel, wie sie brauchten ...

Sobald sie zwölf Jahre alt waren, gingen sie stets nur ohne Unterkleidung, bekamen einen Mantel aufs Jahr, waren am ganzen Körper schmutzbefleckt und durften weder baden noch salben bis auf wenige Tage des Jahres."

(Aus: Das Altertum, Materialien für den Geschichtsunterricht, Frankfurt 1982, S. 83 f.)

275.1 *Bronzestatuen eines angreifenden spartanischen Fußkämpfers (links) und einer jungen Spartanerin. Aus dem antiken Sparta gibt es weniger Überreste als aus Athen. Die wenigen Kunstwerke wurden von Spartiaten in Auftrag gegeben und zeigen deren Sichtweise.*

Über die Behandlung der Heloten schreibt Plutarch:

„Von Zeit zu Zeit schickten die Oberen die gewandtesten jungen Leute überall aufs Land hinaus. Bei Nacht gingen sie auf die Straßen und töteten jeden Heloten, dessen sie habhaft wurden. Oft gingen sie über die Felder und erschlugen die Stärksten und Tüchtigsten."

(Aus: Ziegler, Große Griechen und Römer, Stuttgart 1954, S. 28)

AUFGABEN >>

1. Vergleicht die Erziehung der Jungen und Mädchen in Sparta. Vergleicht sie auch mit eurer eigenen Erziehung.
2. Vergleicht die spartanische Ordnung mit der in Athen (> S. 276). Benutzt dazu die Begriffe Volksherrschaft (Demokratie), Adelsherrschaft, Königsherrschaft.
3. Beurteilt anhand der Quellentexte das Verhältnis Spartaner – Heloten.
4. Beschreibt die Statuen (Abb. 275.1) und vergleicht sie mit dem Text. Welche Eigenschaften der Spartaner zeigen sie?
5. Überlegt, warum es von Heloten keine Statuen gibt.

276.1 *Mit einer solchen Wasseruhr wurde die Redezeit der Redner gemessen. Es dauerte 6 Minuten, bis das obere Gefäß leer war. Jeder Redner hatte die gleiche Redezeit.*

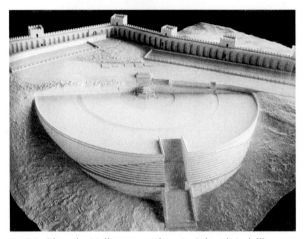

276.2 *Platz der Volksversammlung in Athen (Modell)*

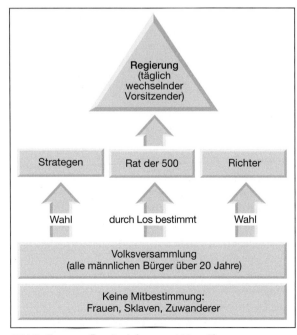

276.3 *Staatsaufbau in Athen um 450 v. Chr*

Anfänge der Demokratie in Athen

Amos in der Volksversammlung

Heute geht Amos nicht zur Arbeit. In Athen findet eine Volksversammlung statt. Deswegen verzichtet er sogar auf seinen Lohn für diesen Tag. Heute steht eine wichtige Entscheidung an. Auf dem Versammlungsplatz sind mehr als 8 000 Bürger zusammengekommen. Manche Bauern sind 30 Kilometer weit gelaufen, um dabei sein zu können.

Zuerst trägt ein Sprecher vor, worum es geht. Dann liest er den Antrag vor, den der Rat formuliert hat: „Die Volksversammlung möge beschließen: Eine starke Flotte mit vielen Soldaten soll sofort nach Ägypten geschickt werden, um dort die Aufständischen zu unterstützen."

Obwohl es sehr heiß ist und der Versammlungsplatz keinen Schutz vor der Sonne bietet, wird heute nicht gleich abgestimmt, sondern erst heftig diskutiert. Einige Männer begrüßen das Vorhaben und schwärmen vom Reichtum Ägyptens, andere warnen leidenschaftlich vor den Gefahren. Für Amos ist es selbstverständlich: Wenn nötig, müssen alle erwachsenen Athener für ihre Vaterstadt kämpfen. Und wenn die Strategen ihn dazu bestimmen, wird auch er seine Rüstung anlegen und mit seinen Mitbürgern in den Kampf ziehen. Die versammelten Männer hören aufmerksam zu, welche Seite die besseren Argumente vorbringt. Nun kommt es zur Abstimmung. Amos sagt „Ja". Die Mehrheit entscheidet sich ebenfalls dafür, den aufständischen Ägyptern zu helfen.

Der Staatsaufbau in Athen (um 450 v. Chr.)

Für die Athener stand fest: Ein Gemeinwesen funktioniert dann am besten, wenn es die Bürger selbst gestalten. Deshalb hatten sie um 450 v. Chr. eine Staatsordnung geschaffen. Nach dieser sollten
• die Bürger selbst die politischen Entscheidungen treffen können,
• die Mächtigen vom Volk kontrolliert werden,
• niemand alleine regieren können.

Durch die Verfassung hatten drei Einrichtungen die Macht: Die Volksversammlung, der Rat und die Volksgerichte.

In der Volksversammlung hatten alle freien Bürger Athens das gleiche Stimmrecht. Die Anwesenden entschieden hier über Krieg und Frieden. Sie wählten die Richter, die Strategen (Feldherren) und die höchsten neun Beamten auf die Dauer eines Jahres.

Der „Rat der 500" war für die laufenden Regierungsgeschäfte zuständig. In ihm waren Stadtbewohner, Bauern, Fischer und Seeleute gleichermaßen vertreten. Dieser Rat hatte dafür zu sorgen, dass die Beschlüsse der Volksversammlung umgesetzt und verwirklicht wurden.

Das Scherbengericht soll vor Tyrannen schützen

Große Angst hatten die Athener vor einem Alleinherrscher, der als Tyrann das Volk unterdrücken könnte. Daher durfte jeder freie Bürger einmal im Jahr den Namen eines solchen Verdächtigen auf eine Tonscherbe ritzen und diese bei der Volksversammlung abgeben. Kam bei einem sogenannten Scherbengericht eine bestimmte Anzahl von Stimmen auf diesen Täfelchen zusammen, musste dieser Mann für 10 Jahre in die Verbannung. Das passierte z.B. dem Feldherrn Themistokles. Er hatte eine wichtige Seeschlacht für Athen gewonnen. Viele Bürger befürchteten, er könne und wolle aufgrund seines Ruhmes nach der Herrschaft greifen.

Staatsdiener erhalten für ihre Arbeit Geld

Alle Ämter in der Polis Athen waren zunächst Ehrenämter. Allerdings nahm die politische Arbeit in den Volksversammlungen viel Zeit in Anspruch. In dieser Zeit konnte man jedoch nichts verdienen. Die Richter, Soldaten und Beamten erhielten deshalb eine Besoldung (Diäten), die Räte Tagegelder als Entschädigung.

Die Abgeordneten des Reichstages (1871-1918), des ersten frei gewählten deutschen Parlaments, bekamen zum Beispiel keine Besoldung. Ein Abgeordnetenmandat konnte also nur derjenige ausüben, der vermögend war. Die finanzielle Entschädigung der heutigen Parlamentsabgeordneten nennt man immer noch „Diäten".

Wer bestimmte in Athen wirklich?

In Athen lag die Herrschaft in den Händen des Volkes: Die freien Bürger bestimmten das politische Geschehen. Wer aber war ein freier Bürger?

Frauen zählten nicht dazu und konnten an den Volksversammlungen auch nicht teilnehmen. Warum? Für die Athener setzte sich ihre Polis nicht aus einzelnen Personen zusammen, sondern aus den einheimischen Familien mit dem Mann als Familienoberhaupt. Und deshalb war durch ihn die gesamte Familie in der Politik vertreten.

Auch die zahlreichen Zuwanderer hatten keine politischen Rechte. Meist hielten sie sich nur zum Arbeiten in Athen auf. Diese Mitbewohner (Metöken) hatten demnach keinen Sinn für das Gemeinwesen in seiner Gesamtheit.

Von allen Rechten ausgeschlossen blieben die Sklaven. Meist waren sie im Krieg gefangen genommen worden. Sie galten deshalb als unfrei und wurden als Ware betrachtet. Der Besitzer konnte einem Sklaven allerdings die Freiheit schenken.

Immer wieder verstanden es aber geschickte Politiker, die Bürger zu beeinflussen. Denn oft erreichten sie, dass die Mehrheit der Bürger so abstimmte, wie sie es wollten.

277.1 Funde von Scherbengerichten

AUFGABEN >>

1. Erklärt, was die Athener mit ihrer Staatsordnung erreichen wollten.
2. Wie war in Athen die Macht verteilt? Nennt die drei Einrichtungen. Beschreibt mithilfe von Abb. 276.3 die Aufgaben der Volksversammlung.
3. Erläutert, wie die Athener versuchten, ihre Vorstellungen von einer Staatsordnung umzusetzen.
4. Erklärt, wie in Athen die Herrschaft eines Einzelnen verhindert werden sollte.
5. Wer durfte als „freier Bürger" das politische Leben mitbestimmen, wer hatte keine politischen Rechte?
6. Erläutert und nehmt Stellung zu den Gründen, warum in Athen manche Personengruppen keine politischen Rechte hatten.

Zusatzthema: Demokratie früher und heute

im antiken Athen	im heutigen Deutschland
Im Stadtstaat Athen lebten etwa 230 000 Menschen (um 450 v. Chr.). So war die Bevölkerung aufgeteilt:	In Deutschland leben heute etwa 82 Millionen Menschen. Davon sind

rund 40 000 Bürger
→ politische Rechte

rund 110 000 Frauen und Kinder
→ keine politischen Rechte

rund 30 000 Metöken (= Mitbewohner)
→ keine politischen Rechte

rund 50 000 Sklaven
→ völlig rechtlos

Nur die freien Männer durften an den Versammlungen des Volkes teilnehmen.
In der Volksversammlung stimmten die Anwesenden ab und entschieden über die Handlungen des Gemeinwesens (z. B. Teilnahme an Kriegen).

Alle Personen über 18 Jahre alt und mit deutscher Staatsanghörigkeit dürfen an Wahlen teilnehmen.

Durch die Wahlen bestimmen sie, wer sie bei politischen Entscheidungen vertreten soll.

Die gewählten Vertreter gehören dem Bundestag an. Sie entscheiden dort über Handlungen des deutschen Staates und beschließen dazu Gesetze.

Die Form der Volksherrschaft, in der Bürger einzelne Sachverhalte selbst entscheiden, heißt **„direkte Demokratie".**

Diese Form der Volksherrschaft, bei der Abgeordnete das Volk vertreten, heißt **„repräsentative Demokratie".**

278.1

AUFGABEN >>

1. Vergleicht, wer im antiken Athen und wer im heutigen Deutschland politisch mitbestimmen konnte bzw. kann.
2. Erklärt den Unterschied zwischen einer „direkten" und einer „repräsentativen Demokratie".
3. Begründet, warum bei uns nicht wie im antiken Athen alle Bürger in einer Volksversammlung über Sachverhalte abstimmen.

Hellenismus – wie verbreitete sich die griechische Kultur?

Wer in der Antike als Mathematiker, als Techniker oder Naturwissenschaftler Rang und Namen hatte, der war wahrscheinlich auch einmal in der nordägyptischen Großstadt Alexandria. Hier gab es eine riesige Bibliothek mit Hunderttausenden von Schriftrollen, in denen das damalige Wissen gespeichert wurde. In dieser Bibliothek, dem „Museion", wurde indes nicht nur gelesen und studiert, sondern hier tauschten Wissenschaftler ihre Erfahrungen aus, diskutierten sie miteinander, hielten sie Vorlesungen, forschten sie über mathematische und geometrische Probleme oder tüftelten wie zum Beispiel Archimedes (um 285-212 v. Chr.) über technische Lösungsmodelle.

Diese Stadt mit ihrer berühmten Bibliothek gründeten Nachfolger von Alexander dem Großen. Dieser junge König aus Makedonien eroberte seit 334 v. Chr. von Nordgriechenland aus ein gewaltiges Reich. Es erstreckte sich über Ägypten, die Türkei und weiter ostwärts bis an die Grenze von Indien. Dieses Reich zerfiel zwar nach Alexanders Tod wieder rasch, aber Alexander und seine Nachfolger hatten zahlreiche Städte gegründet, die oft Alexandria genannt wurden. In diesen Städten ließen sich griechische Künstler, Philosophen und Wissenschaftler nieder oder es befassten sich hier gebildete Menschen mit der griechischen Kultur. Griechisch entwickelte sich deshalb damals zur „Weltsprache" der Gebildeten.

Den Zeitraum, in der diese neue Kultur Anerkennung fand, bezeichnet man als **Hellenismus** (Hellene = Grieche). Viele Städte, die in der damaligen Zeit gegründet wurden, wiesen einen ähnlichen Stadtplan wie Alexandria (Abb. 279.1) auf und hatten vergleichbare kulturelle und wissenschaftliche Einrichtungen.

Aber in dieser Kultur wurde nicht nur das griechische Erbe aufbewahrt, die Griechen übernahmen auch viel von den einheimischen Kulturen. So verschmolz das Denken und das Wissen der Griechen gewissermaßen mit den Erkenntnissen von Wissenschaftlern aus Ägypten und aus dem Orient.

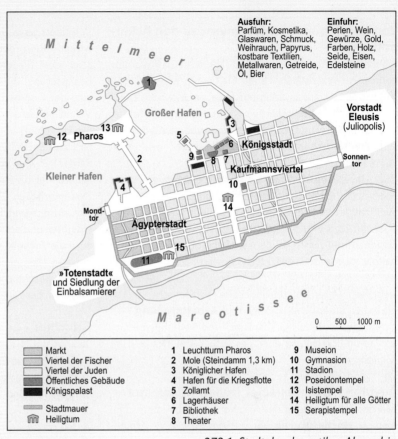

279.1 Stadtplan des antiken Alexandria

AUFGABEN >>

1. Informiert euch über den Leuchtturm auf der Insel Pharos bei Alexandria, der eines der „sieben Weltwunder" darstellt.

2. Untersucht den Stadtplan von Alexandria (Abb. 279.1). Warum erscheint diese Stadt wie eine moderne Weltstadt, wie eine Metropole? Kennt ihr andere Großstädte, die einen ähnlichen Stadtplan haben?

3. Informiert euch im Internet über die alte und vor kurzem neu gegründete Bibliothek von Alexandria, in der das gegenwärtige Wissen auf neuartige Weise gespeichert wird.

4. Erklärt mit eigenen Worten den Begriff Hellenismus.

Zusammenfassendes Wissen: Frühe Kulturen

Von den Jägern und Sammlern zu den Ackerbauern

Als die Menschen vor etwa 7 000 Jahren sesshaft wurden, veränderte sich auch ihr Leben. Sie bauten sich nun Häuser, legten Vorräte an, zähmten Tiere, entwickelten Landwirtschaft, erfanden neuartige Werkzeuge und Techniken wie die Töpferei und das Spinnen und Weben. Als das Rad erfunden war, konnten auch Lasten leichter transportiert werden.

Zugleich vollzog sich mit der Sesshaftigkeit eine gewisse Arbeitsteilung und Spezialisierung. Während eine Gruppe Werkzeuge herstellte, betrieben andere Landwirtschaft oder die Jagd. Andere stellten Salz her, das nicht nur als Gewürzmittel diente, sondern um Lebensmittel wie Fleisch haltbar zu machen. Beachtliche Fortschritte ermöglichte die Metallgewinnung und Verarbeitung. Die Menschen tauschten Waren untereinander aus. Die Menschen teilten die Arbeit unter sich auf: Es kam zur **Arbeitsteilung**.

Vor allem Funde aus Grabanlagen und Siedlungen erlauben uns Rückschlüsse über das Leben und Denken der Menschen.

Ägypten – Beispiel einer frühen Hochkultur

Mit der Arbeitsteilung entwickelten sich die ersten sogenannten **Hochkulturen**, vor allem im Gebiet des „Fruchtbaren Halbmondes", also an den Flüssen Nil, Euphrat, Tigris und Jordan (Abb. 280.1). Hier entstanden im Altertum mächtige Reiche.

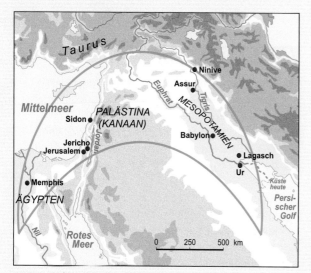

280.1 Gebiet des „fruchtbaren Halbmondes"

Besonders lange konnte sich das um 3 000 v. Chr. entwickelte Reich der ägyptischen Pharaonen halten. Kennzeichnend für diese Hochkultur waren die künstliche Bewässerung, die Erfindung des Kalenders, die Entwicklung der Geometrie und von Vermessungstechniken, die Vorratswirtschaft, die Entwicklung von Schriftzeichen (z. B. Hieroglyphen) und von schriftlich festgehaltenen Gesetzen, das Entstehen einer Verwaltung mit einer sozialen Rangfolge vom göttlichen Pharao über seine mächtigen Mitarbeiter bis zum Handwerker, Bauern und schließlich Zwangsarbeiter.

Der Jenseitsglaube forderte vom Menschen die Einhaltung religiöser und sozialer Gebote. Gewaltige Bauten, besonders die Pyramiden, die Gräber der Pharaonen, zeigen, dass die Menschen sowohl zu gewaltigen Planungen als auch zu beachtlichen technischen und künstlerischen Leistungen in der Lage waren.

Griechen – Lehrmeister des Abendlandes

Bedingt durch die Landschaft, durch zerfurchte Gebirge und abgelegene Täler, entstanden in Griechenland viele kleine selbstständige Stadtstaaten (polis). Die bedeutendsten waren Athen und Sparta. In diesen miteinander wetteifernden und zum Teil auch verfeindeten Stadtstaaten wurden verschiedene Formen des politischen Zusammenlebens entwickelt: Monarchien und Diktaturen, Adelsherrschaften, Herrschaft der reichen Bürger, aber auch die Demokratie. Allerdings durfte in der Demokratie ein Großteil der Bevölkerung, nämlich Frauen, Kinder und Zugewanderte, nicht mitbestimmen. Die zahlreichen Sklaven waren ohnehin rechtlos.

Zusammengehalten wurden die vielen griechischen Stadtstaaten durch die Wettkämpfe in Olympia, die zu Ehren der Götter veranstaltet wurden, durch die gemeinsamen Gottheiten und durch die gemeinsame Sprache. Die Griechen errichteten an vielen Küsten des Mittelmeers Kolonien und verbreiteten auf diese Weise die griechische Kultur, ihre Sprache, Architektur, ihre Erkenntnisse (z. B. in den Bereichen Mathematik, Physik, Philosophie), ihre Literatur und Kunst.

Durch die gewaltigen Eroberungszüge unter Alexander dem Großen wurde die griechische Kultur dann weit in den Orient getragen.

Die Römer, die in den Jahrhunderten vor und nach Christi Geburt ein gewaltiges Reich beherrschten, griffen später viele griechische Errungenschaften auf.

281.1 Vor rund 100 000 Jahren lebten die ersten Neandertaler in Europa (Rekonstruktion)

281.2 Rekonstruktion des „Ötzi". Er lebte vor rund 5 300 Jahren im Alpenraum

AUFGABE >>>

Vergleicht die vier Darstellungen (Abb. 281.1–4) und erläutert daran den Prozess der Arbeitsteilung. Überlegt: Über welche lebenswichtigen Qualifikationen verfügten diese Menschen, über welche wahrscheinlich nicht?

281.3 Ein Nilbauer beim Bewässern (Wandmalerei aus einem rund 4 000 Jahre alten Grab)

281.4 Griechischer Philosoph. Statue aus dem 3. Jahrhundert vor Christus

Sehenswertes am Mittelmeer

Neun Schülerinnen und Schüler der 6a stammen aus dem Mittelmeerraum. Drei davon kommen aber aus einem Land, das nicht in Europa liegt: Kaoutar kommt aus Marokko, Kamla und Ziad kommen aus dem Libanon. Einige haben Bilder aus den Ländern gesammelt, aus denen ihre Familien stammen, und sich zu ihrem Bild noch einen passenden Satz ausgedacht. Findet die richtigen Bild-Text-Paare und sucht die entsprechenden Orte oder Landschaften auf der Karte.

284.1

Tanja aus Griechenland:
Die Akropolis ist ein Bauwerk, das vor etwa 2500 Jahren gebaut wurde.

284.2

Mittelmeerländer	Europa		Asien		Afrika	
	Land	Hauptstadt	Land	Hauptstadt	Land	Hauptstadt

284.3

Kristina aus Kroatien:
Das Meer der Adria bei Split ist wirklich so blau wie auf dieser Postkarte.

Jordi aus Spanien:
Die spannendsten Fußballspiele werden aus dem Estadio Barcelona übertragen. Es ist das zweitgrößte Fußballstadion der Welt.

Luigi aus Italien:
Der Vesuv bei Neapel ist ein gefährlicher Vulkan.

Tayyar aus der Türkei:
Die Hagia Sophia in Istanbul ist ein berühmtes Gotteshaus für Christen und Muslime gewesen. Heute ist sie ein Museum.

Pino aus Italien:
Jeder denkt, der schiefe Turm von Pisa fällt bald um.

Maßstaab 1:17,5 Mio.

AUFGABEN >>

1. Das Mittelmeer wird von drei Kontinenten umschlossen. Fertigt nach dem Muster der Tabelle 284.3 eine Übersicht der Mittelmeerländer an.

2. Ermittelt mithilfe der Maßstabsleiste die Entfernungen Barcelona-Casablanca, Marseille-Tripolis sowie Sofia-Kairo.

3. Wer aus der Klasse stammt oder war schon in einem Mittelmeerland? Erzählt von euren Erlebnissen.

Familie Fischer plant ihren Urlaub

Die Familie Fischer möchte in diesem Sommer einen Badeurlaub unternehmen. Noch sind die vier Familienmitglieder sich nicht im Klaren, wohin sie reisen möchten. Im Reisebüro holen sie sich zunächst Kataloge und Prospekte über die möglichen Reiseziele Sylt und Kreta.

„Über allem strahlt die Sonne mehr als 300 Tage im Jahr. Sie wärmt das klare Wasser und lässt eine vielfältige Vegetation gedeihen. Es gibt verschwiegene Badebuchten wie auch Strände und Bars, in denen das Leben tobt. Natürlich finden Sie auf der Insel auch antike Bauwerke, die Sie besuchen können.

Mit dem Flugzeug erreichen Sie Iraklion (Herakleion) in $2^1/_2$ Stunden. Wir holen Sie vom Flughafen gerne ab und bringen Sie in eines unserer Hotels. Überall werden Sie die griechische Gastfreundschaft kennen lernen. Und noch ein Vorteil: In vielen Geschäften und Lokalen wird inzwischen Deutsch verstanden."

(aus einem Reiseprospekt)

286.1

„Der eigenartige Zauber, der von unserer Insel ausgeht, ergibt sich nicht zuletzt aus dem Gegensatz von Naturparadies, ländlicher Idylle und Großstadtflair. Wenn Ihnen das offene Meer und der Trubel des Strandlebens zuviel werden, finden Sie auf der Ostseite der Insel Ruhe. Auf langen Spaziergängen kann man so richtig ausspannen. Wenn Sie aber lieber zum Bummeln gehen oder was erleben wollen, dann ist Westerland das Richtige für Sie: Ohne von Autos belästigt zu werden, findet man hier Geschäfte, Restaurants, Bars und Discos. Auch junge Leute kommen nicht zu kurz: Surfen, Segeln, Reiten und Volleyball stehen auf dem Programm. Hier ist für jeden was dabei." (aus einem Reiseprospekt)

286.2

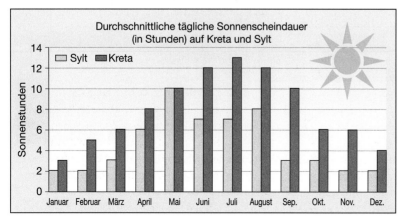

286.3 Sonnenscheindauer auf Kreta und Sylt

	Mittel-meer	Nordsee
Wassertemperatur Juli	22 °C	16 °C
Lufttemperatur Juli	24 °C	14 °C
Gezeitenunterschied (m)	0,1–0,4	bis 7

286.4

287.1 Urlaubswünsche

– blauer Himmel, trockenes Klima

– im Sommer sonnensicher

– Urlaubsziel ist mit dem
  Flugzeug in 2 $\frac{1}{2}$ Std. erreichbar

– breite Sandstrände

– keine Brandungswellen

287.2 Warum Jana ans Mittelmeer möchte

AUFGABEN >>

1. Nennt Gründe für einen Urlaub auf Sylt.
2. Jana möchte unbedingt ans Mittelmeer. Sie hat deshalb Gründe, die für dieses Ziel sprechen, aufgeschrieben. Ergänzt ihre Liste (Abb. 287.2) und sammelt weitere Gründe für einen Urlaub auf Kreta.
3. Vergleicht die Ergebnisse miteinander und findet eine Entscheidung. Überlegt, mit welchen Argumenten wohl Jana ihre Eltern und ihren Bruder für das Mittelmeer gewinnen könnte.

288.1 Badestrand an der Küste Kretas

Im Reisebüro: Der Urlaub wird gebucht

Jana hat es schließlich geschafft: Sie hat ihre Eltern und ihren Bruder überzeugt, auf die Mittelmeerinsel Kreta zu fahren. Nur: In welchem Urlaubsort bekommen die Fischers ihre Wünsche am besten erfüllt? Sie beschließen, sich im Reisebüro Ihle beraten zu lassen.

Nachdem sie Herrn Ihle alle ihre Vorstellungen genannt haben, fasst er die wichtigsten Anforderungen der Familie Fischer an den Urlaub zusammen:

„Der Urlaub soll also zwei Wochen dauern und für vier Personen nicht mehr als 4 000 Euro kosten. Die Unterkunft muss nahe am Strand liegen und für das Kochen will keiner von Ihnen Zeit aufwenden. Außerdem hat keiner Lust auf eine stundenlange Anreise mit dem Auto.

Ich möchte Ihnen zunächst ein paar Angebote von der Südküste unterbreiten. Hier gibt es noch Gegenden, die kaum ein Tourist besucht – mit einsamen und sehr sauberen Stränden. Im Norden der Insel finden Sie hingegen Massentourismus mit viel Leben, Spiel und Spaß für alle Besucher. Ich würde Ihnen als Reiseziel Rethymnon vorschlagen."

Abschließend lässt sich Vater Hans noch die Preistabellen erklären.

288.2 Im Reisebüro

AUFGABEN >>

1. Wo würdet ihr mit eurer Familie am liebsten einen Mittelmeer-Urlaub verbringen? Berücksichtigt die Interessen aller Familienmitglieder.

2. Sucht im Atlas die Insel Kreta und errechnet die Entfernung von Frankfurt. Ermittelt auch die Größe der Insel in Nord-Süd- und West-Ost-Ausrichtung.

3. Beschafft euch Informationen über Kreta (Bücherei oder Internet; Suchmaschine: Kreta).

4. Informiert euch über die Vegetation am Mittelmeer (> S. 293 oder Lexikon).

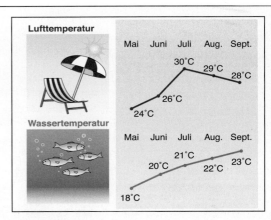

LAGE

Von Rethymnon 2 km entfernt. Direkt am flach abfallenden Sandstrand. Gepflegte Bungalow-Anlage für einen aktiven Urlaub am Meer

AUSSTATTUNG

Zum Hotel gehören zwei Restaurants (Büfett-Service und à la carte), verschiedene Bars, Spiel- und Videoraum, TV- und Lesesaal und Boutique. In der großzügigen Außenanlage finden Sie einen Swimmingpool und Sonnenterrassen mit Liegen und Sonnenschirmen.

AKTIVITÄTEN

Der Club verfügt über Tennisplätze sowie Anlagen für Tischtennis, Volleyball, Bogenschießen, Minigolf und ein Fitnesscenter mit Sauna und Aerobic (ohne Gebühr). Zahlreiche Wassersportarten sowie private Unterrichtsstunden werden gegen Gebühr angeboten.

ZIMMER UND BUNGALOWS

Ansprechend eingerichtete Zimmer (Hauptgebäude) und Bungalows mit Bad bzw. Dusche sowie Telefon, Musikanlage und Balkon oder Terrasse

Preise pro Person an Pfingsten und im Sommer für 2 Wochen in Euro

Art	Pfingsten	Sommer
Doppelzimmer	750	860
Doppelzimmer Meerblick	800	910
Familienzimmer	740	850
Familienzimmer Meerblick	790	900

Kinderermäßigung 2-13 Jahre 200 Euro

289.1 Aus dem Reiseprospekt

AUFGABEN >>

1. Wertet Angaben aus dem Prospekt (Abb. 289.1) aus.
   Wie wird über den Urlaubsort berichtet? Wie ist das Klima? Was wird über die Unterkunft und den Preis geschrieben?

2. Wählt einen Ferien- und einen Zimmervorschlag aus und berechnet die Urlaubskosten für Familie Fischer. Rechnet aus: Was würde diese gleiche Reise für eure Familie kosten?

290.1 *Strand bei Palma*

> **Massentourismus** ist eine Form des organisierten Reisens, die es vielen Menschen ermöglicht, Urlaub zu machen.
>
> **Merkmale:**
> - preisgünstige Pauschalreisen, das heißt, die Kosten für Anfahrt, Unterkunft, Verpflegung, Ausflüge usw. werden durch einen Reiseveranstalter pauschal berechnet,
> - konzentriert auf wenige Urlaubsorte, in denen Touristen „in Massen" auftreten,
> - Anpassung des touristischen Angebotes an die Ess- und Lebensgewohnheiten der Touristen

Massentourismus auf Mallorca – Segen oder Fluch?

Alle zwei Minuten startet oder landet in der Sommersaison ein Flugzeug auf dem Flughafen von Palma de Mallorca. Im Jahr 2006 besuchten 9,4 Millionen Touristen die Baleareninsel. Auf jeden der 800 000 Einwohner Mallorcas kommen damit fast zwölf Touristen. Die Insel gilt als „bueno, barato y bonito" – gut, billig und schön. Ein Flug mit 14 Tagen Aufenthalt in einem Mittelklassehotel ist schon für 300 € zu haben. Das lockt vor allem die deutschen und britischen Urlauber in Scharen an. In keiner anderen Urlaubsregion verlief die Entwicklung des Massentourismus so rasant wie hier (Abb. 291.1).

Der Touristenboom hat das früher landwirtschaftlich geprägte und wirtschaftlich unbedeutende Mallorca zur reichsten Provinz Spaniens gemacht. Wanderten die Mallorquiner früher aufgrund fehlender Arbeitsplätze ab, so setzte seit den 1960er-Jahren ein Strom von Zuwanderern vom spanischen Festland und aus dem Ausland ein. Nicht nur der Tourismus bietet Verdienstmöglichkeiten. Auch das Baugewerbe sowie die Lederwaren-, Schmuck- und Textilindustrie profitierten vom Tourismus.

Doch diese Erfolgsstory hat auch ihre Schattenseiten. Durch einen unkontrollierten Bauboom wurden viele Küstenbereiche mit den sogenannten „Bettenburgen" zubetoniert. Viele Ausländer kauften alte Bauernhäuser (Fincas) im Landesinneren auf und bauten sie zu Zweitwohnsitzen oder Ferienhäusern um. Die Grundstückspreise stiegen durch die erhöhte Nachfrage an, sodass sich viele Mallorquiner heute kein eigenes Haus mehr leisten können.

Auch die ökologischen Probleme sind erschreckend. 80 % der Küstenbereiche wurden zugebaut und dadurch wertvolle **Naturlandschaften** zerstört. Der Wasserverbrauch in den niederschlagsarmen Sommermonaten stieg durch den Massentourismus so stark an, dass der Grundwasserspiegel heute um mehr als 90 m tiefer liegt als in den 1970er-Jahren. Tankschiffe vom spanischen Festland versorgen die Insel mit dem kostbaren Nass. Außerdem fallen große Mengen an Müll und Abwasser an, die entsorgt werden müssen. Autos und Flugzeuge verursachen Lärm und tragen durch den Schadstoffausstoß zur Luftverschmutzung bei.

	Jan	Feb	März	April	Mai	Juni	Juli	Aug	Sep	Okt	Nov	Dez
Sonnenstunden/Tag	5	6	7	7	10	10	11	11	8	6	5	4
Regentage	8	6	8	6	5	3	1	3	5	9	8	9
Wassertemperatur	14	13	14	15	17	21	24	25	24	21	18	15
maximale Tagestemperatur	14	15	17	19	22	26	29	29	27	23	18	15
minimale Tagestemperatur	6	6	8	10	13	17	20	20	18	14	10	8

290.2 *Klimadaten von Palma de Mallorca*

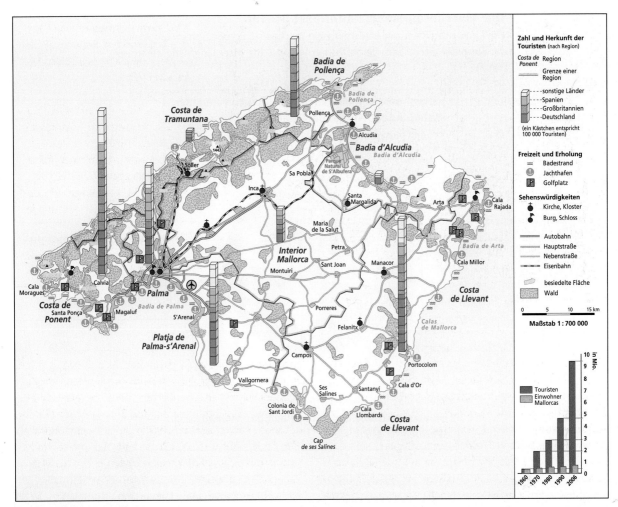

Zahl und Herkunft der Touristen (nach Region)

Costa de Ponent Region

Grenze einer Region

- - - - sonstige Länder
- - - - Spanien
- - - - Großbritannien
- - - - Deutschland

(ein Kästchen entspricht 100 000 Touristen)

Freizeit und Erholung

Badestrand

Jachthafen

Golfplatz

Sehenswürdigkeiten

Kirche, Kloster

Burg, Schloss

Autobahn

Hauptstraße

Nebenstraße

Eisenbahn

besiedelte Fläche

Wald

0 5 10 15 km

Maßstab 1 : 700 000

Touristen
Einwohner Mallorcas

291.1 *Ferieninsel Mallorca*

AUFGABEN >>

1. Beschreibt die Entwicklung des Massentourismus auf Mallorca (Abb. 291.1 rechts).
2. Woher stammen die meisten Touristen in Mallorca? Erstellt nach dem Muster von Abb. 291.2 eine Tabelle zu der Karte 291.1.
3. Welche Freizeitaktivitäten bietet die Insel den Touristen (Karte 291.1)?
4. Erklärt die Vor- und Nachteile, die der Massentourismus auf Mallorca mit sich bringt.

Region	Touristen gesamt	Deutsche	Engländer	...
...				

291.2

291.3 *An der Nordküste Mallorcas*

Der Massentourismus hinterlässt Spuren

Die Umweltpolitiker der Baleareninseln machen sich große Sorgen um Mallorca. Sie befürchten, dass der Massentourismus die Insel langfristig zerstören könnte:

Verlust der Strände durch das Zubetonieren der Küsten und den Anstieg des Meeresspiegels
→ *Sand muss neu aufgeschüttet werden*

Wasserknappheit, die durch vieles Duschen, das Füllen von Swimming-Pools, die Bewässerung von Golfplätzen und Feldern hervorgerufen wird
→ *Manche Orte müssen mit Trinkwassertankwagen versorgt werden*

Zerstückelung des Landschaftsbildes durch immer mehr Hotels, Straßen, Privathäuser in den Bergen und an der Küste
→ *Zersiedelung der Landschaft*

Mülllawine und Abwasserprobleme
→ *Verschmutzung der Strände und des Meerwassers, Wachsen der Müllberge*

292.1
Probleme durch den Massentourismus

Reiseunternehmer in Deutschland
„Spanien ist bei den Touristen nicht mehr so beliebt wie früher. Unsere Kunden suchen heute ruhige Urlaubsorte ohne Hotelwolkenkratzer und Rummel rund um die Uhr. Wichtig ist vielen Touristen, dass Wasser und Strände sauber sind."

Urlauber aus Deutschland
„Das Meer und Klima gefallen uns hier sehr gut. Nur der schmutzige Strand, der Lärm in den Straßen und die vielen Menschen machen uns zu schaffen. Dafür ist es nicht sehr teuer und wir können mit unseren Kindern mit dem Flugzeug herfliegen."

Umweltbeauftragter von Palma
„Wir leben hier vom Fremdenverkehr. Damit unsere Gäste uns treu bleiben, haben wir für zahlreiche Einrichtungen gesorgt. Leider wurde sehr spät erkannt, dass wir auf unser Kapital achten müssen. Viel zu lange flossen die Abwässer ungeklärt ins Meer, zu lange erlaubten wir wildes Bauen an unseren Stränden."

Bürgermeister eines Touristenortes
„Unserem Ort geht es heute wirtschaftlich viel besser, aber die Probleme mit der Wasserversorgung im Sommer, den Bergen von Müll und der Klärung der Abwässer können wir fast nicht bewältigen."

292.2 *Meinungen zum Fremdenverkehr*

AUFGABE >>>

Überlegt Maßnahmen, die die Verantwortlichen der Regierung treffen könnten, um die Probleme zwischen Tourismus und Umweltschutz sinnvoll zu lösen. Folgende Begriffe könnt ihr dabei verwenden: Baustopp, Müllvermeidung, Kläranlagen, Wasserentsalzungsanlagen, Recycling.

Zusatzthema: Vegetation am Mittelmeer

293.1 Mittelmeerlandschaft

293.2–4 Pistazie, Feige, Olive

Pflanzen benötigen zum Wachsen Wasser, Licht, Wärme und Nährstoffe. Das Pflanzenwachstum ist deshalb sehr stark vom Klima abhängig. Der Mittelmeerraum mit seinen besonderen Klimabedingungen zeigt uns eine spezielle Pflanzenwelt. Wo früher einmal Wald war, überzieht heute die Macchie mit ihren dornenreichen Sträuchern und Stauden weite Teile der Bergländer. Es sind Myrten, Pistazien, Lavendel, Oleander, um nur einige Arten zu nennen. Während es im Winter regnet, fallen in den Sommermonaten kaum Niederschläge. Es ist mehrere Monate heiß und trocken. Wasser ist knapp.

Typisch für den Mittelmeerraum sind **Hartlaubgewächse**. Auch Zitrusbäume gehören dazu. Ihre dicken und harten Blätter sind, wie die Früchte, mit einer Wachsschicht überzogen. Das schützt sie vor Austrocknung. Landwirtschaft ist häufig nur mit Bewässerung möglich, darum wird vielerorts bewässert **(Bewässerungsfeldbau)**. Die größten Bewässerungsanlagen befinden sich in Spanien (> S. 298).

Keine Pflanze ist so gut an das Mittelmeerklima angepasst wie der Olivenbaum (auch Ölbaum genannt). Er kann bis zu 1 000 Jahre alt werden, braucht nur geringe Nieder-

schläge und verträgt Temperaturen von –7 °C bis +40 °C. Mit seinen tief reichenden Wurzeln kann er auch im Sommer noch Feuchtigkeit aus dem Boden aufnehmen. Mehr als 95% der Oliven kommen aus den Mittelmeerländern. Diese werden entweder als Speiseoliven gegessen oder zu Öl gepresst.

Eine weitere Kulturpflanze dieses Raumes ist die Weinrebe, die wie der Olivenbaum eine lange Pfahlwurzel hat. Europas Weinland Nummer 1 ist Frankreich. Schließlich sind auch der Mandelbaum und der Feigenbaum im Mittelmeerraum weit verbreitet.

AUFGABEN >>

1. Nennt typische Pflanzen des Mittelmeerraumes.
2. Bringt Früchte von Pflanzen mit, die aus dem Mittelmeerraum kommen.
3. Beschreibt die „Tricks" einiger Pflanzen, mit deren Hilfe sie die trockenen Sommermonate überstehen.

Zusatzthema: Eine Städtereise nach Paris

Anlässlich der Weltausstellung 1889 wurde der über 300 m hohe Turm aus über 6000 t Eisen erbaut. Benannt ist er nach seinem Architekten und Konstrukteur. Jährlich besteigen über 3 Millionen Besucher das bekannteste Wahrzeichen von Paris.

Heute ist der ehemalige Palast das größte Kunstmuseum Frankreichs. Hier bewundern jährlich Millionen von Besuchern die Mona Lisa von Leonardo da Vinci. Am Eingang steht eine beeindruckende Pyramide aus Glas und Stahl.

Dieser Hügel mit dem dazugehörenden Künstler- und Vergnügungsviertel ist mit 129 m die höchste natürliche Erhebung von Paris. Bekannt ist der Bezirk auch durch die Kirche Sacré-Cœur und den Blick über die Dächer von Paris.

Der 50 m hohe Bogen wurde von Napoleon in Auftrag gegeben. Verschiedene Siege und Verträge des französischen Kaisers sind auf ihm dargestellt. Er liegt inmitten eines Platzes an der Spitze einer prächtigen Einkaufsstraße, der Champs-Élysées.

Der Name dieser Pariser Kirche heißt übersetzt „Unsere liebe Frau". Die Kathedrale wurde im Mittelalter gebaut. Bekannt ist sie durch eine Geschichte von Victor Hugo, in der er über die Liebe eines buckligen Glöckners zu einer schönen Zigeunerin erzählt.

In der Verlängerung des Champs-Élysées liegt das in den sechziger Jahren des letzten Jahrhunderts entstandene moderne Hochhausviertel. Bekannt ist vor allem das 110 Meter hohe, einem Triumphbogen ähnelnde Hochhaus „La Grande Arche".

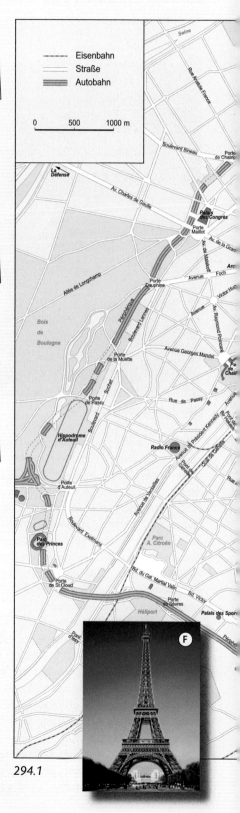

294.1

AUFGABEN >>

1. Ordnet die Texte und Bilder einander zu. Das Lösungswort lautet: Paris, c'est la ???
2. Beschreibt eurem Nachbarn eine Pariser Sehenswürdigkeit und lasst ihn diese erraten.
3. Überlegt, wie ihr von eurem Heimatort nach Paris kommt. Schreibt wichtige Stationen eurer Strecke auf. Berechnet die ungefähre Entfernung.
4. Überlegt euch eine Route durch Paris, die alle Sehenswürdigkeiten ansteuert. Vergleicht sie mit dem Routenvorschlag eures Nachbarn.
5. Es gibt noch viele Sehenswürdigkeiten in Paris (z. B. den Place de la Concorde, La Villette oder Eurodisney). Plant sie in eure Route ein. Besorgt euch Informationen und fertigt eine Kurzbeschreibung der Sehenswürdigkeiten an.

Internetadressen:
www.paris.org (engl.)
www.paris.citysam.de

Woher kommen unsere Nahrungs-mittel?

Schülerinnen und Schüler der Klasse 6b hatten die Aufgabe bekommen, im Supermarkt und aus Prospekten die Herkunft von „Früchten unserer Erde" zu notieren. Einige fragten, ob auch Gemüse und tierische Produkte dazugehören. Bis zur nächsten Stunde erstellte schließlich jeder eine Liste. Die Schülerinnen und Schüler durften auch Lebensmittel in den Unterricht mitbringen. Vereinbart wurde, dass Nahrungsmittel, die aus mehreren Produkten bestehen, nicht in die Liste aufgenommen werden, zum Beispiel Nudeln, Pizza, Schokolade und die meisten Süßigkeiten.

Martin: tiefgefrorenes Hähnchen (D), Thunfisch in der Dose (E), Ananas in der Dose (Philippinen), Schottischer Räucherlachs (GB), Kopfsalat (F), Tomaten (NL), Walnüsse (USA), Erdbeeren (E), Birnen in der Dose (Australien), Champignons (NL), Avocados (E), Gouda (NL).

Ayse: Salatgurke (NL), Reis (USA), Bananen (Costa Rica), Olivenöl (I), eingelegte Oliven (GR), Kiwi (Neuseeland), Zitronen (I), Birnen (Argentinien), Räucherspeck (I), Pistazien (TR), Grönlandshrimps (DK), Tomaten in der Dose (I), grüne Bohnen (Ägypten)

Timo: Kohlrabi (I), Camembert (F), Paprika (H), Pfirsiche in der Dose (GR), Kiwi (I), Orangen (E), Grapefruit (Israel), Trauben (Argentinien), Ananas in der Dose (USA), Lauch (NL), Brokkoli (E), Alaskaseelachs (USA), Äpfel (I), tiefgefrorene Ente (F), tiefgefrorene Erbsen (D)

Simone: Bananen (Honduras), tiefgefrorener Spinat (D), Artischockenherzen in der Dose (I), Lachs (N), Zucchini (E), Parmesan (I), Brie (F), Kartoffeln (Zypern), Rosenkohl (NL), Zitronen (E), Appenzeller Käse (CH), tiefgefrorene Gans (PL)

296.1 Schülerlisten: Woher kommen unsere Nahrungs-mittel?

296.2 Schülerinnen ordnen ihre Schilder auf der Wandkarte zu.

„Bei unserem Obst- und Gemüseladen legen wir auf frische Produkte besonders Wert. Wir kaufen sie täglich im Großmarkt. Die Herkunftsländer ändern sich je nach Jahreszeit: So bekommen wir ab März Erdbeeren aus Spanien. Im Juni gibt es einheimische Ware. Im Winter werden dann Erdbeeren von der Südhalbkugel nach Deutschland geflogen, z. B. aus Chile. Ähnlich ist es bei Gemüse. In den Wintermonaten stammt es aus Gewächshäusern in südlichen Ländern, z. B. aus Spanien, im Frühjahr werden wir dann mit Tomaten und Paprika aus den Niederlanden beliefert."

296.3

1. Was sind „Früchte der Erde"? Gehören auch Fleisch, Wurst und Fisch zu diesen Früchten? Begründet.

2. Ordnet die Nahrungsmittel der Schülerlisten nach ihrer Herkunft. Unterscheidet zwischen Nahrungsmitteln aus Europa und anderen Teilen der Erde. Erstellt eine Tabelle.

3. Fertigt Schilder zu den Lebensmitteln an und befestigt sie auf der Weltkarte im Klassenzimmer.

4. Unterscheidet nach frischen, getrockneten, gefrorenen Produkten und solchen in Dosen, Gläsern und Flaschen. Mit welchen Transportmitteln werden sie zu uns befördert?

„Unser Feinkostgeschäft bietet Spezialitäten aus aller Welt. Dabei bilden Produkte aus Frankreich und Italien den Schwerpunkt unseres Angebots. Bei Fleisch bieten wir Parmaschinken aus Italien an, aus Frankreich kommen verschiedene Pasteten. Besonders beliebt sind Leberpasteten. An der Käsetheke haben wir ein breites Sortiment von französischen Käsesorten. Außer dem bekannten Camembert gibt es Roquefort, verschiedene Bries und den würzigen Epoisses. Die bekanntesten Sorten aus Italien sind der Parmesan und der Gorgonzola. Aber auch Schweizer Käse wie den Appenzeller findet man bei uns.

Bei Weinen spielen die französischen Weine aus der Gegend um Bordeaux und Burgund neben den italienischen Weinen aus dem Piemont und der Toskana die wichtigste Rolle. Außerdem haben wir noch ein breites Sortiment an Spirituosen: schottischen Whisky, Cognac und Armagnac von verschiedenen Herstellern und in verschiedenen Preisklassen."

297.1

298.1

298.2 In der Huerta von Murcia

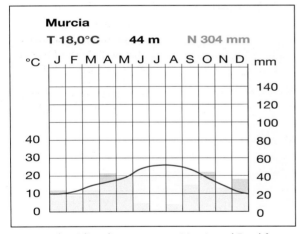

Murcia

T 18,0°C   **44 m**   N 304 mm

°C   J F M A M J J A S O N D   mm

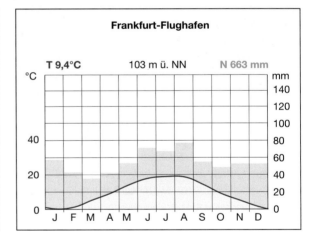

Frankfurt-Flughafen

T 9,4°C   103 m ü. NN   N 663 mm

298.3 und 4 Klimadiagramme von Murcia und Frankfurt

Bewässerungslandwirtschaft in Spanien

Früh morgens am Großmarkt von Frankfurt: Ein Lkw aus Murcia ist gerade eingetroffen. Nach 48 Stunden Transport liefert er erntefrische Zitrusfrüchte.

Im Sommer fallen an Spaniens Mittelmeerküste kaum Niederschläge. Trotzdem gibt es dort Landschaften, in denen Obst oder Gemüse intensiv angebaut werden.

Die Spanier nennen diese fruchtbare Landschaft **Huerta**, das heißt auf Deutsch „Garten". Nur durch künstliche Be-

wässerung bringen diese Gärten so viele Früchte. Das Wasser zur Bewässerung stammt aus zahlreichen Stauseen in den Bergen hinter der Küstenebene.

Künstliche **Bewässerung** wird hier schon seit 2 000 Jahren betrieben. Heute stehen fast die Hälfte aller spanischen Zitrusbäume in den Huertas. Spanien ist der größte Exporteur von Zitrusfrüchten in Europa. Viele Erzeugnisse aus den Huertas werden im Lkw nach Deutschland geliefert.

Die Landwirtschaft in den Huertas ist eine typische **Intensivkultur**. Auf kleinen Flächen können hier die Bauern durch Bewässerung und das warme Klima mehrere Ernten pro Jahr erzielen. Auch wenn die Flächen der einzelnen Betriebe klein sind, erfordert eine Huerta viel Arbeit. Dazu gehören eine perfekte Organisation der Bewässerung und intensive Pflege der Pflanzen. Der Einsatz vieler Arbeitskräfte und der hohe Wasserverbrauch verursachen hohe Kosten, aber der Verkauf in die Länder Mittel- und Nordeuropas bringt gute Gewinne.

Früher wurde das Wasser einfach durch Gräben an die Pflanzen herangeleitet. Das nennt man Furchenbewässerung. Dadurch wurde nicht nur viel Wasser verschwendet, sondern die im Wasser gelösten Salze und Mineralien sorgten auch mit der Zeit für eine Versalzung des Bodens. Heute wird immer mehr mit der Tropfenbewässerung gearbeitet (Abb. 299.3). Dabei wird das Wasser durch Röhren oder Schläuche geleitet, die direkt bei den Pflanzen kleine Löcher haben. So kann man für jede Pflanze den Wasserbedarf genau steuern.

299.1 Mandarinen

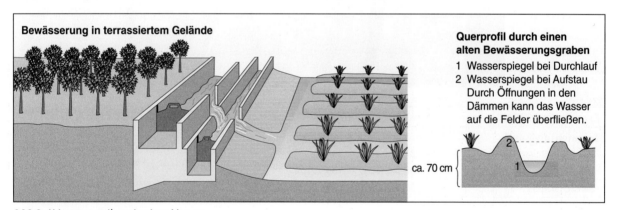

299.2 Wasserverteilung in einer Huerta

AUFGABEN >>

1. Vergleicht die Klimawerte von Murcia und Frankfurt (Abb. 298.3 und 4). Notiert im Heft, was für das Mittelmeerklima im Sommer und Winter typisch ist.
2. Erklärt, warum Orangenbäume im Sommer bewässert werden müssen.
3. Fertigt eine Tabelle mit Vor- und Nachteilen des intensiven Bewässerungsbaus an.
4. Welche Vorteile bietet die Tropfenbewässerung?
5. Sucht Murcia und Frankfurt im Atlas. Ermittelt die Entfernung zwischen den Städten. Ein Lkw, der Früchte zum Großmarkt Frankfurt transportiert, hat 48 Stunden Zeit. Errechnet die Strecke, die er im Mittel pro Stunde zurücklegen muss, um rechtzeitig anzukommen.

299.3 Tropfenbewässerung

300.1

300.2 In der „gläsernen Stadt" Westland

Exporte *(in 1000 t)*	1993	2000
Tomaten *insgesamt*	668	752
nach Deutschland	337	349
nach Großbritannien	108	164
nach Schweden	38	38
Paprika *insgesamt*	193	232
nach Deutschland	95	102
nach Großbritannien	26	51
in die USA	17	11
Gurken *insgesamt*	401	441
nach Deutschland	309	317
nach Großbritannien	31	39
nach Frankreich	18	17
Tomatenanbau	in Anbaufläche (ha)	Produktion (t)
Deutschland	300	25 000
Spanien	63 000	3 101 000
Niederlande	1 200	559 000

300.3 Bedeutung des Glaushausanbaus in den Niederlanden

Gemüse aus der „Gläsernen Stadt"

„Das ist ja unglaublich!", ruft Martin bei einem Rundflug mit dem Hubschrauber über das Westland. Unter uns liegt die Gläserne Stadt. So heißt die Gartenbaulandschaft zwischen den niederländischen Städten Den Haag und Rotterdam. Sie ist mit rund 4700 Hektar (ein Hektar entspricht zwei Fußballfeldern) das größte zusammenhängende Gemüse- und Blumenanbaugebiet unter Glas.

Hier im Westland werden unabhängig von den Jahreszeiten Pflanzen angebaut, die ursprünglich aus wärmeren Regionen stammen. Über die Hälfte des Gemüses und fast die Hälfte aller Blumen der Niederlande kommen aus diesen Gewächshäusern.

Angebaut werden Tomaten, Paprika, Gurken, Auberginen und Brokkoli, aber auch Salat oder Radieschen.

Außerdem werden im Westland unter Glas Schnittblumen und Zierpflanzen gezogen, zum Beispiel Rosen, Nelken, Chrysanthemen sowie Gummibäume und Drachenbäume.

301.1 Pflanzen auf Steinwolle

301.2 Auf dem Wochenmarkt bei uns

In den Gewächshäusern

Für das Wachstum von Pflanzen sind Licht und Wärme wichtig. Fehlendes Licht wird vor allem im Winter durch künstliche Beleuchtung ersetzt.

Damit genügend Wärme vorhanden ist, werden die Gewächshäuser in der Gläsernen Stadt mit Erdgas beheizt. Ein Zehntel des niederländischen Erdgasverbrauchs entfällt auf die Gewächshäuser.

Die Pflanzen wachsen hier nicht mehr in Erde, sondern in Steinwolle. Computer regeln das Wachstum, indem sie der Steinwolle tropfenweise über kleine Schläuche Nährlösung zuführen. Beregnungs- und Temperaturanlagen sorgen rund um die Uhr für eine gleichbleibende Luftfeuchtigkeit in den Gewächshäusern.

Wenn viele gleiche Pflanzen auf engem Raum beieinander stehen, sind sie durch Schädlinge gefährdet. Dagegen werden sie mit Chemikalien behandelt. Inzwischen werden aber auch biologische Methoden angewandt, um die Schädlinge zum Beispiel durch den Einsatz von Fressfeinden zu bekämpfen. Gegen Blattläuse lässt man beispielsweise Schlupfwespen in den Gewächshäusern fliegen.

Die Betriebe haben sich meistens auf nur ein Produkt spezialisiert. Selbst die Setzlinge kaufen sie von einem anderen Betrieb.

Das Gemüse, zum Beispiel Paprika, Gurken oder Tomaten, wird von Arbeitern geerntet. Nach dem Sortieren in Güteklassen wird es verpackt und zu einem Auktionshaus gebracht. Großhändler ersteigern hier die Produkte der Treibhausgärtner.

Vom Auktionshaus kommen zum Beispiel die Gurken mit dem Lkw in die Großmärkte nach Kassel oder Frankfurt. Einzelhändler kaufen dort dann die Ware.

In den letzten Jahren ging jedoch der Gemüseabsatz zurück. Deshalb haben viele Betriebe auf Blumenzucht umgestellt.

Nach einer längeren Pause meint Martin nachdenklich: „Die Holländer könnten ja auch auf dem Mond Gemüse anbauen."

AUFGABEN >>

1. Erstellt eine Liste über Produkte aus den Niederlanden. Informiert euch in Prospekten, Supermärkten und Blumengeschäften.
2. Sucht Den Haag und Kassel im Atlas. Ermittelt die Entfernungen zwischen beiden Städten. Wie lange ist ein Lkw (bei einer Durchschnittsgeschwindigkeit von 60 km/h) unterwegs?
3. Berechnet die Produktion von Tomaten pro Hektar für Spanien und die Niederlande (Tab. 300.3).
4. Nennt Besonderheiten der Produktion in Gewächshäusern. Erklärt auch Martins Schlusssatz.
5. Schreibt die Stationen einer Gurke vom Erzeuger bis zu euch nach Hause ins Heft.

302.1 Fischfang

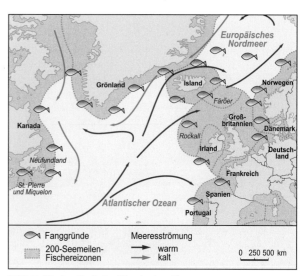

302.3 Fischgründe im Nordatlantik

Fische aus dem Nordatlantik

Auf einer Fangtour

Es regnet schwach vom grauen Himmel über Island. Dazu weht ein eisiger Wind. „Für uns Fischer hat wieder die große Zeit des Fischfangs begonnen", berichtet uns Ole Larsen an Bord eines modernen Fischdampfers. „Über Funk wurde gemeldet, dass die großen Kabeljauschwärme auf ihrem alljährlichen Zug aus der Barentssee sich bereits in den Gewässern vor Island befinden. Die Fischschwärme werden mit modernen Echoloten aufgespürt. An der Art des Echos lässt sich auch die Fischart erkennen.

Früher war die Ausbeute der Fischer allein von deren Erfahrungsschatz und der Beobachtung der Vogelschwärme abhängig. Haben wir heutzutage die Fischgründe erreicht und einen lohnenden Fischschwarm geortet, dann steuern wir unser Ringnetz. Im freien Wasser wird hingegen mit dem Schleppnetz gefischt. Scherbretter sorgen für die ständige Öffnung des Netzes. Das wird – wie der Abstand vom Meeresboden – mit der Netzsonde vom Kapitän laufend kontrolliert.

Nach mehreren Stunden Schleppfahrt holen wir das Netz mit Motorwinden an Bord. Der Fang, manchmal 15 Tonnen pro Leerung, wird auf dem Sortier- und Schlachtdeck sofort verarbeitet. Die Fische werden in Eis verpackt oder als Filets tiefgefroren. Die Abfälle werden zu Lebertran, Fischmehl und Fischöl weiterverarbeitet."

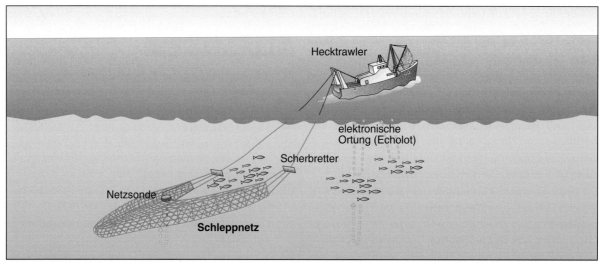

302.2 Schleppfangnetz

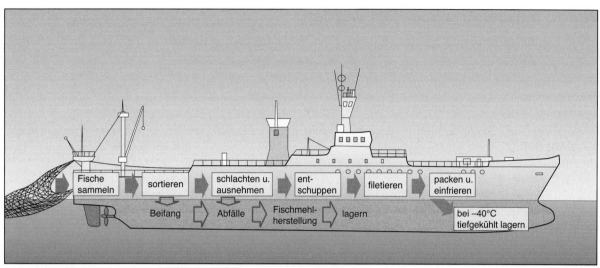

303.1 Querschnitt durch ein Fabrikfangschiff

Fische sammeln → sortieren → schlachten u. ausnehmen → ent- schuppen → filetieren → packen u. einfrieren

Beifang Abfälle Fischmehl- herstellung lagern bei –40°C tiefgekühlt lagern

Hochseefischerei – Küstenfischerei

Bei der Hochseefischerei, zum Beispiel auf Kabeljau, Seelachs oder auf Rotbarsch, sind große Fabrikschiffe oft monatelang unterwegs. Die Küstenfischerei beschränkt sich hingegen auf Tagesfahrten oder auf Einsätze bis zu zwei Wochen.

Am Boden lebende Fische wie Scholle oder Seezunge werden mit Grundschleppnetzen gefangen, die dicht über den Boden gezogen werden.

Probleme der Fischerei

Das Meer ist jedoch keine unerschöpfliche Nahrungsquelle. Deshalb schützen Gesetze die Fischgründe vor **Überfischung**. Um das Überleben der Fischbestände zu sichern, werden folgende Maßnahmen ergriffen:

- Die Maschenweite der Netze wird vergrößert.
- Fangmengen werden begrenzt (Fangquoten).
- Das Einhalten von Schonzeiten wird überwacht.
- Jede Fischereination legt für sich eine Wirtschaftszone von 200 Seemeilen (370 km) vor der eigenen Küste fest.

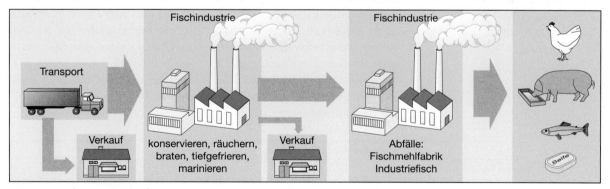

Transport Verkauf Fischindustrie konservieren, räuchern, braten, tiefgefrieren, marinieren Verkauf Fischindustrie Abfälle: Fischmehlfabrik Industriefisch

303.2 Verarbeitung von Fisch

AUFGABEN >>

1 Beschreibt den Fischfang mit einem Hecktrawler vom Aufspüren des Fisch- schwarmes bis zur Verarbeitung (Abb. 302.1 und 2 sowie 303.1 und 2).

2 Ermittelt die fischreichsten Gebiete des Nordatlantiks (Atlas).

3 Erklärt den Unterschied zwischen Küstenfischerei und Hochseefischerei.

4 Nennt Produkte, die aus Seefischen hergestellt werden.

5 Was wird gegen die Überfischung unternommen?

Waren müssen transportiert werden

Das Angebot in den Supermärkten soll unabhängig von den Jahreszeiten sein und die Kaufhäuser müssen immer die aktuellsten Angebote vorrätig haben. Die Industrie braucht ständig Roh- und Brennstoffe. Um zum Verbraucher zu gelangen, müssen Waren und Ausgangsmaterialien transportiert werden. Dies bedeutet viel Verkehr.

Mit dem Schiff

Unterhaltungselektronik aus asiatischen Ländern, Erdöl aus Saudi-Arabien oder Südfrüchte in Kühlschiffen sind Beispiele für Waren oder Rohstoffe, die auf dem Seeweg transportiert werden. Der Seetransport ist bei nicht verderblichen Waren die kostengünstigste Beförderung.

Mit dem Lkw

Zu jeder Zeit, an jeden Ort: Ob Lebensmittel für den Supermarkt, Ersatzteile für Reparaturen, Waren für Kaufhäuser, die Straße wird am meisten beansprucht. Da relativ hohe Geschwindigkeit und niedrige Betriebskosten im Vordergrund stehen, wird sich an dieser Situation so schnell nichts ändern.

304.1

Mit dem Flugzeug

Rosen aus Israel, Erdbeeren aus Chile? Bei verderblichen Waren oder wichtigen Maschinenteilen wird oft der teure und umweltschädliche Lufttransport gewählt. Schnell werden leicht verderbliche Güter auf Lkw umgeladen.

Mit der Eisenbahn

Das weit verzweigte Schienennetz bietet die Möglichkeit, Waren in großen Mengen und in relativ kurzer Zeit über weite Strecken zu transportieren. Da der Straßentransport aber oft schneller und günstiger ist, nimmt der Eisenbahntransport im Moment ab.

Mit dem Binnenschiff

Massengüter werden, wo es möglich ist, mit Binnenschiffen auf Kanälen und Flüssen transportiert. Die geringe Geschwindigkeit kostet zwar Zeit, dafür ist der Schifftransport energiesparend.

	Schiff, Binnenschiff	Flugzeug	Eisenbahn	Lkw
Nachteile				
Vorteile				

304.2

AUFGABEN >>

1. Stellt die Vor- und Nachteile der einzelnen Transportmittel in einer Tabelle (Tab. 304.2) einander gegenüber. Bei welchen Waren ist der lange Transportweg unverzichtbar?
2. Verfolgt im Atlas den Transportweg von Erdbeeren aus Chile bis in euren Supermarkt. Schreibt dazu einen kurzen Reisebericht.
3. Nennt mithilfe einer Atlaskarte wichtige See- und Flughäfen in Europa.

Eine Menükarte von Europa

Europa kennen, erkennen, verstehen, riechen, hören und schmecken – ein Kontinent und doch so vielfältig. Gerade auch beim Essen und Trinken werden Reichhaltigkeit und Abwechslung besonders deutlich. Eure Mitschülerinnen und Mitschüler aus anderen europäischen Ländern haben bestimmt schon einmal ein typisches Gericht zur Klassenfeier oder zum Schulfest mitgebracht. Ihr mögt doch sicher auch Pizza, Kebab, Crêpes, Paella, Lasagne, Zaziki, Baguette,...

305.1 Essen aus Europa – heute bei uns alltäglich

Zaziki

Zutaten
250 g Speisequark (Magerstufe)
2 Becher Vollmilch-Jogurt à 150 g
1 Teelöffel Zitronensaft
je 1 Bund Petersilie und Dill
¹/₂ Salatgurke,
1 Knoblauchzehe, Salz und Pfeffer

Zubereitung
Quark, Jogurt und Zitronensaft verrühren; Kräuter waschen, klein hacken; Gurke waschen und grob raspeln, Knoblauch schälen und fein zerdrücken. Alle Zutaten unter den Quark rühren und mit Salz und Pfeffer würzen. Zaziki passt gut zu gegrillten Lammkoteletts. Guten Appetit!

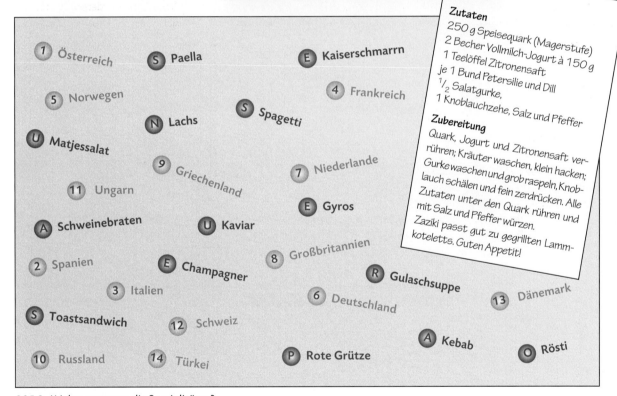

1 Österreich   S Paella   E Kaiserschmarrn
5 Norwegen   4 Frankreich
N Lachs   S Spagetti
U Matjessalat
9 Griechenland   7 Niederlande
11 Ungarn
E Gyros
A Schweinebraten   U Kaviar
2 Spanien   8 Großbritannien
E Champagner   R Gulaschsuppe
3 Italien   6 Deutschland   13 Dänemark
S Toastsandwich   12 Schweiz
A Kebab   O Rösti
10 Russland   14 Türkei   P Rote Grütze

305.2 Woher stammen die Spezialitäten?

AUFGABEN >>

1 Notiert die Länder aus Abb. 305.2 nach Nummern geordnet untereinander im Heft. Die Buchstaben der dazugehörigen Spezialitäten ergeben dann das Lösungswort.

2 Besorgt euch je ein Rezept der Gerichte. Schreibt es auf ein weißes Blatt, sammelt Bilder der Zutaten und klebt sie dazu oder zeichnet selbst das Gericht und die Zutaten.

3 Kopiert eure Rezepte europäischer Speisen für alle Klassenkameraden, sammelt sie in einem Hefter und fertigt ein Deckblatt für euer „Europäisches Rezeptheft" an.

Ein vielgestaltiger Kontinent

*306.1 Die Groß-
landschaften
Europas*

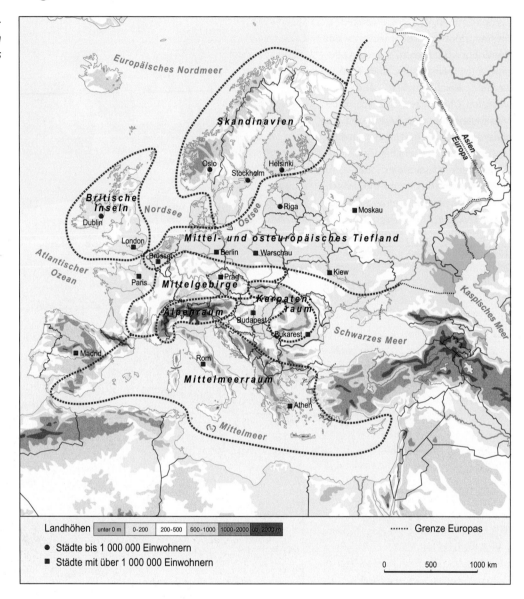

Kontinent	Größe	Bevölkerung
Europa	10 Mio. km²	732 Mio.
Nordamerika	22 Mio. km²	332 Mio.
Süd- und Mittelamerika	20 Mio. km²	566 Mio.
Afrika	30 Mio. km²	924 Mio.
Asien	44 Mio. km²	3 968 Mio.
Australien und Ozeanien	9 Mio. km²	34 Mio.
Antarktika (Land- + Eisfläche)	14 Mio. km²	etwa 4000

306.2 Kontinente im Überblick (2006)

AUFGABEN >>

1 Vergleicht die Kontinente nach ihrer Flächengröße und ihrer Bevölkerung (Abb. 306.2). Zeichnet dazu ein Säulendiagramm (> S. 77).

2 Ordnet in einer Tabelle die sieben Großlandschaften aus der Karte 306.1 den europäischen Staaten zu.

„Von Europa weiß offenbar niemand Genaues", schrieb der griechische Geschichtsschreiber Herodot um 420 v. Chr. Europa existiert als erdkundlicher Begriff seit rund 2600 Jahren. Dennoch ist bis heute nicht eindeutig geklärt, was unter Europa zu verstehen ist. Nur im Norden und Westen ist die Grenze durch die Meer-Festland-Begrenzung einfach festzulegen.

Für die Römer war vor 2000 Jahren das Mittelmeer ein völkerverbindendes Binnenmeer. Aber mit der Ausbreitung des Islam ab 600 n. Chr. wurde dieses Meer als Grenze zur islamisch gewordenen afrikanischen Küste gesehen. Die Ostgrenze Europas wurde durch Eroberungen und der darauffolgenden Christianisierung im Laufe der Jahrhunderte immer wieder verändert und nach Osten verschoben. Vor etwa 300 Jahren wurde der Ural als die noch heute gültige Ostgrenze festgelegt. Häufig findet man folgende Europabeschreibung:

Unser „Heimaterdteil" Europa liegt auf der Nordhalbkugel der Erde. Im Wesentlichen ist er von Meeren umgeben: im Westen vom *Atlantischen Ozean*, im Norden vom *Europäischen Nordmeer* und im Süden vom *Mittelmeer*. Im Südosten verläuft die Grenze zu Asien über das *Ägäische Meer* in das *Schwarze Meer*. Als Nordostgrenze wurde das *Uralgebirge* und der Lauf des *Uralflusses* festgelegt. Im Osten gelten das *Kaspische Meer* und der Kaukasus als Grenze.

Auffällig an Europa ist die starke Küstengliederung. Zu erkennen sind viele Halbinseln, Inseln sowie Binnen- und Randmeere. Mehr als die Hälfte der Fläche Europas nimmt das Tiefland ein (Abb. 306.1).

Deutlich heben sich die Hochgebirge heraus. Die Pyrenäen und die Alpen mit dem höchsten Berg Europas, dem Montblanc, mit 4807 m Höhe.

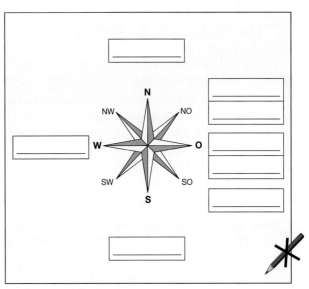

307.1 Natürliche Grenzen Europas

307.2 Montblanc

AUFGABEN >>

1. Meere, Flüsse und Gebirge bilden die natürlichen Grenzen Europas. Übertragt die Windrose (Abb. 307.1) ins Heft. Füllt die Kästen mit den richtigen Namen aus (im Text kursiv gedruckt).

2. Ermittelt in Karte 306.1 mithilfe der Maßstabsleiste ungefähr die größte West-Ost- sowie Nord-Süd-Ausdehnung Europas.

3. In Hochgebirgen überschreiten die höchsten Berge deutlich 1500 m. Ermittelt anhand einer Atlaskarte von Europa fünf Hochgebirge. Schreibt sie heraus und notiert dazu Höhenangaben. Nennt Länder, in denen diese Gebirge liegen.

Methode: Wir erstellen Diagramme zu Europa

Europa – Vielfalt in Zahlen

Die europäischen Staaten unterscheiden sich nicht nur nach Größe und Einwohnerzahlen. Es gibt auch Zahlen, die zeigen, wie die Wirtschaft in einem Land entwickelt ist und welcher Wohlstand herrscht. Die „Erdkundeprofis" – die Geographen – arbeiten sehr häufig mit solchen Zahlen, den sogenannten Statistiken.

Sicher habt ihr bereits in Zeitungen oder im Fernsehen Diagramme (Schaubilder) gesehen, die aus solchen Zahlenangaben erstellt wurden. Für einige europäische Länder könnt ihr nun mit den Daten von diesen Seiten selbst Schaubilder erstellen.

Einwohner in Millionen: Hier erfährt man, wie viele Menschen in einem Land leben. Diese Zahlenangabe hat man durch eine Million geteilt.

Fläche in 1 000 km²: Diese Zahl gibt an, wie groß ein Land ist. Damit die Zahl nicht zu groß wird, ist sie durch 1 000 geteilt.

	Einwohner in In Millionen	Fläche in 1000 km²	Bevölkerungsdichte in Ew. pro km²	Wirtschaftsleistung je Ew. in US-$
Deutschland	82,4	357	231	36 620

Bevölkerungsdichte in Ew. pro km²: Aus der Fläche und Einwohnerzahl eines Landes lässt sich die Bevölkerungsdichte errechnen. Nehmt dazu die Einwohnerzahl und teilt sie durch die Fläche. Aufgepasst: Jetzt müsst ihr in ganzen Zahlen schreiben. Wenn also in Deutschland in der Tabelle steht: **Einwohner in Millionen:** 82,4, dann schreibt ihr 82 400 000. Das teilt ihr dann durch 357 000, denn in der Tabelle steht bei **Fläche in 1 000 km²**: 357. Errechnet nun die Bevölkerungsdichte der anderen Staaten.

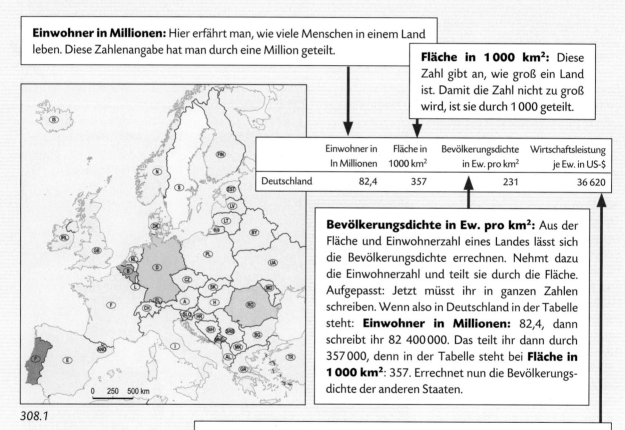

308.1

Wirtschaftsleistung je Ew. in US-$: Diese Zahl gibt an, wie viel Geld im Durchschnitt jeder einzelne Einwohner eines Landes erarbeitet. Je höher die Zahl ist, desto reicher ist das Land.

	Einwohner in Millionen	Fläche in 1 000 km	Bevölkerungsdichte in Ew. pro km²	Wirtschaftsleistung je Ew. in US-$
Schweden	9,1	450	?	43 580
Belgien	10,5	33	?	38 600
Rumänien	21,6	238	?	4 850
Deutschland	82,4	357	231	36 620
Portugal	10,6	92	?	18 100

308.2 *Statistische Daten zu ausgewählten Staaten Europas*

309.1 und 2 Schülergruppen bei der Arbeit

So sollt ihr arbeiten:

Ihr findet in den Kästen die Zahlenangaben für fünf Länder (Tab. 308.2).
Die Klasse soll nun Säulendiagramme
„bauen", mit denen man die Zahlenangaben der Länder auf einen Blick
vergleichen kann.
Am besten teilt ihr die Klasse in fünf
Gruppen ein. Jede Gruppe kann sich
dann mit einem Land beschäftigen.
Für jedes Land braucht ihr Tonpapier
in der entsprechenden Länderfarbe.
Jede Gruppe macht nun fünf Tonpapierstreifen. Jeder Streifen soll 7 cm
breit sein. Die Höhe der Streifen
hängt von den Zahlenangaben in der
Tabelle ab.

Deshalb müsst ihr folgende Vorgaben beachten:

Für die Fläche gilt: pro 10 000 km² =
1 cm Höhe. Beispiel: Bei Deutschland
steht in der Tabelle: 357 – das bedeutet also 35,7 cm Höhe für den Tonpapierstreifen.
Für die Einwohnerzahl gilt: pro 2 Millionen Einwohner = 1 cm Höhe.
Für die Bevölkerungsdichte gilt: pro
10 Einwohner je km² = 1 cm Höhe.
Für die Wirtschaftsleitung je Ew. gilt:
pro 1 000 Dollar = 1 cm Höhe.
Schreibt auf jeden Tonpapierstreifen
Ländernamen und Zahlenangabe.

Wenn alle Gruppen fertig sind, kann man die Tonpapierstreifen mit den
gleichen Angaben aus allen fünf Ländern vergleichen und der Größe nach
ordnen. So könnt ihr fünf große Säulendiagramme bauen. Wenn ihr schon eine
Europakarte im Klassenzimmer habt, könnt ihr die Diagramme neben der Karte
anbringen. Das Ergebnis einer Klasse zeigt euch Abb. 309.3.
Schnelle Gruppen können nach ihrer Arbeit noch für jedes Säulendiagramm das
entsprechende Koordinatensystem zeichnen (am besten auf weißen Plakat-
karton). Dabei hilft euch bestimmt eure Lehrerin oder euer Lehrer.

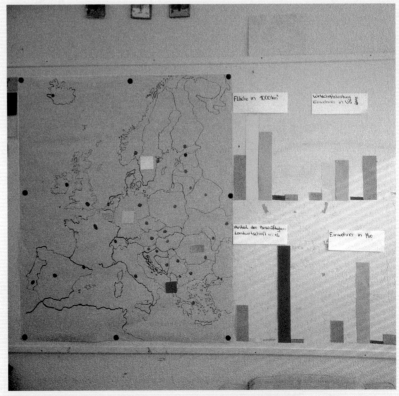

309.3 Diagramme zu Europa

Wir gewinnen einen Überblick von Europa

Wir erstellen ein Europapuzzle

Damit ihr euch auf der Europakarte besser orientieren könnt, wurden die europäischen Staaten in sechs Großräume eingeteilt. Auf dieser Seite sind Teile durcheinander geraten. Kopiert diese Doppelseite (oder paust die Teile mit einem Transparentpapier ab) und schneidet sie aus. Legt nun das Puzzle zusammen und klebt es auf Papier. Kennzeichnet die einzelnen Teile Europas durch Ausmalen in verschiedenen Farben. Findet ihr Nordeuropa, Osteuropa, Westeuropa, Südosteuropa, Südeuropa, Mitteleuropa? Ergänzt mit dem Atlas die Hauptstädte.

Fertigt eine Tabelle an, die zu jedem Staat die richtige Hauptstadt zuordnet.

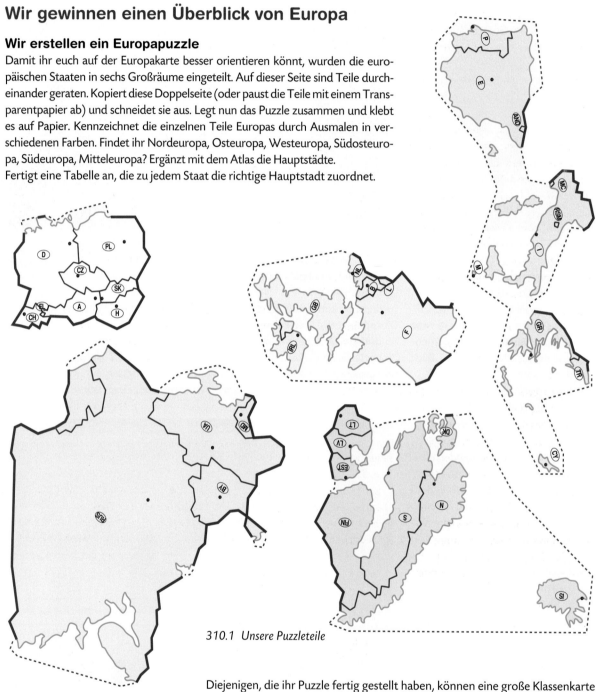

310.1 Unsere Puzzleteile

Diejenigen, die ihr Puzzle fertig gestellt haben, können eine große Klassenkarte anfertigen. Dazu müsst ihr eine Europafolie anfertigen, die die sechs Großräume darstellt. Außerdem braucht ihr Tonpapier in sechs verschiedenen Farben und dicke Markerstifte. Werft die Folienabbildung mit einem Overheadprojektor an die Wand und zeichnet jeden europäischen Großraum auf einem extra Tonpapier ab.

Wenn ihr die sechs Tonpapiere an den Grenzen ausschneidet, habt ihr ein vollständiges Wandpuzzle von Europa. Hier hinein könnt ihr jetzt Staatsgrenzen, Hauptstädte und große Flüsse einzeichnen.

Wir verorten aktuelle Ereignisse auf der Europakarte

Sicher habt ihr schon oft Nachrichten gehört oder gelesen, in denen über einen bestimmten Ort in Europa berichtet wurde. Dazu braucht ihr eine Europakarte. Wenn ihr noch keine eigene für euer Klassenzimmer hergestellt habt, dann muss euer Lehrer oder eure Lehrerin eine besorgen.

Zu Beginn des Schultages könnt ihr ab jetzt über Nachrichten aus europäischen Orten berichten, über die ihr was im Fernsehen oder aus Zeitungen erfahren habt. Noch besser sind mitgebrachte Bilder, Zeitungsausschnitte oder Urlaubspostkarten. Schreibt die Nachrichten kurz zusammengefasst auf eine Karte, klebt sie zusammen mit Bildern oder Ausschnitten neben die Europakarte.

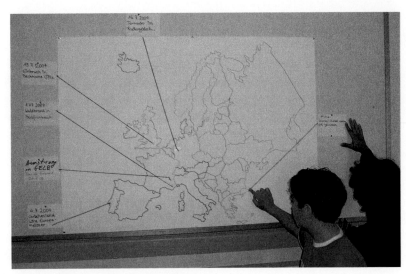

311.1 Schüler erstellen eine Ereigniskarte

Zeichnet einen Pfeil an den Ort in die Karte, von dem die Nachricht berichtet. (Ihr könnt auch einen Wollfaden spannen). Dies nennt man eine Nachricht „verorten". Wie eine selbst gemachte Karte aussehen kann, zeigt Abb. 311.1.

Wir drucken ein Europa-Quartett am PC

Um ein Quartett herzustellen, braucht ihr: 160 g schweres weißes Druckerpapier, eine Schere und eventuell Laminierfolie, um die Karten zu überziehen.

- Wählt 8 europäische Staaten aus. Für jeden Staat sollen vier Karten gedruckt werden (Beispiel Abb. 311.2).
- Druckt auf einer Karte die Landesflagge, auf einer ein typisches Bauwerk, auf einer Karte eine Umrissskizze des Landes und auf der letzten das Autokennzeichen.
- Wenn ihr mit dem Programm Microsoft Word arbeitet: Wählt für die Kartenvorlage Autoformen, Standardformen und dort das abgerundete Rechteck. Klickt mit

der rechten Maustaste in das Rechteck. Klickt dann den Befehl „Text hinzufügen" an. Kopiert diese Vorlage so oft, wie ihr sie benötigt.
- Fügt drei Textfelder in jede Kartenvorlage ein. Damit die Textfelder genau in die Mitte gesetzt werden können, müsst ihr die Alt-Taste gedrückt halten, während ihr mit der Maus die Textfelder an ihren Platz zieht.
- Gebt für die Bilder den Suchbegriff in eine Suchmaschine ein. Beim Einfügen der Bilder verschieben sich eventuell die Textfelder. Ordnet sie dann wieder (wie oben mit der Alt-Taste).

311.2 Quartett-Karten

Wissen: Eine Reise durch Europa

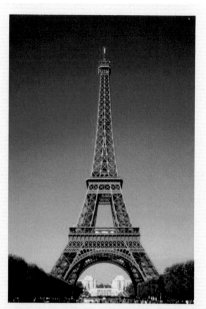

312.2

Petra und Arkim konnten es gar nicht fassen: Sie hatten bei einem Preisausschreiben den Hauptgewinn gezogen und saßen nun tatsächlich im Flugzeug und erlebten einen Flug quer durch Europa. Der Start verlief perfekt. Doch kaum hatten sie ihre Flughöhe von 12 000 Fuß erreicht, da verschwand die Landschaft unter einer dicken Wolkendecke. Petra schaute den Flugkapitän an und fragte: „Wie finden Sie denn ihr Ziel, wenn Sie unter sich nur Wolken sehen?" Kapitän Meyer beruhigte sie: Wir haben einen Kompass und richten uns außerdem nach dem Gradnetz der Erde."

Als der Flugkapitän das ratlose Gesicht von Petra und Arkim sah, war ihm klar, dass sie mit dem Gradnetz nicht viel anfangen konnten. „Vielleicht kennt ihr das Spiel „Schiffe versenken". Bei diesem Spiel gibt es doch auch so was Ähnliches wie ein Gradnetz", meinte Kapitän Meyer. „Holt mal die Karte, die hinter euch liegt. Dann zeige ich euch darauf, wo unser erstes Flugziel liegt."

Als Arkim die Karte vor sich und Petra liegen hat, schlägt der Flugkapitän vor: „Machen wir ein Ratespiel zur Orientierung in Europa. Ihr müsst alle unsere Ziele mithilfe des Gradnetzes finden. Aber aufgepasst! Mitten durch Europa verläuft der nullte Längengrad. Deshalb gibt es z.B. 5 Grad westlicher Länge und 5 Grad östlicher Länge!" Dann suchen Petra und Arkim mithilfe des Gradnetzes die neun Flugziele.

Von den Seiten 74/75 kennt ihr bereits das Gradnetz. Ihr könnt dort auch noch einmal nachlesen, wie man mithilfe der Längengrade und Breitengrade einen Ort findet.

312.3

A	4 Grad westliche Länge	40 Grad nördliche Breite
B	2 Grad östliche Länge	49 Grad nördliche Breite
C	0 Längengrad	51 Grad nördliche Breite
D	13 Grad östliche Länge	56 Grad nördliche Breite
E	25 Grad östliche Länge	60 Grad nördliche Breite
F	38 Grad östliche Länge	56 Grad nördliche Breite
G	24 Grad östliche Länge	38 Grad nördliche Breite
H	14 Grad östliche Länge	50 Grad nördliche Breite
I	9 Grad östliche Länge	50 Grad nördliche Breite

312.1

AUFGABEN >>

1. Sucht mithilfe der Längen- und Breitengrade die in Tabelle 312.1 genannten Städte A–I. (Die Stadt, in der sie zuletzt landen, ist auch ihre Startposition.) Beachtet: Die Gradangaben sind am Ende der Zahl immer auf- oder abgerundet!
2. Ordnet die Bilder den gefundenen Städten zu.
3. Stellt eine eigene Flugroute mit Städten zusammen, von denen ihr nur die Lage im Gradnetz angebt.

312.4

313.1

313.2

313.3

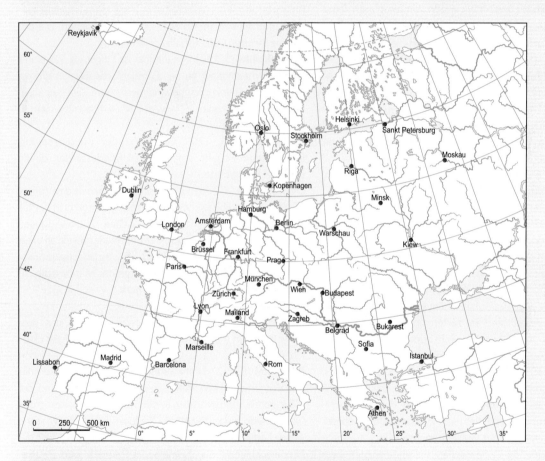

313.4

313.5

313.6

313.7

Alm (S. 132, 136): Bergweide im Hochgebirge, auf die im Sommer das Vieh getrieben wird. Die dort wachsenden kräftigen Kräuter stellen ein wertvolles Futter dar.

Altsteinzeit (S. 236): > Steinzeit

Äquator (S. 88): Der Äquator ist eine gedachte Linie um den Globus. Er ist der längste Breitenkreis, der die Erde in zwei Hälften teilt: die Nord- und Südhalbkugel. Der Äquator hat eine Länge von über 40 000 km.

Arbeitsteilung (S. 239, 280): Bei der Herstellung eines Gegenstandes werden die einzelnen Arbeitsschritte von verschiedenen Personen erledigt, die auf ihren Arbeitsschritt spezialisiert sind. Dies spart Zeit und man kann mehr herstellen. Die Entwicklung zu immer mehr Berufen wird als gesellschaftliche Arbeitsteilung bezeichnet.

Archäologe (S. 222): Forscher, der die Hinterlassenschaften der Vergangenheit, besonders von > Hochkulturen, untersucht

Asyl (S. 148): Unter dem Begriff Asyl versteht man Zufluchtsort, Unterkunft, Obdach, aber auch Schutz vor Gefahr und Verfolgung. Das Wort Asyl stammt aus dem Griechischen, und bedeutet „unverletzt" bzw. „nicht ausgeraubt".

Atlas (S. 78): Bezeichnung für eine Sammlung von Karten, die zu einem Buch gebunden sind

Aussiedler (S. 152): Aussiedler sind deutsche Volkszugehörige, die ihren Wohnsitz in den ehemaligen deutschen Ostgebieten oder anderen osteuropäischen Gebieten hatten und nun in die Bundesrepublik Deutschland übergesiedelt sind. Sie sind Deutsche im Sinne des Grundgesetzes.

Bannwald (S. 134): Waldgebiete, die im Interesse der Allgemeinheit oder zur Gefahrenabwendung unter besonderen Schutz gestellt sind. Sie dürfen nicht gerodet werden und dienen in den Alpen vor allem zum Schutz vor Lawinen, Überschwemmungen und Bergrutschen.

Baumgrenze (S. 130): Oberste Grenze des Baumwuchses. Ab einer bestimmten Höhe können keine Bäume mehr wachsen, da die Bodenverhältnisse und die dort herrschenden Temperaturen dies nicht zulassen. Oberhalb der Baumgrenze wachsen nur Gräser und Sträucher.

Behinderte (S. 156 f.): Menschen mit einer oder mehreren Beeinträchtigungen. Dabei wird in körperliche Behinderung, Sinnesbehinderung (z.B. Blindheit, Gehörlosigkeit) psychische (seelische) Behinderung, Lernbehinderung und geistige Behinderung unterschieden. Das Grundgesetz schreibt fest, dass niemand wegen seiner Behinderung benachteiligt werden darf.

Bewässerungsfeldbau (S. 293, 298): Form der landwirtschaftlichen Nutzung, bei der die Niederschläge in der Wachstumszeit nicht ausreichen. Dies kann in Gebieten mit geringen Niederschlägen sein oder bei Pflanzenkulturen, die besonders viel Wasser benötigen, wie z. B. Reis.

Binnenwüste (S. 63): > Wüste

Biosphärenreservat (S. 140): Landschaft, die geschlossen unter Naturschutz steht

Börde (S. 126): Fruchtbare, überwiegend landwirtschaftlich genutzte Ebene. Sie besteht größtenteils aus Lössböden. Typische Anbauprodukte sind Weizen und Zuckerrüben. Bekannte Börden sind die Magdeburger und Hildesheimer Börde.

Brandrodung (S. 67): Um neue Flächen für die Landwirtschaft zu gewinnen, werden Bäume und Sträucher niedergebrannt. Die Asche dient dabei als Dünger. Bei der Brandrodung wird jedoch die oberste Humusschicht zerstört und der > Nährstoffkreislauf unterbrochen. Die Böden erschöpfen sich deshalb schnell.

Braunkohle (S. 190): Braunkohle ist jünger als Steinkohle und liegt meist näher an der Erdoberfläche. Sie hat dickere Flöze als die Steinkohle und wird deshalb im Tagebau abgebaut. Weil Braunkohle viel Wasser enthält, brennt sie nicht so gut wie Steinkohle.

Bundesland (S. 170): Gliedstaat der Bundesrepublik Deutschland. Es gibt insgesamt 16 Bundesländer, davon sind drei Stadtstaaten.

Demokratie (S. 276): Griechisch = Herrschaft des Volkes. Als Demokratie bezeichnet man eine Staatsform, in der die Staatsbürger an wichtigen politischen Entscheidungen mitwirken können. Das geschieht entweder direkt in einer Volksversammlung oder indirekt über eine Versammlung gewählter Vertreter. In Athen durften nur Männer, die das Bürgerrecht besaßen, mitbestimmen.

Ebbe (S. 176): > Gezeiten

Eiswüste (S. 54): Gebiete in denen es so kalt ist, dass dort keine Pflanzen mehr wachsen und nur wenige Tiere überleben können

Eiszeiten (S. 232): Mehr als eine Million Jahre dauerndes Zeitalter mit starken Klimaschwankungen. Aufgrund der niedrigeren Temperaturen in den Kältezeiten waren große Gebiete von einer mächtigen Eisdecke bedeckt. Während dieser Zeit sank der Meeresspiegel, weil ein großer Teil der Niederschläge in den Eismassen gebunden war. Die Eiszeiten endeten vor rund 10 000 Jahren.

Erdöl (S. 196 f.): Dünn- bis dickflüssiger Rohstoff, der aus Überresten von Tieren und Pflanzen entstanden ist. Erdöl wird vor allem als Energielieferant und als Rohstoff für die chemische Industrie genutzt.

Erg (S. 57): Sandwüste > Wüste

Erneuerbare Energie (S. 202): Energiequellen, die durch natürliche Energiespender ständig erneuert werden und somit unerschöpflich sind (z.B. Wind, Sonnenenergie)

Erosion (S. 90 f): Abtragung und Transport von Boden und Gestein durch fließendes Wasser oder Wind

Familie (S. 90 f.): Die meisten Menschen verbinden mit der Familie Vater, Mutter und Kind bzw. Kinder. Offiziell ist Familie aber ein Leben in vielen Formen: Ehepaare, die ein Kind erwarten, Ehepaare, die mit ihren Kindern zusammenleben, allein erziehende Mütter oder Väter mit ihren Kindern, getrennt Lebende, Geschiedene und Verwitwete, Ehepaare oder Alleinstehende, deren Kinder den elterlichen Haushalt verlassen haben.

Flüchtling (S. 151): Person, die durch politische Unterdrückung, Kriege oder existenzgefährdende Notlagen veranlasst wurde, ihre Heimat zu verlassen

Flussoase (S. 57): > Oase

Flut (S. 176): > Gezeiten

Gastarbeiter (S. 147): Die in den 1960er Jahren in großer Zahl in die Bundesrepublik Deutschland strebenden Arbeiter, die vor allem für geringer qualifizierte Tätigkeiten und arbeitsintensive Tätigkeiten im Ausland angeworben wurden.

Genossenschaft (S. 123): In einer Genossenschaft haben sich Landwirte zusammengeschlossen. Die G. übernimmt für ihre Mitglieder verschiedene Aufgaben, z.B. Kauf von Saatgut oder die Lagerung und den Verkauf der Erzeugnisse.

Gezeiten (S. 177): G. sind die ständig wiederkehrenden Wasserstandsschwankungen des Meeres. Das abwechselnde Steigen (Flut) und Fallen (Ebbe) wird durch die Anziehungskraft des Mondes und die Fliehkraft der Erde hervorgerufen.

Gletscher (S. 131): Eismasse im Hochgebirge bzw. in den Polargebieten. Sie entsteht, wenn über Jahre hinweg mehr Schnee fällt als wegschmelzen kann. Aufgrund des Gefälles fließt der Eisstrom talabwärts und gerät damit unter die Schneegrenze, wo er langsam abschmilzt. Beim Fließvorgang bilden sich Gletscherspalten.

Gradnetz (S. 74): Unterteilung der Erde mit gedachten Linien, den Längen- und Breitenkreisen. Mithilfe des Gradnetzes lässt sich ein bestimmter Punkt auf der Karte oder dem Globus schnell wieder finden. Auch in einigen Atlaskarten ist das Gradnetz mit dünnen blauen Linien eingezeichnet.

Grundgesetz (S. 216): Verfassung der Bundesrepublik Deutschland, Es enthält in den Artikeln 1-19 die Grundrechte der Menschen. In den weiteren Artikeln beschreibt es den Staatsaufbau und die Rechte und Pflichten der staatlichen Einrichtungen.

Hamada (S. 57): Steinwüste > Wüste

Hartlaubgewächse (S. 293). Typische Pflanzen in Gebieten mit einer trockenen Jahreszeit (z.B. im Mittelmeerraum). Die Ausbildung einer dicken Rinde und von harten, lederähnlichen Blättern vermindert die Verdunstung und ermöglicht so das Überstehen regenloser Zeiten. Zu den Hartlaubgewächsen gehören z.B. Ölbaum und Korkeiche.

Hellenismus (S. 279): Die Ausbreitung der griechischen Kultur (Kunst, Sprache, Wissenschaft) im Mittelmeerraum

Hieroglyphen (S. 256): Schriftzeichen (Bildzeichen) aus dem alten Ägypten

Hochgebirge (S. 167): Gebirge mit schroffen Formen und deutlichen Höhenunterschieden: Die Berge erreichen über 1500 m Höhe, z.B. die Alpen.

Hochkultur (S. 280): Staat, der sich durch eine hohe technische Entwicklung, straff organisierte Herrschaftsordnung und künstlerische Leistungen auszeichnet

Höhenlinien (S. 31): Werden in Karten benutzt, um das Gelände darzustellen. Hierzu werden in bestimmten Abständen alle Punkte gleicher Höhe durch eine Kurve verbunden.

Höhenschichten (S. 31): Durch verschiedene Farbtöne herausgehobene Flächen zwischen zwei > Höhenlinien

Höhenstufe (S. 130): Mit zunehmender Höhe ändern sich im Gebirge Klima, Boden und Pflanzendecken. Diese unterschiedlichen Stufen nennt man Höhenstufen.

Huerta (S. 298): Bezeichnung für bewässerte, intensiv genutzte landwirtschaftliche Anbauflächen in Spanien. Angebaut werden vor allem Zitrusfrüchte und Gemüse.

Inuit (S. 48): Als Inuit (In der Sprache der Bewohner = Menschen) bezeichnet man Volksgruppen, die in der Arktis leben. Der Begriff Eskimo (deutsch = „Rohfleischesser"), der ebenfalls diese Volksgruppen im arktischen Kulturkreis umfasst, wird von vielen als abwertend angesehen.

Jungsteinzeit (S. 238): > Steinzeit

Karte (S. 28, 78): Eine Karte ist ein stark verkleinertes und vereinfachtes Abbild der Erdoberfläche. Es gibt unterschiedliche Kartensorten mit verschiedenen Maßstäben. Allen Karten ist gemeinsam, dass sie eine Vielzahl von Informationen leicht erkennbar darstellen müssen.

Kastell (S. 215): Ein durch Mauern oder Holzzäune gesichertes Militärlager der Römer. Ein Kastell hatte meist verschiedene Gebäude zur Unterbringung und Versorgung der Soldaten.

Klassenordnung (S. 12): Enthält Regeln für das Verhalten der Schüler einer Klasse untereinander und während des Unterrichts

Klima (S. 59): K. ist das über Jahre gemessene Wetter an einem Ort oder Gebiet. Durch die jahrelange Messung und Aufzeichnung der Wettererscheinungen Temperatur und Niederschlag können Klimadiagramme erstellt werden.

Konflikt (S. 98): Auseinandersetzung, die durch das Aufeinandertreffen entgegengesetzter Interessen, Wünsche oder Verhaltensweisen entsteht

Kompass (S. 29): Gerät zur Bestimmung von Himmelsrichtungen

Kontinent (S. 76): Die sieben Erdteile werden als Kontinente bezeichnet. Sie heißen Asien, Afrika, Nord- und Südamerika, Europa, Australien und Antarktis. Die größten dieser Landmassen liegen auf der Nordhalbkugel.

Küstenwüste (S. 63): > Wüste

Lawine (S. 134): An Gebirgshängen plötzlich niedergehende Schnee- und Eismasse. Die Gefahr von Lawinen ist besonders groß, wenn in kurzer Zeit viel Neuschnee fällt, der sich nicht mit der alten Schneedecke verbinden kann. Lawinen erreichen Geschwindigkeiten bis zu 160 km/h und können große Zerstörungen anrichten.

Legende (S. 28): Zeichenerklärung einer > Karte

Marsch (S. 178): Die Marsch ist durch die Ablagerung von Schlick im flachen Küstenbereich entstanden. Dort befand sich früher das Wattenmeer. Heute wird das fruchtbare Land hauptsächlich landwirtschaftlich genutzt.

Massentourismus (S. 290): Die Touristenströme steigen durch mehr Urlaub, mehr Autos und Geld an und gefährden in hohem Maße die Umwelt. Verkehrsstau, Zersiedelung, Lärm und Luftbelastung, Landschaftsschäden sind die Folgen von Massentourismus.

Maßstab (S. 30): Gibt an, wie vielmal kleiner eine Stecke auf der Karte als in der Natur ist. Beispiel 1:100 000: 1 cm in der Karte = 100 000 cm (1 km) in der Natur

Mechanisierung (S. 119): Ersatz von Handarbeit durch Maschinen

Menschenrechte (S. 154): Jeder Mensch hat Rechte, die ihm von Geburt an zustehen, z.B. das Recht auf Leben. Menschenrechte sind unantastbar, d.h. keine Regierung darf einem Menschen diese Rechte absprechen. Sie sind z. B. im Grundgesetz der Bundesrepublik Deutschland oder in der Deklaration der > Vereinten Nationen garantiert.

Metallzeit (S. 249): Abschnitt der menschlichen Vorgeschichte. Die Metallzeit löste die > Steinzeit ab. Sie wird unterteilt in Bronzezeit (um 1800 v. Chr.) und Eisenzeit (um 800 v. Chr.) Mit der Metallverarbeitung bildeten sich neue Berufe heraus. Außerdem ermöglichte das Metall die Herstellung besserer Waffen und Geräte.

Mittelgebirge (S. 167): Mittelgebirge sind älter und niedriger als Hochgebirge und erreichen Höhen von 500 bis etwa 1 500 m. Im Gegensatz zum > Hochgebirge sind die Erhebungen durch Verwitterungen abgerundet. Diese Gebirge, z. B. Taunus und Rhön, sind Hunderte von Millionen Jahre alt und waren einmal Hochgebirge wie die Alpen.

Mond (S. 86): Himmelskörper, der einen Planeten auf einer eigenen Bahn begleitet

Moräne (S. 131): Schuttmaterial, das ein Gletscher mittransportiert. Nach ihrer Lage im Gletscher unterscheidet man Grund-, End- und Seitenmoränen.

Nachhaltigkeit (S. 140): Der Begriff kommt ursprünglich aus der Forstwirtschaft. Dort bedeutet er, dass man nicht mehr Bäume fällen soll, als man neu pflanzt. Heute meint man mit Nachhaltigkeit, dass überall so gewirtschaftet und gehandelt wird, dass die Generationen, die nach uns kommen, noch die gleichen Möglichkeiten haben wie wir heute. Man darf also keine Rohstoffe vollständig aufbrauchen und nichts tun, was das zukünftige Zusammenleben verschlechtert.

Nährstoffkreislauf (S. 67): Bezeichnung für den Auf- und Abbau in der Natur. Dabei werden abgeworfene Blätter, Früchte und Zweige sowie Überreste von Tieren im Boden zersetzt. Pilze fangen die Nährstoffe auf und stellen sie den Pflanzen für neues Wachstum zur Verfügung. Damit ist der Kreislauf geschlossen. Wird der Kreislauf unterbrochen (z.B. durch Abholzung oder Ernte von Pflanzen), so wird der Boden mit der Zeit unfruchtbar.

Nationalpark (S. 182): Eine großräumige Landschaft, die besonderen Schutzbedingungen unterliegt. Nationalparks werden von Menschen wenig beeinflusst und dienen zum Schutz der natürlichen Lebensräume für Pflanzen- und Tierwelt. Dieser Schutz hat Vorrang gegenüber der wirtschaftlichen Nutzung und Erholung.

Nomaden (S. 57, 62, 235): Nomaden sind nicht sesshaft. Sie ziehen mit ihrem Besitz und ihren Tieren von einer Futter- oder Wasserstelle zur nächsten.

Oase (S. 60, 250): Stellen in der Wüste, an denen es Wasservorkommen und somit ein Pflanzenwachstum gibt. Man unterscheidet Quell-, Grundwasser- und Flussoasen.

Ökologische Landwirtschaft (S. 116): Die ökologische Landwirtschaft hat zum Ziel, unbelastete Nahrungsmittel zu erzeugen. Deshalb verzichten die Landwirte z.B. auf chemischen Dünger und Mittel zur Schädlingsbekämpfung. Die Erträge sind gegenüber der herkömmlichen Landwirtschaft geringer. Für die Erzeugnisse lassen sich aber höhere Preise erzielen.

Ozean (S. 76): Die drei großen Ozeane sind der Pazifische, Atlantische und Indische Ozean. Zusammen machen sie etwa drei Viertel der Erdoberfläche aus.

Pendler (S. 112): Menschen, die regelmäßig ihren Wohnort verlassen, um in einem anderen Ort zu arbeiten, zur Schule zu gehen oder einzukaufen.

Pharao (S. 254): Bezeichnung für den König im alten Ägypten. Der Pharao besaß eine gottgleiche Stellung.

Physische Karte (S. 79): Auf einer physischen Karte wird die Oberflächengestalt dargestellt. Die verschiedenen Farben kennzeichnen die Höhengliederung.

Planet (S. 86): Himmelskörper, die sich in einer festen Umlaufbahn um eine Sonne bewegen. Als Grabstätte ließen sich die Pharaonen > Pyramiden errichten.

Plantage (S. 71): Landwirtschaftlicher Großbetrieb, der auf riesigen Flächen v.a. im Bereich der Tropen zumeist nur ein landwirtschaftliches Produkt (z.B. Bananen, Kaffee, Kautschuk) für den Weltmarkt anbaut. Auch die Weiterverarbeitung des Produktes erfolgt meist auf der Plantage.

Polarnacht (S. 51): Während der Polarnacht scheint die Sonne innerhalb der Polarkreise länger als 24 Stunden nicht. Die Dauer der Polarnacht ist je nach Breitenlage unterschiedlich. An den Polen beträgt sie jeweils ein halbes Jahr.

Polartag (S. 51): Während des Polartages geht die Sonne innerhalb der Polarkreise über 24 Stunden nicht unter. Der Polartag ist das Gegenstück zur Polarnacht.

Polis (S. 262): Griechisch = Stadtstaat. Bezeichnung für selbstständige Stadtstaaten wie Athen oder Sparta

Profil (S. 31): Querschnitt durch eine Landschaft, z.B. zur Veranschaulichung der Gesteinsabfolge

Pyramide (S. 260): Grabstätte der ägyptischen Herrscher

Quelle (S. 223): Überlieferungen, die Kenntnisse aus vergangener Zeit vermitteln. Dies können Schriftquellen (z.B. Urkunden, Bücher), Sachquellen (z.B. Werkzeuge, Münzen) oder Bildquellen (z.B. Gemälde, Fotos) sein.

Raffinerie (S. 198): Technische Anlage, in der Rohstoffe (z.B. Erdöl, Zucker) gereinigt und veredelt werden. In Erdölraffinerien wird das Rohöl in seine Bestandteile zerlegt und zu verkaufsfähigen Produkten (z.B. Benzin, Gas, Heizöl) verarbeitet.

Recycling (S. 210): Englisch = Rückführung. Verfahren, um die rest- und Abfallstoffen den Produktionsprozess zurückzuführen und damit wiederzuverwerten, z.B. Glas, Metall, Kunststoffe oder Papier. Dazu müssen die Materialien getrennt gesammelt und aufbereitet werden.

Rekultivierung (S. 195): Nach der Förderung von Bodenschätzen im Tagebau wird die Abbaufläche wieder in einen natürlichen Zustand zurückversetzt. Z.B. werden Seen, Felder, Wälder angelegt.

Rolle (S. 17, 96): Erwartungen, die an das Verhalten einer Person in einer bestimmten Situation gerichtet werden

Schneegrenze (S. 131): Grenze zwischen den ganzjährig schneebedeckten und im Sommer schneefreien Gebieten

Schülervertretung (S. 25): Die Schülerschaft hat das Recht, Leben und Unterricht an ihrer Schule mitzugestalten. Die Schülervertretung, die gewählten Vertreter der Schüler, setze sich für deren Interessen ein.

Schulordung (S. 12): Enthält Regeln für das Verhalten in der Schule

Schulpflicht (S. 14): In Gesetzen geregelte Pflicht zu einem Mindestschulbesuch. Sie kann auch durch Zwangsmaßnahmen durchgesetzt werden. In Deutschland beginnt die Schulpflicht mit dem 6. Lebensjahr und ist nach neunjährigem Schulbesuch erfüllt.

Selbstversorger (S. 49, 66): Die Selbstversorgung ist eine Wirtschaftsform, bei der die Menschen alles selbst er-

jagen, anbauen oder herstellen, was sie zum Lebensunterhalt brauchen.

Serir (S. 57): Kieswüste > Wüste

Sesshaftigkeit (S. 239): Lebensform des Menschen, die auf ortsgebundenem Wohnen und Arbeiten gegründet ist. Sie trat mit dem Übergang zu Ackerbau und Viehhaltung zu Beginn der > Jungsteinzeit ein.

Sklave (S. 266): Griechisch = Unfreier. Rechtlich und wirtschaftlich abhängiger Mensch, der Eigentum eines anderen ist. Er wurde im Altertum als Sache betrachtet und konnte nach Belieben verkauft oder sogar getötet werden. Je nachdem, ob ein Sklave im Bergwerk, in der Landwirtschaft oder im Hause eingesetzt wurde, hatte er ein unterschiedliches Schicksal. Kinder von Sklaven wurden wieder Sklaven.

Sonderkultur (S. 122): Nutzpflanzen wie Wein oder Gemüse, die mit hohem Aufwand an Arbeitskraft und Geld meist auf kleinen Flächen angebaut werden

Spezialisierung (S. 119): In der Landwirtschaft heißt Spezialisierung eine Beschränkung bzw. Konzentration auf wenige Pflanzen oder Tiere.

Stadtviertel (S. 106): Größere Städte teilen sich in Stadtviertel auf, die durch bestimmte Funktionen gekennzeichnet sind, z.B. Wohnviertel, Geschäftsviertel oder Industrieviertel.

Steinkohle (S. 190): Steinkohle ist viel älter und brennt, da sie weniger Wasser enthält, besser als Braunkohle. Steinkohleflöze sind nicht so dick wie Braunkohleflöze. In Deutschland befinden sie sich tief unter der Erdoberfläche. Deshalb wird Steinkohle im Untertagebau gewonnen. Große Steinkohlenvorkommen in Deutschland liegen im Ruhrgebiet und im Saarland.

Steinzeit (S. 236): Ältester und längster Teil der Geschichte des Menschen, benannt nach dem Stein als wichtigstem Material zur Werkzeugherstellung. Es wird zwischen der Altsteinzeit, die bis zum Ende der Eiszeiten dauerte, und der Jungsteinzeit unterschieden.

Stockwerkbau (S. 61, 64): Begriff für die Schichtung einer Vegetation, z.B. des Waldes. So wachsen im „Untergeschoss" des > tropischen Regenwaldes Sträucher und Pflanzen, die mit wenig Licht auskommen. Das „Zwischengeschoss" bilden Pflanzen und Bäume die 20-40 m hoch werden. Das „Obergeschoss" wird von bis zu 70 m hohen Baumriesen gebildet.

Streitschlichtung (S. 20): Verfahren zur Bereinigung von Konflikten durch Gespräche und Vorschläge zur Verständigung

Sturmflut (S. 175): Bei einer Sturmflut steigt die Flut (> Gezeiten) durch starke Winde an der Küste höher als sonst. Ist die Sturmflut besonders stark, können Deiche brechen und das dahinter liegende Land überschwemmen.

Tagebau (S. 192): Methode des Bergbaus zum Abbau von dicht unter der Erdoberfläche lagernden Rohstoffen (z. B. Kohle, Kies, Sand), ohne dass Schächte und Stollen gebaut werden müssen. Der Tagebau ist deutlich kostengünstiger als der > Untertagebau.

Taiga (S. 54): Nadelwaldgürtel auf der nördlichen Halbkugel, in dem Nadelhölzer (Fichten, Kiefern, Tannen) wachsen, die ans kalte kontinentale Klima angepasst sind.

Thematische Karte (S. 79): Die thematische Karte stellt ein bestimmtes Thema auf der Karte dar, z. B. das Vorkommen von Rohstoffen in einem Gebiet oder die Bevölkerungsdichte.

Totenkult (S. 242, 258): Ritual oder Verehrung, die einem Verstorbenen während oder nach seiner Bestattung zuteil wird. Zum Beispiel soll die Erinnerung an den Toten durch Grabmäler der Nachwelt erhalten werden.

Tropischer Regenwald (S. 64 f.): Dieser immergrüne Wald befindet sich in den Tropen. Das Klima zeichnet sich dort durch hohe Temperaturen und Niederschläge aus. Charakteristisch ist der > Stockwerkbau der Pflanzen. Der Regenwald ist für den Sauerstoffhaushalt der Erde wichtig.

Tundra (S. 54): Überwiegend baumlose Steppe, die sich südlich an die Eisregion des Nordpols anschließt. Wegen der kurzen Vegetationszeit von drei Monaten wachsen hier nur Gräser, Moose und Flechten.

Überfischung (S. 303): Wenn Fischgründe voll ausgeschöpft werden, nennt man das Überfischung.

Um dies zu vermeiden, müssen die Fischer Fangquoten einhalten.

Untertagebau (S. 192): Bergbau, bei dem man erst durch Schächte und Stollen an den abbauwürdigen Rohstoff herankommt.

Umweltschutz (S. 204 f.): Maßnahmen zur Verminderung oder Vermeidung von Belastungen und Schäden des Lebensraumes durch Lärm, Luft- und Wasserverunreinigung, Abfall und Bodenzerstörung

Vereinte Nationen (UN) (S. 154): 1945 gegründete weltumspannende Vereinigung von Staaten zum Zweck der Zusammenarbeit und der Sicherung des Friedens. Sitz der UN ist New York.

Wadi (S. 57): Ausgetrocknetes Flusstal in der Wüste, das sich bei seltenen, aber heftigen Regenfällen in einen reißenden Fluss verwandelt

Wanderfeldbau (S. 67): Landwirtschaftliche Anbauform in den Tropen. Wenn der Boden erschöpft ist und die Erträge zurückgehen, werden die Felder verlegt. Neue Anbauflächen werden vor allem durch > Brandrodung gewonnen.

Watt (S. 182): Meeresboden aus Sand und Schlick, der im Wechsel der > Gezeiten trocken fällt und überspült wird

Wendekreiswüste (S. 63): > Wüste

Wüste (S. 56 f.): Eine Wüste zeichnet sich durch sehr geringen Pflanzenwuchs und Niederschläge aus. Man unterscheidet je nach Lage (Binnen-, Küsten-, Wendekreiswüste) und nach Beschaffenheit (Kies-, Sand-, Stein- oder Salzwüste).

Register für Methoden und Arbeitsweisen

A1PIX, Taufkirchen: 141.3, 232.2;

action press, Hamburg: 302.1;

Aero Camera B.V., Amsterdam (NL): 300.2;

akg-images, Berlin: 72.3, 219.9, 223.1, 233.4, 240.3, 265.1, 266.2, 269.1, 272.1, 272.3, 273.1, 277.1;

Altorffer, Geldern: 301.1;

amnesty international, Berlin: 149.1;

Antikensammlung, Berlin: 276.2;

argus, Hamburg: 45.1, 201.1;

Associated Press, Frankfurt/M.: 247.2;

Astrofoto, Sörth: 88.1, 88.3;

Bayerisches Landesamt für Denkmalpflege, Ingolstadt: 225.2;

Bayerisches Schulmuseum, Sulzbach-Rosenberg: 15.1;

Benkelberg, Schlangen: 125.7;

Betz, Oberstenfeld: 136.3, 136.4;

Bildarchiv Mohnheim GmbH, Krefeld: 233.3 (Achim Bednorz);

Bildarchiv Preußischer Kulturbesitz, Berlin: 218.1, 223.2, 227.1, 254.1, 254.2, 265.3, 268.1, 271.1, 272.2, 275.1a, 281.3, Titel.1; Bildarchiv Steffens, Mainz: 264.4, 265.2, 275.1b;

Bilderberg, Hamburg: 242. 3 (Thomas Ernsting), 281.1 (Thomas Ernsting); Bilderbox, Thening: 141.2 (Erwin Wodicka);

Bildmaschine, Berlin: 142.1 (Michaela Begsteiger);

Biosphärenreservat Rhön, Oberelsbach: 140.2 (Klaus Spitzl);

BLE, Butzbach: 124.1;

Blickwinkel, Witten: 155.3 (M. Lohmann), 232.3 (L. Fohrer);

Böning, Oerlinghausen: 44.6;

Bösch, Stolzenau: 86.3;

Bricks, Erfurt: 167.2, 182.1;

Büchner, Mainz: 60.1;

Bulls Pressedienst, Frankfurt: 93.2 (Unger);

BUND, Berlin: 194.4 (Jansen);

Bundesministerium für wirtschaftliche Zusammenarbeit, Bonn: 44.2;

Bürgerinitiative Stopp Staudinger!, Hainburg: 212.1, 212.2, 212.3, 213.3, 213.4;

Busching, Ludwigshafen: 52.1, 54.5, 132.1, 135.3a, 135.3b;

Bütow, Waren: 131.1;

Carstens, Tübingen: 40 c;

Cartoon-Caricature-Contor/www.c5.net, Pfaffenhofen a.d. Ilm: 147.3 (Rauschenbach);

Castelle, Essen: 207.1, 217.2, 217.3;

Centrum Kartographie, Varel: 181.2;

Christoph&Friends/Das Fotoarchiv, Essen: 142/143 (Benja Weller), 155.5 (Melters/missio), 215.1 (Torsten Krueger);

Colorphoto Hinz, Allschwil (CH): 242.1;

Corbis, Düsseldorf: 48.2, 53.3, 62.4, 64.1;

Das Luftbild-Archiv, Wennigsen: 41 c, 104/105, 167.1, 312.3;

Deutsche Welthungerhilfe, Bonn: 46.c;

DGB, Frankfurt: 147.2;

Die Zuckerrüben Zeitung, Würzburg: 114.4;

Dörr, Wolfratshausen: 84.1;

Dury, Bräunlingen: 119.1, 119.2, 218.5;

Egle, Tübingen: 89.1;

Fabian, Hannover: 25 a, 25 b, 25 d, 32.1, 98.2, 101.10, 225.1, 227.2, 287.1, 296.3, 297.1;

Fiedler, Güglingen: 43.4, 151.1 a;

Focus, Hamburg: 41.b, 55.3, 246.1;

Forschungsinstitut für alpine Vorzeit, Innsbruck: 129.3;

Forschungsinstitut für alpine Vorzeit, Vanves (F): 129.4;

Forstdienst Uri, Altdorf: 134.4;

Forster, Hofheim: 18.1, 19.2, 26.2, 26.3, 37.1, 106.1, 106.3, 114.1, 114.2, 117.1, 117.2, 117.3, 264.1, 284.1;

Fotodesign Erich Gutberlet, Großenlüder: 35.2;

Fränkisches Freilichtmuseum, Bad Windsheim: 219.8;

Gamma,Vanves (F): 129.2;

Gehrke, Mahlberg: 295 C, 295 N, 295 R;

GEN, P. Bogner, München: 246.2, 246.3, 247.1;

Gensetter, Davos: 131.2;

Gesamtverband des deutschen Steinkohlenbergbaus, Essen: 191.1, 191.6;

Getty Images, München: 205.1b;

Griese, Laatzen: 61.2, 176.1;

Grosser, Wilhermsdorf: 204.1, 205.1 a, 205.1 c, Titel 2;

Härle, Wangen: 54.1, 54.2, 54.3, 134.3, 191.2, 191.3, 191.4, 191.5, 192.1, 233.2, 293.2, 293.3, 298.2;

Hermann Kirchner GmbH, Bad Hersfeld: 107.1;

Herzig, Wiesenburg: 172 T 1, 173 E, 173 H;

Hey, Hannover: 101.7, 101.8, 219.10;

Heyden, von der, Naarden (NL): 253.2;

Hinke, Hildesheim: 72.1;

Hollerbach, Bad Vilbel: 116.1;

Horvath, Hannover: 91.1; 91.2, 91.4, 101.6;

i.m.a., Bonn: 114.3, 115.2, 122. 2, 122.3, 123.2, 123.4, 126.1, 126.2, 126.4, 126.5, 126.7;

IFA-Bilderteam, Ottobrunn: 197.1a;

Iverson, New York (USA): 257.3 a, 257.3 b, 257.3 c;

Jahn, Breitenbach: 135.2;

jump Fotoagentur, Hamburg: 206.2;

Junge, Pattensen: 17.3, 41.a, 62.2, 125.4, 125.6, 126.6, 146.3, 198.1 d, 291.3;

Kahlert, Bliesransbach: 28.1, 132.2;

Keystone Pressedienst, Hamburg: 313.6;

Kimberger, Fürth: 245.3;

Kirner, Baldham: 40 b;

Klohn, Vechta: 42.3;

Knitschky, Rheine: 126.3;

Kohnen, Bremerhaven: 40 a, 55.1;

Kopetzky, Abtsteinach: 105.1;

Kuhli, Oerlinghausen: 194.2, 196.1, 196.2;

Lade, Helga, Frankfurt/M.: 198.1 b;

Landesbildstelle Berlin: 165 oben, 173 S;

Landesmedienzentrum Baden-Württemberg, Stuttgart: 130.1, 167.3 (Brugger-Archiv), 198.1 c;

Landesmedienzentrum Rheinland-Pfalz, Koblenz: 31.1, 164 unten;

Landesmuseum für Vorgeschichte, Halle: 244.1, 244.2, 245.1;

Landesmuseum Wiesbaden: 230.1;

Landesvermessungsamt Hessen, Wiesbaden: 27.1, 34.1;

Libera, München: 44.3, 44.4, 44.5, 101.9, 156.1, 158.1, 158.2, 159.1, 160.1, 160.2, 161.1, 161.2, 161.3, 162.2, 162.3, 163.2, 163.4, 163.5, 292 mitte;

Lipp, Kelkheim: 36.1, 36.2;

Lotos-Film, Kaufbeuren: 251.3;